Das Geographische Seminar

Herausgegeben von:
Prof. Dr. Rainer Duttmann
Prof. Dr. Rainer Glawion
Prof. Dr. Herbert Popp
Prof. Dr. Rita Schneider-Sliwa

Heinz Fassmann

Stadtgeographie I
Allgemeine Stadtgeographie

westermann

Umschlagbild:
3D-Satellitenbild von Guadalajara (Mexiko).
NASA/Landsat – Image by Jesse Allen, Laura Rocchio

© 2009 Bildungshaus Schulbuchverlage
Westermann Schroedel Diesterweg Schöningh Winklers GmbH, Braunschweig
www.westermann.de

Druck A^1/ Jahr 2009

Lektorat: Susann Dorenberg, Katrin Götz
Umschlaggestaltung: Thomas Schröder
Layout und Herstellung: Yvonne Behnke
Druck und Bindung: westermann druck GmbH, Braunschweig

ISBN 978-3-14-160364-4

Inhalt

Vorwort

Wer in einer Großstadt lebt und arbeitet, der kann sich schwer dem Forschungsobjekt „Stadt" entziehen. Warum benötigt unsere Gesellschaft die Stadt? Welche Ordnungsprinzipien strukturieren die Stadt? Welche stadtplanerischen und gesellschaftspolitischen Herausforderungen muss die Stadt in Zukunft lösen? Diese und andere Fragen entstehen fast automatisch für jeden, der mit „offenem Auge" die physische und soziale Umwelt in der Stadt wahrnimmt. Interessierte Stadtbewohner können – so lautet die optimistische Meinung – an der Stadtgeographie eigentlich nicht vorbeigehen.

Dieser Optimismus hängt mit der wissenschaftlichen Sozialisation des Autors dieser „Stadtgeographie" zusammen. Als er in der zweiten Hälfte der 1970er-Jahre Geographie und Geschichte an der Universität Wien studierte, war der Stellenwert der Stadtgeographie sehr hoch. Stadtgeschichte und Stadtgeographie besaßen hohes Ansehen und eine zentrale Position im Curriculum. Als der Autor nach Beendigung des Studiums eine Stelle als wissenschaftlicher Angestellter in der damaligen Kommission für Raumforschung der Österreichischen Akademie der Wissenschaften annahm, waren zwei Personen die unmittelbaren Dienstvorgesetzten, die in der Stadtgeographie ausgewiesen und profiliert waren: Elisabeth Lichtenberger und Hans Bobek. Zentrale Fragen der Stadt und der städtischen Entwicklung waren Forschungsinhalt von Projekten und Diskussionspunkte

des Wissenschaftsalltages. Die sich aus diesem Diskurszusammenhang heraus entwickelnden eigenen Forschungsfragen hingen fast zwangsläufig immer auch mit Themen der Stadt zusammen. Migration und Stadt, die Analyse städtischer Arbeitsmärkte, Segregationsprozesse in europäischen Metropolen oder die demographische Entwicklung der städtischen Bevölkerung sind beispielhaft genannte Forschungsthemen, die jeweils ein spezifisches Licht auf städtische Realitäten werfen.

Der Wiener Standort erwies sich als ein guter Boden für die Stadtgeographie. Der in Wien lehrende Hugo Hassinger hat mit dem Kunsthistorischen Atlas von Wien schon 1916 die kulturhistorische Ausrichtung begründet und die Methodik der Kartierung auf der Mikroebene von Parzelle und Haus in die Stadtgeographie eingeführt. Sein Nachfolger, Hans Bobek, hat im Rahmen seiner Analysen den Begriff der „Funktion" in die Stadtgeographie eingeführt und die funktionale Ausrichtung von Objekten, Stadtteilen und Zentralen Orten (gemeinsam mit Maria Fesl) untersucht. Hans Bobek gilt heute nicht nur als Vertreter einer funktionellen Stadtgeographie, sondern hat – parallel zu Walter Christaller – die zwischenstädtische Ebene der Stadtgeographie erschlossen. Elisabeth Lichtenberger wiederum, langjährige Assistentin bei Hans Bobek, hat auf der einen Seite die Tradition der kulturhistorischen und funktionellen Analyse auf der Ebene der Einzelobjekte weitergeführt und andererseits mit der von ihr betriebenen komparatistischen Stadtforschung eine neue Dimension des politischen Systemvergleichs der Stadtgeographie erschlossen.

Die durch das Schaffen dieser Personen geprägte „Wiener Schule der Stadtgeographie" zeichnet sich durch drei zentrale Elemente aus: als erstes ist die Rückbindung von Forschungsthemen an die physisch-materielle Umwelt zu erwähnen. Die Stadtgeographie wird nicht zu einer allgemeinen Stadtwissenschaft. Kartierungen, Befragungen und statistische Analysen begleiten den Forschungsweg. Eine essayistische Betrachtung städtischer Realitäten, losgelöst von empirischen Fakten, zählt nicht zum Repertoire der Wiener Schule. Dazu kommt als zweites Element die Verknüpfung mit der sozialen Dimension. Nicht die Stadt mit ihrer physisch-materiellen Struktur steht im Vordergrund, sondern das auf die Stadt bezogene raumwirksame Handeln der Gesellschaft. Sozialökologisches Denken besitzt in der Wiener Schule einen zentralen Stellenwert, auch wenn sich die Vertreter dazu nicht explizit bekennen. Schließlich ist als drittes Element die nomothetische Ausrichtung zu erwähnen. Die Verallgemeinerung auf einem möglichst umfassenden Aussageniveau wird angestrebt, die genaue Deskription eines Sachverhaltes lediglich als Vorstufe dazu betrachtet, Modellbildung zum Ziel erkoren.

Dieser Denk- und Arbeitstradition der Wiener Schule der Stadtgeographie fühlt sich der Autor verpflichtet. Die empirische Ausrichtung, die räumliche Rückbindung von gesellschaftlichen Phänomenen sowie die Befassung mit politisch relevanten Themen zählen zum persönlichen Forschungsstil des Autors. Das Angebot des Westermann-Verlages, an einem Nachfolgeprodukt der erfolgreichen Stadtgeographie von Burkhard Hofmeister mitzuwirken, wurde dankbar ergriffen, weil sich damit auch eine Chance eröffnet, einen Teil dieser persönlichen Wissenschaftsideologie weitergeben zu können. Die Trennung der Stadtgeographie in einen allgemeinen, eher theoretischen Band und in einen Band, der empirische und regional differenzierte Einzelbeispiele enthält, kam dieser Ambition sehr entgegen.

Das Manuskript wurde im Wesentlichen in den Jahren 2002 und 2003 erstellt. Die Erstellung dieses Manuskriptes wurde durch die Mitarbeit und die kritische Begleitung einer Reihe von Personen unterstützt. Gerhard Hatz, Assistenzprofessor im Institut für Geographie und Regionalforschung, hat aus seiner langjährigen, stadtgeographischen Lehrerfahrung zahlreiche wertvolle Hinweise geben können. Stephan Marik und Beatrix Pachner (ebenfalls Institut für Geographie und Regionalforschung der Universität Wien) haben zahlreiche Grafiken erstellt, aktualisiert oder neu gezeichnet sowie Glossareinträge verfasst. Der Text wurde von Josef Kohlbacher (Institut für Stadt- und Regionalforschung) lektoriert. Seitens des Verlages wurde das Buch von Rainer Jüngst betreut und von Herbert Popp (Inhaber des Lehrstuhls für Stadtgeographie und Geographie des ländlichen Raumes der Universität Bayreuth) begutachtet.

Ihnen, sowie allen, die an der Erstellung, Weiterentwicklung und Lektorierung des Manuskripts beteiligt waren, gilt der Dank des Autors, der sich zuletzt für die aufmerksame, konstruktiv kritische und wohlwollende Rezeption dieses Buches durch Elisabeth Lichtenberger (emeritierte Professorin der Universität Wien) bedanken möchte.

Heinz Fassmann
Wien, im Juli 2004

Vorwort (2. Auflage)

Eine zweite Auflage ist für jeden Autor eine Chance und für den Leser ein Gewinn. Die Fehler der Erstauflage werden korrigiert, der Aufbau der Kapitel optimiert und die Kohärenz der Aussagen nochmals überprüft. So wie ein guter Rotwein mit dem Alter an Bouquet gewinnt, so wird ein Lehrbuch mit der Auflagenzahl inhaltlich ausgereift. Dazu kommt ein neues Layout, welches nicht nur ansprechender gestaltet ist, sondern den Studierenden auch eine zügige und gründliche Bearbeitung des Stoffes ermöglicht. Die Kapitel werden mit einer Auftaktseite eröffnet und mit einer Zusammenfassung sowie weiteren Literaturhinweisen abgeschlossen. Dazwischen liegt ein strukturierter Text, der durch Abbildung und Fotos aufgelockert und gegliedert wird.

Bei der Erstellung der zweiten Auflage waren mehrere Personen hilfreich tätig. Angelika Horvath (Institut für Geographie und Regionalforschung der Universität Wien) lektorierte den Text und Walter Lang (ebenfalls Institut für Geographie und Regionalforschung der Universität Wien) erstellte zahlreiche Abbildungen. Yvonne Behnke war für das Layout verantwortlich und sorgte mit großer Umsicht dafür, dass auch ein ästhetisches Produkt hergestellt wurde. Susann Dorenberg kontrollierte das Manuskript auf konsistente Zitierungen und begriffliche Unschärfen, Thomas Eck überwachte die Herstellung einer druckfähigen Vorlage. Ihnen danke ich ebenso sehr herzlich wie den Herausgebern des „Geographischen Seminars", die den vorliegenden Band in die Reihe der neu zu gestaltenden Bände aufnahmen.

Heinz Fassmann
Wien, im April 2009

Über den Autor

geboren 1955 in Düsseldorf, Studium der Geographie in Wien, postgraduales Studium (Soziologie) am Institut für Höhere Studien in Wien. 1980 Promotion, 1992 Habilitation für Humangeographie und Raumforschung an der Universität Wien, 1980–1992 wissenschaftlicher Angestellter an der Österreichischen Akademie der Wissenschaften, 1992–1996 geschäftsführender Direktor des Instituts für Stadt- und Regionalforschung der Österreichischen Akademie der Wissenschaften, 1996–2000 Professor für Angewandte Geographie und Geoinformatik an der TU-München, seit 2000 Professor für Angewandte Geographie, Raumforschung und Raumordnung an der Universität Wien und seit 2006 auch Direktor des Instituts für Stadt- und Regionalforschung. Heinz Fassmann ist wirkliches Mitglied der Österreichischen Akademie der Wissenschaften und Mitglied der Academia Europaea, ausgezeichnet mit dem Camillo-Sitte-Preis, dem Hans-Bobek-Preis, dem Preis der Schaderstiftung und dem Bruno-Kreisky-Anerkennungspreis für das Politische Buch. Forschungsschwerpunkte: Stadtgeographie, Demographie (besonders im Bereich Migration), Transformation im östlichen Europa, Raumordnung in Österreich.

Einleitung

Burkhard Hofmeister hat 1969 die erste Auflage seiner Stadtgeographie in der Reihe Geographisches Seminar veröffentlicht. Insgesamt sechs Auflagen sind erschienen, die letzte 1994. Hofmeisters Stadtgeographie zählt damit zu den erfolgreichsten Bänden des Geographischen Seminars.

Bei der Neufassung der Stadtgeographie im Rahmen des Geographischen Seminars galt es, die tradierten Wege der Präsentation des stadtgeographischen Wissensgutes konzeptionell zu überdenken. Die vorliegende Stadtgeographie unterscheidet sich von den bisher erarbeiteten Werken durch die klare Trennung von allgemeinen Aussagen und konkreten Beispielen. In den bisher erschienenen Lehr- und Studienbüchern wird beides miteinander gekoppelt: eine allgemeine Aussage wird durch ein oder mehrere empirische Beispiele belegt. Dies entspricht zwar einer guten wissenschaftlichen Vorgangsweise, Aussagen auch mit Fakten zu belegen, führt aber mitunter zu einer Mengung von Fakten und Daten aus unterschiedlichen zeitlichen und räumlichen Kontexten. Das soll mit der Neufassung der vorliegenden Stadtgeographie vermieden werden. Band 1 widmet sich den allgemeinen theoretischen Ansätzen und grundsätzlichen Konzepten der Stadtstruktur und Stadtentwicklung und Band 2 den Unterschieden von Stadtstruktur und Stadtentwicklung in den Kulturräumen der Erde.

Band 1 und Band 2 der Stadtgeographie sollen – so wie alle anderen Bände des Geographischen Seminars – eine Einführung in die jeweilige Teildisziplin vermitteln. Sie sollen den Studierenden ein Werkzeug in die Hand geben, mit dem sie den notwendigen Stoff partialisieren, nachlesen und lernen können. Dabei geht es nicht um eine alternative „neue Stadtgeographie", die eine „alte" und vermeintlich überkommene Stadtgeographie verdrängt, sondern um die Sammlung und Darstellung der allgemeinen Denk- und Sichtweisen zur Geographie der Stadt, die sich zu einem einigermaßen festen Kanon an Wissen entwickelt haben.

Einige wenige Basisfragen strukturieren die Großkapitel vom vorliegenden Band 1 der Stadtgeographie: Was bedeutet Stadt? Warum sind Städte entstanden? Wie haben sich Städte im Laufe der Zeit entwickelt? Wie differenziert sich die Stadt im Inneren? In welcher Beziehung stehen die Städte zueinander? Und welche Bedeutung besitzt die Stadt als Standort für die Volkswirtschaft? Hinter diesen Großkapiteln stehen nicht nur grundsätzliche Fragen der Stadtforschung, sondern auch immer ein systematischer Wechsel des Maßstabes. Die innerstädtische Differenzierung von Städten („Cities as Space"), die Stadt als Ganzes sowie die Stadt im überregionalen Beziehungsgeflecht („Cities in Space") entsprechen der Abfolge einer innerstädtischen, gesamtstädtischen und zwischenstädtischen Betrachtungsebene. Diese Verknüpfung mit den räumlichen Maßstabsebenen zeigt auch, worin ein Charakteristikum der Stadtgeographie liegt. Ihr geht es – viel mehr als anderen, benachbarten Stadtwissenschaften – um gesellschaftliche und um physisch materielle Strukturen und Prozesse in der Stadt auf unterschiedlicher Maßstabsebene und deren gegenseitige Bedingtheit. Diese integrative Sichtweise von Raum und Gesellschaft stellt ein wesentliches und zugleich ein singuläres Merkmal der Stadtgeographie gegenüber der Stadtsoziologie oder dem Städtebau dar.

Die vorliegende Stadtgeographie gliedert sich in folgende große Abschnitte:

Der erste Abschnitt befasst sich mit der Stadtgeographie als einer wissenschaftlichen Teildisziplin. Ihre Forschungsausrichtungen, ihre Zeit- und Raumkonzepte sowie ihre grundsätzlichen Analysekategorien werden vorgestellt.

Der zweite Abschnitt versteht sich als eine propädeutische Einführung in die grundsätzlichen Begrifflichkeiten der Stadtgeographie. Die Vielfalt der Stadtbegriffe wird ebenso dargestellt wie der Bedeutungsgehalt von Stadtregion, Verstädterung und Urbanisierung.

Im dritten Abschnitt steht die historische und aktuelle Stadtentwicklung im Vordergrund. Auf der einen Seite werden wesentliche Stationen der historischen Stadtentwicklung von den Anfängen bis zur Gegenwart vorgestellt und auf der anderen Seite die Prozesse angeprochen, die die aktuelle Stadtentwicklung prägen.

Im vierten Abschnitt erfolgt ein Maßstabs-wechsel. Stand bisher die Stadt insgesamt im Mittelpunkt der Betrachtung, so erfolgt in diesem Großkapitel der Wechsel auf die innerstädtische Maßstabsebene. Die Verallgemeinerung innerstädtischer Strukturmuster sowie die Identifikation und Analyse von grundsätzlichen Steuerungs- und Ordnungsprinzipien stellen die zentralen Inhalte dar.

Im fünften Abschnitt werden aktuelle Prozesse der Stadtentwicklung vorgestellt, von der Stadt als entindustrialisierte Steuerungszentrale bis hin zum Urban Sprawl. Der sechste Abschnitt erläutert die Ansätze zur Analyse des zwischenstädtischen Systems (Rank-Size-Rule, das Zentrale-Orte-Konzept sowie die Theorie der Global City). Schließlich wird im siebenten Abschnitt der Anschluss an wirtschaftsgeographische Konzepte hergestellt. Die Stadt wird dabei als ein dimensionsloser Standort, der mit spezifischen Attributen ausgestattet ist, betrachtet. Die Stadt kann sich auf wirtschaftliche Prozesse vorteilhaft auswirken oder nachteilig sein. Grundsätzliche Theorieansätze werden erläutert.

Ein Literaturverzeichnis, ein Glossar, welches die Definition grundsätzlicher Begriffe beinhaltet sowie ein Register beenden diesen Band, der alleine, besonders aber in Kombination mit dem zweiten Band der Stadtgeographie, welcher auf die regionale Differenzierung eingeht, ein wertvolles Instrument im Studienbetrieb sein soll.

Abb. 1/1: Die Downtown von Chicago – aufgenommen mit einem Weitwinkelobjektiv

1 Die Stadtgeographie als wissenschaftliche Teildisziplin

Die Stadtgeographie ist eine etablierte Teildisziplin der Humangeographie. Sie befasst sich mit der physischen Umwelt einer Stadt sowie mit sozialen, wirtschaftlichen und politischen Strukturen und Prozessen. Sie konzentriert sich dabei auf die unterschiedlichen Maßstabsebenen, die vom Einzelobjekt über den Stadtteil bis zur Gesamtstadt und zum städtischen System reichen. Die Analyse des Einzelhandels in der Stadt, die Wirkung von Stadterneuerungsmaßnahmen auf die soziale Zusammensetzung der Bevölkerung oder die Bedeutung ethnischer Wohnviertel für die Integrationsprozesse einer zugewanderten Bevölkerung sind beispielhafte Forschungsfragen.

Wesentlich für eine stadtgeographische Betrachtungsweise ist die Verknüpfung von physischen und sozialen Umweltmerkmalen mit Strukturen und Prozessen im städtischen Kontext. Diese Integration von Raum und Gesellschaft ist kennzeichnend für die Stadtgeographie. Während sich beispielsweise der Städtebau in erster Linie mit der physischen Struktur auf einer mittleren Maßstabsebene befasst und die Stadtsoziologie sich primär auf die urbane Gesellschaft konzentriert, analysiert die Stadtgeographie sowohl den physischen als auch den sozialen Raum und deren Interaktionen. Die Stadtgeographie ist daher auch ein wesentlicher Nukleus einer interdisziplinären Stadtforschung.

1.1 Definition, grundsätzliche Fragestellung und Nachbardisziplinen

Die Stadtgeographie analysiert städtische Siedlungen, ihre Auf- und Grundrissstrukturen, ihre politischen und wirtschaftlichen Funktionen sowie die Zusammenhänge von gesellschaftlichen und physisch-materiellen Entwicklungen. Die Stadtgeographie bewegt sich dabei immer zwischen der Idiographie, also der Beschreibung eines spezifischen Einzelfalls, und der Nomothetik, der Erarbeitung von allgemeingültigen Regelhaftigkeiten. Eine idiographische Stadtforschung mündet in Beschreibungen und Analysen einer oder mehrerer Städte, wobei der Einzelfallcharakter erhalten bleibt, eine nomothetische Stadtforschung bemüht sich dagegen um die Generierung von allgemeinen Aussagen über die Struktur oder Entwicklung städtischer Siedlungen als solche. Unzweifelhaft ist diese Ausrichtung wissenschaftlich gehaltvoller, denn sie löst sich vom Einzelfall und führt zu allgemeinen Aussagen, so wie es in anderen Sozial- und Naturwissenschaften auch üblich ist.

Die Stadtgeographie kann als Teilbereich der Human- oder Anthropogeographie aufgefasst werden. Im Unterschied aber zu den anderen Teildisziplinen der Human- oder Anthropogeographie, die nach sachlichen Gesichtspunkten relativ klar trennbar sind, steht die Stadtgeographie „quer" dazu. Wie jede räumliche Trennung schließt auch die Stadtgeographie wirtschafts- oder bevölkerungsgeographische Fragestellungen ein, diesmal jedoch auf das eigentliche Forschungsobjekt „Stadt" bezogen. Die Stadtgeographie ist – anders formuliert – eine Geographie im Kleinen, die sich auf einen spezifischen Raumtypus konzentriert. Sie kann damit die Breite der Geographie reduzieren und muss sich weder mit Küstenformen und Gebirgsentwicklung auseinandersetzen noch um industrielle Standortfaktoren per se kümmern. Sie fokussiert ihr Erkenntnisinteresse auf die physisch-materielle Welt einer Stadt sowie auf ihre sozialen Strukturen und Prozesse. Damit ist dennoch eine genügend große Zahl an breiten und heterogenen Forschungsfragen verbunden.

Die Stadtgeographie teilt ihr Forschungsobjekt „Stadt" mit anderen Disziplinen. Die Stadtsoziologie, die Stadtplanung, der Städtebau, die Stadtgeschichte oder die Kultur- und Sozialanthropologie versuchen mit jeweils spezifischen Fragestellungen, Teilaspekte der städtischen Realität zu erfassen. Alle Teildisziplinen einer umfassenden Stadtforschung zeigen charakteristische Unterschiede hinsichtlich der dominanten Maßstabsebene und des grundsätzlichen Erkenntnisobjektes.

Die Stadtgeschichte befasst sich mit der Genese einer Stadt, meistens auf einer oberen oder mittleren Maßstabsebene. Stadtgeschichte hat oftmals einen chronologischen Zugang und analysiert das historische Werden der Stadt, innerstädtische Differenzierungen sind dabei zweitrangig. In der Stadtgeschichte dominiert die idiographische Sichtweise. Die Stadtsoziologie konzentriert sich als eine spezielle Soziologie mit den spezifischen Formen des Zusammenlebens sozialer Gruppen in der Stadt auf einer mittle-

Die Stadtgeographie als wissenschaftliche Teildisziplin

Abb. 1.1/1: *Die Stadt als Forschungsobjekt im interdisziplinären Verbund*

ren Maßstabsebene (Häussermann, H., W. Siebel, J. Wurtzbacher, 2004). Sie stellt dabei weniger die physische Umwelt in den Mittelpunkt ihrer Betrachtung, sondern die sozialen Strukturen, sozialen Konflikte und spezifische soziale Problemlagen.

Auf einer kleinräumigen Maßstabsebene bewegt sich die Kultur- und Sozialanthropologie. Im Kern geht es dieser Disziplin um die Erfassung des baulichen und kulturellen Inventars einer Gesellschaft und um die Analyse der sozialen Bedeutung. Die Kultur- und Sozialanthropologie ist damit sehr viel detaillierter als die Stadtgeographie, teilt mit ihr aber das Interesse an der Interaktion der physisch-materiellen Welt auf der einen Seite mit der sozialen Welt auf der anderen.

Auf einer kleinräumigen Ebene bewegt sich auch die Architektur, die sich schwerpunktmäßig mit dem Einzelobjekt befasst. Dabei dominiert die Befassung mit Form und Funktion einer Baulichkeit, während die sozialwissenschaftliche Analyse der potenziellen oder tatsächlichen Bewohner keine sonderliche Bedeutung hat. Der Städtebau befasst sich, anders als die Architektur, nicht mit dem Entwurf oder der Gestaltung einzelner Gebäude, sondern mit Gebäudegruppen, Siedlungen und Stadtteilen. Insbesondere der öffentliche Raum hat im Städtebau eine besondere Bedeutung. Der Städtebau kann damit als der gestalterische „Arm" der Stadtplanung verstanden werden.

Abb. 1.1/1 verdeutlicht, wo die Stadtgeographie im Zusammenspiel mit den Nachbardisziplinen zu verorten ist. Sie befindet sich an der Schnittstelle zwischen einer physisch-materiellen und einer sozialen Welt und sie konzentriert ihre Forschung auf der Ebene von Stadtteilen, Stadtvierteln oder Bezirken. Im Rahmen einer vergleichenden Analyse geht die Stadtgeographie über diese mittlere Maßstabsebene hinaus und betrachtet die Stadt als Ganzes anhand von Indikatoren, Grundrissstrukturen oder Funktionen (Global-City-Forschung, Zentrale-Orte-Forschung und anderes mehr).

Zum Einlesen

HEINEBERG, H.: Stadtgeographie (Kapitel 17). In: GEBHARDT, H., R. GLASER, U. RADTKE & P. REUBER, (Hrsg.): Geographie. Physische Geographie und Humangeographie. – Spektrum Akademischer Verlag, Heidelberg 2007, 633–659.
Einführungstext in die Stadtgeographie, der anschaulich und übersichtlich wesentliche Forschungsfragen präsentiert.

LICHTENBERGER, E.: Stadtgeographie. Begriffe, Konzepte, Modelle, Prozesse. – Teubner, Stuttgart/Leipzig, 3. Auflage 1998.
Umfassende Übersichtsdarstellung über die wichtigsten Themen der Stadtgeographie. Das gut gegliederte Studienbuch erlaubt ein selektives Einlesen in die Thematik.

Gesamtübersichten

HEINEBERG, H.: Grundriß Allgemeine Geographie: Stadtgeographie. – Schöningh, Paderborn 2000.
LICHTENBERGER, E.: Die Stadt. Von der Polis zur Metropolis. Wissenschaftliche Buchgesellschaft/Primus Verlag, Darmstadt 2002.
ZEHNER, K.: Stadtgeographie.– Klett-Perthes, Gotha/Stuttgart 2001.

Zusammenfassung

- Die Stadtgeographie ist eine etablierte Teildisziplin der Humangeographie. Sie befasst sich mit der physischen Umwelt einer Stadt sowie mit sozialen, wirtschaftlichen und politischen Strukturen und Prozessen. Sie konzentriert sich dabei auf die unterschiedlichen Maßstabsebenen, die vom Einzelobjekt über den Stadtteil bis zur Gesamtstadt und zum städtischen System reichen.
- Wesentlich für eine stadtgeographische Betrachtungsweise ist die Verknüpfung von physischen und sozialen Umweltmerkmalen auf Strukturen und Prozesse im städtischen Kontext. Diese Integration von Raum und Gesellschaft ist kennzeichnend für die Stadtgeographie.
- Die Stadtgeographie teilt ihr Forschungsobjekt „Stadt" mit anderen Disziplinen. Die Stadtsoziologie, die Stadtplanung, der Städtebau, die Stadtgeschichte oder die Kultur- und Sozialanthropologie versuchen mit jeweils spezifischen Fragestellungen Teilaspekte der städtischen Realität zu erfassen. Stadtgeographie ist jedenfalls ein wesentlicher Nukleus einer interdisziplinären Stadtforschung.

1.2 Stadtgeographie oder Stadtgeographien: paradigmatische Zugänge

Die Stadtgeographie hat sich im 19. Jh. entwickelt und im 20. Jh. fachlich etabliert. Sie zählt – wie E. Lichtenberger (1998) betont – zu den Wachstumsdisziplinen des Faches. Das hat auch mit der wachsenden Bedeutung der Stadt zu tun. Immer mehr Menschen leben in städtischen Siedlungen, immer mehr gesellschaftlich relevante Probleme entstehen in den Städten oder lassen sich dort am besten untersuchen. Die Stadt ist – wie es bekannte Sprachbilder andeuten – das Laboratorium der Moderne, die Experimentierstube der Gesellschaft oder der Ort der Innovation. In einer globalisierten Welt werden die Städte zu den Kontrollinstanzen einer globalisierten Wirtschaft, in denen alle wichtigen politischen und wirtschaftlichen Entscheidungen getroffen werden.

In ihrer Geschichte hat die Stadtgeographie ihren grundsätzlichen Forschungscharakter mehrmals verändert. Das, was heute unter Stadtgeographie verstanden wird, hat wenig mit dem zu tun, was Ende des 19. Jh. oder am Beginn des 20. Jh. darunter verstanden wurde. Um auf diese unterschiedlichen und grundsätzlichen Ansätze (Paradigmen) aufmerksam zu machen, ist es angebracht, nicht von der Stadtgeographie, sondern von den Stadtgeographien zu sprechen (W. Matznetter, 2001). Mit der Verwendung der Mehrzahl soll die Pluralität der Forschungsansätze und der grundsätzlichen Betrachtungsweisen angedeutet werden.

Paradigma

Der Wissenschaftstheoretiker Thomas Kuhn definiert „Paradigma" in seinem 1962 erschienen Buch „The Structure of Scientific Revolutions" als ein vorherrschendes Denkmuster in einer bestimmten Zeit. Die Art der Fragen, die in Bezug auf ein Thema gestellt werden, die methodische Herangehensweise und die Interpretation der Ergebnisse der wissenschaftlichen Untersuchung folgen diesem vorherrschenden Denkmuster.

H. Heineberg (2000) unterscheidet sechs unterschiedliche Forschungsansätze innerhalb der Stadtgeographie, die zugleich in einer historischen Abfolge zu sehen sind (morphogenetische, funktionelle, kulturgenetische, sozialgeographische, verhaltensorientierte und kulturalistische Ansätze), wobei jedoch – so betont er – ältere Betrachtungsweisen bis heute erhalten blieben und die Breite und Pluralität des Faches kennzeichnen. Der frühe morphogenetische Ansatz ist ebenso wenig verschwunden wie der spätere funktionelle Ansatz.

Eine stärkere Fokussierung auf die derzeit aktuellen Forschungsansätze nimmt die folgende Systematik vor. Darin werden sieben verschiedene Perspektiven vorgestellt, die jeweils spezifische Herangehensweisen an städtische Probleme kennzeichnen. Von diesen sieben Ansätzen sind vier weitgehend identisch mit dem entsprechenden Ansatz bei H. Heineberg (2000).

Ansätze	Inhaltliche Fragestellung	Methodik
Kulturhistorisch-morphologischer Ansatz	Auf- und Grundriss der Stadt sowie die historisch-genetische Herleitung stehen im Mittelpunkt.	• Kartierung • Archivarbeit • Luftbilder
Funktioneller Ansatz	Die Analyse der gesellschaftlichen Funktion von Objekten, Stadtteilen oder zentralen Orten rückt in das Zentrum der Forschung.	• Kartierung • Erhebung vor Ort
Vergleichender Ansatz	Differenzierung und Vergleich städtischer Strukturen in unterschiedlichen Kulturerdteilen bzw. politischen Systemen	• Amtliche Statistiken • Luftbilder • Satellitenaufnahmen
Sozialgeographischer (sozialökologischer) Ansatz	Betonung der sozialen Gruppen und des menschlichen Handelns als „Motor" der Stadtentwicklung Verknüpfung räumlicher und sozialer Merkmale	• Befragung von Akteuren • Beobachtung • Kartierung
Regionalökonomischer Ansatz	Die Stadt wird als Standort betrachtet, der mit spezifischen und veränderlichen Standortfaktoren ausgestattet ist.	• Amtliche Statistiken • Befragung von Unternehmen
Strukturtheoretischer Ansatz	Analyse der Stadt im Zusammenhang mit gesellschaftlichen Großtheorien (z. B. Marxismus, Kapitalismus, Transformation etc.)	• Amtliche Statistiken
Kulturalistischer Ansatz	Stadt als kulturelles Produkt und als „Bühne" für gesellschaftliches, wirtschaftliches und politisches Handeln	• Medienanalyse • Bildanalyse • Diskursanalyse

Tab. 1.2/1: Forschungs- und Analyseansätze in der Stadtgeographie

1.2.1 Kulturhistorisch-morphologischer Ansatz

Der baulichen und physischen Struktur sowie der historischen Entwicklung einer Stadt gilt das besondere Interesse dieses Ansatzes in der Stadtgeographie. Die Auf- und Grundrissanalyse der Stadt stehen zunächst im Vordergrund. Anhand der physischen Struktur der Stadt – also die Straßengrundrisse, Gebäudetypen, Wohnungsgrundrisse – lassen sich die Geschichte der Stadt und städtischer Teil-

räume genauso erzählen wie Prozesse der sozialen Differenzierungen. Die Stadt dient als Registrierplatte für gesellschaftliche Phänomene. OTTO SCHLÜTER (1899) forderte, dass auch die Anthropogeographie von der konkreten Erscheinung ausgehen muss, so wie es die Physische Geographie praktiziert. Sie soll die Analyse einer Siedlung mit dem Grund- und Aufriss beginnen und die Eigenschaften, die in der senkrechten Abmessung liegen, von denen in der waagerechten trennen (O. SCHLÜTER 1899).

OTTO SCHLÜTER hat damit diesen Ansatz eingefordert, der die längste Tradition besitzt und einen eigenständigen stadtgeographischen Kern darstellt. Lange Zeit hindurch waren die Deskriptionen der physischen Struktur, die Dokumentation von Baudenkmälern und die Erstellung von Bautypologien zentrale Inhalte der stadtgeographischen Forschung. Der Kunsthistorische Atlas von Wien, 1916 von HUGO HASSINGER veröffentlicht, ist ein frühes Beispiel dafür.

HANS BOBEK und ELISABETH LICHTENBERGER haben mit ihrer Stadtgeographie von Wien (1966) und ELISABETH LICHTENBERGER mit ihrer Arbeit über die Wiener Altstadt (1963) den morphologisch-historischen Ansatz weiterentwickelt. Anhand von Aufnahmen der Grundrissstruktur der Stadt werden die Funktionen, die Geschichte und die sozialen und politischen Strukturen analysiert. Immer mehr wird die Morphologie der Stadt jedoch von einem Endergebnis zu einem „Starting Point" für eine weiterführende gesellschaftliche und politische Strukturanalyse.

Der historisch-morphologische Ansatz mit seiner genauen und detaillierten Arbeitsweise wird manchmal als typisch für die „deutschen Universitäten des frühen 20. Jh." (Übers. des Verf.) eingestuft (HALL, T. 2001, 20). Hinter diesem oberflächlichen Kontrast, der empirisch arbeitenden „deutschen Geographie" im Unterschied zur stärker theorieorientierten englischsprachigen Geographie, die sich leichter von der Empirie löst, steckt nur die halbe Wahrheit. Dabei wird nämlich übersehen, dass auf der einen Seite in der englischsprachigen Stadtgeographie zahlreiche morphologisch-historische Untersuchungen durchgeführt wurden (WHITEHAND, W. R. 1981) und auf der anderen Seite die deutschsprachige Stadtgeographie zu einer Theorieentwicklung mittlerer Reichweite gelangt ist.

1.2.2 Funktioneller Ansatz

Mit der Einführung des Funktionsbegriffs erfährt der morphologisch-historische Ansatz eine entscheidende Erweiterung. HANS BOBEK hat in seiner Dissertation über Innsbruck (1928) den Funktionsbegriff in den Mittelpunkt gerückt. Der Funktionsbegriff kennzeichnet dabei allgemein die Wirkung, das Wirkungsgefüge oder die Aufgabe eines Elements des zu analysierenden Systems. Welche Funktion besitzen der Marktplatz, die Ausfallstraße oder das Erdgeschoss? Nicht mehr die Auf- und Grundrissgestalt der Stadt alleine stehen im Vordergrund, sondern die Analyse von Funktionen von bestimmten Objekten und Orten in der Stadt. Die strikte Gebundenheit an den Raum wird erweitert, denn mit der Aufnahme des Funktionsbegriffes wird etwas nicht direkt Sichtbares gemessen. Die Funktion eines Marktplatzes ist nicht aus dem Grundriss zu klären, sondern nur aus der Beobachtung, der Kartierung oder einer Befragung.

Der Funktionsbegriff besitzt nicht nur für die innerstädtische Analyse große Bedeutung, sondern auch für die zwischenstädtische Ebene. Mit dem Konzept der zentralen Orte ist die Frage nach der Funktion der Stadt fest verbunden, wobei Funktion als Kürzel für die Reichweite und die Vielfalt des Angebots an Gütern und Dienstleistungen steht. Mit der Durchsetzung des Funktionsbegriffs in der Stadtgeographie wurde diese auch an reduktionistische regionalökonomische Ansätze anschlussfähig. Denn die Stadt wurde zu einem dimensionslosen Ort, der zwar bestimmte Funktionen ausübt, dessen konkrete Auf- und Grundrissstruktur aber beiseite geschoben werden konnte. Ein wichtiger Schritt in Richtung Nomothetik wurde damit möglich.

1.2.3 Vergleichender Ansatz

Das vergleichende Paradigma geht davon aus, dass alle jene Prozesse, die mit der Stadtentwicklung zusammenhängen und dort Relevanz besitzen, durch das jeweilige kulturelle oder politische Umfeld geprägt und auch gebrochen werden. Die Stadt ist auf der einen Seite das Ergebnis eines übergeordneten wirtschaftlichen, politischen und sozialen Entwicklungsprozesses, auf der anderen Seite aber – und möglicherweise hinsichtlich der Auswirkung viel bedeutender – das Resultat der „kulturellen" oder politischen Beugung des generellen Trends. Die Herausbildung der orientalischen oder nordamerikanischen Stadt wird als Ergebnis der spezifischen Organisation der orientalischen bzw. nordamerikanischen Gesellschaft verstanden.

Der vergleichende Ansatz kann mit einem morphologisch-historischen Ansatz kombiniert werden. Er geht auf einen von SIEGFRIED PASSARGE 1930 herausgegebenen Sammelband zurück. S. PASSARGE unterschied damals acht kulturkreisspezifische „Stadtlandschaftstypen". In den 1960er-Jahren, als das Konzept der „Kulturgroßräume" bzw. der „Kulturerdteile" (KOLB, A. 1962) in der Geographie po-

pulär wurde, erweiterte und verdichtete BURKHARD HOFMEISTER (1996) die kulturgenetische Forschungstradition. Zu seinen zwölf kulturgenetischen Stadttypen zählen u. a. die europäische, die orientalische und die nordamerikanische Stadt. Ihren Besonderheiten und Divergenzen in städtebaulicher, sozialräumlicher und funktionaler Hinsicht gilt das Interesse dieses stadtgeographischen Ansatzes, der aber durch die Verwendung eines verallgemeinernden, „essenzialistischen" Kulturbegriffes heute stark kritisiert wird.

Die Arbeiten von E. LICHTENBERGER, die sich mit der europäischen und der nordamerikanischen Stadt befassen, können ebenfalls dem vergleichenden Ansatz zugeordnet werden. Im Unterschied zu B. HOFMEISTER erfolgt bei E. LICHTENBERGER aber keine Rückbindung der städtischen Strukturen an kulturelle Großräume, sondern an politische Systeme. Mit dieser Einschränkung gewinnt die Forschung an Präzision. E. LICHTENBERGER geht es im Besonderen um die Auswirkungen eines marktwirtschaftlichen, planwirtschaftlichen und wohlfahrtsstaatlichen Systems auf die Stadtentwicklung und Stadtstruktur.

1.2.4 Sozialgeographischer (sozialökologischer) Ansatz

Mit dem sozialwissenschaftlichen Ansatz geht ein wesentlicher Perspektivenwandel einher. Nicht mehr die physische Struktur der Stadt steht im Vordergrund, welche Rückschlüsse auf die Gesellschaft ermöglicht, sondern die Gesellschaft selbst. Die Frage nach der Wirkung des „Raumes" auf die Gesellschaft wird als deterministisch abgelehnt und umgedreht: Wie konstituieren sich soziale Gruppen, und wie verändern sie durch ihre raumrelevanten Handlungen die Stadt? Der Grund- oder Aufriss der Stadt ist nicht der Ausgangspunkt der Analyse, sondern es sind gesellschaftliche Prozesse, die zur Begründung der physisch-materiellen Struktur der Stadt herangezogen werden.

Dabei stehen sowohl soziale Gruppen und ihr räumliches Verhalten in der Stadt im Vordergrund, als auch individuelles Verhalten und Handeln. Die Art und Weise, wie Gruppen der Gesellschaft oder handelnde Akteure die städtische Umwelt wahrnehmen, nutzen, sich aneignen und auch wieder verändern, kennzeichnet diesen Ansatz. Damit werden weitere, von außerhalb der Geographie kommende Ansätze integriert. Handlungstheorien beispielsweise beanspruchen für sich, die Komplexität menschlicher Handlungen zu erklären und sogar zu prognostizieren. Handelnde Personen können dabei „gewöhnliche Bürger" sein, aber auch Experten und Politiker. Eine sozialwissenschaftliche Stadtforschung befasst sich mit der Bedeutung der „Gatekeeper" und der „Urban Manager" als Gestalter der Stadtentwicklung. Das Handeln von Funktionären, ihre Rationalität und Motivation wird in diesem Fall zum Ansatzpunkt. Dabei wird auch offensichtlich, dass die Wahrnehmung der handelnden Subjekte eine zentrale Rolle erhält. Die subjektive Raumwahrnehmung, die in Form von „Mental Maps" dargestellt werden kann (LYNCH, K. 1960), etabliert sich als fester Bestandteil einer sozialwissenschaftlichen Stadtgeographie.

Zur sozialwissenschaftlichen Stadtforschung ist auch die Sozialökologie der Chicagoer Schule zu rechnen. Zentral ist dabei die Analyse der Allokation von innerstädtischen Standorten. Vor dem Hintergrund des freien Marktes und des Konkurrenzkampfes sozialer Gruppen und gesellschaftlicher Funktionen wird die Stadt durch die Mechanismen des Bodenmarktes „aufgeteilt". Die Analyse sozialer Grundrissstrukturen ergibt zugleich auch eine Darstellung des Ausmaßes an sozialer und gesellschaftlicher Ungleichheit.

1.2.5 Regionalökonomischer Ansatz

Im Rahmen des regionalökonomischen Ansatzes erfolgt eine Fokussierung auf wirtschaftliche Prozesse und eine Verknüpfung mit der Stadt. Die Stadt wird einerseits als das Ergebnis wirtschaftlichen Handelns gesehen und zugleich auch als ein besonderer Standort mit spezifischen Standortfaktoren. Die Stadt offeriert eine Reihe von Standortvorteilen, die die Wettbewerbsfähigkeit eines dort angesiedelten Unternehmens heben. Das erhöht weiter ihre Standortqualität, weil viele Unternehmen diese Standortvorteile nutzen. Regionale Entwicklungstheorien, die nicht auf die Prämisse des langfristigen regionalen Gleichgewichts ausgerichtet sind (Polarisationstheorie, Dependenztheorie, Basic- und Non-Basic-Ansatz, Regionszyklusmodell u. a.), sind im Rahmen dieses Ansatzes wichtig. Der regionalökonomische Ansatz analysiert die Frage, welche Unternehmen die Stadt brauchen und welche Qualität die Stadt als wirtschaftlicher Standort besitzt. Diese Frage ist selbstverständlich zu erweitern und zu differenzieren, indem die Bedeutung der großen und kleinen Städte, der nationalen Metropolen und der globalen Städte systematisch berücksichtigt wird. Die Antworten werden aufgrund von Analysen auf einer zwischenstädtischen Ebene genauso wie auf einer innerstädtischen Ebene erzielt.

Der regionalökonomische Ansatz führt zur Analyse der Standorte des Einzelhandels, der Zentralen Orte, der Global Cities, aber auch zur Frage nach den Standortfaktoren der postindustriellen Gesellschaft. Abermals wird bei Verwendung dieses Ansatzes die Anknüpfung an wirtschaftswissenschaftliche Theorien und Konzepte möglich.

1.2.6 Strukturtheoretischer Ansatz

Ausgangspunkt dieses Ansatzes sind gesellschaftliche „Großtheorien". In den Mittelpunkt der Sichtweise werden weder individuelles Handeln oder soziale Gruppenprozesse noch eine morphologisch-historische Analyse der Stadt gerückt, sondern die Art und Weise der gesellschaftlichen Produktionsverhältnisse. Diese schaffen bestimmte soziale Strukturen und politische Machtverhältnisse, die sich in der Stadt niederschlagen. Soziale und räumliche Strukturen sind in der Sichtweise dieses Ansatzes zwei unterschiedliche Seiten einer Medaille, die beide von den dominanten Produktions- und Machtstrukturen abhängig sind. Diese erzeugen ein beherrschendes System, welches auch die Stadt strukturiert.

Der strukturtheoretische Ansatz beginnt mit gesellschaftlichen Großtheorien, und analysiert dann, ob diese sich in der städtischen Realität wiederfinden. Die marxistische Stadtforschung beispielsweise geht vom Kapitalismus als einem System, dem die Produktion sozialer und räumlicher Ungleichheit immanent ist, aus. Soziale Ab- oder Aufwertungsprozesse, die sich in städtischen Strukturen wiederfinden, werden als Folge der ungleichen Verteilung von Produktionsfaktoren interpretiert. Im Mittelpunkt der Analyse stehen zunächst nicht die Stadt selbst und ihre baulich-physische oder soziale Struktur, sondern die dominante Art und Weise der Produktions- und Machtverhältnisse (HARVEY, D. 1973; CASTELLS, M. 1977).

In ähnlicher Weise erfolgt die Analyse der Stadt im Industriezeitalter oder der Stadtentwicklung in der Postmoderne bzw. in der Phase ökonomischer und politischer Globalisierung. Ausgangspunkt sind abermals Großtheorien über neue Produktionsverhältnisse, deren Akteure und Bedingungen. Sie lenken den Blick auf bestimmte Städte und städtische Strukturen, die dann als mehr oder minder eklektische Belege dienen (SASSEN, S. 1991). Abermals geht es dabei mehr um die Industrialisierung oder um Globalisierungsprozesse per se und weniger um eine Stadtanalyse auf einer mittleren und unteren Maßstabsebene.

1.2.7 Kulturalistischer Ansatz

Der siebte Ansatz entfernt sich immer mehr von der Stadt als physisch-materielles Phänomen. Aus dem Blickwinkel einer kulturalistischen Stadtforschung ist die Stadt mehr als eine Ansammlung von Gebäuden und Straßen. Sie ist Bühne für unterschiedliche kulturelle Interaktionen, sie ist Gedächtnisort und Transporteur von Symbolen. Die Stadt wird nicht als ein materielles oder soziales Produkt gesehen, sondern als Ergebnis kulturellen Handelns. Es stehen auch nicht die „objektiven" Strukturen im Vordergrund, sondern der kulturelle Gebrauch der Stadt und die gesellschaftlichen Vorstellungen über die Stadt.

Die kulturalistische Wende in der Geographie (MITCHELL, D. 2000) hat die traditionellen Fragestellungen zurückgedrängt. Die Kartierung einer Geschäftsstraße oder die Befragung von Bewohnern einer Stadtrandsiedlung sind im Rahmen dieses Ansatzes belanglos. Die „City as Space" ist eben nicht mehr wichtig oder hinlänglich erforscht, die Stadt als Ort der Produktion und Reproduktion von Kultur und kulturellem „Inventar" jedoch noch nicht. Im Rahmen der kulturalistischen Stadtforschung wird daher die systematische Auswertung literarischer oder auch multimedialer Dokumente (z. B. Film, TV-Serie), die sich mit der Stadt in der einen oder anderen Art auseinandersetzen, möglich gemacht: von klassischen Erzählungen bis zu Kriminalromanen und Reiseführern. Die Inszenierung der Stadt, die Festivalisierung ausgesuchter Orte in der Stadt oder die kritische Analyse von medialen Inwertsetzungen wären beispielhafte Themen. Dabei geht es um die kulturelle Produktion und Reproduktion der Stadt und ihrer Symbolik, die thematisiert werden.

Der kulturalistische Ansatz sieht aber auch den umgekehrten Weg der Argumentation. Thematisiert werden nicht nur die kulturelle Symbolik der Stadt, sondern auch die Rückwirkungen der Symbolik auf die beschriebenen Städte und auf die raumbezogene Identität ihrer Bewohner. Die Planung und Politik bedienen sich möglicherweise dieser Symbolik, bewerben und vermarkten diese, um die Stadt in eine bestimmte Richtung zu verändern (KRÄTKE, S. 2002). Die Inszenierung der Stadt ist dabei eingebettet in einen generellen Prozess der Globalisierung der Standorte, die austauschbar geworden sind und sich in einem Wettbewerb befinden. Das kulturelle Inventar und die mit der Stadt verknüpfte Symbolik werden – so sieht dies der kulturalistische Ansatz – zu einem politisch-planerischen Instrument.

Die kulturalistische Stadtforschung sieht also eine zunehmende Vereinigung von „Kultur und Markt". „Kultur" wird in ihrer vielfältigen Breite zu einem maßgeblichen Standortfaktor der Stadt, zu einem Instrument, um als Stadt bekannt zu werden und zu einem direkten ökonomischen Stimulus. Dabei kann es einerseits um die Frage nach dem kulturellen Inventar und den Effekten auf die Standortqualität des städtischen Raums, andererseits um den gezielten Einsatz von „Kultur" zur Inszenierung und Inwertsetzung einer Stadt oder innerstädtischer Teilgebiete gehen.

Zum Einlesen

HEINEBERG, H.: Grundriß Allgemeine Geographie: Stadtgeographie. – Schöningh, Paderborn 2000. H. HEINEBERG sieht andere Paradigmen als wesentlich an, aber die Diskussion darüber ist hilfreich für ein tieferes Verständnis der paradigmatischen Zugänge.

LINDNER, R.: Walks on the Wild Side. Eine Geschichte der Stadtforschung. – Campus, Frankfurt am Main 2004.

Diese Art von Stadtforschung kontrastiert mit einer stadtgeographischen sehr deutlich und macht klar, worin die stadtgeographischen Paradigmen bestehen.

Gesamtübersichten

LICHTENBERGER, E.: Die Stadt. Von der Polis zur Metropolis. – Wissenschaftliche Buchgesellschaft/Primus Verlag, Darmstadt 2002.
ZEHNER, K.: Stadtgeographie. – Klett-Perthes, Gotha/Stuttgart 2001.

Zusammenfassung

• Innerhalb der Stadtgeographie existieren unterschiedliche Forschungszugänge (Paradigmen). Paradigmen sind weder richtig noch falsch. Sie kennzeichnen unterschiedliche Fragen, methodische Zugänge und Interpretationen. Paradigmen sind meist zeitabhängig. Bestimmte Paradigmen dominieren und werden früher oder später durch andere abgelöst.

• Vorgeschlagen wird, zumindest sieben paradigmatische Zugänge in einer modernen Stadtgeographie zu unterscheiden, die nicht alle gleich „beliebt" sind, aber dennoch eine gewisse Gültigkeit besitzen: einen kulturhistorisch-morphologischen Ansatz, einen funktionellen Ansatz, einen vergleichenden Ansatz, einen sozialgeographischen (sozialökologischen) Ansatz, einen regionalökonomischen Ansatz, einen strukturtheoretischen Ansatz und einen kulturalistischen Ansatz.

1.3 Raumkategorien

Eine weitere, aber paradigmatische Frage betrifft die Raumkonzepte, mit denen in der Stadtgeographie hauptsächlich gearbeitet wird. Welche Raumkategorien werden unterschieden und mit welchen Raumkonzepten wird in der Stadtgeographie, in Abhängigkeit von dem jeweils verfolgten Forschungsansatz, gearbeitet?

1.3.1 Realobjektraum

Der Realobjektraum versteht sich als ein durch Vermessung und objektivierte Beobachtung erfasster Ausschnitt der Erdoberfläche. Die Stadt oder ausgewählte stadträumliche Ausschnitte werden so auf einer Karte, in einer Statistik oder einem Text abgebildet, dass die wesentlichen Strukturen unverzerrt wiedergegeben werden (strukturhomolog). Die Lagebeziehungen des materiellen Inventars der Stadt oder eines Stadtraumes (z. B. Gebäude, Straßen, Verkehrslinien, Fabriken, Geschäfte) bleiben erhalten, dass es der Realität entspricht. Der Realobjektraum beansprucht damit, Abbild des „Realen" zu sein, unverzerrt und unverfälscht durch Wahrnehmung und auch nur das wiedergebend, was sicht- und unmittelbar wahrnehmbar ist. Es ist ein chorisches Raumkonzept, eine zweidimensionale, euklidisch-metrische sowie abstrakte Repräsentation des Stadtgebietes. „Raum" wird als ein Ordnungsschema zur Beschreibung von Lageeigenschaften und von Standorten der Beobachtungsgegenstände definiert. Wer mit dem Realobjektraum arbeitet, meint, diesen wie bei einer Fotografie unverzerrt wiedergeben zu können. Die Kartierung einer Geschäftsstraße zeigt sich weitgehend objektivierbare Strukturen auf. Die Schaufensterlänge, das

Textbaustein: Raumbegriffe

Räume sind nicht, Räume werden gemacht. Auf diese plakative Formel lässt sich eine jahrzehntelange Diskussion über den Raumbegriff in der Geographie zusammenfassen. Wurden im 19. und 20. Jh. Räume als a priori vorhandene Entitäten aufgefasst, von denen ein gestaltender Einfluss auf gesellschaftliche Prozesse ausgeht, so vertreten die aktuellen theoretischen Ansätze die genau entgegengesetzte Position: nicht der Raum beeinflusst die Gesellschaft, sondern die Gesellschaft produziert den Raum.

Das Verb „produzieren" soll dabei nicht missverstanden werden. Natürlich ist die physische Umwelt in ihrer erdgeschichtlichen Genese nicht durch die Gesellschaft geschaffen worden. Plattentektonik, Gebirgsbildung und Erosion gab es bereits zu Zeitpunkten, in denen weder Menschen noch gesellschaftliches Handeln eine Rolle spielten. Was jedoch gesellschaftlich produziert wird, sind gegenwärtige und historische Nutzungsformen, Regionalisierungen und Grenzziehungen. Jede Regionalisierung von Räumen und jede Grenzziehung dient dabei immer einem bestimmten Zweck, besitzt Symbolkraft und ist Ausdruck von Interessen. Die Definition einer Mitteleuroparegion, die Bestimmung des Rheins als natürliche Grenze oder die Zusammenfassung von Gebieten zu einem Donauraum – um drei Beispiele zu nennen – können niemals aus sich selbst heraus erklärt werden, sondern immer nur aus gesellschaftlichem Handeln.

Das soll nicht bedeuten, dass jede Grenzziehung und jede Regionalisierung gefährlich und ideologisch belastet ist und im wissenschaftlichen Kontext nicht erfolgen soll. Nein, ganz im Gegenteil. Abgrenzen und Regionalisieren zählen zu den grundsätzlichen Aufgaben jeder raumbezogenen Wissenschaft. Wesentlich ist dabei jedoch, dass Ziel, Zweck und Methodik von Grenzziehung und Regionalisierung transparent gemacht werden, wobei zwischen Methodik auf der einen Seite und Ziel und Zweck auf der anderen Seite Zusammenhänge bestehen. Je nachdem, ob homogene, funktionale oder lebensweltliche Regionen abgegrenzt werden sollen, müssen andere Indikatoren und Messmethoden eingesetzt werden. Wesentlich ist auch, dass die Diskussion über die Konstruiertheit von Räumen wichtige Aussagen über die Konstrukteure selbst gestattet. Und schließlich eröffnet das Wissen um die Konstruiertheit den Blick auf den ideologischen Kern aufgeladener und symbolhafter Raumbegriffe und ermöglicht die Analyse der damit verbundenen politischen und gesellschaftlichen Funktionen.

Warenangebot oder der Standort sind objektiv messbar und werden auf einer Karte dargestellt. Die Einflussnahme des Beobachters oder der kartierenden Person wird tunlichst ausgeblendet oder negiert.

Der Realobjektraum kann auf unterschiedlichen Maßstabsebenen erfasst werden und stimmt in vielen Untersuchungen mit administrativen Grenzen überein. Er ist der „Containerraum", in dem materielle Dinge verortbar sind. Die Mikroebene des Realobjektraumes schließt Haushalte, Wohnungen und Gebäude ein, die Mesoebene Straßen-, Parzellen- und Baublocksysteme und die Makroebene die physische Struktur der Stadt insgesamt. Dementsprechend unterschiedlich sind auch die eingesetzten Verfahren. Kartierung, Fotografie und Objektbeschreibungen werden auf der Mikro- und Mesoebene eine Rolle spielen, die Analyse von Luftbildern und Satellitenaufnahmen auf der Makroebene.

1.3.2 Relativer Handlungsraum

Die zweite bedeutende Raumkategorie in der Stadtgeographie ist der relative Handlungsraum. Er wird durch funktionelle Verflechtungen aufgespannt und definiert einen anderen Raumtypus als ein Realobjektraum. Er ist nicht ein „Containerraum" mit verräumlichten Dinglichkeiten der Gesellschaft, sondern es ist ein flexibler Raum des Handelns. Der funktionelle Raum ist die Summe der Orte sozialer Interaktion. Dabei spielen Zeit, Kosten, Mühen und Risiko bei der Distanzüberwindung eine große Rolle und verändern somit die exakte Raumstruktur. Die gleiche Distanz wird vor

diesem Hintergrund sehr unterschiedlich bewertet, große Distanzen bei einer gut ausgebauten Infrastruktur schrumpfen, während kleine Distanzen bei schlechter Infrastruktur wachsen. Der Raum wird von einem geometrisch exakten „Container" zu einem technisch, sozial und ökonomisch unterschiedlich gewichteten Geflecht von Standorten.

Durch die tägliche Pendelwanderung wird ein persönlicher Interaktionsraum aufgebaut. Erwerbstätige wohnen in einem bestimmten Stadtteil und arbeiten in einem anderen. Durch die Pendelwanderung wird ein Ausschnitt der Stadt für die betroffenen Personen herausgeschält und dieser Interaktionsraum wird zu der entscheidenden Raumkategorie. Oder es werden Räume definiert, die sich durch die von Einzelnen frequentierten Orte der Freizeit, des Einkaufens oder des Kulturkonsums ergeben. Aktionsräume werden aufgespannt, die abermals wenig mit dem starren „Containerraum" zu tun haben, sondern sich aus Handlungen und Kommunikation ergeben. Aktionsräume können demnach auf der individuellen Ebene als persönliche Aktionsräume, aber auch im Aggregat als Aktionsräume von sozialen Gruppen auf der Meso- oder Makroebene festgelegt werden.

Ein wesentlicher Gesichtspunkt bei der Beurteilung der zukünftigen Entwicklung des städtischen Raums ist die Relativität des funktionellen Raums. Jede technologische Veränderung beeinflusst die Ausdehnung des funktionellen Raums, denn die handelnden Akteure, die Konsumenten oder die Wohnungssuchenden denken nicht in euklidischer Distanz, sondern in einer Zeit-, Kosten- und Müherelation bei der Distanzüberwindung. Die Aktionsräume verändern sich, wenn Straßen gebaut werden oder wenn die Treibstoffkosten sinken. Die städtische Struktur, durch die Interaktion der Gesellschaft geformt, ist damit auch ein Abbild der Verkehrstechnologie und der Verkehrspolitik.

1.3.3 Kognitiver Raum

Schließlich ist ein kognitiver Raum anzuführen, der auf Wahrnehmung und Handlung basiert. Der kognitive Raum hat sich nochmals ein Stück weiter vom Realobjektraum entfernt und wird in den „Köpfen" der Menschen geformt. Der Wahrnehmungsraum ist der subjektiv empfundene Stadtraum, der sich jedem Individuum unterschiedlich darstellt. Er löst sich damit weitgehend von einem geometrisch exakt aufgebauten Raum, der als Abbild der realen Welt aufzufassen ist, zu einem subjektiv verzerrten Gebilde. Die Wahrnehmungen selbst sind von selektiven Informationen, Wertvorstellungen, Anschauungen, Gefühlen und individuellen Präferenzen geprägt und weit entfernt von einem objektiven Raumkonstrukt. Der Wahrnehmungsraum ist aber wichtig, um individuelles und kollektives Handeln zu verstehen, denn er, und nicht der Realobjektraum, wirkt handlungsauslösend. Wahrnehmungen führen zur Konstruktion von „Mental Maps" über die von den Individuen rezipierte städtische Realität (LYNCH, K. 1960).
Der Wahrnehmungsraum entsteht durch Kognition und gesellschaftliche Kommunikation. Die persönliche Kognition wird durch Vorbildung, Vorwissen, Vorurteil und affektive Einstellungen geprägt. Die Wahrnehmung eines barocken Bau-

werkes wird davon ebenso geprägt wie die Wahrnehmung eines Arbeiterviertels oder einer historischen Innenstadt. Die gesellschaftliche Kommunikation wiederum wird durch die persönliche Wahrnehmung der Produzenten der gesellschaftlichen Kommunikation (z. B. Journalisten, Bürgerinitiativen, Persönlichkeiten des öffentlichen Lebens), durch die „Blattlinie" einer Zeitung oder durch die künstlerische Idee einer Fernsehendung geprägt. Auffällig ist, dass die Häufigkeit, mit der über manche Objekte oder Stadtteile in Medien berichtet wird, nicht unbedingt der realen Bedeutung, der flächenmäßigen Proportion oder dem Bevölkerungsanteil des Stadtteils entspricht. Die Sicht auf die Stadt wird verzerrt und geprägt. Gesellschaftliche Kommunikation schafft damit einen eigenen Informations- und Kommunikationsraum, der flexible Grenzen kennt und eine eigene Geometrie aufweist.

1.3.4 Öffentlicher und privater Raum

Der Realobjektraum weist eine unterschiedliche Form der Kontrolle über Nutzung und Zugänglichkeit auf. Er ist hinsichtlich dieser Kontrollmöglichkeit in einen öffentlichen, privaten und halböffentlichen Raum zu differenzieren. Diese unterschiedliche Qualität der Kontrolle über Nutzung und Zugänglichkeit beeinflusst in weiterer Folge die funktionelle Raumbildung sowie den Wahrnehmungsraum. Wenn große Teile der Stadt eine strikte Kontrolle über Nutzung und Zugänglichkeit aufweisen, dann werden sie aus dem sozialen Raum der Interaktion und Wahrnehmung ausgespart und in einer „Mental Map" verkleinert und verzerrt wiedergegeben. Interaktions- und Wahrnehmungsräume in einer Stadt mit einem hohen Anteil an öffentlichen Räumen werden dagegen in den „Mental Maps" der Bevölkerung grundsätzlich anders und wahrscheinlich viel unverzerrter dargestellt werden.

Der öffentliche Raum ist in der Regel frei zugänglich, und die Nutzungsmöglichkeiten sind von der öffentlichen Hand bestimmt. Er unterliegt der öffentlichen Kontrolle, und die Nutzung erfolgt anonym und massenhaft. Der Straßenraum, Plätze oder öffentliche Parkanlagen zählen dazu. Im Unterschied dazu existiert der private Raum, dessen Zugänglichkeit stark limitiert ist. Der Eigentümer des privaten Raums entscheidet darüber, welche Personengruppen den Raum nützen dürfen, und welche Nutzungen – im Rahmen der Raumordnung oder einer Hausordnung – erfolgen. Der private Raum ist der Öffentlichkeit verschlossen, und die Nutzer sind dem Besitzer in der Regel bekannt.

Zwischen dem privaten und dem öffentlichen Raum steht der halböffentliche Raum, der zeitweilig für die Allgemeinheit geöffnet wird, aber dennoch privaten Nutzungsregelungen unterliegt. Ein Einkaufszentrum stellt einen halböffentlichen Raum dar, der für das Publikum allgemein geöffnet wird, aber eigene Regeln der Nutzung kennt und notfalls unerwünschte Nutzer auch wieder entfernt.

Die Kategorisierung des Realobjektraums in öffentlich, privat und halböffentlich stellt eine wichtige Einteilung für einen interkulturellen Vergleich und für eine zeitgebundene Analyse dar. In der islamisch-orientalischen Stadt besitzen der halböffentliche und der private Raum eine weit größere Bedeutung als in den westlichen Städten (WIRTH, E. 2001). Sackgassen sind dort nicht für die Öffentlichkeit bestimmt, sondern stehen nur bestimmten Nutzergruppen zur Verfügung. In den westlichen Städten wiederum registriert man zunehmend eine Privatisierung des öffentlichen Raums, was durch den Ausschluss bestimmter Personengruppen (Obdachlo-

Merkmal	Öffentlicher Raum	Halböffentlicher Raum	Privater Raum
Zugänglichkeit	offen	reglementiert	stark beschränkt
Identität der Nutzer	anonym	anonym	bekannt
Regelmechanismen	öffentliches Recht	„Hausordnung"	Hausordnung und privater Stil
Verfügungsgewalt	öffentliche Hand	private Hand (meist Unternehmen)	private Hand (meist private Eigentümer)
Räumliche Ausprägung	• Straßenraum • Plätze • öffentliche Flächen	• Geschäfte • Malls • Gangräume	• Wohnungen • Häuser • private Gärten • Gated Communities

Tab. 1.3.4/1: *Merkmale des öffentlichen, halböffentlichen und privaten Raums*

se, Bettler, Kranke) manifestiert wird. Die zunehmende Überwachung des öffentlichen Raums durch technische Anlagen oder durch speziell ausgebildete Objektschützer geht in die gleiche Richtung. Das Wachstum der Einkaufszentren (Malls), die einen lediglich halböffentlichen Raum offerieren, kann als ähnliche Entwicklung interpretiert werden. ebenso die Zunahme von Gated oder Walled Communities, die auch den öffentlichen Straßenraum in einen privaten und strikt kontrollierten Raum transferieren.

1.3.5 Mikro-, Meso- und Makroraum

Der Realobjektraum, der Funktionalraum und der Wahrnehmungsraum können hinsichtlich ihrer Maßstäblichkeit weiter unterteilt werden. Eine gebräuchliche Kategorienbildung sieht die Dreiteilung in einen Mikro-, Meso- und Makroraum vor.

Kennzeichen des Mikroraums ist seine nahezu punktförmige Verortung. Analysen im Mikroraum umfassen das Einzelobjekt, die Wohnung, das Gebäude, den Haushalt oder die Person. Eine eindeutige Verortung liegt vor. Die Analysen sind daher detailliert, aber auch nur schwer auf die übergeordnete Ebene übertragbar. Der Maßstab der Betrachtung ist sehr groß.

Der Mesoraum schließt an den Mikroraum an und umfasst Stadtviertel, größere Nachbarschaften bis hin zu Bezirken. Die Aussagen sind nicht mehr punktbezogen, sondern flächenhaft. Der Maßstab der Betrachtung wird zu einem mittleren Maßstab, wobei die Erkennbarkeit der innerstädtischen Differenzierung wesentlich ist. Der Mikro- und besonders der Mesoraum sind die für stadtgeographische Analysen typischen Raumkategorien.

Die obere Maßstabebene wird vom Makroraum eingenommen. Die Stadt wird zur Gesamtstadt, zu einem „punktförmigen" Objekt, über das insgesamt Aussagen getroffen werden. Die innerstädtische Differenzierung tritt zurück. Die Stadt im Makroraum stellt den Ausgangspunkt für zwischenstädtische Analysen dar. Die Analyse des Zusammenhanges zwischen Wirtschaftsstruktur und Stadtgröße bewegt sich auf einer oberen Maßstabebene und setzt die Städte in einen Makroraum.

Zu bedenken ist jeweils, dass Übertragungen von Aussagen von einer Ebene auf die andere problematisch sind. Sehr leicht gerät man in die Gefahr des ökologischen Fehlschlusses. Aussagen, die auf einer Makro- oder Mesoebene gültig sind, müssen nicht zwangsläufig auf der Mikroebene zutreffend sein. Zeigt sich auf der Mesoebene beispielsweise ein Zusammenhang zwischen Baualter und Gebäudezustand dahingehend, dass ältere Gebäude schlechter erhalten sind, dann heißt das für die Mikroebene noch nicht zwingend, dass tatsächlich jedes ältere Haus schlecht erhalten ist. Gerade die Problematik des ökologischen Fehlschlusses verweist aber auch auf die Notwendigkeit des systematischen Maßstabwechsels, um städtische Phänomene valide analysieren zu können.

Zum Einlesen

KNOX, P. & S. MARSTON: Humangeographie. – Spektrum Akademischer Verlag, Heidelberg 2001. In leicht lesbarer Form präsentieren P. KNOX und S. MARSTON die Basiskonzepte der Raumanalyse auf den Seiten 38–53.

Merkmal	Mikroebene	Mesoebene	Makroebene
Entität	• Personen • Haushalte • Wohnungen • Gebäude	Stadtviertel	Gesamtstadt
Statistische Quellen	sozialwissenschaft- liche Primärfor- schung (Befragung, Beobachtung)	• sozialwissen- schaftliche Primärforschung • Fernerkundung • amtliche Statistik	• amtliche Statistik • Fernerkundung
Forschungsfragen	• Lebensstile • Akkulturierung • Gentrification u. a.	• Segregation • Stadtverfall • Stadterneuerung u. a.	Entwicklungspro- zesse im zwischen- städtischen Vergleich u. a.
Planungen	Flächenwidmung und Bauvorschrift	Stadtteilplanung	Stadtentwicklungs- planung

Tab. 1.3.5/1: *Mikro-, Meso- und Makroebene*

Gesamtübersichten

LICHTENBERGER, E.: Stadtgeographie. Begriffe, Kon-
zepte, Modelle, Prozesse. – 3. Auflage, Teubner,
Stuttgart/Leipzig, 1998.
WEICHHART, P.: Entwicklungslinien der Sozialgeo-
graphie. Von Hans Bobek bis Benno Werlen.
– Franz Steiner Verlag, Stuttgart 2008.

Zusammenfassung

• Die Vielfalt der Forschungsfragen und
Paradigmen innerhalb der Stadtgeographie führt dazu, dass unterschiedliche
Raumkonzepte verwendet werden.
• Ein wichtiges Raumkonzept, insbesondere für den kulturhistorisch-
morphologischen Ansatz, stellt der
Realobjektraum dar. Straßennetz,
Gebäudestruktur, aber auch statistische Verteilungen werden unverzerrt
wiedergegeben. Für einen sozialgeographischen – und damit auch hand-
lungsorientierten – Ansatz ist der
Wahrnehmungs- und Handlungsraum

eine adäquate Raumkonzeption. Sozioökonomische Bewertungen relativieren den Realobjektraum. Schließlich
ist der kognitive Raum anzuführen,
der als „Mental Map" ausgeprägt ist
und auf Emotionen, Weltbildern und
subjektiven Verzerrungen basiert. Er
ist im Rahmen einer kulturalistischen
Stadtforschung wichtig.
• Weitere wichtige und grundsätzliche
Kategorisierungen des städtischen
Raumes betreffen den privaten, halböffentlichen und öffentlichen Raum
sowie charakteristische Abstufungen
der Genauigkeit der Analyse.

1.4 Zeitkategorien

Im Bereich der Zeitkategorien arbeitet die Stadtgeographie ebenfalls mit unterschiedlichen Konstrukten. Wer stadtgeographische Analysen betrachtet, der wird schnell erkennen, dass die messbare Zeit im Sinne von Minuten, Stunden, Tagen oder Jahren nur eine von mehreren Möglichkeiten ist, Zeit zu konzeptualisieren. Abermals werden unterschiedliche Zeitkonzepte vorgestellt, mit deren Hilfe bestimmte Phänomene analysiert und erforscht werden.

1.4.1 Periodenbildung

Die Periodisierung von Zeit transformiert eine metrische Größe in eine ordinale Kategorie. Das heißt: Die metrisch skalierte Zeit mit ihren Unterteilungsmöglichkeiten und gleichen Intervallen wird in ungleiche Intervalle und damit in Perioden zerlegt. Bei einer Periodenbildung geht es immer darum, homogene historische Phasen anhand von Brüchen oder signifikanten Ereignissen zu definieren. Die Zeit verliert damit ihren metrischen Charakter und wird zu einer Kategorie des Früher oder Später. Die einzelnen Phasen des Mittelalters werden nicht nach Jahren gleichmäßig geteilt, sondern nach spezifischen Ereignissen und dauern ungleich lang. Dass das Frühmittelalter zeitlich vor dem Hochmittelalter liegt, wird deutlich, aber die zeitliche Länge des Frühmittelalters ist ungleich jener des Hochmittelalters. Die Skalenabstände werden verändert und gestatten nur mehr relative Aussagen.

Die Periodenbildung ist in der Stadtgeographie wichtig und in vielen Konzepten der Stadtentwicklung enthalten. Wer von einer fordistischen und postfordistischen oder von einer modernen und postmodernen Stadt spricht, benützt die Zeit nicht als eine metrische Größe, sondern als Periode. Wie lange bestimmte Perioden dauern, und welche Periodisierung überhaupt sinnvoll ist, stellt eine forschungsimmanente Frage dar, denn Periodisierungen sind nicht vorgegeben, sondern werden von der Forschung konstruiert.

1.4.2 Zyklen

Als eine Unterkategorie von Perioden kann das Zykluskonzept aufgefasst werden. Zyklen implizieren dauernde Wiederkehr. Der Konjunkturzyklus der Nationalökonomie geht von einem Wechsel von Wachstum und Stagnation aus, der sich innerhalb eines festen Zeitraumes immer wieder einstellt. Zyklen können daher regelmäßige Zeitabstände aufweisen, aber auch unregelmäßige. Die berühmten technologisch bedingten Wirtschaftszyklen (Kondratieffsche Zyklen) beschreiben eine langfristige Konjunkturentwicklung in Abhängigkeit von Schlüsselerfindungen, die in immer kürzeren Zeiträumen auftreten. Abermals sind Zyklen spezifische zeitliche Abgrenzungen, die nicht fest sind, sondern das Ergebnis eines Forschungsprozesses darstellen. Drei Forschungsfragen sollen die Zykluskonzeption verdeutlichen.

Zyklus von Auf- und Abwertung

Im Bereich der Stadtgeographie finden sich zahlreiche Verwendungen und Sichtweisen, denen diese Zeitkonzeption zugrunde liegt. Es wird bei der Analyse von

Auf- und Abwertungsprozessen häufig ein Zyklusmodell verwendet. So beschreibt das Filtering-down-Modell den schrittweisen Abwertungsprozess eines Stadtteils. Dieser Abwertungsprozess kann aus unterschiedlichen Gründen einsetzen (Errichtung einer sperrigen Infrastruktur, Imageverlust durch externe Ereignisse). Er wird jedenfalls von einem Wegzug der mobilen und kaufkräftigen Wohnbevölkerung oder des Kapitals eingeleitet. In den betroffenen Stadtteilen verbleiben einkommensschwächere Personen, die aufgrund ihrer Einkommenssituation einen Strukturwandel bei den Geschäften vor Ort und bei der öffentlichen Infrastruktur (z. B. Schulen) nach sich ziehen. Das Schließen von Geschäften oder die Abwertung von Schulen stellen aber wiederum ein Signal für die verbliebenen einkommensstärkeren Gruppen dar, ebenfalls wegzuziehen. Es wird weniger in Häuser, Wohnungen, Geschäfte und Infrastruktur investiert, ein Stadtteil beginnt schrittweise zu verfallen. Dieser Verfallsprozess hält so lange an, bis Pioniere wieder zuziehen und statushöhere Bevölkerungsgruppen folgen. Wenn ein Stadtteil wieder beliebt wird, dann folgen Bewohner und Kapital automatisch und drängen in diesen Stadtteil, der weitere Investitionen erfährt. Das Filtering-down ist beendet und ein Filtering-up setzt ein.

Die stadtteilbezogene Analyse dieser Filtering-down- und Filtering-up-Prozesse ist ein hilfreicher Ansatz, um Stadtentwicklung zu verstehen und den Einfluss des politischen Systems zu erkennen. In liberal-kapitalistischen Städten laufen diese zyklischen Auf- und Abwertungsprozesse nämlich rascher und akzentuierter ab. Die Ausschläge von Investitionen und Deinvestionen in US-amerikanischen Städten sind deutlich ausgeprägter als in den wohlfahrtsstaatlichen Städten Europas.

Zyklusmodelle der Stadtentwicklung

Das Zyklusmodell von Leo van den Berg et al. (1982) basiert auf insgesamt 189 Stadtregionen in Europa, die in ein engeres, dicht bebautes Kerngebiet einerseits und einen weiteren Verflechtungsbereich mit lockerer Besiedlung andererseits eingeteilt wurden. Im Mittelpunkt standen dabei die demographischen Änderungen der Kernstädte und des Stadtumlandes. Ihr Ergebnis war ein Phasenmodell mit vier charakteristischen Etappen: Urbanisierung, Suburbanisierung, Desurbanisierung und dann wieder Reurbanisierung.

Die erste und historisch weit zurückreichende Phase ist die Urbanisierung selbst. Dabei erfolgen ein Bevölkerungswachstum im Kern der Stadt, eine Konzentration von Funktionen und eine bauliche Verdichtung. Die Verdichtung führt aber auch dazu, dass die Lebensqualität für die Bewohner sinkt, und die Unternehmen nicht mehr über kostengünstige Flächen verfügen können, die sie benötigen würden. All das kann dazu führen, dass auf eine Phase der Urbanisierung eine Phase der Suburbanisierung folgt. Suburbanisierung kann als die Verlagerung von Nutzungen und Bevölkerung aus der Kernstadt, dem ländlichen Raum oder anderen metropolitanen Gebieten in das städtische Umland bei gleichzeitiger Reorganisation der Verteilung von

Nutzungen und Bevölkerung in der gesamten Fläche des metropolitanen Gebietes (FRIEDRICHS, J. 1995) verstanden werden. Eine lang andauernde Suburbanisierung führt zur Desurbanisierung und damit zur großräumigen, interregionalen Dekonzentration der Wohnbevölkerung und der Unternehmen. Von der Desurbanisierung profitieren die ländlichen Regionen und die kleineren Gemeinden fernab der großen Städte. Desurbanisierung ist damit nicht nur ein weiteres Hinausschieben von suburbanen Ringen, sondern eine funktionale Loslösung von der Kernstadt. Sie wird möglich, weil die harten Standortfaktoren (Erreichbarkeit, Infrastruktur, Informations- und Kommunikationstechnologie) flächendeckend vorhanden sind und nicht mehr die Stadtregion einseitig bevorzugen. Damit wird eine Industrialisierung und Tertiärisierung der ehemals ländlichen Regionen möglich (Periurbanisierung).

Nach der Desurbanisierung folgt schließlich wieder die Reurbanisierung. Die hohe Verkehrsbelastung, die zahlreichen Staus und damit Zeitverlust führen zu einer Wiederentdeckung der Stadt als Wohnort. Es kommt zu einer Rückkehr der Bevölkerung in die Städte. Die Zahl der Beschäftigten in der Kernstadt oder die Zahl der Einwohner gehen nicht mehr zurück, sondern nehmen zu. Die sichtbaren Merkmale der Reurbanisierung sind bauliche Aufwertungen und soziale Veränderungen. Gentrification citynaher Wohnquartiere kann mit der Reurbanisierung einhergehen.

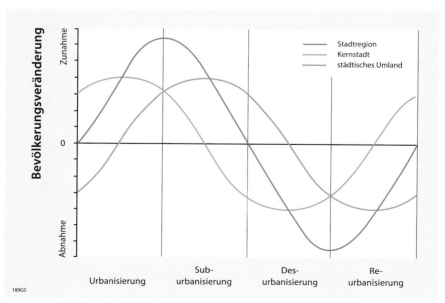

Abb. 1.4.2/1: *Phasenmodell der Stadtentwicklung*

Der Race-Relation-Cycle

Der Race-Relation-Cycle der Chicago School of Sociology ist ein anderes Zykluskonzept, welches von charakteristischen Eingliederungsphasen einer zugewanderten Bevölkerung ausgeht, die mit spezifischen Segregationsmustern gekoppelt sind. Die Zuwanderung erfolgt in die ethnischen Wohnviertel der schon früher Zugewanderten. Die Segregation der Bevölkerung nimmt zu. Nach und nach setzen Wettbewerb und Akkulturierung ein, und die erfolgreich assimilierten Zuwanderer verlassen die ethnischen Wohnviertel. Die Segregation verringert sich so lange, bis eine neue Zuwanderung einsetzt. Der Zyklus von Zuwanderung, Akkulturierung und Auflösung der ethnischen Wohnviertel beginnt wieder von neuem.

Lebenszykluskonzept

Schließlich kann auf der Mikroebene der Haushalte das Lebenszykluskonzept angeführt werden. Bei einem Lebenszykluskonzept geht es um den wiederkehrenden Wechsel des Wohnstandortes innerhalb der Stadt. Dieser Wechsel des Wohnstandortes wird mit demographischen Ereignissen kombiniert. Alleinlebende Personen beispielsweise verlassen häufig die Kernstadt, nachdem sie geheiratet haben und nach der Geburt eines oder mehrerer Kinder. Sie ziehen vielleicht an den Stadtrand und verbringen dort die Jahre der Elternschaft. Nach dem Auszug der Kinder werden das Wohnumfeld und die Wohnung möglicherweise an die neuen sozialen Umstände angepasst, und die Restfamilie zieht in die Kernstadt zurück. Gedacht wird beim Lebenszykluskonzept abermals nicht in metrischer Zeit, sondern in Perioden – oder weil es sich bei der Wanderung um ein wiederholendes Ereignis handelt – in Zyklen.

1.4.3 Rhythmische Phänomene

Wiederkehrende Ereignisse mit einer festen Zyklusfrequenz können besonders hervorgehoben werden. Auch das ist eine beliebte Denkfigur und Operationalisierung von Zeit in der Stadtgeographie. Der tageszeitliche Ablauf von innerstädtischen Fahrten kann als rhythmisches Phänomen mit spezifischen Einschnitten, wie z. B. zu den Rush Hours, interpretiert werden. Für die Differenzierung einer Bevölkerung, die während der Tagesstunden bzw. der Nachtstunden anwesend ist, wird als zeitliche Basiskategorie ebenfalls das Zykluskonzept verwendet, das als „Rhythmus städtischer Aktivitäten" gesehen werden kann. Zeit wird nicht als eine kontinuierliche, sondern als eine diskrete Größe aufgefasst. Die Berücksichtigung dieses regelmäßigen Wechsels führt in weiterer Folge zu unterschiedlichen Bevölkerungsbegriffen, nämlich zu einer Tag- und Nachtbevölkerung, die für die Kennzeichnung einer City oder eines Büroviertels sehr wichtig sind.

Während der Tag-Nacht-Rhythmus bereits gut untersucht und eingeführt ist, fehlen systematische Untersuchungen über andere Rhythmen. Wochen- und Wochenendrhythmen wären jedenfalls ebenso interessant zur Beurteilung städtischer Räume wie saisonale Rhythmen.

1.4.4 Exakte und substituierte Zeit

Schließlich findet in der Stadtgeographie auch die exakte Zeitmessung ihre Anwendung. Die Analysen von Tagesabläufen basieren auf der Erfassung genauer Zeitangaben. Tagesabläufe werden in Form von Zeitprotokollen erstellt, die nachträglich Aussagen erlauben, wie viel Zeit für einzelne Aktionen verwendet wurde. Die Stadtgeographie ist dabei besonders an der Zeit für Wegstrecken interessiert. Wie lange brauchen Arbeitskräfte für ihre Fahrt von der Wohnung zur Arbeit? Was kann als akzeptierter Zeitaufwand für die Pendelwanderung interpretiert werden? Zeit ist in diesen Fällen eine Stunden-Minuten-Angabe.

Die exakte Zeit wird in der Stadtgeographie verwendet, um Distanzen zu erfassen, aber auch zu relativieren. Die Wegstrecken werden nicht nur in Kilometern oder Metern gemessen, sondern in der Zeit, die zum Zurücklegen dieser Wegstrecken notwendig ist. Die räumliche Distanz ist ein wesentlicher Faktor, aber nicht der einzige. Dem technologischen Standard des Verkehrssystems kommt dabei große Bedeutung zu, denn er beeinflusst die erforderliche Zeit, um von einem Ort zum anderen zu gelangen, in einem erheblichen Ausmaß. Damit stellt man auch die Verknüpfung zum relativen Raum wieder her, der aufgrund der Zeit-, Kosten-, Mühe- und Risikorelation unterschiedlich gedehnt werden kann. Die Zeit ist auf alle Fälle aber eine entscheidende Größe, um den individuellen Aktionsraum in der Stadt festzulegen.

Zum Einlesen

GEBHARDT, H., R. GLASER, U. RADTKE & P. REUBER: (Kapitel 2) Raum und Zeit. – In: GEBHARDT, H., R. GLASER, U. RADTKE & P. REUBER (Hrsg.): Geographie. Physische Geographie und Humangeographie. – Spektrum Akademischer Verlag, Heidelberg 2007, 31–39.
Einführungstext in den grundsätzlichen Zusammenhang von Raum und Zeit und die unterschiedliche Konzeption von Zeit, der anschaulich und übersichtlich wesentliche Forschungsfragen präsentiert.

Gesamtübersichten

LICHTENBERGER, E.: Stadtgeographie. Begriffe, Konzepte, Modelle, Prozesse. – 3. Auflage, Teubner, Stuttgart/Leipzig, 1998.

Zusammenfassung

- Neben den unterschiedlichen Raumkonzepten sind auch Zeitkonzepte zu unterscheiden. Zeitkonzepte besitzen dann eine Bedeutung in der Stadtgeographie, wenn Zeitmessung oder zeitliche Abfolge in die Analyse mit einfließen.
- Wesentliche Zeitkonzepte basieren auf der Definition von historischen Phasen oder Perioden (z. B. in der Stadtgeschichte oder bei der Darstellung von historischen Stadttypen), auf Zyklen (z. B. Zyklusmodell von Urbanisierung und Reurbanisierung) oder auf exakten Zeitangaben (z. B. Isochrone zur Abgrenzung von Stadtregionen).

1.5 Stadtgeographische Analysekonzepte

Ebenso grundsätzlich wie die Raum- und Zeitkategorien sind die stadtgeographischen Analysekonzepte zu sehen. Dabei geht es um prinzipielle Betrachtungsweisen und um Sichtweisen bei der räumlichen Analyse von Städten. Die stadtgeographischen Analysekonzepte sind relevant für alle bereits vorgestellten Forschungsansätze, denn sie kennzeichnen, worauf geachtet wird, wenn die physische Struktur einer Stadt erfasst wird. Sie behandeln nicht die Mechanismen und die handelnden Akteure, die für eine physische Struktur verantwortlich zu machen sind, aber sie kennzeichnen die grundsätzlichen Ansätze, mit deren Hilfe Städte gesehen, dokumentiert und verglichen werden.

1.5.1 Verteilungen, Konzentrationen und Symmetrien

Die erste räumliche Analysekategorie, die das Denken und die Sichtweise in der Forschungspraxis beeinflusst, ist die Dokumentation und Analyse von flächenbezogenen Verteilungen. „Wo ist was" ist eine entscheidende Analysekonzeption in der Stadtgeographie. Alle stadtgeographischen Elemente besitzen einen geographischen Ort, der sich durch seine Lage und seine Lagebeziehungen auszeichnet. Die Stadtgeographie basiert damit auch auf dem chorologischen Axiom, wonach keine stadtgeographischen Elemente denkbar sind, die nicht über eine geographisch-räumliche Beziehung eingebunden wären.

Bei der Analyse von Verteilungen achtet man auf:

- Gleichverteilung,
- Konzentrationen und auf die
- Dynamik von Verteilungsmustern.

Gleichverteilung bedeutet, dass in jeder räumlichen Einheit der Stadt der gleiche Anteil oder gleiche Wert zu finden ist (Dichte, Anteil bestimmter Bevölkerungsgruppen, Relation Tag- und Nachtbevölkerung). Eine Gleichverteilung ist daher auch immer eine symmetrische Verteilung. Die Stadt weist keine bevorzugten oder benachteiligten Stadtteile auf, keine Ungleichverteilung sozialer Gruppen und keine Konzentrationen von Arbeitsstätten und Einzelhandelsgeschäften. Eine gleichverteilte Stadt stellt eine städtebauliche Utopie dar, die als Planungskonzept Bedeutung besitzt, in der Realität aber niemals existiert.

In der Realität ist die Gleichverteilung und die Symmetrie des Grundrisses der Stadt sowie der Verteilung von sozialen oder wirtschaftlichen Merkmalen die Ausnahme und nicht die Regel. Konzentrationen in unterschiedlichem Ausmaß kennzeichnen die Städte. Konzentrationen und Asymmetrie entstehen durch unterschiedliche Erreichbarkeiten in der Stadt, durch einen differenzierten Bodenmarkt, durch einseitige planerische Bevorzugungen, durch ökologische Gegebenheiten sowie durch bauliche Strukturen aus vergangenen Perioden. Eine Stadt mit reichen Wohnvierteln, ethnischen Gemeinschaften, einer Konzentration von älteren oder jüngeren Menschen und anderem mehr kennzeichnet ihre Normalität.

Die Konzentrationen können dabei drei Grundmuster annehmen. Sie können

- ringförmig angeordnet,
- sektoral
- oder dispers geklumpt sein.

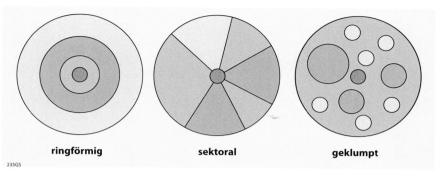

ringförmig   sektoral   geklumpt

235GS

Abb. 1.5.1/1: *Verteilungsmuster in der Stadt*

Ringförmige Konzentration bedeutet, dass jene räumlichen Einheiten, die in einer bestimmten Distanz um ein Stadtzentrum herum angeordnet sind, hohe Werte eines bestimmten Merkmals annehmen. Gebäude, nach dem Baualter eingestuft, weisen oft ringförmige Konzentrationen auf, denn sie kennzeichnen die „Wachstumsringe" der Stadt. Sektorale Konzentration verweist auf ein gehäuftes Auftreten eines Merkmals in einem bestimmten Sektor der Stadt. Die Wohngebiete statushoher Bevölkerungsgruppen sind oft sektoral angeordnet, insbesondere dann, wenn beispielsweise ökologische Asymmetrien beobachtbar sind. Schließlich bedeutet eine dispers geklumpte Konzentration eine Verteilung, die das gesamte Stadtgebiet einschließt und jeweils lokale Maxima aufweist. Die Verteilung der zugewanderten Bevölkerung, nach ethnischer Herkunft differenziert, entspricht einer dispers geklumpten Konzentration.

Ein chorologischer Analyseansatz beinhaltet keine zeitliche Dynamik, sondern nur die Beobachtung „wo etwas ist" und das Finden von Erklärungsansätzen für ein bestimmtes Verteilungsmuster. Wird eine zeitliche Komponente berücksichtigt, dann gelangt man zu einem Verteilungsmuster in der Zeit, dessen Analyse sehr viel über Verteilungsprozesse und über das politische System aussagt. Welche Nutzungen expandieren und verdrängen andere Nutzungen? Welche gesellschaftlichen Gruppen setzen sich mit ihren Ansprüchen durch, und wer zählt im städtischen Raum zu den „Verlierern"? Wie dominant ist die Planung, und wie mächtig sind marktgesteuerte Allokationsprozesse? Eine Analyse von Verteilungsmustern der Stadt in der Zeit kann darauf Antworten geben.

1.5.2 Die Stadt als zentriertes System

Eine weitere Antwort auf die Ausgangsfrage, worauf bei stadtgeographischen Analysen geachtet wird, lautet: auf die Stadtmitte. Die Stadt ist – mit unterschiedlichen Abstufungen – ein zentriertes System. Sie weist zumindest ein Stadtzentrum als Ort der ursprünglich besten Erreichbarkeit, des höchsten Prestigewertes und der teuersten Bodenpreise auf. In der Stadtmitte konzentrierte sich in historischer Zeit das soziale und monetäre Kapital, und in vielen Städ-

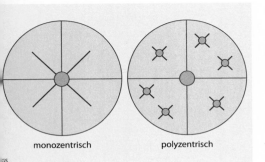

Abb. 1.5.2/1: *Stadt als zentriertes System*

ten ist das heute noch der Fall. Die Stadtmitte „erzählt" sehr viel über die Stadtgeschichte, über die Funktion der Stadt für das Umland sowie über aktuelle soziale und ökonomische Probleme.

Die stadtgeographische Analyse achtet dabei auf folgende Gesichtspunkte:

• Anzahl der Stadtzentren: Existiert ein dominantes Zentrum oder werden die zentralen Funktionen in der Stadt über mehrere Zentren verteilt (monozentrale Stadt oder polyzentrale Stadt)?

• Funktionalstruktur des Stadtzentrums: Welche Funktionen sind im Stadtzentrum angesiedelt? Dominiert die politisch-administrative Funktion – wie in vielen US-amerikanischen Städten – oder findet sich in der Stadtmitte eine Mischung unterschiedlicher Funktionen?

• Demographie des Stadtzentrums: Findet sich noch ein nennenswerter Anteil an der Wohnbevölkerung in der Stadtmitte, und welcher sozialen Schicht gehört diese an? Oder ist die städtische Mitte durch einen extremen Wechsel von Tag- und Nachtbevölkerung gekennzeichnet?

• Erreichbarkeit der Stadtmitte: Wie stellt sich die Erreichbarkeit der Stadtmit-

te dar? Wie ist sie von öffentlichen Verkehrsmitteln erschlossen? Ist die Stadtmitte noch der Ort mit der besten Erreichbarkeit?

• Öffentlicher Raum: Besitzt das Stadtzentrum öffentliche Räume? Wie sind diese gestaltet, wie angeordnet und welche Funktionen nehmen diese ein?

Die Stadtmitte stellt einen sensiblen Indikator für gesamtgesellschaftliche, politische und wirtschaftliche Machtverhältnisse und deren Veränderung dar. Für die mittelalterliche Bürgerstadt war die Lokalisierung von Rathaus und Kirche in der Mitte der Stadt kennzeichnend. City-bildungsprozesse haben die Stadtmitte in einer späteren Industrialisierungsphase zu einem Verwaltungszentrum umgestaltet. In der postmodernen Gesellschaft erfährt die Stadtmitte durch Inszenierung, durch das Vorhandensein von Geschäften, Kaufhäusern, Restaurants, Bars und Freizeiteinrichtungen einen neuen Stellenwert.

1.5.3 Achsen, Netze und Erreichbarkeit

Neben Verteilungen und der Analyse von Stadtzentren interessieren Achsen, Netze und Erreichbarkeiten. Die Sichtweise bei der räumlichen Analyse wird dabei von folgenden Merkmalen gekennzeichnet:

• Vorhandensein und Kapazität von Achsen;

• Erschließung der Achsenzwischenräume durch ein hierarchisch abgestuftes Netz von Straßen und Verkehrsmitteln;

• Erreichbarkeit der Stadtmitte;

• Symmetrie und Verteilung der Erreichbarkeiten beliebiger Orte in der Stadt.

Die Analyse versucht insgesamt, Zugänglichkeit, Erreichbarkeit und Netzstruktur

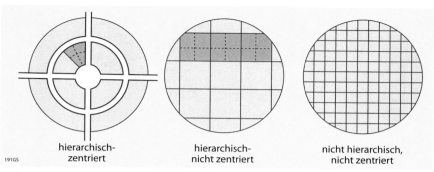

hierarchisch-
zentriert

191GS

hierarchisch-
nicht zentriert

nicht hierarchisch,
nicht zentriert

Abb. 1.5.3/1: *Achsen und Netze*

der Verkehrserschließung einer Stadt zu erfassen. Die Zugänglichkeit beeinflusst die Nutzung und den sozialen Rangplatz eines Stadtteils und wird ihrerseits durch die Konfiguration des Verkehrsnetzes gesteuert. Die Anordnung von linienhaften Elementen einer Stadt beeinflusst die räumliche Konfiguration der Stadtstruktur und der Stadtentwicklung in einem erheblichen Ausmaß. Ob ein sternförmiges und achsenorientiertes Wachstum vorliegt oder ein flächiges und kreisförmiges, hängt mit den Netzen und den dominanten Verkehrsmitteln zusammen.

1.5.4 Gradientenanalyse

Eine weitere wichtige Analysekategorie ist das Kern-Rand-Gefälle, welches durch einen Gradienten erfasst wird. Eine Gradientenanalyse kann sowohl für eine innerstädtische Differenzierung als auch für eine zwischenstädtische Analyse verwendet werden. Das Gemeinsame ist die systematische Änderung eines Merkmals mit der Entfernung von der Stadtmitte (Distance Decay) oder mit der Veränderung der Stadtgröße. Der Gradient kann dabei

• linear ansteigen,
• linear abfallen oder
• hierarchisch gestuft sein.

Ein typisches Beispiel für einen linear ansteigenden innerstädtischen Gradienten ist der Sozialgradient in vielen US-amerikanischen Städten, der vom Zentrum zur städtischen Peripherie zunimmt. In der Innenstadt wohnen nur wenige Einwohner, und der soziale Status dieser Bevölkerung ist niedrig. Gegen den Stadtrand hin finden sich die Wohnviertel der Mittel- und Oberschichten. Je weiter draußen gesiedelt wird, desto größer werden die Grundstücke und Häuser und desto höher auch der Immobilienwert. Der Sozialgradient weist also einen zentral-peripheren Anstieg auf, der in der Realität komplexer ist, aber dennoch das soziale Gefüge sehr transparent macht. Ein Beispiel für einen linear abfallenden innerstädtischen Gradienten stellt die Bevölkerungsdichte dar. Macht man einen gedanklichen Schnitt durch die Stadt, dann wird deutlich, dass die Bevölkerungsdichte in der Innenstadt oft sehr hoch ist und gegen den Stadtrand hin abfällt. Ein sehr steiler Gradient kennzeichnet dabei eine kompakte Stadt mit hoher Dichte im Zen-

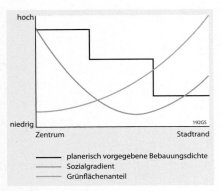

planerisch vorgegebene Bebauungsdichte
Sozialgradient
Grünflächenanteil

Abb. 1.5.4/1: *Verläufe von Gradienten*

trum und rasch abfallender Dichte zum Rand hin. Ein flacher Gradient ist dagegen ein Zeichen für eine flächig verteilte Stadt mit geringen Bevölkerungsdichten.

Wenn ein Gradient Sprünge oder Stufen aufweist, kann dies ein Hinweis auf eine hierarchische Ordnung sein. Hierarchien sind dabei ganz allgemein Organisationsformen von Unternehmen und Gesellschaften, bei denen ein bestimmtes Merkmal (z. B. Machtbefugnisse, Einkommen, Reichweiten) diskontinuierlich verändert wird. Im Rahmen einer zwischenstädtischen Analyse werden die Städte beispielsweise nach der Reichweite ihrer Einzelhandelsunternehmen gereiht, was zu charakteristischen Stufen führt. Die Erklärung, warum es zu dieser systematischen Stufenbildung kommt, hält die Zentrale-Orte-Theorie bereit. Einkaufsstraßen und Einkaufszentren können – gereiht nach der Entfernung vom Stadtzentrum – ebenfalls hierarchisch gestuft sein, mit einer übergeordneten Einkaufsstraße und großer Reichweite sowie einer wachsenden Zahl an untergeordneten Einkaufsstraßen und Einkaufszentren mit jeweils geringen Reichweiten.

Zum Einlesen

LICHTENBERGER, E.: Stadtgeographie. Begriffe, Konzepte, Modelle, Prozesse. – Teubner-Verlag, Stuttgart/Leipzig, 3. Auflage 1998.
E. LICHTENBERGER hebt in ihrer Stadtgeographie ähnliche Analysekategorien hervor. Die Texte setzen Vorwissen voraus, sind aber auf alle Fälle weiterführend.

Gesamtübersichten

HEINEBERG, H.: Grundriß Allgemeine Geographie: Stadtgeographie. – Schöningh, Paderborn 2000.

Zusammenfassung

- Die Stadtgeographie hat eine Reihe von spezifischen Denk- und Analysekonzepten entwickelt, mit deren Hilfe innerstädtische Strukturen erfasst werden. Denk- und Analysekonzepte wirken wie „Brillen", durch die die Realität gefiltert, aber auch erkannt wird.

- Eine Denk- und Analysekonzeption achtet auf die Innenstädte, denn diese besitzen immer eine zentrale politische, historische, ökonomische und soziale Bedeutung. Weil Städte zentrierte Systeme sind, stellen die Innenstädte einen stadtgeographischen „Lackmustest" dar.

- Schließlich sind weitere wichtige Denk- und Analysekonzeptionen zu nennen: Verteilungen, Konzentrationen und Symmetrien von Merkmalen im städtischen Raum; die Zahl und die Anordnung von Zentren in der Stadt; die Zahl, die Anordnung und die hierarchische Abstufung der Achsen, der Netze und damit der Erreichbarkeiten sowie der Verlauf von Gradienten.

Abb. 2/1: Stadtbegriffe – Rattenberg: Dorf oder Stadt?

2 Begriffe: Stadt, Verstädterung, Stadtregion

Was ist eine Stadt? Die einfachsten Fragen sind oft am schwierigsten zu beantworten. Das hängt aber weniger mit dem Unvermögen der einschlägigen Wissenschaften zusammen als vielmehr mit der Vielfältigkeit des zu definierenden Phänomens „Stadt" selbst. Fundamental Unterschiedliches wird mit dem Begriff Stadt belegt: eine moderne Millionenstadt an der Ostküste der USA, eine mittelalterliche Kleinstadt in der Oberpfalz, eine Industriestadt im slowakischen Erzgebiet, eine geplante Gartenstadt im Norden Londons und eine historische Stadt im antiken Griechenland: Alles ist Stadt!

Das zweite Kapitel widmet sich der Einführung in die grundsätzlichen Be-griefflichkeiten der Stadtgeographie. Die Vielfalt der Stadtbegriffe wird ebenso dargestellt wie der Bedeutungsgehalt von Stadtregion, Verstädterung und Urbanisierung. Die Zielsetzungen dieses Abschnittes bestehen darin, begriffliche Sicherheit zu erzielen sowie ein grundsätzliches Verständnis für stadtgeographisches Denken zu fördern. Im Mittelpunkt stehen dabei die Erläuterung des schwierigen Stadtbegriffs, die Definition von Urbanisierung und Verstädterung, die Vorstellung unterschiedlicher Stadtregionsbegriffe sowie die Interpretation von Stadttypen.

2.1 Die Definition der Stadt

Versuche, die Stadt mit einer gültigen Definition abzugrenzen, führen zu unscharfen
Befunden. Natürlich kann die Stadt als eine
größere Siedlung mit geschlossener Bebauung, hoher Bebauungsdichte, funktioneller
Gliederung und Bedeutungsüberschuss definiert werden. Aber ist damit eine notwendige begriffliche Klarheit erzielt worden? Ab
wann ist eine Bebauungsdichte hoch? Gilt
ein festgesetzter Dichtewert für alle Städte
dieser Erde? Wie lässt sich die Geschlos-
senheit einer Siedlung fassen und wie groß
muss eine Siedlung sein, damit sie als Stadt
gilt? Antworten, die auf diese Fragen gegeben werden, sind unbefriedigend und stimmen nicht immer mit der Wirklichkeit des
Phänomens „Stadt" überein. Wesentlich ist
dabei die Bereitschaft zur Differenzierung.
Ein Stadtbegriff, der für alle Zeiten, Kulturen
und Regionen gilt, bleibt Fiktion und kann
daher immer nur sehr oberflächlich sein.

2.1.1 Statistischer Stadtbegriff

Einen einfachen Zugang, um Städte
zu definieren, offeriert der statistische
Stadtbegriff, der in der Regel von den
Einwohnerzahlen oder den Dichtewerten
ausgeht. Statistische Einheiten (Sprengel,
Gemeinden) werden dabei nach ihrer Einwohnerzahl (oder Dichtewerten) gereiht.
Ab einem bestimmten Wert werden die
statistischen Einheiten als „städtisch"
eingestuft, und unterhalb dieses Wertes
gelten sie noch als ländlich. Welcher Wert
als Schwellenwert gilt, stellt eine normative Setzung dar, die theoretisch nicht begründet werden kann. Klar ist, dass diese
Trennungslinie so festgelegt werden soll,
dass tatsächlich städtische Einheiten von
ländlichen getrennt werden. Je nach räum-
lichem und kulturellem Kontext schwankt
dieser Wert aber erheblich. In der europäischen Statistik gilt jedenfalls eine einwohnerbezogene Mindestgröße von 200
(Dänemark, Finnland, Schweden), von

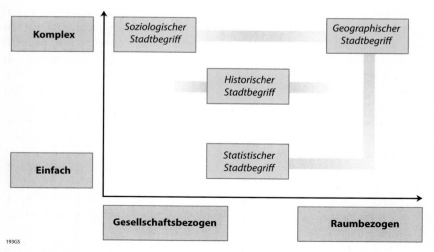

Abb. 2.1/1: *Stadtbegriffe in unterschiedlichen Disziplinen*

2 000 (Deutschland, Frankreich), 2 500 (Österreich) und 10 000 (Schweiz) als statistische Untergrenze für städtische Einheiten. Damit wird aber auch deutlich, dass der statistische Stadtbegriff implizit an einen stadtgeographischen oder stadtsoziologischen Begriff anschließt, denn mit der Festsetzung eines Schwellenwertes wird eine bestimmte Vorstellung von städtischer Siedlung messbar gemacht.

Anhand der Einwohnerzahl wird in weiterer Folge der statistische Stadtbegriff definiert. Die Einwohnerzahl dient im Weiteren der Einteilung der Stadt in Klein-, Mittel- und Großstädte. Die Erläuterung derselben erfolgt im Kapitel „Stadttypen".

Die statistische Untergrenze schwankt im räumlichen und zeitlichen Kontext erheblich. Während des Mittelalters galten im deutschen Sprachraum Siedlungen mit einigen wenigen Tausend Einwohnern bereits als Städte und eine Stadt mit 10 000 oder 20 000 Einwohnern als Großstadt. Seitdem haben sich die Schwellenwerte deutlich nach oben verschoben. Ähnliches gilt für den räumlichen Kontext. In dünn besiedelten Staaten liegen die Schwellenwerte für städtische Siedlungen unter jenen Werten, die in dicht besiedelten Staaten und Regionen üblich sind. Die Verstädterung bringt immer eine Anhebung der statistischen Schwellenwerte mit sich.

Internationale Statistiken über Städte sind daher nur begrenzt vergleichbar. Die UNO als eine wichtige Institution, die auch globale Statistiken anfertigt, behilft sich damit, dass sie es den Nationalstaaten überlässt, die einwohnerbezogene städtische Untergrenze zu definieren. Diese Vorgehensweise mag von einem wissenschaftlichen Standpunkt aus betrachtet unbefriedigend

erscheinen, denn damit wohnt allen internationalen Angaben über einen Verstädterungsgrad immer eine Unschärfe inne, sie trägt aber der kulturellen Gebundenheit des Stadtbegriffes Rechnung.

Die OECD (**O**rganisation for **E**conomic **C**ooperation and **D**evelopment) hat einen im Vergleich dazu verbindlichen Weg gewählt, der zu vergleichbaren Ergebnissen führt, wenn auch die Abgrenzung des ländlichen Raums im Mittelpunkt steht. Zunächst werden ländliche Gemeinden (NUTS-Ebene 5; **N**omenclature des **u**nités **t**erritoriables **s**tatistiques) definiert, wenn die Bevölkerungsdichte unter 150 Einwohner pro km^2 liegt. Dies stellt einen relativ hohen Schwellenwert dar. In einem zweiten Schritt wird der Anteil der Bewohner einer Region, die in solchen „ländlichen Gemeinden" leben, bestimmt. Dabei gilt: eine dominant ländliche Region ist dann gegeben, wenn über 50 % der Bevölkerung in ländlichen Gemeinden leben. Eine hauptsächlich ländliche Region ist durch einen Anteil von 15 % –50 % der Bevölkerung definiert, wohnhaft in ländlichen Gemeinden. Städtische Regionen sind dann gegeben, wenn weniger als 15 % der Bevölkerung dieser Region in ländlichen Gemeinden mit einer Einwohnerdichte von unter 150 Einwohnern pro km^2 vorzufinden sind.

2.1.2 Geographischer Stadtbegriff

Der aktuelle Stadtbegriff der Stadtgeographie definiert die Stadt der Neuzeit. Sie geht von einem Bündel von Merkmalen aus, die räumliche und gesellschaftliche Gesichtspunkte beinhalten und in unterschiedlicher Gewichtung zur Defi-

Merkmal	Stadt	Land
Einwohnergröße	ab 2000 bzw. ab 5000 Ew.	bis 2000 bzw. bis 5000 Ew.
	Weniger als 15 % der Bevölkerung einer Region wohnen in ländlichen Gemeinden mit einer Dichte von unter 150 Ew. pro km².	Mehr als 50 % der Bevölkerung einer Region wohnen in ländlichen Gemeinden mit einer Dichte von unter 150 Ew. pro km².
Soziale Beziehungen	anonym	personalisiert
Soziale Kontrolle	gering	ausgeprägt
Soziale Differenzierung	hoch	niedrig
Bauliche Struktur	• dichte Bebauung • Dominanz des Geschosswohnbaus	• geringere Dichte • Ein- und Zweifamilienhäuser
Funktionale Bedeutung für das Umland	weit reichend und vielfältig	geringer Bedeutungsüberschuss

Tab. 2.1.2/1: Definitionskriterien einer Stadt

nition des Phänomens „Stadt" beitragen. Im Unterschied zum historischen Stadtbegriff fallen jedoch die rechtliche Dimension und damit das Vorhandensein eines eigenen Stadtrechts weitgehend weg. Der moderne Staat hat eine rechtliche Vereinheitlichung gebracht, die dem Siedlungstyp „Stadt" keine Sonderstellung mehr zubilligt. Wenn heute noch Stadtrechtsverleihungen stattfinden, dann hat das nur mehr symbolische Bedeutung, aber keine rechtlichen Konsequenzen.

Aus stadtgeographischer Perspektive ist eine Siedlung dann als Stadt zu bezeichnen, wenn sie bestimmte bauliche, soziale und ökonomische Merkmale aufweist. Die Siedlung muss gekennzeichnet sein durch
• Dichte und Zentrierung,
• einen funktionellen Bedeutungsüberschuss,
• eine spezifische sozioökonomische Struktur sowie eine
• intensive Stadt-Umland-Beziehung.

Dichte und Zentrierung

Städte müssen eine bestimmte einwohnerbezogene Mindestgröße aufweisen. Der geographische Stadtbegriff schließt damit an den statistischen Stadtbegriff an. Nur jene Siedlungen, deren Einwohnerzahlen einen bestimmten Schwellenwert überschreiten, werden als Stadt eingestuft. Darüber hinaus muss die Bevölkerungszahl pro Flächeneinheit hoch sein. Die konkrete Höhe der städtischen Dichte hängt vom kulturellen Kontext ab. Eine Einwohnerdichte ab 1000 Personen pro km² ist sicherlich bereits als städtisch zu bezeichnen, ab 5000 oder sogar ab 10000 ohne weitere Diskussion.

Die hohe Bevölkerungsdichte hat wiederum eine dichte und mehrgeschossige Bebauung als Voraussetzung. Die Bevölkerungsdichte und die Bebauung zeigen dabei eine charakteristische Veränderung vom Stadtzentrum zur Peripherie. In den zentral gelegenen Stadtteilen werden die höchsten Dichtewerte erreicht; nach außen hin sinkt der

Dichtegradient. Städte sind demnach zentrierte Siedlungsformen mit hoher baulicher und einwohnerbezogener Dichte im Zentrum und entsprechend geringerer Dichte am Stadtrand. Je größer eine Stadt ist, desto größer ist auch der Unterschied der Dichten zwischen Zentrum und Rand.

Die Dichtewerte selber sind normativ vorgegeben. Die Bauordnung und die Flächenwidmung definieren über eine Geschossflächenzahl (GFZ), über die Bauklasse, über die Stockwerkszahl oder über die Einwohnerdichte pro Hektar die jeweils maximal zu erzielende Dichte. Hinter den Normen stecken aber auch wieder bestimmte Vorstellungen, was als städtische oder urbane Dichte, als verträgliche oder zu hohe Dichte einzustufen ist. Diese Vorstellungen sind nicht eindeutig, sondern variieren im räumlichen und zeitlichen Kontext. Es hängt vom jeweiligen gesellschaftlichen Verständnis ab, ab welcher Einwohnerdichte die Stadt beginnt, wie dicht sie sein muss, was als verträgliche Dichte gilt, und in welchem Ausmaß sie zentriert sein muss.

Funktioneller Bedeutungsüberschuss

Wesentlich für die geographische Definition einer Stadt ist die Betonung des funktionalen Bedeutungsüberschusses. Unter Bedeutungsüberschuss wird die Differenz zwischen den insgesamt in einer Stadt angebotenen Gütern und Diensten und jenen Gütern und Diensten, die nur von den Bewohnern der Stadt selbst benötigt werden, verstanden. Eine Stadt besitzt damit einen Überschuss an Bedeutung, sie hat eine spezifische Funktion für ihr näheres und weiteres Umland als Arbeitsort, als Versorgungszentrum, als Bildungsinstanz, als kultureller Innovator oder als Ort der politischen und ökonomischen Macht. Die Stadt „strahlt" in ihr Umland hinein und je größer diese „Strahlkraft" ist, desto wichtiger ist die Stadt.

Der mehrdimensionale Bedeutungsüberschuss ist für den geographischen Stadtbegriff unentbehrlich. Siedlungen können eine große Dichte aufweisen, sie können zentriert angelegt sein, und sie können eine bestimmte Mindestgröße erreichen. Wenn sie aber keine Einrichtungen beherbergen, deren Bedeutung über das unmittelbare Siedlungsgebiet hinausreicht, dann liegt keine Stadt im stadtgeographischen Verständnis vor. Eine suburbane Siedlung mit vielen Einfamilien- oder Mehrfamilienhäusern, aber ohne Schule, Einzelhandel und Bank, die auch Schüler oder Kunden von außerhalb anziehen, bleibt eine Wohnsiedlung und kann nicht als Stadt bezeichnet werden.

Sozioökonomische Struktur

Wirtschaftliche und politische Prozesse werden von der Stadt aus geleitet. Mit der Betonung des mehrdimensionalen Bedeutungsüberschusses als inhärentem Bestandteil einer geographischen Stadtdefinition ergibt sich in weiterer Folge auch eine spezifische sozioökonomische Struktur. Die Erwerbstätigkeit ist nicht vom Agrarsektor geprägt, sondern von Industrie, Gewerbe und besonders von Dienstleistungen, die für einen lokalen, regionalen oder internationalen Markt produzieren oder ihre Dienste offerieren. Es dominieren Angestellte mit unterschiedlichen Qualifikationen und einer breiten Einkommensverteilung. Die Frauenerwerbstätigkeit ist aufgrund der Arbeitskräftenachfrage des Dienstleistungssektors hoch. Ausländische Arbeitskräfte konzentrieren sich in großen Städten.

Die Zahl der Arbeitsplätze ist in den Städten sehr hoch und übertrifft die Zahl der dort wohnenden Berufstätigen. Die Städte weisen daher einen Einpendlerüberschuss aus dem Stadt-Umland auf. Die Tagbevölkerung übertrifft die Nachtbevölkerung deutlich. Wie hoch diese Werte im Einzelnen jedoch sind, hängt immer von der Abgrenzung der statistischen Areale ab. Je enger die Stadt als statistische Einheit begrenzt wird, desto größer werden die Unterschiede zum Umland sein, je großflächiger die Abgrenzung erfolgt, desto kleiner werden der Einpendlersaldo, der Unterschied zwischen Tag- und Nachtbevölkerung, die Arbeitsplatzdichte sowie die strukturellen Unterschiede der Erwerbstätigkeit sein.

Stadt-Umland-Beziehungen

Der mehrdimensionale funktionelle Bedeutungsüberschuss der Städte hat eine ebenfalls mehrdimensionale Stadt-Umland-Beziehung zur Folge. Ein Ungleichgewicht an Arbeitsplätzen, Wohnungen, Dienstleistungen und Freizeiteinrichtungen kennzeichnet die Asymmetrie zwischen Stadt und Stadt-Umland. Räumliche Interaktionen der Bevölkerung sind die Folge dieses Ungleichgewichts. Sie führen zu einem hohen Verkehrsaufkommen und zu einer hohen Verkehrskonzentration. Die Stadt ist mit ihrem näheren und weiteren Umland durch ein Netz von Straßen und Schienen intensiv verbunden. Sie stellt den Verkehrsmittelpunkt innerhalb eines unscharf begrenzten Gebietes dar, den Knotenpunkt der Infrastruktur und Kommunikation. Städte sind daher auch immer Orte mit hoher Verkehrszentralität.

2.1.3 Soziologischer Stadtbegriff

Die Soziologie definiert die Stadt anders als die Stadtgeographie, wobei der geographische Stadtbegriff den soziologischen Stadtbegriff mit berücksichtigt. Die Stadtsoziologie schiebt die strukturellen Fragen der physischen Struktur und des Bedeutungsüberschusses zur Seite und betont die spezifische Vergesellschaftungsform der städtischen Bevölkerung. Die Soziologie sieht die Stadt als einen sozialen Raum, der eine bestimmte Lebensweise ermöglicht und produziert. Die Stadt ist – vereinfacht gesagt – überall dort, wo Urbanität herrscht. Sie wird weder statistisch noch als spezifischer Ausschnitt der Erdoberfläche exakt definiert, sondern als eine Lebensform.

„Geographen, Historiker, Wirtschafts- und Politikwissenschaftler haben die Standpunkte ihrer jeweiligen Disziplinen in unterschiedliche Definitionen des Begriffs Stadt eingebracht. Diese zu ersetzen, kann nicht das Ziel der Formulierung eines soziologischen Ansatzes der Stadtanalyse sein. (...) Eine soziologisch signifikante Definition der Stadt muss bemüht sein, diejenigen Elemente der Urbanität herauszugreifen, die sie als eine besondere Art des menschlichen Zusammenlebens in Gruppen ausweisen." (WIRTH, L. 1983, 341). Urbanität stellt also die Schlüsselkategorie des soziologischen Stadtbegriffes dar. Es ist kein territorial verankerter Begriff, sondern ein gesellschaftlicher. Er basiert auf drei Dimensionen, nämlich

- Anonymität,
- Toleranz und Gleichgültigkeit sowie
- gesellschaftliche Differenzierung.

Anonymität

In einer Siedlung ist es ab einer bestimmten Einwohnerzahl nicht mehr möglich, alle Bewohner mit ihren spezifischen Eigenschaften und Biographien zu kennen. Traditionelle Formen der sozialen Interaktion mit den Nachbarn und den weiteren Bewohnern des Ortes oder des Dorfes werden durch anonyme Kontakte mit einem großen, aber auch ständig veränderten Personenkreis abgelöst. Anonymität kennzeichnet das Zusammenleben der Menschen in der Großstadt und nicht mehr die Intimität des persönlichen Kennens, wie es im Dorf noch möglich ist. Der Einzelne taucht in eine Masse von Menschen ein und wird damit für die Anderen nicht mehr erkenntlich. „Das Anwachsen der Einwohner einer Gemeinde über einige Hundert hinaus muss zwangsläufig die Möglichkeit einschränken, dass jedes Mitglied der Gemeinschaft alle anderen persönlich kennt. (...) Die Anhäufung von Menschen in einem Zustand der Interaktion unter Bedingungen, die es ihnen nicht erlauben, als ganze Persönlichkeit in Kontakt zueinander zu treten, erzeugt jene Segmentierung menschlicher Beziehungen, die gelegentlich von Forschern, welche das Geistesleben der Städte studieren, als Erklärung für den ‚gespaltenen' Charakter der urbanen Persönlichkeit ins Feld geführt wird" (WIRTH, L. 1983, 341). Anonymität stellt ein Schlüsselelement der soziologischen Stadtdefinition dar. Sie ist als eine Art „Selbstpanzerung gegen die Überfülle der Reize und der Fremdheiten, die in der großen Stadt auf jeden einstürzen" (SIEBEL, W. 2002, 324) zu verstehen. Sie schützt den Einzelnen, aber sie ermöglicht auch Freiräume. Sie erlaubt Individualität in der Masse der Anonymen. Die Stadt wird zum sozialen Ort, wo man ohne soziale Kontrolle durch Verwandte, Nachbarn und Mitmenschen „sein Leben leben" kann. Nicht jede Abweichung von dem, was als „normal" definiert wird, erfährt in der Stadt seine Korrektur. Die Anonymität der Stadt führt auch zur Befreiung des Einzelnen von traditionellen Zwängen und Normen. Neue Lebensformen, neue Verhaltensweisen und neue kulturelle Verhaltensweisen entstehen daher in der Stadt und nicht in dörflichen Gemeinschaften. Die Städte sind Orte intensiver Vergesellschaftung und zugleich Orte markanter Individualisierung (HELBRECHT, I. 2001).

Toleranz und Gleichgültigkeit

Ein zweites Kennzeichen der sozialen Interaktion der Stadt ist die Gleichgültigkeit und eine gewisse Toleranz oder – wie es H.-P. BAHRDT (1961) formulierte – eine resignierte Toleranz. Toleranz und Gleichgültigkeit ersetzen die engagierte und teilnehmende, aber auch rigide Interaktion der Bevölkerung des Dorfes. Das muss so sein, denn Stadtbewohner wären gänzlich überfordert, wenn sie alle Begegnungen, die sie in der Stadt erfahren, mit der gleichen emotionalen Tiefe begleiten würden, wie dies in einer dörflichen Gesellschaft der Fall sein kann. „Mögen die Kontakte mit dem Gegenüber noch so hautnah sein, sie sind dennoch unpersönlich, oberflächlich, transitorisch und segmentär. Die Distanz, die Gleichgültigkeit und die abgeklärte Haltung, welche die Stadtmenschen in ihren Beziehungen zueinander zur Schau stellen, können so als Mittel betrachtet werden, um sich gegen persönliche Ansprüche und Erwartungen anderer zu immunisieren", (WIRTH, L. 1983, 349).

„Wenn der fortwährenden äußeren Berührung mit unzähligen Menschen so viele innere Reaktionen antworten sollten wie in der kleinen Stadt, in der man fast jeden Begegnenden kennt und zu jedem ein positives Verhältnis hat, so würde man sich innerlich völlig atomisieren und in eine ganz unausdenkbare seelische Verfassung geraten. Teils dieser psychologische Umstand, teils das Recht auf Misstrauen, das wir gegenüber den in flüchtiger Berührung vorüberstreifenden Elementen des Großstadtlebens haben, nötigt uns zu jener Reserve, infolge deren wir jahrelange Hausnachbarn oft nicht einmal von Ansehen kennen und die uns dem Kleinstädter so oft als kalt und gemütlos erscheinen läßt" (SIMMEL, G. 1903, 234).

Toleranz und Gleichgültigkeit sind demnach die notwendigen Folgen der hohen Kontaktdichte, die jeder Einzelne in einer städtischen Gesellschaft erfährt. Es sind Schutzmechanismen, um nicht zu tief einzutauchen und um an der Oberfläche zu bleiben. Der „blasierte" Großstädter nimmt nur einen Teil der Realität wahr, er schottet sich ab, er filtert die Umweltreize aus und muss die Interaktion standardisieren. So wie die Geldwirtschaft zu einer Standardisierung des naturalwirtschaftlichen Tauschhandels geführt hat, so führt die Stadt zu einer standardisierten, wenn auch „verfeinerten Höflichkeit", was der ursprünglichen Bedeutung von Urbanität entspricht (WERLEN, B. 2002). Man kennt den Nächsten nicht, man kann ihn auf-

grund der Größe der Bevölkerung in einer Stadt auch nicht kennen, also steht man ihm gleichgültig, tolerant und in einem gewissen Sinne eben auch „standardisiert" gegenüber. Begegnungen mit einem anonymen Mitmenschen können sich nicht auf einer persönlichen Ebene vollziehen, sondern müssen formalisiert ablaufen. Diese formalisierte Interaktion führt zum Begriff der Rolle und des Rollenverhaltens. Die Rolle und das Rollenverhalten ermöglichen standardisierte Interaktionen und dienen dazu, die Fülle der Kontakte mit anonymen Mitmenschen in einer städtischen Siedlung zu bewältigen. Dieses erlernte Rollenverhalten im Rahmen der sozialen Interaktion kennzeichnet der Stadtsoziologe G. SIMMEL als „ein Präservativ des subjektiven Lebens gegen die Vergewaltigungen der Großstadt" (SIMMEL, G. 1983, 237) und erachtet es als ein wesentliches Kriterium für Urbanität und damit für den soziologischen Stadtbegriff.

Gesellschaftliche Differenzierung

Neben Anonymität, Toleranz und Gleichgültigkeit ist ein drittes Merkmal der soziologischen Stadtdefinition zu nennen: die gesellschaftliche Differenzierung. Die Städte sind Ausdruck und Orte der höchsten Arbeitsteilung und – damit auch gekoppelt – Orte mit den größten sozialen Gegensätzen. Als Folge der Arbeitsteilung und der Spezialisierung einer außeragrarischen Erwerbsgesellschaft differenziert sich die städtische Gesellschaft sehr viel stärker. Zusammenhängende Arbeitsprozesse werden geteilt und unterschiedlich qualifizierten Arbeitskräften zugeteilt. Eine Teilung in hochqualifizierte und meist auch gut entlohnte Tätigkeitsbereiche und in gering qualifizierte und auch nur gering entlohnte kann stattfinden. Ein gesellschaftliches „Unten" und „Oben", mit zahlreichen weiteren sozialen Abstufungen, kann sich in einer städtischen Gesellschaft sehr viel mehr ausprägen als in einer ländlichen. Die Städte werden somit Orte der Kontraste zwischen Reichtum und Armut, Glanz und Elend. Von einer Schicksals- und Solidargemeinschaft mit einem gemeinsamen „Wir-Gefühl" kann nicht mehr – oder nur in Ausnahmesituationen (z. B. Krieg, Epidemie, Naturkatastrophen, technische Unfälle) – gesprochen werden.

Zu den sozialen Gegensätzen als Folge von Arbeitsteilung, Differenz und Separierung kommen unterschiedliche Lebenskonzepte, Lebensstile, Norm- und Wertsysteme dazu, die in der Stadt nebeneinander existieren können. Die Anonymität der urbanen Interaktion ermöglicht diese Pluralität. Ein geringes Ausmaß an sozialer Kontrolle sorgt in der Stadt nicht für die Vereinheitlichung, sondern belässt es bei der Vielfalt. Heterogene Lebens- und Arbeitswelten sind möglich und differenzieren die Gesellschaft zusätzlich (KRÄTKE, S. 2002).

2.1.4 Historischer Stadtbegriff

Wie kann die Stadt in historischer Perspektive definiert werden? Die Antwort auf diese Frage führt zu einem historischen Stadtbegriff, der sich von einem aktuellen Stadtbegriff der Gegenwart unterscheidet und die Definition der Stadt bis etwa zum Beginn der Neuzeit zum Inhalt hat. Als wesentliche Kriterien werden dabei

- das Stadtrecht,
- die Stadtbefestigung und
- die Markt- und Herrschaftsfunktion

betont. Eine Siedlung ist dann als Stadt zu bezeichnen, wenn sie über ein eigenes Stadtrecht verfügt, wenn sie eine Stadtbefestigung besitzt und als Markt- und Herrschaftsort eine überlokale Bedeutung hat.

Stadtrecht

Die Verleihung des Stadtrechts stellte bis in die Spätphase des Mittelalters ein wichtiges konstituierendes Element der historischen Stadtdefinition dar. Sie ist Ausdruck und Endpunkt eines erfolgreichen Emanzipationsprozesses von der unmittelbaren Grundherrschaft („Stadtluft macht frei"). Die städtischen Bürger wurden neben dem Adel, den Bauern und den Geistlichen zur wichtigsten gesellschaftlichen Gruppe. Sie waren Träger des Handels und des Gewerbes, und sie wurden im Mittelalter zu der bestimmenden Schicht einer sich langsam kapitalisierenden Wirtschaft. Die Stadt wurde das Gegenmodell zur feudalen Herrschaft der ländlichen Räume.

Der deutsche Stadthistoriker E. ISENMANN (1988) weist darauf hin, dass die Betonung des Stadtrechts mit dem liberalen Zeitgeist der bürgerlichen Gesellschaft des ausgehenden 19. Jh. zusammenhängt. Das eigene Stadtrecht, als Ausdruck eines erfolgreich entschiedenen politischen Verteilungskampfes zwischen Bürgertum und Adel, findet im 19. Jh. seine Parallele zwischen den neuen Kapitalisten und der alten Aristokratie. Tatsächlich weicht die Koppelung von Stadtrechtsverleihung und tatsächlicher

Stadtentwicklung im Spätmittelalter auf. Stadtrechte wurden als Privilegien verliehen, obwohl es den Siedlungen nicht mehr möglich war, sich ein entsprechendes Hinterland zu verschaffen (Minderstädte). Städte entwickelten sich, obwohl sie kein Stadtrecht besaßen.

Stadtbefestigung

Zu thematisieren ist auch der strenge Zusammenhang von Befestigung und Stadtdefinition. In der Antike waren alle Städte von Mauern umgeben, ebenso die Stadtgründungen des Mittelalters, die zahllosen Bastides sowie die Städte der Reconquista in Spanien. Der Bau von Stadtmauern beschränkte sich aber nicht unbedingt nur auf Städte. Auch Märkte und dörfliche Siedlungen wurden, wenn notwendig, mit Befestigungsanlagen umgeben. Umgekehrt wurden rechtlich eindeutig als Städte definierte Siedlungen auch in der Periode des Hoch- und Spätmittelalters nicht immer mit Stadtmauern umgürtet (ISENMANN, E. 1988).

Markt- und Herrschaftsfunktion

Im Unterschied zur Ummauerung und zum Stadtrecht ist die Markt- und Herrschaftsfunktion für die Definition der historischen Stadt unbestritten. MAX WEBER hat bereits 1920 die wirtschaftliche Bedeutung der Stadt als Zentrum der Produktion, der Konsumption, ihre Aufgabe als Nahmarkt, als Treffpunkt der Fernhändler, aber auch die politisch-rechtliche Autonomie sowie die Herrschaftsfunktion als wesentliche Kriterien betont. „Wir wollen von ‚Stadt' im ökonomischen Sinn erst da sprechen, wo die ortsansässige Bevölkerung einen ökonomisch wesentlichen Teil ihres Alltagsbe-

darfs auf dem örtlichen Markt befriedigt, und zwar zu einem wesentlichen Teil durch Erzeugnisse, welche die ortsansässige und die Bevölkerung des nächsten Umlandes für den Absatz auf dem Markt erzeugt oder sonst erworben hat. Jede Stadt im hier gebrauchten Sinn des Wortes ist ‚Marktort'" (WEBER, M. 1920/21, 514).

M. WEBER hat neben der Bedeutung des Marktortes auch auf die Bedeutung des Herrschaftssitzes hingewiesen. Beides muss zusammenkommen, damit „Stadt" entsteht, die Marktfunktion alleine reicht nicht aus. Die historische Stadt ist bei M. WEBER Grundherren- oder Fürstensitz und Marktort zugleich, politischer und ökonomischer Mittelpunkt und damit Oikos (Herrschaftssitz) und Markt (WEBER, M. 1920/21).

Zum Einlesen

SIMMEL, G.: Die Großstädte und das Geistesleben. – In: PETERMANN, T. (Hrsg.): Die Großstadt. Vorträge und Aufsätze zur Städteausstellung (= Jahrbuch der Gehe-Stiftung Dresden, Band 9) Dresden 1903, 185–206.
G. SIMMEL setzt sich in diesem richtungsweisenden Aufsatz mit dem „Geistesleben" der Großstädter auseinander. Wesentliche Gedanken werden bei L. WIRTH 1983 wieder aufgegriffen und finden sich in der einen oder anderen Form in der aktuellen Literatur immer wieder (z. B. SIEBEL, W. 1997).

ZIMMERMANN, C.: Die Zeit der Metropolen. Urbanisierung und Großstadtentwicklung. – Fischer, Frankfurt am Main 1996.
C. ZIMMERMANN beschreibt aus einer historischen Perspektive heraus die Großstadtentwicklung in Europa. Dabei stehen Manchester, St. Petersburg, München und Barcelona im Vordergrund.

Gesamtübersichten

ISENMANN, E.: Die deutsche Stadt im Spätmittelalter: 1250–1500; Stadtgestalt, Recht, Stadtregiment, Kirche, Gesellschaft, Wirtschaft. – Ulmer, Stuttgart 1988.

Lichtenberger, E.: Die Stadt. Von der Polis zur Metropolis. – Wissenschaftliche Buchgesellschaft/Primus Verlag, Darmstadt 2002.

Löw, M., S. Steets & S. Stoetzer: Einführung in die Stadt- und Raumsoziologie. – UTB, Stuttgart 2006.

Zusammenfassung

- Wie ist eine Stadt zu definieren? Für die historische Stadt war das relativ einfach. Eine Siedlung musste über ein Stadtrecht verfügen, eine Markt- und Herrschaftsfunktion besitzen und sie war meistens durch eine Stadtbefestigung nach außen hin abgegrenzt. In der Gegenwart ist die Abgrenzung viel schwieriger geworden. Ein eigenes Stadtrecht gibt es nicht mehr und die scharfe Grenze zwischen Stadt und Land, markiert durch eine Stadtmauer, ist ebenfalls nicht mehr vorhanden. Ganz im Gegenteil: Stadt und Land gehen oft unmerkbar ineinander über.
- Der statistische Stadtbegriff offeriert eine schwellenwertbezogene Definition. Ab einem bestimmten Wert (z. B. 2 000 oder 5 000 Einwohner) werden die Gemeinden als „städtisch" eingestuft und unterhalb dieses Wertes gelten sie noch als ländlich.
- Die Stadtsoziologie sieht die Stadt als einen sozialen Raum, der eine bestimmte Lebensweise ermöglicht und produziert. Die Stadt ist – vereinfacht gesagt – überall dort, wo Urbanität herrscht. Urbanität ist gekennzeichnet durch die Anonymität der städtischen Bevölkerung, durch Toleranz, aber auch Gleichgültigkeit im Umgang miteinander sowie durch die strukturelle Differenzierung der Bevölkerung.
- Aus stadtgeographischer Perspektive kommen neben dem statistischen Kriterium und der soziologischen Sichtweise noch Merkmale der baulichen Struktur und eine funktionelle Sichtweise hinzu. Die Stadt beherbergt Einrichtungen (z. B. Kino, Theater, Oper, Universität, Krankenhaus, Ministerien, Regierungssitz), deren Wirkungsbereich das weitere Stadt-Umland tangiert. Die Stadtgeographie spricht vom funktionellen Bedeutungsüberschuss der Stadt als ein wesentliches Kennzeichen.

2.2 Verstädterung und Urbanisierung

Die Diskussion um den soziologischen Stadtbegriff hat das Phänomen Urbanisierung in den Mittelpunkt gerückt. Was heißt Urbanisierung im Detail und was versteht man im Gegensatz dazu unter Verstädterung? Verstädterung und Urbanisierung sind im deutschen Sprachgebrauch begrifflich zu unterscheiden. „Verstädterung" meint den steigenden Bevölkerungsanteil, der in Städten lebt.

Diese Zunahme der in Städten lebenden Bevölkerung kann auf eine Erhöhung der Einwohnerzahl bestehender Städte, aber auch auf eine Vermehrung der Zahl der Städte selbst zurückgeführt werden. Für diese Form der quantitativen Zunahme der urbanen Bevölkerung ist in der Geographie der Begriff Verstädterung – im Sinne eines quantitativen Verstädterungsprozesses – üblich.

Verstädterung weltweit
Seit dem Jahr 2007 wohnt mehr als die Hälfte der Weltbevölkerung in Städten, während 1950 noch 70 % auf dem Land lebten. Nach Prognosen der UNO wird der weltweite Anteil der städtischen Bevölkerung bis 2030 auf über 60 % steigen und im Jahr 2050 rund 70 % erreichen. Weltweit gibt es über 130 Städte mit mehr als drei Millionen Einwohnern.

(Schulz, R. & F. Swiaczny 2003)

Im Unterschied dazu wird der qualitative Verstädterungsprozess als Urbanisierung bezeichnet. Er greift den soziologischen Stadtbegriff auf und kennzeichnet die Ausbreitung städtischer Lebensweisen und die Übernahme derselben durch die Bevölkerung ländlicher Regionen. Auch wenn die Zahl der in Städten lebenden Bevölkerung gleich bleibt, steigt durch diese Form der kulturellen Übernahme städtischer Verhaltensweisen die Zahl der sich „städtisch" verhaltenden Menschen. Mit Urbanisierung wird demnach mehr der soziologische Inhalt von Stadt angesprochen, mit Verstädterung eher der geographische.

Leider wird diese Terminologie nicht stringent durchgehalten. Es finden sich häufig synonyme Verwendungen von Urbanisierung und Verstädterung, was auch mit der Schwierigkeit zusammenhängt, für Verstädterung ein passendes englisches Wort zu finden. Der englische Begriff „Urbanisation" entspricht dem deutschen Begriff der Verstädterung, wobei jedoch das deutsche Wort „Urba-

nisierung" nicht mit der Verstädterung gleichgesetzt werden kann. Es besteht (wie bei anderen Sachtermini) ein Dilemma, wenn man zwischen dem deutschen und dem englischen Sprachraum wechselt.

2.2.1 Verstädterung
Demographische Verstädterung

Die demographische Verstädterung wird als der wachsende Anteil der Bevölkerung einer räumlichen Einheit (Region, Staat, Erde), der in Städten lebt, definiert. Die Frage nach der statistischen Definition von Stadt ist in diesem Zusammenhang nicht mehr von Interesse. Der entsprechende Messwert kennzeichnet – wenn auch mit Unsicherheiten (Stadtdefinition, Stadtregionsabgrenzung) behaftet – das Ausmaß der Verstädterung. Die Verstädterung kann sowohl als demographischer Zustand (Verstädterungsgrad = Anteil der Stadtbevölkerung an der Gesamtbevölkerung eines Gebietes, Landes oder Staates), als auch als demographischer Prozess (Verstädterungsrate = Zuwachs der städtischen Bevölkerung bzw. des Verstädterungsgrades) operationalisiert werden.

Mit der Angabe des Verstädterungsgrades verbindet sich in der Regel auch eine Aussage über den gesellschaftlichen Entwicklungsstand, denn die Verstädterung und die dominante Wirtschaftsweise stehen in enger Beziehung zueinander. Dabei wird unterstellt, dass eine moderne Gesellschaft, die ihre ökonomische Wertschöpfung hauptsächlich aus der industriellen Produktion und noch mehr aus dem Dienstleistungssektor gewinnt, in Städten lebt. Ein hoher Verstädterungsgrad kennzeichnet daher einen weit fortgeschrittenen Modernisierungsprozess; ein geringer Verstädterungsgrad signalisiert das Verharren auf einer vormodernen Entwicklungsstufe. In der Realität sind aber Verstädterung und Modernität nur lose miteinander verbunden. Der zunehmende Anteil der in den Städten der Entwicklungsländer lebenden Bevölkerung kann nicht als Modernisierung gedeutet werden und umgekehrt kann sich die Gesellschaft der entwickelten Welt durchaus weiter „modernisieren", auch wenn der Verstädterungsgrad gleich bleibt oder vielleicht sogar zurückgeht.

Stadtverdichtung

Verstädterung bedeutet nicht nur die Zunahme der Bevölkerung in den bestehenden Städten, sondern auch die Zunahme durch eine Vermehrung der Zahl der Städte selbst. Diese Form der Verstädterung wird als Stadtverdichtung bezeichnet. Bei Stadtverdichtung steht also nicht die in Städten lebende Bevölkerung im Vordergrund, sondern die Zunahme der Zahl der Städte.

Die Stadtverdichtung selbst kann auf mehrere Ursachen zurückgeführt werden. So können Siedlungen durch Zuwanderung oder Bevölkerungswachstum jene Mindestgröße erreichen, die notwendig ist, um als Stadt klassifiziert zu werden. Siedlungen wachsen und werden statistisch ab einem bestimmten Zeitpunkt als „Stadt" gezählt.

Städte können aber auch planmäßig angelegt und neu gegründet werden. Stadtgründungen führen unmittelbar zur Erhöhung der Zahl der Städte und zur Verdichtung des städtischen Systems. In mittelalterlicher Zeit fand die Neugründung von Städten häufig statt, denn sie diente als

wesentliches Instrument, um Herrschaftsbereiche auszudehnen oder zu festigen. In der Neuzeit sind Neugründungen von Städten im Zuge des Ausbaues des absolutistischen Flächenstaates und der Kolonialisierung der Welt abermals ein Instrument der Herrschaftssicherung und der wirtschaftlichen Entwicklung. In der Gegenwart sind Neugründungen jedoch selten geworden, sodass die Stadtverdichtung als Ursache der Verstädterung deutlich zurücktritt.

Physiognomische und funktionelle Verstädterung

Neben der Verstädterung im Sinne einer Neugründung kann Verstädterung auch als Übernahme von physiognomischen oder funktionellen Merkmalen verstanden werden. Bestehende Siedlungen übernehmen städtische Funktionen oder die baulich-physiognomische Erscheinung einer Stadt. Ehemals dörfliche Siedlungen „verstädtern", wenn höher und dichter gebaut wird, die Freiflächen im Inneren reduziert und städtische Baustile übernommen werden.

Eine physiognomische und funktionelle Verstädterung kann in bestehenden Siedlungen einsetzen und dispers verteilt sein, sie kann aber auch in Form eines flächigen Wachstums bestehender Städte erfolgen. Im Zuge dieses Wachstums kommt es zur Überformung des Umlandes und damit zu einer Verstädterung der physiognomischen und funktionellen Struktur. Die Suburbanisierung der Wohnbevölkerung, des Einzelhandels sowie der Industrie und des Gewerbes stellt beispielsweise einen Vorgang dar, durch den der ehemals ländliche Raum „verstädtert".

Die physiognomische und funktionelle Verstädterung ist nicht einfach zu messen. Wenn nämlich derart verstädterte Siedlungen nicht die Kriterien einer Stadt erfüllen, dann wird die dort lebende Bevölkerung auch nicht als „städtisch" eingestuft und dies schlägt sich dann nicht im Verstädterungsgrad einer räumlichen Einheit nieder. Derart könnte der Verstädterungsgrad einer Region gleich bleiben, auch wenn die baulich-physischen Strukturen der Siedlungen deutlich städtische Züge annehmen. Um die physiognomische und funktionale Verstädterung feststellen zu können, müssten daher flächendeckende Erhebungen über die baulich-physische Struktur und den funktionalen Wandel der Siedlungen stattfinden, welche jedoch die amtliche Statistik nicht durchführt.

2.2.2 Urbanisierung

Unter Urbanisierung im engeren Sinne versteht man die Übernahme städtischer Verhaltens- und Lebensweisen durch die Bevölkerung ländlicher Räume. Urbanisierung kennzeichnet damit einen Ausbreitungsprozess von „Stadt" im nichtmateriellen Bereich. Urbanisierung wird daher auch als qualitative Verstädterung bezeichnet. Sie kann mit der quantitativen Verstädterung gekoppelt sein, muss es aber nicht.

Der Urbanisierungsprozess im weiteren Sinn wird im Wesentlichen durch zwei Mechanismen in Gang gehalten:

- Ausbreitung der städtischen Bevölkerung,
- Übernahme städtischer Verhaltensweisen.

Auf der einen Seite kommt es mit der Abwanderung von städtischen Bevölkerungsgruppen in das unmittelbare und weiter entfernt liegende Stadt-Umland auch zur Mitnahme von städtischen Verhaltensweisen in ehemals ländliche Gebiete. Die städtische Bevölkerung, die in das Stadt-Umland wandert, nimmt ihre Verhaltens- und Lebensweisen mit und verändert den suburbanen Raum. Aus einem ehemals ländlich strukturierten Gebiet wird ein städtischer Raum. Damit zusammenhängend ist meistens auch die physiognomische und funktionale Verstädterung.

Ein zweiter Prozess, der hinter der qualitativen Verstädterung steht, besteht in der Übernahme städtischer Verhaltensweisen durch Lernprozesse (Akkulturierung). Es wandern nicht die Träger der städtischen Verhaltens- und Lebensweisen zu, sondern es werden nur die Informationen aufgenommen und die Verhaltensweisen entsprechend umgeformt. Über Film, Fernsehen, Printmedien oder literarische Darstellungen werden urban geprägte, gesellschaftliche Werte-, Normen- und Symbolsysteme transportiert und zu Standards stilisiert. Die Bevölkerung nicht-urbaner Räume erlernt und nimmt – bewusst oder unbewusst – diese städtischen Standards an. Auch dadurch findet Urbanisierung im engeren Sinne statt.

Ein Problem im Zusammenhang mit der qualitativen Verstädterung muss erwähnt werden: Im Unterschied zu der eindeutig definier- und messbaren demographischen Verstädterung stellt sich nun die Frage, wie die Übernahme städtischer Verhaltens- und Lebensweisen gemessen werden soll. Darauf lässt sich leider keine einheitliche und verbindliche Antwort geben, denn die einzelnen Dimensionen des soziologischen Stadtbegriffes, die hinter dem Urbanisierungsbegriff stehen, entziehen sich einer direkten Messung. Nur anhand von Merkmalen, die Urbanität indirekt messen, lässt sich dieser Prozess nachvollziehen. So zeigen beispielsweise demographische Merkmale (niedrige Geburtenzahlen, spätes Heiratsalter und hohe Scheidungsraten), dass Kennzeichen der städtischen Lebensweise mehr und mehr auch in ländlichen Räumen Gültigkeit besitzen.

Zum Einlesen

FIEDLER J.: Urbanisierung, globale. – Böhlau, Wien 2004.

> Einen breiten und gut dokumentierten Überblick über globale Verstädterungsprozesse anhand von Fotografien vermittelt dieses Buch, welches von einem Architekten und Stadtplaner verfasst wurde. Dass dabei der Begriff „Urbanisierung" verwendet wurde, obwohl eigentlich Verstädterung gemeint ist, kennzeichnet die begriffliche Sprachverwirrung.

UN-HABITAT: State of the World's Cities Report 2006/7.

> Der World Cities Report vermittelt einen breiten Problemaufriss über die aktuellen Fragen in der Stadtentwicklung in der Welt des Nordens und des Südens. Der Report geht nicht ins Detail, stellt aber die Problemsicht einer internationalen Organisation anschaulich dar.

Gesamtübersichten

BÄHR, J.: Bevölkerungsgeographie. Verteilung und Dynamik der Bevölkerung in globaler, nationaler und regionaler Sicht. – Ulmer, Stuttgart 1992.

Zusammenfassung

- „Verstädterung" meint den steigenden Bevölkerungsanteil, der in Städten lebt. Diese Zunahme der in Städten lebenden Bevölkerung kann auf eine Erhöhung der Einwohnerzahl bestehender Städte, aber auch auf eine Vermehrung der Zahl der Städte selbst zurückgeführt werden. Für diese Form der quantitativen Zunahme der urbanen Bevölkerung ist in der Geographie der Begriff Verstädterung – im Sinne eines quantitativen Verstädterungsprozesses – üblich.

- Im Unterschied dazu wird der qualitative Verstädterungsprozess als Urbanisierung bezeichnet. Er greift den soziologischen Stadtbegriff auf und kennzeichnet die Ausbreitung städtischer Lebensweisen und die Übernahme derselben durch die Bevölkerung ländlicher Regionen. Auch wenn die Zahl der in Städten lebenden Bevölkerung gleich bleibt, steigt durch diese Form der kulturellen Übernahme städtischer Verhaltensweisen die Zahl der sich „städtisch" verhaltenden Menschen.

- Urbanisierung entspricht demnach mehr dem soziologischen Stadtbegriff und Verstädterung eher dem geographischen Stadtbegriff.

2.3 Stadtregionsbegriffe

Die wissenschaftliche Diskussion des Begriffes „Stadt", aber auch das Alltagsverständnis impliziert eine Dualität von Stadt und Land. Das Bild der klar abgegrenzten Stadt, umgeben von einem strukturell vollkommen anders aufgebauten ländlichen Raum, dominiert. Die Stadt reicht bis zu einer virtuellen Stadtmauer, und städtische Lebens- und Verhaltensweisen stellen etwas vollkommen Anderes dar als die in den ländlichen Räumen vorherrschenden. Die Realität ist eine andere. Die Stadt geht nicht diskontinuierlich, sondern kontinuierlich in die ländlichen Räume über. Städte haben sich zu Stadtregionen entwickelt, die begrifflich unterschiedlich erfasst werden.

Stadtregion

Eine Stadtregion stellt eine funktionsräumliche Einheit dar, die sich aus einer Kernstadt und einem Pendlereinzugsbereich zusammensetzt. Die Kernstadt umfasst dabei das Verwaltungsgebiet der zentralen Stadtgemeinde – der Central City im englischen Sprachraum entsprechend – und ist mit einem Umland, aus dem Arbeitsplatzpendler, Bildungspendler oder Konsumenten stammen, funktional verbunden.

Das klassische Modell der Stadtregion von O. Boustedt (1970) geht von einer Kernstadt und einer unmittelbar daran anschließenden Ergänzungszone aus. Beide zusammen werden als Kerngebiet bezeichnet, an das die Umlandzonen anschließen. O. Boustedt differenziert diese Umlandzonen in die an das Kerngebiet anschließende verstädterte Zone, in die Randzone und schließlich in das Umland, welches bereits am Rande der Stadtregion liegt. In diesem Umland können Trabantenstädte liegen, die funktionell sehr viel enger mit dem Kerngebiet der Stadtregion verbunden sind als das sie umgebende Umland.

Die Stadtregion bei O. Boustedt stellt ein zentriertes System dar mit einem Zentrum und einem klaren zentral-peripheren Gradienten. Lediglich die Trabanten im Stadt-Umland „stören" die klare Struktur der Stadtregion. Daran kann man auch das relative Alter dieses Modells erkennen. Nicht vorgesehen sind städtische Zentren am Rande der Stadtregion, eine funktionale Differenzierung der Außen- oder der Umlandzonen sowie neue Formen von „Stadt" am Rande der Kernstadt (Edge City, Zwischenstadt, Mehrkernstädte).

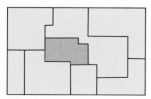 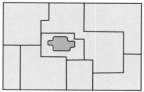 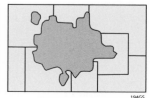

übereinstimmende Stadt   überbegrenzte Stadt   unterbegrenzte Stadt   194GS

Abb. 2.3/1: *Stadt und Stadtgrenze*

Stadtregionsabgrenzung in der US-amerikanischen Statistik

Bereits 1949 hat die US-Administration die Stadtregion definiert und ausgewiesen und den ursprünglichen Begriff einer Standard Metropolitan Area (SMA) geprägt. Sehr viel früher als in Europa stellte sich in den USA die Frage, wie eine Stadt angesichts der wachsenden Bedeutung des Automobils und des Stadt-Umlandes noch korrekt zu definieren ist. Der Begriff der Standard Metropolitan Area (SMA) erfuhr mehrmals eine terminologische Änderung. 1959 wurde das Adjektiv „statistisch" eingefügt und die Standard Metropolitan Area zu einer Standard Metropolitan Statistical Area (SMSA) umformuliert. 1983 hat man die Kennzeichnung „Standard" entfernt und den etwas sperrigen Begriff auf Metropolitan Statistical Area (MSA) verkürzt. Gleichzeitig wurde zwischen einer „normalen" Metropolitan Statistical Area und einer eher klein- und mittelstädtisch geprägten Stadtregion unterschieden (Micropolitan Statistical Area, wenn der Central County zwischen 10 000 und 50 000 Einwohner umfasst).

Seit 2000 werden die Metropolitan Statistical Areas und die Micropolitan Statistical Areas unter dem Begriff der Core Based Statistical Areas (CBSA) zusam-

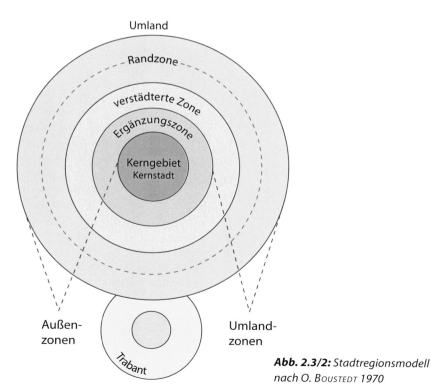

Abb. 2.3/2: *Stadtregionsmodell nach O. BOUSTEDT 1970*

mengefasst, der damit den alten Begriff der Metropolitan Areas als Zusammenfassung einer Consolidated Metropolitan Statistical Area (MSA mit mehr als einer Million Einwohnern) und einer Metropolitan Statistical Area verdrängt.

Wie grenzt die US-amerikanische Statistik eine Metropolitan oder Micropolitan Statistical Area ab und was ist die grundsätzliche „Idee" dabei? Im Prinzip ist diese nicht sehr unterschiedlich zu der Vorgehensweise, die bereits diskutiert wurde: Jede Core Based Statistical Area stellt eine Zusammenfassung von Counties dar. Das County ist die kleinste Einheit und jede Stadtregion ist demnach eine Aggregation von Counties.

Jede Stadtregion im US-amerikanischen Sinn besitzt ein Kerngebiet (Central County oder Counties), an das benachbarte Counties angegliedert werden, wenn bestimmte funktionale Verbindungen bestehen. Die Verknüpfung der umgebenden Counties mit dem Central County erfolgt dann, wenn 25 % der wohnhaften Erwerbspersonen in den Central County auspendeln. Diese Beziehung kann auch symmetrisch sein: Wenn 25 % der Erwerbspersonen des Counties des Stadt-Umlandes aus dem Central County einpendeln, dann erfolgt auch aufgrund dieser funktionellen Beziehung eine Verknüpfung. Jene Counties, die diese Bedingung nicht mehr erfüllen, werden nicht in die Stadtregion integriert und als „Outside Core Based Statistical Areas" bezeichnet.

Es besteht eine einwohnerbezogene Untergrenze für eine Stadtregion. Eine Core Based Statistical Area muss mindestens 50 000 Einwohner umfassen, das Kerngebiet (Central Counties) mindestens 10 000 Einwohner. Von diesen mindestens 10 000 Einwohnern der Central Counties muss mindestens die Hälfte in einer oder mehreren „Urban Areas" registriert sein.

Core Based Statistical Areas mit mehr als 50 000 Einwohnern im Kerngebiet heißen Metropolitan Statistical Areas, jene zwischen 10 000 und 50 000 Einwohnern Micropolitan Statistical Area. Metropolitan Statistical Areas, die mehr als 2,5 Millionen Einwohner umfassen, werden in so genannte Metropolitan Divisions unterteilt. Diese Metropolitan Divisions werden abermals nach funktionellen Kriterien gebildet, wobei die Arbeitsplatzdichte und Pendlerverflechtung die wesentlichen Kriterien darstellen.

Die vorgestellte statistische Abgrenzung von Stadtregionen wird in der US-amerikanischen Statistik einheitlich und konsequent ausgewiesen. Das ist ein großer Vorteil für jede inhaltliche Analyse, ganz im Unterschied zu Europa mit den nationalstaatlichen Festlegungen von Stadtregionen, die immer wieder unterschiedlich sind und eine vergleichende Analyse erschweren. Insgesamt weist die US-Statistik 362 Metropolitan Statistical Areas und 560 Micropolitan Statistical Areas aus.

Stadtregionsabgrenzung in der deutschen Statistik

Die Stadtregionsabgrenzung in Deutschland folgt dem Ansatz von O. BOUSTEDT und der nachfolgenden empirischen Operationalisierung (AKADEMIE FÜR RAUMFORSCHUNG UND LANDESPLANUNG 1970). Unterschieden wird dabei zwischen einer

Kernstadt, einem Ergänzungsgebiet zur Kernstadt sowie einem engeren und weiteren Pendlerverflechtungsraum.

Ausgangspunkt der stadtregionalen Abgrenzung bilden kreisfreie Städte mit über 100 000 Einwohnern sowie kreisangehörige Oberzentren mit mehr als 100 000 Einwohnern. An diese Kernstädte wird das Ergänzungsgebiet angegliedert, wenn die angrenzenden Gemeinden eine hohe Tagesbevölkerungsdichte oder eine enge Pendlerbeziehung zur Kernstadt aufweisen. Eine hohe Tagesbevölkerungsdichte liegt dann vor, wenn die Summe der Einwohner, der Einpendler und der Auspendler mindestens 500 Personen pro km^2 beträgt. Solche angrenzenden Gemeinden sind somit als städtisch im Sinne eines statistischen Stadtbegriffs zu bezeichnen und der Kernstadt zuzurechnen. Wenn dieses Kriterium nicht erfüllt wird, dann ist zu überprüfen, ob ein Einpendlerüberschuss besteht oder ob sich mindestens 50 % der Auspendler in Richtung Kernstadt orientieren. Trifft das Eine oder Andere zu, dann sind die Gemeinden, obwohl außerhalb der administrativen Grenzen liegend, zum Kern zurechnen.

Der Außenbereich der Stadtregion wird nach dem Grad der Pendlerverflechtung in zwei Zonen unterschieden. Im engeren Pendlerverflechtungsraum pendeln mindestens 50 % in die Kernstadt oder in das Ergänzungsgebiet. Im weiteren Pendlerverflechtungsraum beträgt dieser Anteil zwischen 25 % und 50 %. Die so abgegrenzten Großstadtregionen nehmen fast die Hälfte der Fläche der Bundesrepublik ein. Rund drei Viertel der Bevölkerung leben in Stadtregionen, und ein ebenso hoher Anteil der Beschäftigten hat dort seinen Arbeitsplatz.

Stadtregionsabgrenzung in Österreich

In Österreich werden von Statistik Austria die Stadtregionen – in Anlehnung an O. BOUSTEDT – ebenfalls als Zusammenfassung eines dicht besiedelten Gebiets mit einer Außenzone, welche durch einen hohen Pendleranteil in die Kernzone gekennzeichnet ist, aufgefasst. Leider verwendet Statistik Austria für die Kernzone den Begriff „Agglomerationsraum", was ungewöhnlich ist, denn ein Agglomerationsraum umfasst nicht nur die Kern-zone, sondern eben auch das Ergänzungsgebiet und kann als Synonym für Stadtregion aufgefasst werden, aber nicht als Synonym für Kernzone.

Die Kernzone der österreichischen Stadtregionen, wenn man bei der Terminologie von O. BOUSTEDT bleibt, ist ein zusammenhängendes Gebiet von 500 m-Rasterzellen, die eine kombinierte Einwohner- und Beschäftigtendichte von umgerechnet über 250 Personen je km^2 aufweisen. Wenn dieses zusammenhängende Gebiet von Rasterzellen mindestens 20 000 Einwohner und Arbeitsplätze umfasst, dann gilt dieses als Kernzone, an das eine Außenzone angehängt wird. Die Außenzone besteht aus Gemeinden, in denen mehr Berufstätige in die Kernzone pendeln als am Wohnort arbeiten. Zusätzlich müssen diese Auspendler einen Anteil von über 30 % an den in den Gemeinden wohnhaften Erwerbstätigen haben. Auf Basis dieser Kriterien werden in Österreich 33 Stadtregionen abgegrenzt, in denen fast zwei Drittel der Gesamtbevölkerung wohnen. Die größte Stadtregion ist Wien mit einer Bevölkerung von 2,1 Mio. Einwohnern gefolgt von Linz mit rund 437 000 Einwohnern und Graz mit rund 429 000 Einwohnern.

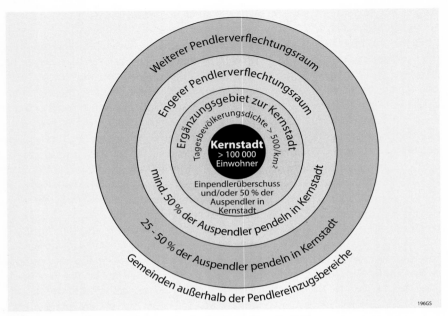

Abb. 2.3/3: *Stadtregionsabgrenzung in der deutschen Statistik*

Stadtregionsabgrenzung in der Schweiz

In der Schweiz wird der Begriff „Agglomeration" anstelle von Stadtregion verwendet, was mit der Übersetzbarkeit des Ausdrucks in allen vier Landessprachen begründet wird (LINSINGER, S. 2009). Die Definition einer Stadtregion folgt in wesentlichen Elementen den bisher erläuterten Kriterien. Eine Stadtregion wird demnach aus einer Kernzone und aus einer Gürtelzone gebildet. Die Kernzone muss insgesamt eine Mindestgröße aufweisen, die jedoch nicht auf die Bevölkerung, sondern auf die Arbeitsplätze rekurriert (20 000 Arbeitsplätze und mehr als 85 Arbeitsplätze pro 100 wohnhafte Erwerbstätige). Zur Kernzone gehört die Kernstadt sowie Umlandgemeinden, wenn diese mit der Kernstadt bau-

lich verbunden sind, eine gemeinsame Grenze aufweisen oder wenn ein Sechstel der Erwerbstätigen in die Kernstadt pendelt.

In den Gemeinden der Gürtelzone muss ebenfalls mindestens ein Sechstel der Erwerbstätigen in die Kernstadt auspendeln, und zusätzlich müssen drei der folgenden fünf Kriterien erfüllt werden: die Baulücken dürfen nicht größer als 200 m sein, die Einwohner-Arbeitsplatzdichte pro Hektar muss größer sein als zehn sein, das Bevölkerungswachstum in der Gemeinde in den letzten zehn Jahren muss größer sein als der gesamtschweizerische Durchschnitt, ein Drittel der wohnhaft Erwerbstätigen pendelt in die Kernstadt oder der Anteil der Erwerbstätigen im ersten Sektor überschreitet nicht das

Doppelte des gesamtschweizerischen Anteils (Linsinger, S. 2009). Diese Definition betont abermals den funktionellen oder baulichen Zusammenhalt der Gemeinden der Gürtelzone mit der Kernzone und sieht auch einen Zusammenschluss mehrerer Stadtregionen vor. Wenn mehr als ein Zwölftel der Erwerbstätigen einer Stadtregion in eine andere Stadtregion auspendelt, dann werden die beiden zu einem Metropolraum zusammengefasst (Großagglomerationen Zürich, Genf-Lausanne, Bern-Basel).

N.U.R.E.C.-Methode
Eine weitere Stadtregionsabgrenzung wurde vom **N**etwork on **U**rban **R**esearch in the **E**uropean **C**ommunity (N.U.R.E.C.) entwickelt, welches 1994 einen dreibändigen „Atlas of Agglomerations in the European Union" veröffentlicht hat. Diese Stadtregionsabgrenzung ist in erster Linie eine Methode zur Definition des Kerngebietes, welches sich aus der Kernstadt und dem Ergänzungsgebiet zusammensetzt. Sie setzt dabei nicht auf die funktionelle Verflechtung der Kernstadt mit dem Ergänzungsgebiet und auch nicht auf die Dichte der Tagbevölkerung, sondern auf eine morphologische Analyse der städtischen Bebauung. Die Bedingung lautet dabei: die städtische Bebauung setzt sich auch über die Stadtgrenzen fort, wenn der Abstand der Gebäude kleiner als 200 m ist und kein Grünland mit einem Durchmesser von 500 m oder einer Fläche von 25 ha das dichtverbaute Stadtgebiet begrenzt. Werden diese Bedingungen angewendet, dann kann eine umhüllende Grenze des dichtverbauten Stadtgebietes ermittelt werden. Eine Gemeinde, die sich innerhalb dieses morphologisch abgegrenzten Gebiets befindet, gilt als Teil der Stadtregion. Eine Gemeinde, die nur teilweise im zusammenhängend bebauten Gebiet liegt, zählt dann zur Agglomeration, wenn 50 % ihrer Einwohner innerhalb des zusammenhängend bebauten Gebietes leben. Zusätzlich werden die Gemeinden, die unmittelbar an die Agglomerationsgemeinden angrenzen, als ein „Complementary Belt" ausgewiesen.

Nach dieser N.U.R.E.C. Methode wurden 330 europäische Stadtregionen abgegrenzt (N.U.R.E.C. 1994). Manche Stadtregionen erscheinen zu eng abgegrenzt, nämlich dann, wenn das Stadtgebiet kompakt verbaut ist, die funktionale Verflechtung aber darüber hinausgeht. Umgekehrt verschwinden die Grenzen von benachbarten und funktionell getrennten Stadtregionen, wenn die städtischen Zwischenräume durch eine entsprechende Bebauung aufgefüllt sind.

2.3.1 Agglomerationsbegriffe
Während der Stadtregionsbegriff von einem zentrierten Siedlungssystem mit einem Kern und einem gestuften Rand ausgeht, unterstellen Agglomerationsbegriffe keine derartige Struktur. Agglomerationsbegriffe sind daher allgemeiner und für jene Räume anwendbar, die verstädtert sind, aus einem oder mehreren Kernen bestehen und bestimmte quantitative Kriterien erfüllen müssen. Agglomerationsbegriffe umfassen:
- Agglomerationen im engeren Sinne,
- Ballungsgebiete,
- Verdichtungsräume sowie
- siedlungsstrukturelle Gebietstypen.

Agglomeration

Unter einem Agglomerationsraum wird eine Ansammlung von Städten verstanden, die aneinander grenzen und zusammen ein verstädtetes Gebiet bilden. Agglomerationen müssen eine bestimmte Mindestgröße aufweisen, wobei diese aber unterschiedlich sein kann. In Deutschland werden alle Raumordnungsregionen mit einem Oberzentrum von mindestens 300 000 Einwohnern und bzw. oder einer Bevölkerungsdichte von mindestens 300 Einwohnern je km² als Agglomerationsraum bezeichnet (LICHTENBERGER, E. 1998). In Großbritannien wurde 1951 der Begriff „Conurbation" als ein spezifischer Agglomerationsbegriff eingeführt, der jedoch nicht auf statistische Einheiten unterer Ebene rekurriert, sondern als Zusammenfassung von Städten zu verstehen ist. Er umfasst eine oder mehrere Kernstädte mit ihrem städtisch geprägtem Umland mit mindestens 50 000 Einwohnern und einer Einwohnerdichte von 250 Einwohnern je km².

Ballungsgebiet

Weitgehend synonym zu einer städtischen Agglomeration ist das Ballungsgebiet anzusehen. Auch dabei handelt es sich um eine Ansammlung von Städten, die aneinander grenzen oder zusammengewachsen sind. Für ein Ballungsgebiet nimmt man eine einwohnerbezogene Untergrenze von 500 000 sowie eine Dichte von mindestens 1 000 Einwohnern pro km² an. Ballungsgebiete sind daher tendenziell größer als Agglomerationsräume. Sie können des Weiteren polyzentrisch (mehrkernig) aufgebaut sein (z. B. Ballungsgebiete Rhein-Ruhr,

Rhein-Main) oder monozentrisch (einkernig; z. B. München, Hamburg). Das Innere eines Ballungsgebietes sind die Ballungskerne; am Rand schließen sich die Ballungsrandzonen an.

Verdichtungsraum

Neben Ballungsgebiet und Agglomerationsraum wird schließlich der Begriff des Verdichtungsraumes verwendet. Während der Begriff Ballungsgebiet eine bestimmte Eigenschaft beschreibt, die auch als bedrohlich oder nachteilig aufgefasst werden kann, ist Verdichtungsraum sprachlich neutral. Vielleicht wurde auch deshalb von der deutschen Ministerkonferenz für Raumordnung der Begriff Verdichtungsraum verwendet und dieser als Agglomerationsraum mit mindestens 1 250 Einwohnern und Arbeitsplätzen pro km² sowie mit einer Mindesteinwohnerzahl von 150 000 Einwohnern in einem zusammenhängenden Gebiet und einer Mindestfläche von 100 km² definiert. Verdichtungsräume können anhand der Dichtewerte für die Einwohner und Arbeitsplätze nochmals zonal unterteilt werden.

Eine entsprechende Ausweisung von Verdichtungsräumen wurde für Deutschland 1993 und 2005 durchgeführt. Demnach wurden 45 Verdichtungsräume mit insgesamt 1096 Gemeinden abgegrenzt. Obgleich die Kategorie der Verdichtungsräume nach wie vor in der laufenden Raumbeobachtung als Raumkategorie ausgewiesen und nach geänderten Gemeindegebietsständen aktualisiert wird, erscheint das Konzept der Verdichtungsräume weniger tragfähig als der differenziertere Ansatz der „Siedlungsstrukturellen Gebietstypen".

Siedlungsstruktureller Gebietstyp

Räumliche Basiseinheiten der „Siedlungsstrukturellen Gebietstypen" sind administrativ definierte Gebiete wie Raumplanungsregionen, Kreise oder Gemeinden. Die Raumtypen ergeben sich aus den Kriterien Einwohnerzahl, Bevölkerungsdichte und Zentralität und basieren auf einer Aggregation der klassifizierten Gemeinden auf drei Grundtypen: den Agglomerationsräumen, den Verstädterten Räumen und den Ländlichen Räumen.

2.3.2 Megalopolis, Metropolregion

Während der Stadtregionsbegriff den abgestuften, diskontinuierlichen Übergang von der Kernstadt zum ländlichen Umland kennzeichnet, der Agglomerationsbegriff die Zusammenballung aneinander grenzender städtischer Gebiete mit unterschiedlichen Konzepten erfasst, definiert eine dritte Begriffskategorie eine verstädterte Siedlungslandschaft. Die entsprechende Begriffsbildung ist aber weder präzise noch allgemeingültig. Dennoch ist sie notwendig, um ein spezifisches Verstädterungsphänomen begrifflich fassen zu können.

Megalopolis

J. Gottmann (1961) hat den Begriff „Megalopolis" (aus dem Griechischen für „große Stadt") wieder eingeführt, um eine diffus gewordene Stadtlandschaft zu kennzeichnen. Unter Megalopolis ist ein zusammengewachsenes Gebiet mit großer Einwohnerzahl, einzelnen Metropolen und dazwischen liegenden Großstädten zu verstehen. Physiognomisch erkennbare Stadtgrenzen sind nicht mehr vorhanden. Typisches Beispiel für eine Megalopolis stellt der Verdichtungsraum zwischen Boston und Washington dar. Weitere Beispiele für eine Megalopolis sind das verstädterte Gebiet zwischen West Palm Beach und Miami, zwischen Santa Barbara und San Diego oder zwischen Kobe, Osaka und Kyoto.

Metropolregion

Im europäischen Kontext spricht man nicht von Megalopolis, weil die Größenordnung der städtischen Agglomeration nicht die Dimension der US-amerikanischen Beispiele erreicht, sondern von Metropolregion. Der vermeintliche Gegensatz von Metropole und Region kennzeichnet den neuen Siedlungstyp: nämlich eine in der Region verteilte Großstadt. Eine Metropolregion ist damit eine stark verdichtete Großstadtregion von hoher nationaler und internationaler Bedeutung. Im Gegensatz zu einer Stadtregion, die aus einer Kernstadt und ihrem suburbanen Bereich besteht, ist eine Metropolregion weiter gefasst und schließt auch ländliche Gebiete mit ein. In Deutschland hat die **M**inister**k**onferenz für **R**aum**o**rdnung (MKRO) mit ihrem Beschluss zum Raumordnungspolitischen Handlungsrahmen 1995 elf **E**uropäische **M**etropol**r**egionen (EMR) ausgewiesen. Diese wurden nicht nach raumstrukturellen Realitäten, sondern normativ festgelegt und unterschiedlich abgegrenzt. Manche EMR enthalten zahlreiche ländliche Gebiete und weit auseinander liegende Kernstädte (z.B. Hannover-Braunschweig-Göttingen), während andere deutlich knapper zugeschnitten sind (z.B. EMR München).

Die Entwicklung von Metropolregionen oder einer Megalopolis führt zu einer Stadtlandschaft, die wenig oder nichts mehr mit den stadtgeographischen oder soziologischen Kriterien einer Stadt zu tun hat, aber dennoch nicht dem ländlichen Raum zuzuordnen ist. Sie ist weder dicht noch kompakt, noch gewährleistet sie Urbanität im traditionellen Sinn. Es ist vielmehr eine polynukleare (vielkernige), zellenartig angeordnete urbane Landschaft, ohne deutlich ausgeprägte Funktionskerne. Die Stadtautobahnen geben die Strukturen vor, die Zwischenräume sind durch aufgelockerte Wohnbebauung aufgefüllt. Einzelhandelsbetriebe, Gewerbe und Dienstleistungen sind an Kreuzungspunkten von Schnellstraßen oder entlang dieser angeordnet (Strip Development). Das Moment der Wiederholung von Einzelhandelsbetrieben, Straßenkreuzungen und Wohnhausbebauung schafft einen monotonen Charakter. Der italienische Ausdruck der „Città Diffusa" stellt einen bildhaften Begriff dafür dar und bezieht sich nicht nur auf die Suburbia, sondern auf ein städtisches Gebiet insgesamt.

Zum Einlesen

AKADEMIE FÜR RAUMFORSCHUNG UND LANDESPLANUNG (ARL): Stadtregionen in der Bundesrepublik Deutschland 1970. – Forschungs- und Sitzungsberichte Band 103. Hannover 1981. Dieser Band fasst die Überlegungen zur Abgrenzung der Stadtregionen in Deutschland zusammen, die bis heute Gültigkeit besitzen.

BBR (Hrsg.): Herausforderungen deutscher Städte und Stadtregionen. Ergebnisse aus der laufenden Raum- und Stadtbeobachtung des BBR zur Entwicklung der Städte und Stadt-regionen in Deutschland. – BBR-Online-Pub-likation 08/06, 2006.

Dieser Bericht des BBR vermittelt einen breiten Problemaufriss über die aktuellen Entwicklungstendenzen der Städte und Stadtregionen in Deutschland. Er geht über die Frage der reinen Abgrenzung hinaus.

Gesamtübersichten

BOUSTEDT, O.: Stadtregionen. – In: AKADEMIE FÜR RAUMFORSCHUNG UND LANDESKUNDE (ARL) (Hrsg.): Handwörterbuch der Raumforschung und Raumordnung. – 2. Aufl., Hannover 1970, 3207–3257.

Zusammenfassung

- Das Bild der klar abgegrenzten Stadt, umgeben von einem strukturell vollkommen anders aufgebauten ländlichen Raum, ist nicht mehr aktuell. Die Stadt geht nicht diskontinuierlich, sondern kontinuierlich in die ländlichen Räume über. Städte haben sich zu Stadtregionen entwickelt.

- Eine Stadtregion stellt eine funktionsräumliche Einheit dar, die sich aus einer Kernstadt und einem Pendlereinzugsbereich zusammensetzt. Die Kernstadt umfasst dabei das Verwaltungsgebiet der zentralen Stadtgemeinde sowie das Umland, aus dem Arbeitsplatzpendler, Bildungspendler oder Konsumenten stammen und welches mit der Kernstadt verbunden ist.

- Unterschiedliche Stadtregionsabgrenzungen werden gekennzeichnet: jene der US-amerikanischen Statistik, des deutschen Bundesamtes für Bauwesen und Raumordnung sowe der Statistik Austria.

- Während der Stadtregionsbegriff von einem zentrierten Siedlungssystem ausgeht, sind Agglomerationsbegriffe allgemeiner und für jene Räume an-

Bezeichnung	Größe	Charakterisierung
Stadtregion	• ab 100 000 Ew.	Mindestgröße von 100 000 Ew., gilt in Deutschland und auch für die Metropolitan Statistical Areas in den USA
Agglomerationsraum	• ab 300 000 Ew. • Dichte mind. 300 Ew/km²	Unter einem Agglomerationsraum wird eine Ansammlung von Städten verstanden, die aneinander grenzen und zusammen ein verstädtertes Gebiet bilden.
Ballungsgebiet	• ab 500 000 Ew. • Dichte 1 000 Ew/km²	Weitgehend synonym zu einer städtischen Agglomeration ist das Ballungsgebiet anzusehen. Dabei handelt es sich um eine Ansammlung von Städten, die aneinander grenzen oder zusammengewachsen sind.
Verdichtungsraum	• ab 150 000 Ew. • Dichte mind. 1 000 Ew/km²	Von der deutschen Ministerkonferenz für Raumordnung eingeführter und wertfreier Begriff; weniger bildhaft gefärbt als Ballungsraum
Megalopolis		Zusammengewachsenes Gebiet mit großer Einwohnerzahl, einzelnen Metropolen und dazwischen liegenden Großstädten (z. B. Boswash = Region zwischen Boston und Washington)
Metropolregion		Eine Metropolregion ist eine stark verdichtete Großstadtregion von hoher nationaler und internationaler Bedeutung.

Tab. 2.3.2/1: *Stadtregionsbegriffe*

wendbar, die verstädtert sind, aus einem oder mehreren Kernen bestehen und bestimmte quantitative Kriterien erfüllen müssen. Agglomeration im engeren Sinne, Ballungsgebiet und Verdichtungsraum werden begrifflich erläutert.

• Megalopolis und Metropolregion kennzeichnen eine verstädterte Siedlungslandschaft, die wenig mit den stadtgeographischen oder soziologischen Kriterien einer Stadt zu tun hat und einen neuen Siedlungstypus charakterisiert.

2.4 Stadttypen

Die Typisierung und die Klassifizierung der Städte stellen den Versuch dar, die große Vielfalt an städtischen Siedlungsformen begrifflich zu vereinfachen. Darin liegt eine wesentliche Grundfunktion jedes wissenschaftlichen Arbeitens: nach der Sammlung und Sichtung erfolgt die Gruppierung und Klassifizierung. Im Rahmen der Stadtgeographie ist dabei zwischen der Erstellung einer Typologie, die auf der ganzheitlichen Erfassung der Stadt basiert, und der Klassifikation, die anhand eines oder einiger Kriterien und entsprechender Schwellenwerte vorgenommen wird, zu unterscheiden. Die Einteilung der Städte nach topographischen Merkmalen, kulturhistorischen Phasen und kulturraumspezifischen Kriterien entspricht dem ganzheitlichen Typisierungsverfahren. Die Differenzierung der Städte nach statistischen oder funktionellen Merkmalen stellt dagegen ein Klassifizierungsverfahren anhand von konkreten Messwerten dar.

2.4.1 Topographische Lagetypen

Die Kategorisierung von Städten nach ihren topographischen Lageeigenschaften stellt eine Möglichkeit dar, die Vielfalt von Stadttypen zu reduzieren. Wesentliches Merkmal ist dabei die topographische Situation und die daraus ableitbare wirtschaftliche und verkehrsmäßige Funktion einer Stadt. Aus den topographischen Lagecharakteristika wird auf die Funktion geschlossen, ohne jedoch die Koppelung explizit zu machen. Die Überlappung zwischen den topographischen Lagetypen und den funktionalen Typen ist jedenfalls groß.

Anhand der Kategorisierung von Städten nach ihren topographischen Lageeigenschaften ergeben sich sehr einfache typologische Zuordnungen. Städte an den Küsten werden als Küstenstädte bezeichnet, Städte in den Bergen als Bergstädte. Zuordnungen dieser Art sind trivial und auch nicht immer präzise, denn wann eine Stadt als Küsten- oder Bergstadt zu bezeichnen ist, bleibt im Einzelfall unklar. Die Typisierung nach Lagekriterien ist aber für bestimmte Zwecke durchaus sinnvoll, wenn etwas über die funktionale Grobstruktur einer Stadt ausgesagt werden soll, sie bleibt aber auf einem vorwissenschaftlichen Niveau.

2.4.2 Kulturhistorische Stadttypen

Die Zeit der Gründung oder der Entstehung einer Stadt stellt eine weitere Möglichkeit der typologischen Zuordnung dar. Mit der Berücksichtigung dieses Merkmals wird eine Reihe von charakteristischen gesellschaftlichen und räumlichen Ausprägungen in ihrer Gesamtheit berücksichtigt, ohne diese analytisch zu zerlegen. Kulturhistorische Stadttypen sind demnach ganzheitliche Abbilder der historischen Zeit, in der sie entstanden sind (dazu Kapitel 3).

Welche kulturhistorischen Stadttypen abzugrenzen sind und welche Kriterien dafür verwendet werden, hängt vom jeweiligen Forschungsansatz und der Fragestellung ab. Es gibt kein festes Gerüst von kulturhistorischen Stadttypen, bestenfalls eine eingespielte Tradition. Auch bestehen zwischen kulturhistorischen und funktionellen Stadttypen Überlappungsbereiche. Eine Industriestadt beispielsweise kann zum einen als kulturhistorischer, zum anderen als funktioneller Stadttypus aufgefasst werden.

Die ältesten kulturhistorischen Stadttypen stellen zweifellos die Tempelstadt und die Burgstadt dar. Beide Stadttypen waren mit der Entstehung der herrschaftlich organisierten Agrargesellschaften eng verknüpft. Die gesellschaftliche Macht war dabei einerseits in den Händen von Priestern und andererseits von weltlichen Herrschern. Mit der Priesterherrschaft waren die Tempelstädte des Vorderen Orients, Südostasiens und Lateinamerikas verbunden, mit der weltlichen Herrschaft die Burgstädte (ebenfalls im Vorderen Orient). Zentrale Elemente des städtischen Grundrisses waren einerseits die Burganlagen und andererseits die religiösen Stätten. Die Städte waren Orte des religiösen Kults, der mit Vorschriften, Geboten und praktischen Lebensanleitungen (Festlegung der Zeitpunkte für Aussaat und Ernte) verbunden war, sowie Sitz der militärischen und weltlichen Machtträger. Während die Tempelstädte im Laufe der Geschichte nur mehr als Ruinen erhalten sind und keine Siedlungskontinuität erfahren haben, erlebte der Typus der Burgstadt im mittelalterlichen Europa eine Neuauflage.

Ein weiterer kulturhistorischer Stadttypus entstand in der Antike mit der griechischen Polis. Die Polis stellte eine geplante Stadt dar, gegründet von (Groß-)Familien, die sich freiwillig zusammenschlossen, um aus Gründen der Machtausübung, des Handels und des Schutzes vor Feinden in einer geschlossenen und befestigten Siedlung zu leben. Dieser freiwillige Zusammenschluss von Bevölkerung und ihr Zusammensiedeln in einer Stadt (Synoikismus) stellte eine neue, geradezu epochale Form der Vergesellschaftung dar, denn sie begründete eine „demokratische" Aufteilung der Macht innerhalb der städtischen Gesellschaft und stand damit an der Wiege aller demokratischen Systeme. Am Grundriss der Stadt kann diese neue Gesellschaftsformation abgelesen werden. Das Rechteckschema der antiken Planstädte reflektiert diese neue Form gesellschaftlicher Struktur und der demokratischen Machtaufteilung.

Ein dritter wesentlicher kulturhistorischer Stadttyp repräsentiert die mittelalterliche Bürgerstadt (Stoob, H. 1985). Die mittelalterlichen Städte lassen sich aufgrund der Entstehungsphase in frühmittelalterliche Städte (8. bis 9. Jahrhundert), in Anlehnung an Königshöfe, Domburgen oder Kaufmannssiedlungen, in Mutterstädte (bis ca. 1150), für die der Marktplatz kennzeichnend wurde, und in Gründungsstädte älteren Typus (ca. 1150–1250), ebenfalls mit einem charakteristischen Marktplatz, einteilen (Klöpper, R. 1995). Der Zusammenschluss der politischen Macht mit der Marktfunktion war wichtig. Dies geschah durch die Niederlassung von Kaufleuten und Händlern im Schutze von Burgen, Pfalzen oder Bischofssitzen. Das Bürgertum war Träger der städtischen Entwicklung, welches nicht nur durch Fernhandel und Gewerbe zu neuem Reichtum gelangte, sondern welches sich im Zuge eines langwierigen politischen Emanzipationsprozesses von der Feudalherrschaft löste. Prächtig gestaltete Bürgerhäuser, das Rathaus, der Marktplatz oder die Markthallen wurden zu den baulichen Symbolen einer neuen sozialen Schicht. Je nach den wirtschaftlichen Funktionen sonderten sich Fernhandelsstädte oder Messestädte von den Gewerbestädten sowie von den Ackerbürgerstädten ab.

Zwischen dem 13. und 14. Jh. entstanden in Europa noch zahlreiche Klein- und Zwergstädte, die aber nicht mehr mit allen städtischen Rechten ausgestattet waren (Minderstädte). Um die Mitte des 15. Jh. war die große Gründungswelle von bürgerlich geprägten Städten in der Ersten Welt im Wesentlichen abgeschlossen und damit auch die Möglichkeit, diese zu kulturhistorischen Stadttypen zu vereinigen. In der frühen Neuzeit entwickelten sich noch vereinzelt Städte für Vertriebene (Exulantenstädte) oder für bestimmte Funktionen (Bergwerksstädte, Residenzstädte). Hauptsächlich wurden in der Neuzeit die bestehenden Städte umgeformt, ausgebaut und verändert, aber selten komplett neu errichtet, wenn man von Ausnahmen in der Renaissance, im Barock, in der Gründerzeit oder in der Moderne absieht. Es fällt daher auch schwer, kulturhistorische Stadttypen in der Neuzeit eindeutig abzugrenzen, denn sie stellen sich immer als ein Konglomerat unterschiedlicher Entwicklungsphasen dar. Die Situation in der so genannten Dritten Welt und in der Neuen Welt ist jeweils eine andere.

2.4.3 Kulturraumspezifische Stadttypen

Analog zur Zeit und den damit verbundenen dominanten historischen Strukturen prägt der jeweilige Kulturraum die Entwicklung der Stadt. Natürlich ist es nicht der Kulturraum für sich genommen, der die Stadt formt, sondern es sind die dort vorzufindenden politischen und gesellschaftlichen Strukturen sowie die tradierten Verhaltensweisen. Als Ergebnis zeigt sich jedenfalls eine charakteristische Differenzierung der Physiognomie, der Funktionen und des Gefüges der Städte, die eine typologische Unterteilung ermöglichen. Dass diese Annahme nicht unproblematisch ist, muss betont werden. Denn es wird unterstellt, dass es „raumprägende Faktoren" gibt, die homogenisierend wirken und die Ausweisung spezifischer Kulturräume erlauben. Es wird angenommen, dass in einer Region oder sogar in einem Erdteil eine dominante und breit definierte „Kultur" existiert, die Gesellschaft und den Siedlungsraum prägt. Die Homogenität der Kultur in der sozialen und intraregionalen Differenzierung wird angenommen. In der Realität lassen sich die Kulturräume aber weder exakt bestimmen, noch sind sie selbst homogen.

Dennoch besitzt die Ausweisung von kulturraumspezifischen Stadttypen in der Stadtgeographie Tradition und stellt eine gut bearbeitete Forschungsfrage dar. Kulturraumspezifische Stadttypen finden sich dabei auf zwei unterschiedlichen Maßstabsebenen; einerseits auf einer mittleren Ebene (regionale Stadttypen) und andererseits auf einer globalen Ebene (kulturerdteilspezifische Stadttypen).

Regionale Stadttypen zeichnen sich dadurch aus, dass die einzelnen Städte dieses Typs ähnliche Grundrisse und weitgehend identische baulich-architektonische Formen aufweisen. Die Region als Verbreitungsgebiet eines oder mehrerer Merkmale verleiht dem Typus seinen Namen. Die Inn-Salzach-Städte sind ein Beispiel für diese regionale Typenbildung. Die Verbreitung einer bestimmten Dachform, die in diesen Städten zu finden ist und die den Aufriss der traditionellen Stadtkerne prägt, dient der Abgrenzung.

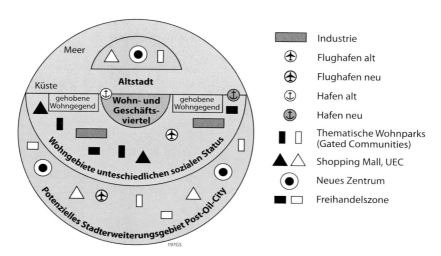

Abb. 2.4.3/1: *Die Post-Oil-City – ein Beispiel für ein kulturraumspezifisches Stadtmodell*

Auf der globalen Ebene finden sich kulturraumspezifische Stadttypen. Die Zusammenstellung der Literatur zu den von Hofmeister ausgewiesenen Stadttypen (HEINEBERG, H. 2000) belegt eindrucksvoll die große Bandbreite an Forschungen, die an diesen Ansatz anschließen (HOFMEISTER, B. 1996). L. HOLZNER (1967) stellt aufgrund der kulturellen Wechselbeziehungen zwischen Kulturraum und Stadttyp nicht weniger als 34 Regionen heraus. B. HOFMEISTER (1996) kommt auf etwa ein Dutzend Stadttypen. Er unterscheidet

• die mittel- und westeuropäische Stadt,
• die nord- und osteuropäische,
• die russisch-sowjetische,
• die südeuropäische,
• die orientalische,
• die indische,
• die chinesische und
• die japanische Stadt

im Bereich der so genannten Altkulturräume. Dazu kommen die angloameri-

kanische Stadt, die lateinamerikanische, die australisch-neuseeländische und die afrikanische Stadt in den einstigen Kolonialräumen. B. HOFMEISTER beschränkt sich bei der näheren Erläuterung aus Gründen der didaktischen Vereinfachung auf nur drei Typen, nämlich die westeuropäische, die angloamerikanische Stadt und die Stadt der so genannen Dritten Welt.

2.4.4 Statistische Stadttypen

Klar nachzuvollziehen ist die Klassifikation aufgrund von statistischen Kennwerten. Dabei drängt sich als einfachste Möglichkeit das Kriterium der Stadtgröße auf. Die Stadtgröße selbst wird dabei nicht anhand der Fläche, sondern anhand der Einwohnerzahl operationalisiert. Mit der Einwohnerzahl sind in der Regel eine Reihe weiterer Merkmale verbunden. So korrelieren mit der Einwohnerzahl der funktionale Bedeutungsüberschuss der Stadt gegenüber ihrem näheren und weiteren Umland sowie die Urbanität im soziologischen Sinn. Dieser Zusammenhang ist zwar kein strikt linearer, und es existieren Abweichungen in jede Richtung, dennoch sind diese städtischen Merkmalskomplexe nicht losgelöst von der Einwohnerzahl.

Klein-, Mittel- und Großstädte

Die Einteilung der Städte nach deren Bevölkerungszahl führt zu Stadtgrößenklassen. Nach der deutschen Reichsstatistik von 1871 wird zwischen Landstädten (2000 bis 5000 Ew.), Kleinstädten (5000 bis 20000 Ew.), Mittelstädten (20000 bis 100000 Ew.) und Großstädten (über 100000 Ew.) unterschieden. Diese Schwellenwerte wurden 1887 international festgeschrieben, gelten heute aber nicht mehr. Gemeinden mit 2000 bis 5000 Einwohnern – insbesondere im Umland größerer Städte – können in vielen Fällen nicht mehr als Kleinstädte eingestuft werden. Diese Gemeinden haben zwar eine vergleichsweise hohe Einwohnerzahl, aber keine wesentlichen städtischen Funktionen. Umgekehrt erscheint der Schwellenwert für eine Großstadt mit 100000 Einwohnern zu gering. In der deutschen Statistik haben sich die Schwellenwerte daher deutlich nach oben verschoben (KLÖPPER, R. 1995):

- Gemeinden mit einer Einwohnerzahl zwischen 20000 und 50000 gelten heute als Kleinstädte,
- Gemeinden mit 50000 bis 250000 Einwohnern als Mittelstädte und
- Gemeinden mit mehr Einwohnern als Großstädte.

Terminologisch ergibt sich bei der Millionengrenze ein weiterer Typus: die Millionenstadt. Dieser Begriff findet in der amtlichen Statistik seine Anwendung, wenn Gemeinden hinsichtlich der Gemeindegrößenklassen ausgewiesen werden. Zu berücksichtigen ist, dass diese Typenbildung nach der Einwohnerzahl immer zeit- wie auch kulturgebunden ist. Die mittelalterliche Großstadt hatte beispielsweise nicht mehr als 20000 Einwohner, was nach gegenwärtigem Muster einer Klein- oder Mittelstadt entspricht. Dies ist bei der Übertragung von Klassifikationen zu bedenken. Ebenfalls ist die Abgrenzungsproblematik zu berücksichtigen. Werden die Städte so abgegrenzt, dass tatsächlich alle auch funktionell zur Stadt gehörenden Teile einbezogen sind, oder ist die Abgrenzung der statistischen Einheit Stadt eine sehr enge, die sich vielleicht nur auf das dicht bebaute Gebiet beschränkt? Darin liegt eine erhebliche Verzerrung, die jeden nationalen und internationalen Vergleich erschwert.

Megacities und Metacities

Megacities werden nach der Einwohnerzahl definiert, nicht aber nach ihrer Bedeutung für nationale oder internationale Versorgungs-, Steuerungs- oder Kontrollfunktionen. Letzteres ist für eine Global City wichtig, nicht aber für eine Megacity. In den 1970er-Jahren hatte die UNO diesen Stadttypus der Megacity eingeführt. Zunächst stand er für Städte mit mehr als fünf, dann mehr als acht, heute mit über zehn Millionen Einwohnern. Gegenwärtig leben erst 3,7 % der Weltbevölkerung in Megastädten, für 2015 wird jedoch bereits ein Anteil von 4,7 % geschätzt (21 Städte). Während 1950 New York noch die einzige Stadt dieser

Einwohnerklasse war, haben global bis zum Jahr 2007 insgesamt 27 Städte (besser gesagt Stadtregionen) diese Schwelle erreicht.

Die Steigerung einer Megacity stellt die Metacity dar. Dieser Stadttypus beginnt mit mehr als 20 Millionen Einwohnern. Gegenwärtig zählen Tokio-Yokohama, Mexiko-Stadt, New York, Seoul, Mumbai und São Paulo zu diesem Typus.

2.4.5 Funktionale Stadttypen

Städte besitzen spezifische Funktionen, sie sind immer Mittelpunkte für wirtschaftliche, politische, gesellschaftliche oder kulturelle Aktivitäten mit einer Bedeutung, die über die eigenen Stadtgrenzen hinausreicht.

Eindimensionale Klassifikationen

Als Indiz und Maß für diese funktionale Bedeutung können berufsstatistische Indikatoren herangezogen werden. „Die Variation reicht von Ackerbürgerstädten bis zu den Typen der Beamten-, Residenz-, Universitäts-, Bischofs-, Garnisons-, Verkehrs- und Industriestädten, letztere noch differenziert nach der Art des vorherrschenden Gewerbes" (KLÖPPER, R. 1995, 914). Die Dominanz bestimmter Berufsangaben oder die Zuordnung der Arbeitsplätze zu Sektoren oder Wirtschaftsklassen geben einen Hinweis auf den funktionalen Bedeutungsüberschuss und die typologische Zuordnung der Stadt. Wenn der Anteil der Studenten überproportional hoch ist, dann wird diese Stadt als eine „Studentenstadt" zu bezeichnen sein, ohne daraus eine allgemein gültige Typologie ableiten zu können. Denn dazu sind die einzelnen Messwerte über die Staatsgrenzen hinweg zu wenig vergleichbar. Daher wirken auch Definitionsvorschläge in diese Richtung ein wenig artifiziell. So hat beispielsweise CH. D. HARRIS (1943) vorgeschlagen, eine Stadt dann als Industriestadt zu bezeichnen, wenn 74 % aller Beschäftigten in der Industrie tätig sind, und eine Stadt als Einzelhandelsstadt, wenn 50 % aller Beschäftigten dem Einzelhandel zuzurechnen sind.

Zentrale Orte

Ein anspruchsvolleres, aber auch schwieriger zu ermittelndes Maß für den funktionalen Bedeutungsüberschuss stellen Indikatoren der Zentralität dar. Die Methode der Messung des Bedeutungsüberschusses wird an anderer Stelle ausgeführt (dazu Kapitel 6).

Die Indikatoren der Zentralität führen jedenfalls zu einer typologischen Zuordnung von Städten in Klein- oder Nahzentren sowie über Mittelzentren bis hin zu Ober- und Großzentren. Diese in Deutschland gebräuchliche grundsätzliche Dreiteilung basiert auf dem Grad der Bedarfsdeckung, den die Orte für die Umlandbewohner erfüllen können. In der Planungspraxis wurden dazu, um der Diskussion, wer nun Ober-, Mittel- oder Kleinzentrum ist, zu entgehen, weitere Mischformen erlaubt. In Österreich haben H. BOBEK und M. FESL (1978) eine insgesamt zehnstufige Klassifikation vorgeschlagen. Die ersten drei Stufen werden als Zentrale Orte der untersten Stufe (1 bis 3) bezeichnet, die nächsten drei Stufen als Zentrale Orte mittlerer Stufe (4 bis 6), dann folgen die Viertelshauptstädte (Stufe 7), die Landeshauptstädte (Stufe 8 und 9) und schließlich die Bundeshauptstadt Wien (Stufe 10).

Global Cities

Über den obersten Zentralen Orten der Nationalstaaten ragt ein weiterer Typ von Stadt hinaus, bei dem auch der funktionale Bedeutungsüberschuss das wesentliche Definitionskriterium ist. Weltstädte oder Global Cities werden aufgrund ihrer Funktion im Rahmen einer globalisierten Wirtschaft als solche eingestuft. In diesen Städten sind Organisationen und Unternehmen beheimatet, die zentrale Steuerungsfunktionen innerhalb der Weltwirtschaft ausüben. Die Städte, von denen globale Wirtschaftskreisläufe kontrolliert und gesteuert werden, heißen auch Global Cities. Tokyo, London, New York, vielleicht auch Paris, Frankfurt oder Los Angeles erfüllen die Kriterien einer Global City.

Indikatoren, um Global Cities zu kennzeichnen, messen auf der einen Seite das Vorhandensein von internationalen Organisationen, von Zentralen weltweit agierender Unternehmen und von den Institutionen des globalen Finanz- und Kapitalmarktes. Auf der anderen Seite werden Merkmale der weltweiten Interaktion (Fluggäste, Informationsflüsse) herangezogen, um die Global Cities einzustufen. Eine fundierte Klassifikation stellt jene der Loughborough Group dar, die Weltstädte in Alpha-, Beta- und Gammastädte einteilt und zusätzlich Städte mit starker, mittlerer und geringer Evidenz einer Weltstadtbedeutung berücksichtigt. Global Cities sind nicht mit Megacities gleichzusetzen.

Zum Einlesen

HOFMEISTER, B.: Stadtgeographie. – Das Geographische Seminar, 7. Aufl. Westermann, Braunschweig 1997.
  Das Stadtgeographie-Lehrbuch von B. HOFMEISTER stellt die kulturraumspezifischen Stadttypen in den Mittelpunkt der Darstellung.

Gesamtübersichten

BENEVOLO, L.: Die Geschichte der Stadt. – Campus, Frankfurt/Main 1991.
LICHTENBERGER, E.: Die Stadt. Von der Polis zur Metropolis. – Wissenschaftliche Buchgesellschaft/Primus Verlag, Darmstadt 2002.

Zusammenfassung

- Die Typisierung und die Klassifizierung der Städte stellen den Versuch dar, die große Vielfalt an städtischen Siedlungsformen begrifflich zu vereinfachen. Im Rahmen der Stadtgeographie ist dabei zwischen der Erstellung einer Typologie, die auf der ganzheitlichen Erfassung der Stadt basiert, und der Klassifikation, die anhand eines oder einiger Kriterien und entsprechender Schwellenwerte vorgenommen wird, zu unterscheiden.

- Topographische Lagetypen, kulturhistorische Stadttypen sowie kulturraumspezifische Stadttypen basieren auf einer ganzheitlichen Typisierung. Merkmale und Schwellenwerte, die einer Zuordnung dienen, werden nicht explizit gemacht.

- Statistische Stadttypen (Klein-, Mittel- und Großstädte, Megacities und Metacities) sowie funktionale Stadttypen (eindimensionale Klassifikationen, Zentrale Orte, Global Cities) basieren auf expliziten Indikatoren und Schwellenwerten. Für vergleichende Analysen sind Einstufungen von Städten anhand statistischer Messwerte wesentlich.

Abb. 3/1: „Gespeicherte Geschichte" – Athen bei Nacht

3 Stadtentwicklungen

Städte sind niemals statisch und dauerhaft, sondern entwickeln sich auf unterschiedlichen Maßstabsebenen und in unterschiedlicher Periodizität weiter. Dahinter stehen aber weder ein großer Plan noch eine zwingende Gesetzmäßigkeit und schon gar kein Entwicklungsziel. Und dennoch ist es wissenschaftlich ertragreich, sich mit Stadtentwicklung zu befassen. Was sind die Faktoren und Akteure, die eine Stadt gestalten und verändern? Welche historischen Abschnitte von „Stadt" sind zu unterscheiden? Und welche Prozesse kennzeichnen die gegenwärtige Stadtentwicklung? Damit befasst sich dieses Kapitel.

3.1 Begriff und Determinanten

3.1.1 Definition und Begriffsinhalt

Unter dem Begriff Stadtentwicklung sind alle zeitlich gebundenen Prozesse zu verstehen, die die physischen und gesellschaftlichen Strukturen einer Stadt in der einen oder anderen Form verändern. Stadtentwicklung umfasst damit sehr viel und auch sehr viel Unterschiedliches. Die Aufschließung neuer Stadtteile, Stadterweiterung, Citybildung, Gentrification oder der Stadtverfall sind ebenso Teilprozesse wie Segregation, Suburbanisierung oder die Herausbildung von Gated Communities. Eine geschlossene und gesamtheitliche Theorie der Stadtentwicklung ist aufgrund dieser komplexen Heterogenität nicht möglich.

Der Begriff „Stadtentwicklung" weist jedenfalls drei Merkmale auf:

1. Stadtentwicklung schließt immer eine zeitliche Dimension mit ein. Es ist ein zeitlich gebundener Prozess, wobei die verwendeten Zeitkategorien unterschiedlich sein können (dazu Kapitel 1).

2. Stadtentwicklung hat eine analytische und eine normative Bedeutung. Der analytische Begriffsinhalt von Stadtentwicklung beschreibt das historische Entstehen und die aktuellen Veränderungen der Stadt. Der normative Inhalt des Begriffs kennzeichnet dagegen den wünschenswerten Zustand, den eine Stadt in zeitlicher Perspektive annehmen soll. Wenn die Politik von Stadtentwicklung spricht, dann meint sie diesen planerischen Aspekt der zukünftigen Ausgestaltung, wenn dagegen die Wissenschaft die Stadtentwicklung analysiert, dann versucht sie, die realen oder bereits vergangenen Prozesse zu erfassen.

3. Stadtentwicklung bezieht sich auf unterschiedliche Maßstabsebenen. Auf der einen Seite geht es um die Stadt insgesamt, ihre Funktionen, ihre Größe und ihre Einbettung in eine zwischenstädtische Ebene, auf der anderen Seite geht es um alle innerstädtischen Veränderungen auf einer mittleren oder unteren Maßstabsebene (z. B. Auf- und Abwertung, Stadtverfall, Segregation).

Basisimplikation der wissenschaftlichen Analyse von Stadtentwicklung ist die Annahme, dass es Regelhaftigkeiten bei der Entwicklung von Städten gibt, die über den Einzelfall hinausgehen. Stadtentwicklung ist damit kein einmaliger, ausschließlich idiographischer Prozess, sondern folgt einem oder mehreren jeweils typischen Grundmustern, wobei aber das Verhältnis von stadtspezifischer Entwicklung (idiographisch) zur allgemeinen Entwicklung (nomothetisch) nur im Einzelfall zu bestimmen ist.

3.1.2 Determinanten der Stadtentwicklung

Was beeinflusst die Stadtentwicklung? Die Antworten darauf sind im Einzelfall einer Stadt möglicherweise vielfältig, im Allgemeinen und abstrahierend sind jedoch vier Determinanten wesentlich. Unter Determinanten der Stadtentwicklung werden demnach jene Faktoren verstanden, die die Stadtentwicklung in Gang setzen oder maßgeblich beeinflussen. Diese Determinanten können als „Driving Forces" der Stadtentwicklung

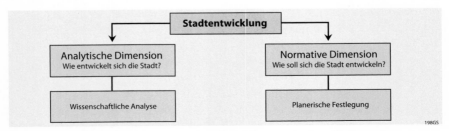

Abb. 3.1.1/1: *Stadtentwicklung – analytische und normative Begriffsdimension*

aufgefasst werden, die in einem jeweils unterschiedlichen Mischungsverhältnis alle Prozesse der Stadtentwicklung steuern. Es sind dies:

1. Bevölkerungs- und Gesellschaftsentwicklung,
2. wirtschaftliche Entwicklung,
3. Verkehrs- und Bautechnologie sowie
4. Politik und Planung.

Bevölkerungs- und Gesellschaftsentwicklung

Einen wesentlichen und ursächlichen Entwicklungsfaktor der Stadtentwicklung stellen die Bevölkerung und die Gesellschaft sowie die von ihr ausgehenden Bedürfnisse dar. Die Gesellschaft „benützt" die Stadt und bringt ihre jeweils unterschiedlichen Vorstellungen über das Wohnen, das Zusammenleben und die Verwendung des städtischen Raums ein.

1. Wachsende oder stagnierende Einwohnerzahl: Ob eine Stadterweiterung stattfindet oder eher ein Rückbau physischer Strukturen, hängt maßgeblich davon ab, ob eine städtische Bevölkerung

zunimmt, stagniert oder abnimmt. Eine wachsende Bevölkerung benötigt mehr Wohnraum, ein Mehr an Aufschließung städtischer Flächen sowie einen Ausbau von Infrastrukturen und Verkehrsmitteln. Leer stehende Wohnungen, die Unternutzung städtischer Flächen oder ein Infrastrukturausbau, der mit der Stadterweiterung Hand in Hand geht, werden selten sein. Umgekehrt verringert eine stagnierende Bevölkerung die Notwendigkeit des Wohnungsneubaus, des Infrastrukturausbaus und der Stadterweiterung und ermöglicht die Konzentration auf die Stadterneuerung.

2. Haushalte als Entscheidungsinstanz: In manchen sachlichen Bereichen sind die Haushalte und nicht die Bevölkerung die relevante Einheit, die die Stadtentwicklung beeinflusst (z. B. bei der Wohnungsnachfrage, bei der Gentrification oder bei Suburbanisierungsprozessen). Mit der Analyse von Haushaltsstrukturen wird aber das enge demographische Terrain verlassen, und gesamtgesellschaftliche Prozesse werden aufgenommen.

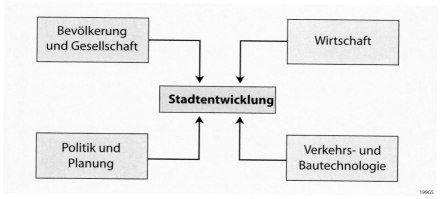

199GS

Abb. 3.1.2/1: Determinanten der Stadtentwicklung

Ob Haushalte groß sind und viele Haushaltsmitglieder umfassen oder ob sie klein sind und nur wenige Personen ausmachen, hängt sehr stark von gesellschaftlichen Vorstellungen über das Zusammenleben von Menschen und den ökonomischen Möglichkeiten, diese Vorstellungen auch zu realisieren, ab. In diesem Bereich werden die Erklärungen komplexer.

3. Lebensstile und sozioökonomische Ressourcen: Die Bevölkerung beansprucht städtische Strukturen, und die Haushalte benötigen Wohnraum, aber beides erfolgt nach sozialen Gesichtspunkten unterschiedlich. Dabei sind sozioökonomische Differenzierungen genauso zu beachten wie spezifische und davon unabhängige Lebensstile. Faktoren, die sowohl die Haushaltsbildung als auch die jeweils lebenszyklischen Wohnstandorte beeinflussen, sind die sozioökonomischen Ressourcen (z. B. Einkommen) sowie schicht- und gruppenspezifische Lebensstil- und Wohnkonzepte. Es beeinflusst die Stadtentwicklung, wenn viele Haushalte über ausreichende sozioökonomische Ressourcen verfügen, lange Pendeldistanzen in Kauf nehmen können und viel Wohnraum für sich beanspruchen. Die Stadt wird in diesem Fall eine andere Entwicklung, Ausdehnung und „Oberfläche" annehmen als eine Stadt mit tendenziell armer Bevölkerung. Ebenso sind schicht- und gruppenspezifische Lebensstil- und Wohnkonzepte zu beachten. Präferieren die Haushalte das Wohnen in der Innenstadt mit hoher Dichte und guter Erreichbarkeit, aber vielleicht wenig Grünflächen in der Nachbarschaft? Oder bevorzugen sie das Leben am Stadtrand mit schlechterer

Erreichbarkeit, geringerer Dichte, aber vielleicht höherer ökologischer Qualität? Diese Fragen werden individuell beantwortet, dennoch ergeben sich typische, kulturell und zeitlich gebundene Präferenzen, die die Stadt prägen.

Wirtschaftliche Entwicklung
Eine zweite wesentliche Determinante der Stadtentwicklung ist die wirtschaftliche Entwicklung. Dabei sind zumindest drei unterschiedliche Prozesse zu differenzieren:

1. Die Wirkung von Konjunkturzyklen: Die konjunkturelle Entwicklung beeinflusst kurzfristig wesentliche Teilprozesse der Stadtentwicklung. Eine prosperierende Wirtschaftsentwicklung stellt einerseits die Voraussetzung für eine wachsende Beschäftigung und steigende Einwohnerzahlen dar. Letzteres wirkt sich über die Wohnungsnachfrage auf die Stadterweiterung, aber auch auf die Stadterneuerung und Suburbanisierung aus. Andererseits bedeutet eine wachsende Wirtschaft, dass die Betriebe und Unternehmen expandieren und ein Mehr an Büros, Produktions- oder Geschäftsflächen benötigen. Umgekehrt wird die „schrumpfende Stadt" durch leer stehende Betriebe, Wohngebäude sowie durch Expansion entstandene innerstädtische Brachflächen ebenfalls maßgeblich geprägt.

2. Sektoraler Wandel – Entindustrialisierung: Für die Stadtentwicklung ist in weiterer Folge wesentlich, welche Branchen der städtischen Wirtschaft expandieren oder stagnieren. Ein industrielles Wachstum ist flächenintensiver als ein Wachstum von unternehmensorien-

tierten Diensten. Es benötigt ein Mehr an Flächen und kann aufgrund der möglichen Emissionen nicht in den dicht verbauten Stadtkern integriert werden. Industriebauten, die aus historischen Gründen bereits in den Kernstädten vorhanden sind, weichen aufgrund fehlender Expansionsmöglichkeiten und einer tendenziellen Unvereinbarkeit mit dem innerstädtischen Umfeld ebenfalls an den Stadtrand aus oder werden geschlossen und großräumig verlagert. Entindustrialisierung führt dagegen zum Exodus der Industrie, zu erhöhter Arbeitslosigkeit, zum Leerstand der alten Industriebauten und zu ungenützten Industriearealen (so genannten „Brown Fields") im innerstädtischen Bereich, was in den USA besonders ausgeprägt ist.

3. Sektoraler Wandel – Tertiärisierung: Neben der Industrialisierung bzw. Entindustrialisierung beeinflusst die Expansion des Dienstleistungssektors die Stadt in einem signifikanten Ausmaß. Eine wirtschaftliche Entwicklung, die auf einer Zunahme des tertiären Sektors basiert, betont zunächst die Innen- und Kernstadt. Die Citybildung und damit die Verdrängung der Wohnfunktion in den Stadtkernen durch Büros sowie das Entstehen von Einkaufsstraßen waren und sind typische Elemente einer Stadtentwicklung, die auf das Wachstum des Dienstleistungssektors zurückzuführen sind. Wenn die Innenstädte wachstumsbeschränkt sind (z. B. durch die Planung, den Denkmalschutz), dann führt die weitere Expansion dieses Sektors zur Verlagerung von Büro- und Einkaufsflächen an den Stadtrand und darüber hinaus in die Suburbia. Einzelhandel, die Verwaltung und die unternehmensorientierten Dienste entziehen sich dem Korsett der historischen Innenstädte und siedeln sich am Stadtrand oder im Stadt-Umland an.

Verkehrs- und Bautechnologie

Eine dritte Gruppe von „Antriebskräften" ist im Bereich der Verkehrs- und Bautechnologie zu sehen. So selbstverständlich auch der Einfluss dieser technologischen Veränderungen erscheinen mag, so wesentlich sind sie für die Entwicklung einer Stadt. Zu unterscheiden sind dabei Technologien des Verkehrs sowie Technologien des Bauens.

Im Bereich der Verkehrstechnologie ist die Entwicklung von einer fußläufigen Gesellschaft über die Entstehung von Massenverkehrsmitteln hin zum motorisierten Individualverkehr für die Stadt von Bedeutung. An wesentlichen Verkehrsmitteln, die jeweils spezifische Auswirkungen auf die Grundrissstruktur der Stadtentwicklung aufweisen, sind zu nennen:

1. Die Ausdehnung einer Stadt und die Anordnung von städtischen Funktionen können in einer fußläufigen Gesellschaft nur sehr begrenzt erfolgen. Die Stadt des Fußgängers und der Pferdegespanne war kompakt und einigermaßen radial strukturiert. Bis in das späte 19. Jh. wurde ein Großteil der Wegstrecken zu Fuß oder mit dem Pferdewagen überbrückt.

2. Mit der Entwicklung von Massenverkehrsmitteln ist eine Expansion der Stadt möglich. Nachdem ursprünglich Pferde und dann auch Dampfmaschinen die so genannte Tramway fortbewegt hatten, etablierte sich die Straßenbahn durch

ihre Elektrifizierung als das Massenverkehrsmittel im städtischen Raum. Die großräumige Verlagerung von Wohn- und Arbeitsstätten war damit möglich. Die Expansion der Städte in das Umland wurde realisierbar, und sie erfolgte immer anhand von zentralen Achsen, die gleichzeitig auch Verkehrsachsen waren. Das Stadtzentrum war gleichzeitig der Ort mit der besten Erreichbarkeit.

3. Die Verlagerung der schienengebundenen Massenverkehrsmittel unter die Erde führte zu einer deutlichen Reduzierung der durchschnittlichen Transportzeit, zu einer Verlängerung der Transportdistanzen und auch zu einer Attraktivitätssteigerung des ÖPNV (**öffentlichen Personennahverkehrs**). Der finanzielle Aufwand der Errichtung übertrifft die Kosten für oberirdische Verkehrsmittel jedoch bei weitem. Im Unterschied zur achsenorientierten Entwicklung wirken U-Bahn-Linien punktuell. Dies hängt mit der größeren Maschenweite des U-Bahn-Netzes zusammen. Überall dort, wo U-Bahn-Stationen vorhanden sind, erfolgt eine massive Standortaufwertung, weil die Erreichbarkeit signifikant erhöht wird, während die Zwischenräume aufgrund der großen Distanzen zur nächsten Station wenig bis gar nicht von dem U-Bahn-Bau profitieren.

4. Am wichtigsten waren aber die Entwicklung des Automobils und dessen kostengünstige „fordistische" Massenproduktion. Ende der 1920er-Jahre wurde das Auto in den USA durch die Fließbandproduktion auch für breitere Käuferschichten erschwinglich. In Europa setzte diese Entwicklung erst nach dem Zweiten Weltkrieg ein. Das Auto ermöglichte nicht nur eine weitere Expansion der Stadt in das Umland, sondern auch die flächige Erschließung der Achsenzwischenräume. Der Bau einer asphaltierten Straße ist um vieles billiger als die Errichtung von Schienenwegen. Sehr rasch wurde daher der städtische Raum flächig erschlossen. Das Zentrum, früher der Ort mit der besten Erreichbarkeit, verlor an Attraktivität, weil zu wenig Platz für Parkplätze und hochrangige Straßen vorhanden war.

5. Ungeklärt sind die Folgen der Stadtentwicklung durch den Einsatz der modernen **I**nformations- und **K**ommunikationstechnologien (IKT). Anzunehmen ist, dass ein Teil der Wegstrecken durch den Einsatz der IKT substituiert wird. Wohn- und Arbeitsstandorte sind freier und unabhängig von den physischen Infrastrukturen (Straße, Schiene) wählbar. Für manche Berufs- und Bevölkerungsgruppen wird auch eine Reintegration von Wohn- und Arbeitsstandorten möglich sein. Diffuses Stadtwachstum in die ländlichen Räume, unabhängig von Achsen und Korridoren, oder eine Urbanisierung ländlicher Räume (Periurbanisierung) kann ansatzweise erwartet werden. Ansatzweise aber nur deshalb, weil für die Mehrzahl der Berufstätigen die betriebliche Zusammenfassung der Arbeitsplätze die dominierende Realität bleiben wird. Dazu kommt, dass auch in einer Kommunikationsgesellschaft der Transport physischer Güter wichtig bleiben wird.

Die Stadtentwicklung ist nicht nur von der Entwicklung der Verkehrstechnologie, sondern auch von der Technik des Bauens abhängig. Diese beeinflusst die Stadt aber nicht nur im „Großen", sondern prägt die Stadt im Detail. Die Technologie des Bauens wirkt nicht als Makroprozess von „oben" auf die Stadtentwicklung, sondern als Bau- und Gestaltungsmöglichkeit von Gebäuden gleichsam von „unten". Die folgenden allgemeinen Entwicklungsetappen sind zu nennen:

1. Über Jahrhunderte waren Stein, Holz und Mörtel die dominanten Werkstoffe, ihre statistischen und konstruktiven Begrenzungen stellten die Rahmenbedingungen für die physische Struktur der Stadt dar. Mit dem Werkstoff Holz können in der Regel nur zwei- bis dreigeschossige Bauten errichtet werden, und auch für Ziegelbauten stellten sich vertikale Höhenlimits. Dazu kamen die Errichtungszeit und die -kosten, die eine Beschränkung der vertikalen und horizontalen Expansion darstellten. Die neuen Technologien im Bauen brachten einen verstärkten Einsatz maschineller Produktionsverfahren und damit eine tendenzielle Verbilligung der Errichtung. Eine Flächeneinheit für das Wohnen oder Arbeiten kostet heute – gemessen am durchschnittlichen Einkommen – weniger als in der Vergangenheit. Die Verbilligung der Wohnflächen sowie der gewerblichen und industriellen Arbeitsräume führte auch zu einer stärkeren Inanspruchnahme derselben. Die Wohnflächen pro Kopf, die real von der Bevölkerung genutzt werden, expandieren in einem beachtlichen Ausmaß.

2. Die Entwicklung des Stahlbetons Mitte des 19. Jh. stellte für Europa die wesentlichste Neuerung dar. Beton, der schon seit der römischen Antike bekannt war,

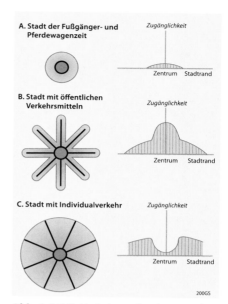

Abb. 3.1.2/2: *Verkehrstechnologie und Stadtentwicklung*

wird um ein Metallgerippe (Bewehrung) gegossen. Dieser Eisen- oder Spannbeton bewirkt eine hohe Belastbarkeit durch Druck (Tragfähigkeit) und benötigt nur ein dünnes Pfeilergerüst als tragendes Element. Damit sind weit auskragende Decken, freitragende Formen (Treppen) und große Bauhöhen erzielbar, wobei die Errichtungszeit und die Errichtungskosten relativ gering bleiben. Insbesondere durch die Verwendung von vorgefertigten Bauteilen (Rahmen, Stützen, Deckenplatten, Wandelementen) sowie durch eine Standardisierung der Formen werden erhebliche Zeit- und Kosteneinsparungen möglich.

3. Der Eisenskelettbau wurde gegen Ende des 19. Jh. entwickelt und veränderte insbesondere die dritte Dimension

der Stadt. Der Eisenskelettbau ermöglicht ebenso wie der Stahlbeton sehr große Bauhöhen, vorragende Elemente (Brückenbau) und erspart sehr viel Errichtungszeit. Mittels dieser Technologie errichtete Bauten können den Druck und den Seitenschub (Winddruck) elastisch abfedern, ohne Schäden an den tragenden Elementen erleiden zu müssen. Der Eiffelturm in Paris – mit einer Höhe von immerhin 300 m – stellt ein bekanntes Beispiel der Eisenskelettbauweise dar. Dennoch hat diese Technologie – im Unterschied zum Stahlbeton – in Europa nicht dieselbe Bedeutung erlangt wie in den USA.

4. Im Unterschied dazu hat sich Glas als neuer Baustoff generell und überall durchgesetzt. Mit Glas lässt sich das tragende Gerüst eines Gebäudes völlig umkleiden, und dies verleiht jedem Gebäude eine eigene Ästhetik. Die äußere Erscheinung und die innere Struktur werden durch die transparente Außenhaut zur Einheit, denn der äußere Eindruck ergibt sich durch das Geschehen im Inneren. Dazu kommen andere Materialien für Tür- und Fensterrahmen, die große Fensterflächen ermöglichen. Glas ist damit zu einem ästhetisch interessanten und überall verwendeten Baumaterial geworden, welches das Erscheinungsbild der Stadt nachhaltig prägt.

5. Zahlreich sind weitere Entwicklungen gewesen, die nicht nur die Ästhetik der Stadt, sondern auch die funktionale Struktur verändert haben. Neue Dachdeckungsmaterialien ermöglichen Flachdächer, erleichtern den Dachbodenausbau und stellen eine Voraussetzung für Dachbegrünungen dar. Ohne die Abwasserrohre aus Steinzeug, ein keramisches Material, welches chemischen Stoffen gegenüber widerstandsfähig ist und seit der 2. Hälfte des 19. Jh. industriell gefertigt wird, wäre der zügige Ausbau des Kanalnetzes nicht vorstellbar gewesen. Das Straßenbild änderte sich durch die Entwicklung des Asphalts, der die arbeitsintensive Pflasterung weitgehend verdrängte. Schließlich haben Innovationen und neue Ansprüche auf der Mikroebene des Wohnens auch die Stadtentwicklung verändert (z. B. die Integration des Sanitärbereichs und der Toiletten in den Wohnungsverband, die Ersetzung der Einzelkamine durch Zentralheizungen sowie das Verschwinden der Vorratsräume, Eiskeller und Dienstbotenzimmer aus den privaten Wohnungen).

Politik und Planung

Die vierte Gruppe der „Driving Forces" der Stadtentwicklung sind politisch-normative Prinzipien. Dabei geht es in erster Linie um die Durchsetzung von spezifischen Vorstellungen über wünschenswerte Prozesse der Stadtentwicklung, aber auch um jene rechtlichen Rahmenbedingungen, die in einem wesentlichen Ausmaß die Stadtentwicklung beeinflussen. Die Frage in diesem Zusammenhang lautet nicht „Wie entwickelt sich die Stadt?", sondern „Wie soll sich eine Stadt entwickeln? Welche rechtlichen Rahmenbedingungen steuern implizit oder explizit diese Entwicklung?". Zur Beantwortung dieser beiden Fragen sind unterschiedliche Akteure und ausgewählte Elemente der rechtlichen Rahmenbedingungen zu nennen.

1. Steuerungsfunktion der öffentlichen Hand: Die städtische Planung und Politik beeinflussen durch ihr Handeln die Stadtentwicklung in einem je nach dem politischen System unterschiedlichen Ausmaß. Wenn die Stadt eine U-Bahn errichtet und damit die Erreichbarkeit bestimmter Viertel erhöht, greift sie massiv in die Stadtentwicklung ein. Dies trifft genauso für Infrastrukturinvestitionen im Bereich der Bildung, der Gesundheit oder der sozialen Wohlfahrt sowie für Großprojekte als Motor der Stadtentwicklung zu. Dies gilt klarerweise nur für jene politischen Systeme, die eine durchgehend intervenierende öffentliche Hand besitzen und demnach für die europäische Stadtentwicklung viel mehr als für die nordamerikanische oder für die der so genannten Dritten Welt.

2. Die Bedeutung städtebaulicher Leitbilder: Bei jeder planerischen Intervention der öffentlichen Hand werden bestimmte Vorstellungen über den wünschenswerten Zustand der Stadt zu realisieren versucht. Ob die Stadt expandieren soll, welche Erreichbarkeit den Stadtvierteln zugeordnet wird oder ob abgewohnte Stadtquartiere zu erneuern sind oder nicht, ist auch von den normativen Vorstellungen der Planung und der Politik abhängig. Diese normativen Vorstellungen der Planung und Politik stehen mit den dominanten gesellschaftlich akzeptierten städtebaulichen Leitbildern in einem direkten Zusammenhang (dazu Kapitel 4.3). Wenn die Bevölkerung andere Vorstellungen über die anzustrebenden Entwicklungen besitzt, dann werden die Planung und die Politik langfristig mit Akzeptanzproblemen konfrontiert sein. Die Bevölkerung bestimmt auch durch ihr Handeln, welche städtebaulichen Strukturen sich als erfolgreich erweisen und welche abgelehnt werden. Die Vorstellungen der Bevölkerung über das „richtige" Leben in der Stadt ändern sich und sind Moden unterworfen. Wohnungen aus dem 19. Jh. gelten im 21. Jh. nicht mehr als zeitgemäß oder vielleicht auch wieder als besonders erstrebenswert. Aus diesen schnelllebigen Veränderungen der normativen Vorstellungen der Bevölkerung und der sich nur langsam wandelnden physischen Struktur der Stadt ergibt sich ein „Synchronisationsproblem" zwischen den gesellschaftlichen Vorstellungen über das Wohnen und die baulichen Infrastrukturen und der tatsächlich vorhandenen und aus einer Vorperiode stammenden physischen Struktur der Stadt, als andere gesellschaftliche Vorstellungen dominant waren. Die Bevölkerung steckt gleichsam in einer überkommenen baulichen Hülle.

3. Politisch-rechtliches System: Die dritte Ebene, die bei den politisch-normativen Prinzipien zu beachten ist, betrifft den grundsätzlichen rechtlichen Rahmen: Wie rasch können beispielsweise Immobilienmärkte auf Veränderungen der normativen Vorstellungen der Bevölkerung reagieren? Können Objekte rasch gebaut werden, ohne große Planungsverfahren? Wie weit werden die Nutzungen auf einer Fläche vorgeschrieben, und wie stark reagiert der Boden- und Immobilienpreis auf Veränderungen der Stadtentwicklung? Das politische System gestaltet die rechtliche Ebene und diese wiederum die Stadtentwicklung. Städte verändern sich in einem liberal-kapitalistischen System mit Dominanz des Eigentums

und einer schwachen öffentlichen Hand anders als Städte in ehemals real-sozialistischen Staaten.

Zum Einlesen

FRIEDRICHS, J. (Hrsg.): Stadtentwicklungen in kapitalistischen und sozialistischen Ländern. – Rowohlt, Reinbek bei Hamburg 1978.
Dieser Sammelband enthält vergleichende Analysen von London, Hamburg, Berlin (Ost), Warschau und Moskau. Interessanter als diese erscheinen jedoch der konzeptionelle Einleitungsaufsatz und die grundsätzliche Herangehensweise an das Thema „Stadtentwicklungen".

STADT WIEN (MAGISTRATSABTEILUNG 18): Stadtentwicklungsplan 2005. – Eigenverlag des Magistrats der Stadt Wien, Wien 2005.
Der Stadtentwicklungsplan (STEP) enthält analytische und normative Aussagen zur faktischen und zur erwünschten Struktur der Stadt. Dahingehend vermittelt der STEP einen guten Überblick über das, was als Stadtentwicklung aufzufassen ist. Wer sich nicht mit Wien befassen möchte, der möge einen STEP einer anderen Stadt zu Rate ziehen. Die „Idee" eines Stadtentwicklungsplans bleibt jedenfalls gleich.

Gesamtübersichten

KNOX, P. & L. MC CARTHY: Urbanization: an Introduction to Urban Geography. – Pearson Education, London 2005.
LICHTENBERGER, E.: Stadtgeographie. Begriffe, Konzepte, Modelle, Prozesse. – 3. Auflage Teubner, Stuttgart/Leipzig, 1998.

Zusammenfassung

- Unter dem Begriff Stadtentwicklung sind alle zeitlich gebundenen Prozesse zu verstehen, die die physischen und gesellschaftlichen Strukturen einer Stadt in der einen oder anderen Form verändern. Die Aufschließung neuer Stadtteile, Stadterweiterung, Citybildung, Gentrification oder der Stadtverfall sind ebenso Teilprozesse wie Segregation, Suburbanisierung oder die Herausbildung von Gated Communities.

- Der Begriff Stadtentwicklung betrifft die gesamtstädtische Maßstabsebene genauso wie die innerstädtische Ebene. Ebenso besitzt der Begriff einen analytischen Begriffsinhalt und einen normativen. Der analytische Begriffsinhalt von Stadtentwicklung beschreibt das historische Entstehen und die aktuellen Veränderungen der Stadt. Der normative Inhalt des Begriffs kennzeichnet dagegen den wünschenswerten Zustand, den eine Stadt in zeitlicher Perspektive annehmen soll.

- Determinanten der Stadtentwicklung können als „Driving Forces" aufgefasst werden, die in einem jeweils unterschiedlichen Mischungsverhältnis alle Prozesse der Stadtentwicklung steuern. Es sind dies die Bevölkerungs- und Gesellschaftsentwicklung, die wirtschaftliche Entwicklung, die Verkehrs- und Bautechnologie sowie Politik und Planung.

3.2 Historische Stadtentwicklungen

Jede Zeit „schafft" sich ihre Stadt. Die Städte sind Ausdruck der gesellschaftlichen, wirtschaftlichen, politischen und technologischen Entwicklung, und sie sind damit immer auch zeitgebunden. Der Abschnitt „Historische Stadtentwicklung" wird diese Zusammenhänge offenlegen, dabei jedoch Schwerpunkte und Akzente der Darstellung setzen. Wer an einer mehr oder minder lückenlosen Analyse der historischen Stadtentwicklung interessiert ist, dem wird die Lektüre von B. Delfante (1999) oder L. Benevolo (1991) empfohlen.

Aber jede Stadt muss sich auch mit dem baulichen Erbe vergangener Perioden auseinandersetzen. Die Stadt ist niemals synchron mit den Bedingungen der Zeit. Es sei denn, sie wird neu gegründet oder nach vollständiger Zerstörung neu aufgebaut. Die physische Struktur einer Stadt, z. B. ihr Grundriss, ihre Verkehrswege oder ihre Bauten, hat eine viel längere Lebensdauer und überdauert wirtschaftliche, politische, soziale oder technologische Zyklen. Die Gegenwartsgesellschaft entwickelt spezifische Wohnvorstellungen und trifft auf eine Gebäudesubstanz aus historischer Zeit. Die Wirtschaft sucht bestimmte Standorteigenschaften, die die vorhandenen Industrie- und Gewerbeobjekte nicht aufweisen. Die technische Entwicklung verhalf dem Auto zu seiner dominanten Position, und der Grundriss der Stadt stammt noch aus einer Zeit, als der Großteil des Verkehrs zu Fuß oder mit Pferdewagen abgewickelt wurde.

Überall trifft man in der Stadt auf diese Synchronisationsprobleme, auf eine materielle Struktur, die Anpassungsprozesse erschwert oder verhindert und auf die Bedeutung von Persistenz verweist.

3.2.1 Die Anfänge der historischen Stadtentwicklung

Die Entwicklung der Städte begann im 9. und 8. vorchristlichen Jahrtausend mit der Sesshaftwerdung der Menschheit, der Zentralisierung der politischen und religiösen Macht und einer beginnenden Arbeitsteilung. Die Entwicklung der Hochkulturen ging mit der urbanen Entwicklung Hand in Hand. Die ältesten Städte finden sich daher bei den Sumerern in Mesopotamien, bei den Assyrern und in Babylonien. Die ältesten Städte waren Tempelstädte sowie Burg- und Palaststädte. Die Struktur der Städte war vielfältig und differenziert, wie B. Delfante (1999) nachweisen kann. Die Tempelstädte sumerischen Typs beispielsweise wiesen einen ovalen Umriss auf, der von turmbewehrten Mauern und Wasserläufen umschlossen war. Die assyrischen Städte waren dagegen rechteckig angelegt, aber ebenfalls von Stadtmauern und Wasserläufen umgeben. Die babylonischen Städte wiederum folgten einer geometrischen Gesamtordnung mit zentrischer Lage des Hauptheiligtums und exzentrischem Standort für die Palastgruppe. Die einzelnen Stadtviertel selbst waren verschachtelt, gewachsen und nicht planvoll angelegt. Die Städte waren Handelsorte, Zentren der agrarwirtschaftlichen Planung, aber viel mehr noch Stätten der Inszenierung der weltlichen und religiösen Macht. Der assyrische Herrscher Sargon II.

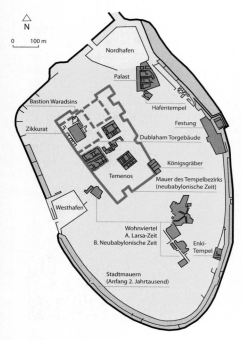

Abb. 3.2.1/1: *Die Stadt Ur*

(721–705 v. Chr.) ließ neben dem Wohnpalast „einen heiligen Bezirk mit drei Höfen, drei Tempeln und drei miteinander verbundenen Kapellen in einem unregelmäßigen Komplex errichten. Die Konzentration von Palästen, Tempeln und Zikkuraten bildet eine Art Stadtkrone, in der einige Autoren auch ein Symbol der göttlichen Thronbesteigung der assyrischen Herrscher sehen" (DELFANTE, B. 1999, 28). Der babylonische Herrscher Nebukadnezar II. (605–562 v. Chr.) hat die Hauptachse Babylons zu einer monumentalen Prozessionsstraße mit einer Reihe sehr massiver Baukörper, reich verzierter Tempel und hoher Türme (Turm zu Babel) ausgebaut. Einiges davon wurde schließlich auch als „Weltwunder" empfunden.

Die Städte der Sumerer, der Assyrer, der Babylonier und später auch der Ägypter und der Perser waren nicht nur Orte der Herrschaft, sondern gleichzeitig auch Instrumente der Machtausübung. Die Stadt mit ihrer baulichen Monumentalität und ihrer imposanten Silhouette sollte „den Menschen Ehrfurcht einflößen und sie gleichzeitig zur Vorsicht mahnen" (DELFANTE, B. 1999, 27). Diese Ehrfurcht war umso größer, weil viele bauliche Großformen (Pyramiden, Obelisken, Tempel) die Verschränkung der politischen mit der religiösen Macht symbolisierten.

3.2.2 Die griechische Polis

Die Tempel- und Palaststädte in Mesopotamien, Ägypten und Persien im Neolithikum und in der Bronzezeit waren in erster Linie Herrschaftsstandorte. Es waren keine Städte für die Bevölkerung, sondern Standorte für die religiöse und weltliche Herrschaft. Mit der Entstehung der griechischen Polis, d. h. mit den selbstständigen Stadtstaaten, war ein vollkommen neuer und für die gesamte Stadtentwicklung wichtiger Vorgang verknüpft. Die griechische Polis entstand nicht durch die weltliche oder religiöse Herrschaft, sondern durch einen freiwilligen „Verbrüderungsakt" von Personenverbänden (Familien, Sippen, Dorfgemeinschaften) zu einer religiösen Kultgemeinschaft und zu einer politischen Einheit, welche zusammen siedelten. Landbewohner verließen ihre Dorfgemeinschaften und zogen im Schutz einer Burg oder eines zentralen Heiligtums in einer Stadt zusammen. Dieser Vorgang, der als Synoikismus bezeichnet wird, war entscheidend und konstitutiv für das Entstehen

Abb. 3.2.2/1: *Parthenon auf der Akropolis*

der griechischen Polis. Der Synoikismus stellte eine neue Vergesellschaftungsform dar, die unabhängig von der Verwandtschaft oder der Sippe den Menschen eine neue kollektive Integration vermittelte, nämlich die Einbindung in die Polis. Bemerkenswert war die Tatsache – und dies wird leicht übersehen –, dass die Polis zunächst eine politisch-soziale Ordnung ohne eine Verbindung zu einer städtebaulich-architektonischen Konzeption war. Die frühen griechischen Städte (Athen, Delphi, Troja, Gourniá, Knossos) aus der geometrischen (1 100–700 v. Chr.) sowie aus der archaischen Zeit (700–500 v. Chr.) zeigten keine planvolle Konzeption. Die ersten Zentren haben sich „entweder durch die Einbeziehung der alten Akropolen gebildet, die zu

Festungen oder Fluchtburgen umgebaut wurden, um traditionelle Heiligtümer herum oder ausgehend von öffentlichen Räumen, die man durchaus als Plätze bezeichnen kann, die aber noch keine Agora im späteren Sinne darstellen, (...)" (DELFANTE, B. 1999, 39). Die Städte wiesen ein unregelmäßiges Straßennetz mit Quer- und Stichstraßen auf. Die Wohnhausbebauung war sozial differenziert, aber insgesamt nicht konzeptionell geordnet.

Erst in der griechischen Klassik (500–330 v. Chr.) und in der hellenistischen Zeit (330–30 v. Chr.) erfolgte die Verknüpfung der politisch-sozialen Ordnung mit der städtebaulich-architektonischen Konzeption. Dies war natürlich nicht in bestehenden Städten möglich, sondern in

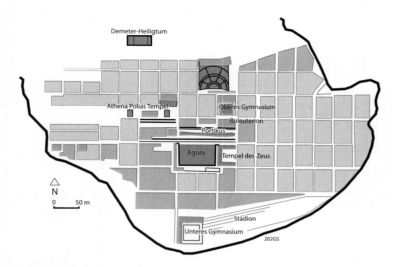

Abb. 3.2.2/2: *Beispiel für eine griechische Polis*

den neu gegründeten Kolonialstädten. Diese gegründeten und geplanten Städte unterschieden sich von der Grundrissstruktur der gewachsenen Städte sehr deutlich. Sie wiesen zwar auch unregelmäßige Stadtgrenzen auf, waren aber innerhalb der Grenzen rasterförmig erschlossen. Das Hippodamische Prinzip (nach dem „Stadtplaner" Hippodamus von Milet, ca. 510 v. Chr.) bestand aus einem über die Stadt gelegten Raster von rechteckigen Baublöcken („Insulae"). Die Straßen waren rechtwinklig angelegt. Wenige längs verlaufende Hauptstraßen teilten die Stadt in große parallele Streifen und wurden von einer Vielzahl von quer verlaufenden Nebenstraßen gekreuzt. Bei der Abfolge der Straßen wurde auf monumentale Wirkung verzichtet. Die gegründete Stadt wurde mit Kommunalbauten (Gymnasion, Stadion, Theater), Marktplatz und Tempelbezirk ausgestattet.

Die große zivilisatorische Leistung der griechischen Polis für die europäische Stadt- und Gesellschaftsentwicklung insgesamt bestand darin, auf der einen Seite die politische Herrschaft in die Hände des Volkes (Demokratie) gelegt zu haben. Auch wenn ein großer Teil der Einwohner der Polis (Frauen, Sklaven, Zugewanderte) von den politischen Entscheidungsprozessen ausgeschlossen war, blieb die Tatsache, dass die Herrschaft ihre Legitimation nicht mehr aus dem Göttlichen ableitete, sondern aus der Meinungsbildung des Volkes. Auf der anderen Seite war die Schaffung eines öffentlichen Raums die zweite große zivilisatorische Leistung. Der in der griechischen Polis geformte öffentliche Raum diente dem gemeinschaftlichen und politischen Leben und war gleichzeitig Symbol einer neuen Form der Vergesellschaftung. Einen gestalteten und

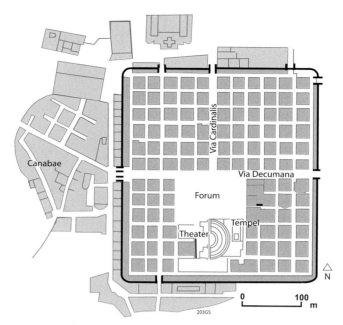

Abb. 3.2.2/3: *Beispiel für eine römische Stadt*

geplanten öffentlichen Raum dieser Art hat es vorher nicht gegeben. Die Agora (der Marktplatz) war der wichtigste Teil des öffentlichen Raums und diente sowohl dem Handel als auch der politischen Partizipation (Versammlungen, Diskussionen, Staatsfeste).

3.2.3 Vom „Castrum" zur römischen Stadt

Die Stadtgründungen in der hellenistischen Ära und auch in der Zeit des Römischen Reichs hatten nicht nur den Sinn, die wachsende Bevölkerung aufzunehmen, sondern dienten auch dazu, ein Territorium zu unterwerfen, zu verwalten und zu regieren. Die Städte fungierten dabei als Stützpunkte der Macht, denn eine flächige Beherrschung war auf der Grundlage der damals vorhandenen Verkehrs- und Kommunikationstechnologie nicht denkbar. Städte wurden aus strategischen Gründen als Stützpunkte gegründet, um das Territorium netzartig zu überziehen und eine Form der Reichsbildung zu ermöglichen.

Reflektierten die Stadtgründungen in der vorgriechischen Zeit die Materialisierung göttlicher Gewalt und in der hellenistischen Phase die neue politische Organisation, so folgten die Stadtgründungen im Zeitalter Roms sehr viel mehr einer militärisch-strategischen Konzeption. Der Typus der „Römischen Stadt" stellte eine Weiterentwicklung der griechischen Polis dar, nicht nur von der immateriellen Idee her, sondern auch vom konkreten Substrat: In vielen Fällen entstanden die römische Städte dort, wo die Griechen ihre Kolonialstädte bereits gegründet hatten.

Die römischen Stadtgrundrisse ließen aber auch eine Weiterführung etruskischer Stadtbauprinzipien erkennen. „Rom selbst wurde, nachdem sich verschiedene latinische Stämme dort niedergelassen hatten, gemäß den etruskischen Riten auf dem Palatin gegründet" (DELFANTE, B. 1999, 49). Deren Stadtbauprinzipien wurden weiterentwickelt, ausgefeilt und auch weniger streng gehandhabt. Unregelmäßigen Stadtumrissen von Siedlungen auf den Hügeln standen schematisierte Grundrisse der Städte in der Ebene gegenüber. Ebenso war zwischen den Städten römischen Ursprungs und den bestehenden Städten, die nur in eine römische Entwicklung integriert wurden, zu unterscheiden. Eine zu starke Verallgemeinerung ist jedenfalls fehl am Platz, denn die römische Stadtgeschichte ist differenziert zu betrachten. Dennoch ergeben sich einige typische Grundelemente der römischen Stadt, die sich aus der Entwicklung des Militärlagers, des „Castrum", ableiten lassen, und die ab dem 2. Jh. v. Chr. für alle Stadtgründungen im römischen Europa galten:

- Die Stadtgrenzen waren nicht mehr unregelmäßig, sondern quadratisch oder rechteckig. Diese quadratische oder rechteckige Stadtbegrenzung stammte aus der etruskischen Zeit. Die Stadtgrenzen waren befestigt.
- Das Rechteck des Stadtumrisses wurde nach zwei Achsen, manchmal auch nur nach einer, ausgerichtet. „Die erste Achse führt von Sonnenuntergang zu Sonnenaufgang, hat eine Breite von 14 bis 15 m (zuweilen bis 30 m) und wird decumanus genannt; die zweite, im rechten Winkel zur ersten, also von Norden nach Süden verlaufend und cardo genannt, ist sieben bis acht Meter breit. Die parallel oder rechtwinkelig zu den beiden Hauptachsen verlaufenden Nebenstraßen mit einer Mindestbreite von 2,5 m sind in einem Abstand von 60 bis 70 m angelegt. Sie vervollständigen das Wegenetz und begrenzen gleichzeitig die quadratischen oder rechteckigen insulae" (DELFANTE, B. 1999, 49).

- Die griechische Agora wurde zum römischen Forum, das am Schnittpunkt von „Cardo" und „Decumanus" lag. Am Forum oder zumindest in dessen Nähe befanden sich die weiteren öffentlichen Bauten. Der römische Tempel erhielt eine „Schauseite" und wurde auf einem Podium freigestellt. Neue Bautypen (Triumphbogen, Amphitheater) verstärkten den Aspekt der Repräsentation von Macht.
- Außerhalb der „Castrum"- bzw. der Stadtgrenze wurde ein Landstreifen (lat. „pomerium" von „promoerium" = vor der Mauer) freigehalten. Dieser Landstreifen hatte wie ein Glacis militärische Funktionen. Daran schlossen die Vorstädte (Canabae) an, die unregelmäßig und ungeplant entstehen konnten. Stadterweiterung vollzog sich in diesen Vorstädten und nicht durch Ausweitung der Befestigung bzw. Neugründung einer Stadt.

Im römischen Europa finden sich zahlreiche Städte, die römischen Ursprungs sind und nach diesem Bauplan errichtet worden waren. Sie entwickelten sich aus dem „Castrum", welches mit Zivilbevölkerung aufgefüllt wurde, als es die militärische Funktion verlor. Dies gilt für Deutschland genauso wie für Großbritannien, Frankreich oder Spanien. In Afrika wurde die Romanisierung der Städte durch bestehende Strukturen beeinflusst und erst in den Gründungen der Kaiserzeit fand sich die beschriebene Regelhaftigkeit wieder. Im Orient sahen sich die Römer einer fortgeschrittenen Urbanisierung gegenüber, die sie nur neu ordnen mussten.

Die zivilisatorische Leistung Roms im Bereich des Städtebaus, aber auch im Bereich des Rechts, bestand in der Fähigkeit der Aufnahme und Verarbeitung des Bestehenden und der Schaffung von allgemeinen Prinzipien, die dann flächig durchgesetzt wurden. „Rom hat nichts neu erfunden. Es begnügt sich damit, die griechische Stadt zu universalisieren und zu konzeptualisieren, um sie zu vervielfältigen, bevor es daraus ein Modell entwickelt, das über zwei Jahrtausende hinweg Anwendung findet, da sie, hier mehr als anderswo, vereinen und ihre Macht und Prestige festigen müssen" (DELFANTE, B. 1999, 52).

Abb. 3.2.3/2: *Das Colosseum in Rom*

3.2.4 Mittelalterliche Stadtentwicklung

Mit dem Ende des Römischen Reichs geht auch die Zeit städtischer „Modelle" zu Ende. Die mittelalterliche Stadt basiert auf keinem einheitlichen „Grand Design" des Städtebaus. Dazu sind auch die Ausgangsbedingungen der mittelalterlichen Stadtentwicklung zu heterogen. Die Entwicklung der mittelalterlichen Stadt kann daher auch niemals eindimensional und für alle Städte gleichermaßen erklärt werden. Viele Entwicklungswege führten zur Herausbildung einer mittelalterlichen Stadt. Will man dennoch die Pluralität der Entwicklungswege zusammenfassen, dann ist zunächst die Unterscheidung zwischen gewachsenen und geplanten Städten des Mittelalters sinnvoll. Die gewachsenen Städte des Mittelalters basierten auf der Kontinuität der römischen Besiedelung, auf der Schutzfunktion von Burgen, die sich zu Handelsorten entwickelten, sowie aus Dörfern, die zu Städten anwuchsen. Die geplanten Städ-

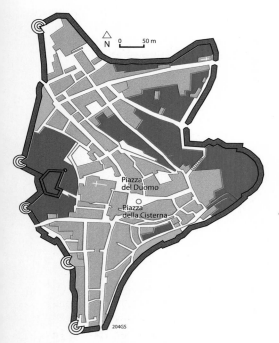

Abb. 3.2.4/1: *Beispiel einer mittelalterlichen Stadt (San Gimignano)*

te umfassten einerseits Neugründungen, die nach einem ähnlichen und vorgefassten Plan entstanden, sowie die Bastidenstädte, womit jene in Frankreich, England, Wales und Italien gegründeten Städte mit rasterförmigem Grundriss und einer bereits am Beginn festgelegten Größe gemeint sind.

Bei den gewachsenen und auch bei den geplanten Städten sind drei Elemente von zentraler Bedeutung:

- Politische Institutionen: Ehemals römische Städte wurden zu Residenzen oder Pfalzen ausgebaut. Aus der historischen Tradition der Orte wurde eine zusätzliche Legitimität in der Nach-

folge des römisch-antiken Kaisertums abgeleitet. Städte wie Aachen, Köln, Ravenna oder Pavia können auf diese Kontinuität verweisen. Städte konnten aber auch im Schutze militärischer Befestigungsanlagen entstehen, ohne dass vorher eine römische Siedlungstradition vorhanden war. Im Schutze der Hammaburg beispielsweise (späteres Hamburg) siedelten sich Kaufleute und Handwerker an und bildeten damit den Einstieg in eine kontinuierliche Entwicklung.

- Religiöse Institutionen: Seit dem Konzil von Nicäa (325 n. Chr.) wurden die Bischöfe zum Verbleib in der römischen Stadt verpflichtet. Die Bischöfe nahmen nach der Auflösung des Römischen Reichs auch die weltliche Administration der Stadt wahr oder wurden im zehnten Jahrhundert in den neu gegründeten oder erhobenen Bischofsstädten (z. B. Hamburg, Bamberg, Eichstätt) damit beauftragt. In manchen Städten bildete ein Kloster den Stadtkern, oder ein Kloster entwickelte sich dermaßen dynamisch, dass es selbst eine Stadt darstellte (St. Gallen). Im Zuge der mittelalterlichen Stadterweiterung wurden auch außerhalb der Stadt liegende Klöster und Stifte in den Stadtbereich integriert (Wien, Köln, Zürich). Ihre Mauern bildeten dann auch einen Teil der Stadtbefestigung.

- Handwerk und Handel: Das dritte Element zur Herausbildung des mittelalterlichen Städtewesens bildeten Handwerk und Handel als Ausdruck einer langsam voranschreitenden Arbeitsteilung. Aus Dörfern wurden Städte, wenn durch den Zuzug von Händlern und Handwerkern eine neue ökonomische Grundlage geschaffen wurde. Die Erlangung des Marktrechts stellte dabei eine wesentliche Voraussetzung dar. Die Ansiedlung von Händlern und Handwerkern erfolgte in vielen Fällen aber nicht in einem Dorf, sondern in Fortsetzung einer bestehenden militärischen Anlage oder einer befestigten Stadt. Ähnlich wie die römischen „Canabae" bildeten sich entlang der Ausfallstraßen in Verlängerung zu den Stadttoren Vorstädte (das „Burgum" oder auch die „Civitas"), die in einer späteren Phase von einer neuen Stadtbefestigung umschlossen wurden. Manchmal standen am Beginn der Stadtentwicklung aber weder Dörfer noch politische, militärische oder religiöse Baulichkeiten, sondern Marktplätze oder nur periodisch bewohnte Kaufmannssiedlungen. Diese periodischen Kaufmannssiedlungen, das „Wik" oder auch der „Wiek" genannt, entstanden im siebten bis neunten Jahrhundert und markierten besonders in Nordeuropa häufig den Beginn einer mittelalterlichen Stadtentwicklung.

Die Vielfalt der Entwicklungspfade der mittelalterlichen Stadt entsprach auch der Vielfalt der baulich-physischen Struktur. Dies gilt für die gewachsenen Städte noch viel mehr als für die geplanten. Ein Stadtplan, der für alle mittelalterlichen Städte Gültigkeit besitzt, existiert nicht. Lediglich stilisierte Elemente der Stadt sind zu nennen (LICHTENBERGER, E. 2002, 23f.):
- Die Stadtmitte wurde durch Kirchbauten dominiert. Sie wurden so hoch wie möglich gebaut und stellten ein Symbol für die Bedeutung des christlichen Glaubens in der Gesellschaft dar.
- In der Stadtmitte befanden sich ebenfalls das Rathaus, die Markthallen sowie die Wohnbauten der führenden Familien. Die Stadtmitte war der Ort höchsten Sozialprestiges. Der Sozialgradient fiel gegen den Rand der Stadt ab.
- Die Stadt war durch schmale Parzellen aufgeschlossen. Die Bebauung folgte den schmalen Parzellengrenzen, oder es wurden für Patrizierhäuser mehrere Streifen zusammengelegt. In den Häusern der Gewerbetreibenden, der Händler und Geschäftsleute dominierte die Einheit von Wohnen und Arbeiten. Die Ökonomie des „Ganzen Hauses" herrschte vor.
- Die Hofhäuser der Antike mit der Betonung des Innenhofes als bauliche und soziale Mitte des Hauses wurden durch das Bürgerhaus mit einer repräsentativen Schaufront zur Straße hin verdrängt.
- Der öffentliche Raum in Form von Straßen und Plätzen war für das soziale und wirtschaftliche Leben der Stadt wichtig. Er wurde von der Stadtverwaltung errichtet und kontrolliert. Zwischen dem öffentlichen Raum und dem Privatraum bestanden Verschränkungen in Form von Durchgangsrechten.
- Die größeren Städte umfassten unterschiedliche Stadtteile mit jeweils spezifischem Charakter und einer eigenen gewerblichen Orientierung (Viertelbildung).
- In den geplanten Städten dominierten der orthogonale Straßengrundriss sowie der zentrale Marktplatz durch Aussparung eines Baublocks. Das Rathaus stand meist frei auf dem Marktplatz

und bildete dort mit anderen Häusern einen eigenen Block. Kirchen waren nicht auf dem zentralen Marktplatz zu finden, sondern auf einem eigenen Platz oder am Stadtrand.

Die große zivilisatorische Leistung der mittelalterlichen Städte bestand weniger in der Schaffung einer neuen städtebaulichen Konzeption als vielmehr in der schrittweisen Überwindung des mittelalterlichen Feudalismus. Die Städte waren soziale, politische und räumliche Gegenmodelle zum ländlichen Raum. Sie hatten eine andere wirtschaftliche Funktion und betrieben den Feudalherren gegenüber einen langen Emanzipationsprozess.

Die Bewohner einer Stadt waren in der Hauptsache Handwerker, Kaufleute und Händler. Diese unterschieden sich von der Masse der Landbevölkerung nicht nur durch eine unterschiedliche Tätigkeit, sondern auch durch ihren Rechtsstatus. Wer innerhalb der Stadt ein Grundstück erwarb, gewann nach Jahr und Tag an diesem Ort eine neue Hei-

mat, war persönlich frei und wurde zum Bürger („Stadtluft macht frei"). Er lebte damit in einer eigenen Rechtssphäre und gehörte zu einem eigenen Stand, der sich von den übrigen Gruppen der Gesellschaft deutlich abhob. Der Bürger trat als Individuum in diese Bürgerschaft ein und leistete damit einen „Verbrüderungsakt", vergleichbar dem antiken Synoikismus, dem Zusammenschluss von Personenverbänden zu einem einheitlichen politischen Verband, zur griechischen Polis. Auch wenn nicht alle Stadtbewohner Bürger werden konnten und Tagelöhner, Arme, Dienstboten oder Juden, d. h. all jene, die nicht Grund besitzend waren, von der Bürgerschaft ausgeschlossen blieben, offerierte die Stadt dennoch eine andere soziale Qualität.

Der Reichtum der Städte, basierend auf dem Handwerk und dem Handel, ermöglichte es den Bürgern, für ihre Stadt Rechte zu fordern und zu erlangen. Die Grundherren brauchten immer wieder Geld, ebenso die Landesfürsten und schließlich der König und Kaiser, und die reichen Kaufleute und Handwerker stellten dies zur Verfügung, wenn dafür bestimmte Rechte gewährt wurden. Die Städte lösten sich somit von den unmittelbaren Obrigkeiten und wurden reichsfreie Städte, die nur mehr dem König unterstanden (Augsburg, Regensburg, Köln, Bremen, Lübeck), andere hatten noch Fürsten, Bischöfe oder Äbte als Herren (landesfürstliche Städte). Der wirtschaftliche Erfolg durch das arbeitsteilige Prinzip und den damit verbundenen Handel diente jedenfalls der Emanzipation von der feudalen Abhängigkeit durch einen Grundherren.

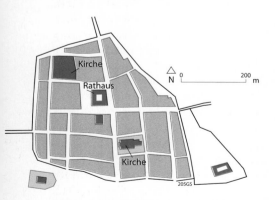

Abb. 3.2.4/2: *Beispiel einer mittelalterlichen Stadtgründung (Thorn)*

Die Städte erhielten nach und nach autonome und selbstständig wahrzunehmende Rechte (Markt- und Stadtrechte) und wurden durch die Bürger gemeinschaftlich selbst verwaltet. Dies war nicht im heutigen Sinne als demokratisch zu bezeichnen, denn ein Teil der Einwohner blieb von der Selbstverwaltung ausgeschlossen, und Konflikte traten ebenfalls auf. Je nach ökonomischer Bedeutung der Kaufmannsfamilien und Grundbesitzer auf der einen Seite (Patrizier) und der der Handwerker und kleinen Händler auf der anderen Seite (Zünfte) kam es zu latenten und manifesten Auseinandersetzungen um die Macht in den Städten. Dennoch kann die Emanzipation der Stadt und der städtischen Bevölkerung von der Grundherrschaft sowie die Etablierung eines einheitlichen politischen Verbandes der Bürger der Stadt als eine der wichtigsten politischen Neuerungen des Mittelalters angesehen werden.

3.2.5 Stadtentwicklung im absolutistischen Flächenstaat

Die flächige Beherrschung des Territoriums wird im 17. und 18. Jh. zum Ziel der absolut regierenden Herrscherhäuser in Europa. Einheitliche Wirtschafts- und Rechtsräume entstehen in Frankreich, Österreich, Preußen und Russland. Aus lokalen Stadtstaaten und regionalen Herrschaftsbereichen werden flächige Territorien, die Rolle der Stadt verändert sich tiefgreifend. Die großen rechtlichen und sozialen Unterschiede zwischen der mittelalterlichen Bürgerstadt auf der einen und allen anderen Territorien auf der anderen Seite begannen sich aufzu-

lösen. Stadt und Land wurden einander politisch-rechtlich ähnlicher, die Grenzen zwischen Stadt und Land begannen sich mit dem Fall der Stadtmauern und der Einbettung der Stadt in ein übergeordnetes Straßennetz aufzulösen, das „Land" wurde in Form von barocker Landschaftsarchitektur in die Stadt hereingeholt.

Bereits die Städte der Renaissance und später des Barocks sind nicht mehr die Bürgerstädte, getragen von Kaufmannsfamilien und den Gewerbetreibenden, Inseln im „Meer des Feudalismus", sondern eingebunden in eine zentral konzipierte Vorstellung von Staat und Gesellschaft. Im aufgeklärten Absolutismus beginnen die europäischen Herrscherhäuser, landwirtschaftlich ungenützte Räume zu erschließen, Kommerzialstraßen zu bauen, neue Städte planvoll zu errichten und die gewachsenen Städte ihren Vorstellungen entsprechend zu verändern. Die Städte wurden zu einem Abbild einer höfisch orientierten Gesellschaft und einer merkantilen Wirtschaftsstruktur. Dies zeigt sich im Inneren der Stadt, aber auch in der Utopie von Idealstädten. Nicht mehr der Partikularismus einer Bürgergesellschaft bestimmt Form und Funktion der Stadt, sondern der übergeordnete Wille des Herrscherhauses.

Die Stadt wird wieder zu einem rational durchkalkulierten Gesamtkunstwerk. Dabei erinnert sich besonders die Renaissance an die antiken Vorbilder. Die Ideen des römischen Architekten und Stadtplaners Vitruv (88–26 v. Chr.), der seine Ideen in einem zehnbändigen Werk „De Architectura" niedergelegt hat, werden in den Utopien der idealen Stadt aufgegriffen. Dabei dominieren Symmetrien, ein optimal erreichbares Zentrum, fahrzeuggerechte, schachbrettartige oder radiale Verkehrswege, funktionale Gliederungen und ein ausgeklügeltes Verteidigungssystem. Dazu kommt die möglichst optimale Anbindung der Stadt an einen Fluss, einen Hafen oder an wichtige Verkehrs- und Handelsstraßen.

Theoretische Entwürfe über die ideale Stadt, die diese Elemente enthielten, entstanden in großer Zahl. Die künstlerische und intellektuelle Elite Europas befasste sich mit dieser Frage. ALBRECHT DÜRER entwarf eine Stadt eines Königs, LEONARDO DA VINCI entwickelte Ideen einer Stadt mit kreuzungsfreien Straßenzügen, Kanalisation, mehrgeschossigen Bauten und Verteidigungsanlagen. Realisiert wurden von den zahlreichen Entwürfen der Theoretiker nur wenige. Die venezianische Festungsstadt Palmanova im italienischen Trient, Freudenstadt im Schwarzwald und Mühlheim bei Köln sind drei Beispiele für realisierte Utopien der idealen Stadt.

Kennzeichnend dafür sind die folgenden Elemente:

- zentrale Platzanlage im Inneren, auf die das Straßensystem ausgerichtet ist,
- schachbrettartiges oder radiales Straßennetz,
- Mauer und Befestigungsanlagen sowie eine
- funktionale Konzentration des Gewerbes in der Stadt.

Bedeutender als die Überlegungen über die ideale Stadt der Renaissance war die barocke Umformung der bestehenden und gewachsenen Städte. Mit der Etablierung des absolutistischen Flächenstaates und mit dem ökonomischen Erfolg des Merkantilismus wurden die mittelalterlichen Städte um- und ausgebaut. Selbstverständlich nur jene, die im Zentrum des Interesses standen. Der barocke Stadtumbau sorgte für die bauliche Reflexion der politischen Macht. Die Kleinteiligkeit der mittelalterlichen Stadt wurde durch eine städtische Ordnung abgelöst, die auf den Herrscher ausgerichtet war. Die Grundrissstrukturen der Stadt verweisen auf die Schlossanlage, großzügige Freiflächen und Parkanlagen symbolisieren den Reichtum, der damit Raum und Platz findet. Städtebauliche Elemente, die der Barock verstärkt oder neu einbringt, sind folgende:

- Paläste, Schlösser oder Zitadellen sind der Ausgangspunkt der städtebaulichen Entwicklung für eine Gesamtstadt oder für Stadtteile.
- Sichtachsen und breite Straßenzüge werden auf die Repräsentationsbauten ausgerichtet.
- Gartenanlagen beim Schloss oder in der Stadt werden angelegt und dienen der unterstützenden Repräsentation.
- Fassaden werden repräsentativ ausgestattet und im Rahmen von Bauvorschriften normiert.
- Die funktionale Differenzierung der Gesellschaft und des politischen Systems bringt neue Bautypen in die Stadt (Verwaltungsgebäude, Gerichtsgebäude, Kasernen, Stallungen, Exerzierplätze, Mietshäuser).

Die Stadt im Barock ändert sich im städtebaulichen und architektonischen Bereich massiv. Mindestens ebenso signifikant sind die wirtschaftlichen und sozialen Veränderungen. Waren in der

mittelalterlichen Stadt die Kaufmannsfamilien und die Handwerker die tragenden sozialen Gruppen, und wurde
die wirtschaftliche Bedeutung durch den
Fernhandel bestimmt, so determinierte
der administrative Rang im Rahmen
der Verwaltung des Flächenstaates die
Bedeutung der barocken Stadt. Neue
soziale Gruppen entstanden: Beamte und
Offiziere verwalteten und schützten den
Flächenstaat. Sie drängten als neue Eliten
in die Stadt und benötigten dort Wohnraum in einer Form, die es bisher nicht
gegeben hatte. Sozial differenziert für die
unterschiedlichen Einkommensgruppen
entstanden Beamtenwohnhäuser. Die bis
dato gültige Einheit von Wohnhaus, Geschäft und Werkstatt begann sich langsam aufzulösen.

Dazu kam der Adel, der in Kontinentaleu-
ropa näher an den Herrscher heranrückte
und wichtige Positionen in der Verwaltung
der Flächenstaaten übernahm. Auch er
zog als neue soziale Gruppe in die Stadt
und verdrängte dort die alte bürgerliche
Elite der Kaufleute und Handwerker, die
in die Vorstädte ausweichen musste. Der
Adel baute in der Stadt seine Winterpalais
und errichtete außerhalb seine Sommer-
residenzen. Er benötigte zur Aufrechterhaltung seines Lebensstils Hilfskräfte,
Dienstpersonal und Sekretäre und förderte
aufgrund der verstärkten Nachfrage nach
den Gütern des täglichen und des längerfristigen Bedarfs die gewerbliche Entwicklung in der Stadt. Lehrlinge, Gesellen und
Dienstpersonal wanderten in die barocke
Stadt, um dort die neuen Beschäftigungs-
möglichkeiten wahrzunehmen. Dazu kamen die Angehörigen der „Zweiten Gesellschaft", die Großhändler, Bankiers und die

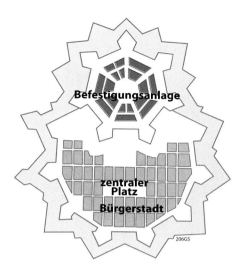

Abb. 3.2.5/1: *Entwurf einer Idealstadt
(Modell von Pietro Cataneo)*

Unternehmer des Manufakturwesens. Sie
bildeten eine neue wirtschaftliche Elite,
die den aufwändigen Lebensstil des Adels
kopierte und aufgrund ihrer Wohnstandortwahl die flächige Segregation nach
sozialer Herkunft und Vermögen verstärkte.

Innerhalb der barocken Stadt, besonders
innerhalb der wachsenden Großstädte,
nahmen die sozialen Gegensätze jedoch
ebenso zu wie die unterschiedlichen sozialräumlichen Differenzierungen. Auf
der einen Seite fand sich die monumentale Schönheit der barocken Paläste und
auf der anderen Seite die Tristesse der
Lebensbedingungen der Arbeiter der
großen Manufakturen in den Vorstädten. In der barocken Stadt waren bereits
jene sozialen Gegensätze sichtbar, die zu
Revolutionen und zu neuen politischen
Bewegungen führten.

3.2.6 Industrielle Stadtentwicklung

Das 19. und das 20. Jh. brachten für die europäische Stadt eine Zeit struktureller Veränderungen. Sie basierten auf der Durchsetzung des industriellen Produktionsprozesses und der Herausbildung eines liberalen, marktwirtschaftlichen Systems. Die Industrie wurde zum ökonomischen Leitsektor und zum Motor der städtebaulichen Entwicklung. Mit der Industrialisierung war die massenhafte Zuwanderung in die Stadt verbunden, die in weiterer Folge zum wichtigsten sozialpolitischen Problem des Industriezeitalters führte: zur Wohnungsnot der Industriearbeiter und ihrer Familienangehörigen.

Das industrielle und demographische Wachstum der Städte wurde von einem infrastrukturellen Ausbau begleitet und gefördert. Der Eisenbahnbau war nach anfänglichen Versuchen eindeutig auf die großen Städte ausgerichtet. Deren Umland und Einzugsgebiet vergrößerte sich sprunghaft und damit die Bedeutung der Stadt als zentraler Ort der Produktion und Konsumption. Die Etablierung eines einheitlich verwalteten Flächenstaates mit einem liberalen Wirtschaftsraum führte zur funktionalen Anreicherung der großen Hauptstädte. Im wachsenden Dienstleistungssektor sowie im Rahmen der öffentlichen Verwaltung entstanden neue Arbeitsmöglichkeiten außerhalb des traditionellen Gewerbes und Handels.

Zu unterscheiden ist zwischen den im Industriezeitalter neu entstandenen Industriestädten und der Entwicklung der Städte im Industriezeitalter. Industriestädte konnten sich, ohne mit dem physisch-materiellen Erbe vergangener Epochen belastet zu sein, auf die Bedürfnisse der Fabrik und der Fabrikarbeit ausrichten. Industriestädte dieses neuen Typus entstanden in Großbritannien (Midlands) oder in Deutschland (Ruhrgebiet). Alle anderen Städte erlebten einen mehr oder minder tief greifenden „Umbau", je nach Intensität der industriellen Entwicklung.

Am Beispiel der Arbeitersiedlung (oder auch Werksiedlung) Saltaire (westlich von Leeds) werden die Prinzipien der Industriestadt erläutert:

1. Im Zentrum der Industriestadt steht die Fabrik. An der Hauptstraße, die zur Fabrik führt, liegen die öffentlichen Gemeinschaftseinrichtungen (Schule, Krankenhaus, Armenhaus).

2. Die Werksiedlung befindet sich in unmittelbarer Nachbarschaft zur Fabrik, um die täglichen Fahrtstrecken zu minimieren.

3. Ein Eisenbahn- und Kanalanschluss sorgt für den Transport der Rohstoffe und den Abtransport der Fertigwaren.

Die industriell geprägte Siedlung dieses Typus besitzt eine hohe Funktionalität, von „urbaner Komposition kann hier allerdings nicht die Rede sein" (DELFANTE, B. 1999, 172). Die industriellen Produktionsbedingungen bestimmen den Grundriss und die funktionelle Zusammensetzung.

Die industrialisierte Stadt wurde im Unterschied zur Industriestadt nicht neu konzipiert, sondern lediglich umgebaut. Der Umbau war je nach Intensität der Industrialisierung unterschiedlich stark. Manche Städte behielten ihren ursprünglichen Charakter, andere wurden sehr

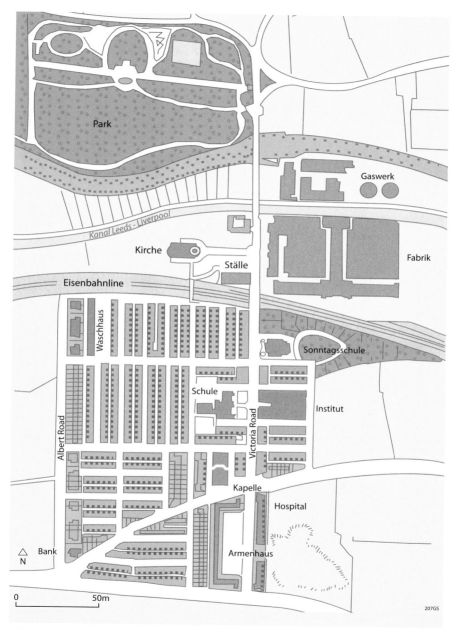

Abb. 3.2.6/1: *Prinzipien der Industriestadt: die Arbeitersiedlung Saltaire*

stark verändert. Mit der Industrialisierung wurden arbeitsteilige Prozesse verstärkt, die ihrerseits wieder zu einem Bedeutungszuwachs an bürokratischer Administration führte. Die Industrialisierung des 19. Jh. war damit oft nur indirekt für den Stadtumbau verantwortlich. Generell lassen sich in der Phase der europäischen Industrialisierung folgende allgemeine Umbaumaßnahmen zusammenfassen:

- Unmittelbare Umbaumaßnahmen bestanden in der Schleifung der Befestigungsanlagen. Stadtmauern erwiesen sich angesichts der Entwicklung der Waffentechnologie nicht nur als nutzlos, sondern stellten sich als potenzielles Hindernis bei der Niederschlagung von bürgerlichen oder proletarischen Aufständen heraus. Die nach der Schleifung der Stadtbefestigung verfügbaren Freiflächen wurden neu aufgeschlossen, was anhand der unterschiedlich geschnittenen Baublöcke deutlich zu erkennen ist. Anstelle der Befestigungsanlage wurden in vielen Fällen Ringstraßen errichtet.

- Der leichteren Zugänglichkeit der verwinkelten und engen Innenstädte dienten Begradigungen, Verbreiterungen und Straßendurchbrüche – dies nicht nur der Demonstration von Monumentalität wegen, sondern auch im Sinne einer effizienten militärischen Intervention und einer verbesserten Durchlüftung und Hygiene. Der von G. Haussmann und seinen Mitarbeitern ausgearbeitete Stadtbauplan von Paris (1853) sah vor, die öffentlichen Bauten freizustellen, um sie besser zur Geltung zu bringen, heruntergekommene Stadtviertel zu sanieren sowie breite Boulevards zu schaffen. Dem Vorbild G. Haussmanns folgten zahlreiche europäische Städte. Die Schaffung von Prachtstraßen, Boulevards und Ringstraßen kennzeichnet die Umbaumaßnahmen im Zuge der gründerzeitlichen Entwicklung der Stadt.

- Der Ausbau der technischen Infrastruktur gewann in den wachsenden Städten mit regelmäßig wiederkehrenden Epidemien an großer Bedeutung. Auch zum Selbstschutz der

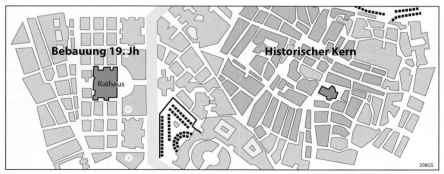

Abb. 3.2.6/2: *Gründerzeitlicher Umbau nach der Schleifung der Stadtmauer (das Beispiel Wien)*

oberen sozialen Schichten und der politischen Entscheidungsträger wurden Wasserleitungen, Kanalisation sowie Müllbeseitigung systematisch ausgebaut und in manchen Städten auch in das Eigentum der öffentlichen Hand übertragen (Munizipalsozialismus). Dazu kamen öffentliche Verkehrsmittel, die für das Funktionieren einer städtischen Industriegesellschaft wichtig waren. Sie unterstützten den Zu- und Abtransport der Fertigwaren und der Rohstoffe, aber auch die Pendelwanderung der Arbeitskräfte. Bahnhöfe wurden als Symbol des industriellen Fortschritts nicht nur funktionell, sondern auch repräsentativ ausgebaut.

- Ein wesentliches Kennzeichen des Umbaus der industrialisierten Stadt bestand in der Wohnhausbebauung für die rasch wachsende Zahl an Arbeitskräften. Die Einwohnerzahlen in vielen europäischen Städten vervielfachten sich innerhalb weniger Jahrzehnte aufgrund von Eingemeindungen und besonders infolge von Zuwanderung. In den englischen Städten wurde die wachsende Wohnungsnachfrage durch den Bau von Reihenhäusern befriedigt, in den kontinentaleuropäischen Großstädten durch die Errichtung von gründerzeitlichen Massenmiethäusern. Gemeinsamkeiten bestanden in der höchstmöglichen Bebauungsdichte und in der Einheitlichkeit der äußeren Gestaltung sowie der Grundrisse. Weder die britischen Back-to-Back-Häuser noch die Massenmiethäuser waren jedoch geeignet, die großen sozialen Probleme zu mildern und eine akzeptable Unterbringung der zugewanderten Ar-

beiterschichten zu gewährleisten. Sie waren klein, schlecht ausgestattet und vergleichsweise teuer.

- Ein wesentliches Element beim Umbau der Stadt im Industriezeitalter stellte die Fabrik dar. Selten gelingt es jedoch, diese in die gewachsene städtische Struktur zu integrieren. Ganz im Gegenteil: sie wird an den Rand abgeschoben, desintegriert, und es hat den Anschein, als ob sich die Stadt „gegen Angriffe von Außen" durch Abschottung zu wehren weiß (DELFANTE, B. 1999, 157). Gefördert wurde diese Desintegration durch die Konkurrenzangst der ansässigen Gewerbetreibenden und die Furcht der Herrscherhäuser vor sozialen Unruhen. Die Fabriken wurden nur selten in den bestehenden Baukörper integriert, sondern meistens am Stadtrand angesiedelt. Um die Fabriken herum entstanden auf dem europäischen Kontinent die mehrgeschossigen Massenmiethäuser und in Großbritannien die Reihenhäuser. Die Stadt im Industriezeitalter wuchs damit zonal von innen nach außen und mit einer systematischen Abfolge von alter Industrie und alter Wohnhausbebauung im Inneren sowie neuer Industrie und junger Wohnhausbebauung im Äußeren.

- Unabhängig von der Industrialisierung kam es in den großen Städten, insbesondere in den Hauptstädten, zu einem „Bauboom" an öffentlichen Gebäuden als Folge der bürokratischen Durchdringung großer Flächenstaaten und der Funktionsanreicherung der öffentlichen Hand. Rathäuser, Regierungsgebäude, Ministerien, Postämter, Theater und Opernhäuser wurden vergrößert, neu errichtet und repräsentativ ausgestaltet.

Was ist als die große zivilisatorische Leistung der Stadtentwicklung des Industriezeitalters aus heutiger Sicht zu werten? Diese Frage sei auch in diesem Abschnitt gestattet, und sie wird unterschiedlich beantwortet:

Die Stadt im Industriezeitalter wurde endgültig zum wichtigsten Standort der Volkswirtschaft. Die Industrie stellte den Motor der wirtschaftlichen Entwicklung dar, sie sorgte für das Wachstum und den Wohlstand der Staaten des 19. und 20. Jh. Die industrialisierte Stadt und die Industriestadt lösten damit den ländlichen Raum als Ort der volkswirtschaftlichen Mehrwertproduktion endgültig ab.

Die Stadt im Industriezeitalter war mit der Entstehung einer neuen und anfänglich „gefährlichen" sozialen Klasse konfrontiert. Die Arbeiter in den Fabriken, die denselben sozialen Bedingungen ausgesetzt waren, Schulter an Schulter die Maschine und später das Fließband bedienten und zu Hause Tür an Tür wohnten, entwickelten ein Klassenbewusstsein und eine ähnliche politische Einstellung. In den meisten Fällen gelang es der Stadt und der bereits etablierten städtischen Gesellschaft dank allgemeinen sozialpolitischen Maßnahmen, die Integration der zugewanderten Arbeiter herzustellen. Die Stadt wurde im Industriezeitalter zur „Integrationsmaschine" einer heterogenen Gesellschaft.

Weder in der griechischen Polis noch in der römischen, der mittelalterlichen oder der barocken Stadt erfolgte die Zuwanderung dermaßen rasch und zahlreich wie in der Stadt der industriellen Zeit. Die Unterbringung der Zuwanderer wurde zu einem brennenden Problem, und die Frage nach dem „richtigen" Wohnbau eindringlich und über viele Jahrzehnte bis in die Gegenwart diskutiert. Wohnungsnot und wachsende soziale Polarisierung waren Auslöser zahlreicher sozialreformatorischer Stadtprojekte. Daran waren nicht nur Architekten und Stadtplaner beteiligt, sondern auch Unternehmer selbst, die an der menschenwürdigen Unterbringung der Arbeiter Interesse zeigten. Zu nennen sind die Ville Sociale, die Gartenstadt, die Arbeitersiedlungen, aber auch die Prinzipien des modernen Städtebaus, die in Kapitel 4 näher erläutert werden.

Zum Einlesen

Carter, H.: An Introduction to Urban Historical Geography. – Edward Arnold, London 1983.
Ein „Klassiker" der historischen Stadtgeographie, der auf die Entwicklung des Städtesystems ebenso eingeht wie auf die innerstädtischen Differenzierungsprozesse und ihre historische Dimension.

Knox, P. & L. Mc Carthy: Urbanization: an Introduction to Urban Geography. – Pearson Education, London 2005.
Das Kapitel 2 enthält eine knappe Übersichtsdarstellung des "Origins and Growth of Cities", wobei der Versuch, auf 30 Seiten einen historischen und zu gleich einen global differenzierenden Überblick zu vermitteln, schwierig ist und nur dann verstanden wird, wenn schon ein „Grundgerüst" an Wissen über historische Stadtentwicklung vorhanden ist.

Reulecke, J.: Die Geschichte der Urbanisierung in Deutschland. – Edition Suhrkamp, Frankfurt/Main 1985.
Detaillierte Darstellung der Urbanisierungsprozesse in Deutschland, wobei das Schwergewicht auf die Früh- und Hochindustrialisierung gelegt wird.

Gesamtübersichten

Benevolo, L.: Die Geschichte der Stadt. – Campus, Frankfurt/Main 1991.
Delfante, B.: Architekturgeschichte der Stadt. Von Babylon bis Brasilia. – Wissenschaftliche Buchgesellschaft, Darmstadt 1999.

Zusammenfassung

- Die Stadt speichert ihre Geschichte. Baulich-physische Strukturen überleben in der Regel ihre Erbauer um Jahrzehnte und Jahrhunderte. Das macht die historische Analyse von Städten auch interessant, denn sie eröffnet eine längst vergangene soziale, politische und ökonomische Welt.

- Die ersten drei Abschnitte dieses Kapitels behandeln die Ursprünge der Stadt sowie die griechische und römische Stadt. Die Städte der Antike waren Handelsorte, Militärstützpunkte, Zentren der agrarwirtschaftlichen Planung und auch Orte der Inszenierung der weltlichen und religiösen Macht. Die Stadtgründungen in der hellenistischen Ära und auch in der Zeit des Römischen Reichs hatten nicht nur den Sinn, die wachsende Bevölkerung aufzunehmen, sondern dienten auch dazu, ein Territorium zu unterwerfen, zu verwalten und zu regieren. Die Städte fungierten dabei als „Stützpunkte der Macht", denn sie überzogen netzartig das Territorium und ermöglichten damit eine Form der Reichsbildung.

- Mit dem Ende des Römischen Reichs geht auch die Zeit städtischer „Modelle" zu Ende. Die mittelalterliche Stadt basiert auf keinem einheitlichen „Grand Design" des Städtebaus. Viele Entwicklungswege führten zur Herausbildung einer mittelalterlichen Stadt, wobei die Unterscheidung zwischen gewachsenen und geplanten Städten des Mittelalters wesentlich ist. Die gewachsenen Städte basierten auf der Kontinui-

tät der römischen Besiedelung, auf der Schutzfunktion von Burgen, die sich zu Handelsorten entwickelten sowie auf Dörfern, die zu Städten anwuchsen. Die geplanten Städte umfassten Neugründungen, die nach einem ähnlichen und vorgefassten Plan entstanden.

- Die Städte der Renaissance und später des Barocks sind nicht mehr die Bürgerstädte, getragen von Kaufmannsfamilien und den Gewerbetreibenden. Sie sind nicht mehr „Inseln im Meer des Feudalismus", sondern wurden in eine zentral konzipierte Vorstellung von Staat und Gesellschaft eingebunden. Im aufgeklärten Absolutismus beginnen die europäischen Herrscherhäuser, landwirtschaftlich ungenützte Räume zu erschließen, Kommerzialstraßen zu bauen, neue Städte planvoll zu errichten und die gewachsenen Städte ihren Vorstellungen gemäß zu verändern. Die Städte wurden zu einem Abbild einer höfisch orientierten Gesellschaft und einer merkantilen Wirtschaftsstruktur. Dies zeigt sich im Inneren der Stadt, aber auch in der Utopie von Idealstädten. Nicht mehr der Partikularismus einer Bürgergesellschaft bestimmt Form und Funktion der Stadt, sondern der übergeordnete Wille des Herrscherhauses.

- Das 19. und das 20. Jh. brachten für die europäische Stadt eine Zeit massiver struktureller Veränderungen. Die Industrie wurde zum ökonomischen Leitsektor und zum Motor der städtebaulichen Entwicklung. Mit der Industrialisierung war die massenhafte Zuwanderung in die Stadt verbunden, die in weiterer Folge zum wichtigsten sozialpolitischen Problem des Industriezeitalters führte: zur Wohnungsnot der Industriearbeiter und ihrer Familienangehörigen. Zu unterscheiden ist jedenfalls zwischen den im Industriezeitalter neu entstandenen Industriestädten und der Entwicklung der Städte im Industriezeitalter. Industriestädte konnten sich, ohne mit dem physisch-materiellen Erbe vergangener Epochen „belastet" zu sein, auf die Bedürfnisse der Fabrik und der Fabrikarbeit aus-

richten. Industriestädte dieses neuen Typus entstanden in Großbritannien (Midlands) oder in Deutschland (Ruhrgebiet). Alle anderen Städte erlebten einen mehr oder minder tiefgreifenden „Umbau", je nach Intensität der industriellen Entwicklung.

3.3 Stadtentwicklungen im politischen Kontext

Die relevanten „Driving Forces" der Stadtentwicklung gelten generell, aber sie sind eingebettet in ein jeweils spezifisches politisches und soziokulturelles Umfeld. Während B. Hofmeister (1996) in seiner Typologie das soziokulturelle Umfeld betont, so unterstreicht E. Lichtenberger (2002) die Bedeutung des politischen Systems für die Stadtentwicklung. Sie unterscheidet die Stadtentwicklung in einem sozialistischen Regime, in einem liberal-kapitalistischen und in einem sozialen Wohlfahrtsstaat. Diese Abgrenzungen verstehen sich als idealtypisch und negieren selbstverständlich die in der Realität vorkommenden Überschneidungen und Unschärfen.

Beim Vergleich der Stadtentwicklungen in Abhängigkeit vom politischen System sind jedenfalls drei Merkmale wichtig, die sowohl die Morphologie, die innerstädtische Differenzierung als auch die städtebauliche Dynamik steuern. Es sind dies die gesellschaftspolitischen Ideolo-

gien, die Gestaltungsmöglichkeiten der öffentlichen Hand und die dominanten städtebaulichen Leitbilder.

3.3.1 Sozialistische Stadtentwicklung

Städte sind sehr langlebige „Speichermedien" der Vergangenheit, und die Persistenz der physischen Struktur einer Stadt ist erheblich. Städte werden nicht von einem Tag zum anderen „ausradiert", sondern verändern sich erst über die Erneuerung oder den Neubau von Gebäuden, Straßen und Plätzen. Dabei werden auch weiterhin die alten Grundrisse und Strukturen reproduziert. Es ist daher opportun, die Städte des ehemaligen Ostblocks aus dem Blickwinkel der sozialistischen Stadtentwicklung zu betrachten, denn viele Strukturen sind in der Zeit des realen Sozialismus geschaffen worden und haben die Transformation zum Markt überlebt.

	Sozialistische Stadtentwicklung	Liberal-kapitalistische Stadtentwicklung	Wohlfahrtsstaatliche Stadtentwicklung
Gesellschafts-politisches Modell	• egalitäres Gesell-schaftsmodell • Zuteilung von Standorten und Ressourcen • Wohnungen als Teil des „Social Overhead"	• Soziale Unterschiede als gesellschaftlicher Stimulus • marktmäßige Allokation von Standorten und Ressourcen • Wohnungen und Wohn-standorte als Merkmale der sozialen Differen-zierung	• soziale Unterschiede durch Umverteilung gemildert • Schutz- und Aus-gleichsfunktion der öffentlichen Hand
Städtebauliche Merkmale	• standardisierter Wohnungsbau ent-lang von Siedlungs-achsen • Demonstrations-prinzip im öffent-lichen Raum • Stadterweiterung vor Stadterneue-rung	• differenzierter Woh-nungsbau durch private Investoren („Developer") • „Strip Development" entlang von Achsen • großflächiger Verfall von Stadtvierteln	• Dualität von privaten Marktmechanismus und staatlicher Zuteilungspolitik • Erhalt und Pflege der historischen Bausubstanz • Inwertsetzung „ab-gewohnter Viertel" durch die öffentliche Hand
Aktuelle Prozesse	• postsozialistische Transformation mit rascher Suburbani-sierung • Anstieg der sozialen Segregation und Inwertsetzung der historischen Innen-stadt	• Wachstum des „Urban Sprawl" • Rückkehr einer neuen Citybevölkerung in die Kernstädte • Gentrification, ethnische und soziale Segregationsprozesse	• Suburbanisierung • Gentrification • demographische, ethnische und soziale Segrega-tionsprozesse

Tab. 3.3/1: Stadtentwicklung im politischen Systemvergleich

Gesellschaftspolitische Konzeption und Plansteuerung

Die sozialistische Stadtentwicklung war eine plangesteuerte. Die Stadtplanung besaß zentrale und umfassende Kompetenzen, und sie entschied über die innerstädtische Nutzungsverteilung, über die Standorte der Industrie, der Wohngebäude und der Infrastruktur. Die Stadtplanung verfügte über umfassende Durchgriffsrechte, ermöglicht durch die Vergesellschaftung von Grund und Boden. Die Realisierung städtebaulicher Leitbilder war vom politischen Willen und der realen Machbarkeit abhängig, aber nicht von der Meinung der Bevölkerung oder den Bedingungen des Marktes.

Die Planung selbst erfolgte nach einem strikten Top-down-Prinzip. Die obersten und nationalen Planungsbehörden legten die Ziele der Territorial- und Stadtplanung fest, die dann in konkrete Projekte umgesetzt wurden. Die Planung verfolgte langfristige Ziele, ein rasches Reagieren auf neue Entwicklungen war zumindest im Grundsätzlichen nicht möglich.

Zu den Zielen aller Planungsbehörden zählten die optimale Entwicklung und Standortverteilung der Produktivkräfte (Boden, Arbeit, vergesellschaftetes Kapital), um die marktwirtschaftlichen Systeme zu überflügeln. Ein wesentliches gesellschaftspolitisches Ziel bestand in der Errichtung einer klassenlosen Gesellschaft. Soziale Unterschiede, hervorgerufen durch eine unterschiedliche Wertigkeit der Arbeitsplätze und der Einkommen, galt es zu vermeiden.

Für die Stadtentwicklung von besonderer Bedeutung war dabei die Neustrukturierung des Wohnungsmarktes, der verstaatlicht, kommunalisiert oder in Genossenschaften überführt wurde. Die Wohnungen stellten einen Teil des sozialen Überbaus („Social Overhead") dar, von dem alle Gesellschaftsmitglieder gleichermaßen profitiert haben. Dieser soziale Überbau war gleichsam ubiquitär vorhanden, seine Nutzung stand allen offen. Die Mieten waren ausgesprochen niedrig und stellten nur Anerkennungspreise dar, die nichts mit den realen Bau- und Erhaltungskosten zu tun hatten. Wohnungen wurden zugeteilt und nicht gehandelt und beim Neubau wurde darauf geachtet, dass Wohnungsgrößen, Wohnungsausstattungen sowie Wohnumfelder standardisiert wurden. Soziale Unterschiede, die sich durch die Wohnsituation widerspiegeln, aber durch diese auch produziert werden, galt es zu überwinden.

Städtebauliche Konsequenzen

Die hochgradige Standardisierung der Wohnungen ging Hand in Hand mit der industriellen Produktion der Wohngebäude, die sich vorgefertigter Materialien bediente. Plattenbauten an den Stadträndern oder in den Neustädten prägten das Bild der sozialistischen Stadtentwicklung. Die Standorte der Wohnbauten und der Industriebetriebe folgten dabei einem klaren Achsenkonzept. Große Magistrale gaben die Richtung der städtischen Entwicklung vor. Dies hing einerseits mit dem Repräsentationsprinzip der staatlichen Macht, aber auch mit der Dominanz des öffentlichen Personennahverkehrs zusammen. U-Bahnen, Straßenbahnen oder Busse trugen die Hauptlast des Personenver-

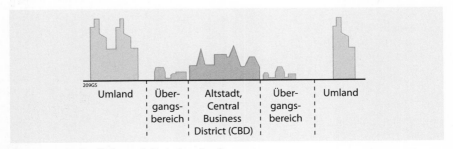

209GS

Umland | Übergangs-bereich | Altstadt, Central Business District (CBD) | Übergangs-bereich | Umland

Abb. 3.3.1/1: *Profil der sozialistischen Stadt*

kehrs. Die Erschließung des Stadtrandes konnte daher nicht flächig erfolgen, sondern nur anhand von Entwicklungsachsen, die mit leistungsfähigen Massenverkehrsmitteln erschlossen wurden.

Die Achsen schnitten einander an einem Platz oder an wenigen zentralen Plätzen. Diese Plätze dienten Aufmärschen, Volksfesten sowie Ansprachen und waren häufig von einem oder einigen städtebaulichen Dominanten in Form von Kulturhochhäusern, Parteizentralen oder Verwaltungsgebäuden umgeben. Die Bebauungsdichte war in der Innenstadt relativ gering, die Wohnfunktion blieb erhalten. Die Achsen und die zentralen Plätze erinnerten an die Prinzipien des Städtebaus während des Absolutismus, der ebenfalls die architektonische Demonstration und Repräsentation der weltlichen Macht verfolgte.

Die Forcierung des durch Geschosswohnbauten und Industrieanlagen geprägten Stadtrandes führte häufig zum Verfall des Stadtzentrums. Von Ausnahmen, wie sie polnische Städte dar-

stellten, sei hier abgesehen. Die meist bürgerlichen Innenstädte demonstrierten eine vergangene historische Epoche, ein überwundenes Gesellschaftsmodell. Daher passten sie nicht mehr in das Bild einer neuen, sozialistischen Gesellschaft. Dazu kam die industrielle Ausrichtung der Bauwirtschaft, die sich auf die Großproduktion spezialisierte, aber nicht auf die arbeitsintensive Erneuerung der historischen Bauten. Innenstädte wurden abgerissen und teilweise neu errichtet (z. B. in Bukarest), in anderen Fällen aber auch nur dem Verfall preisgegeben, während am Stadtrand eine „sozialistische" Neustadt gebaut wurde (z. B. Petrzalka im Süden von Bratislava). Sozialistische Doppelstädte mit einem Gegensatz von alt und neu, von sozialistisch und bürgerlich entstanden (z. B. Nowa Huta, östlich von Krakau).

Die Stadtentwicklung im Postsozialismus bricht nun mit dem Prinzip einer Plansteuerung und einer angestrebten Klassenlosigkeit der Gesellschaft. Der

Abb. 3.3.1/2: *Plattenbauten in Rostock*

Markt als die zentrale Allokationsinstanz wird wieder implementiert, die entstehenden gesellschaftlichen Unterschiede werden akzeptiert. Eine Zunahme der sozialen Segregation ist ebenso zu beobachten wie eine Differenzierung des Wohnungsangebots und eine Ausbreitung der Stadt in das Umland. Eine gewisse Konvergenz der Stadtentwicklung ist feststellbar, wenn auch die sozialistische Stadtentwicklung Strukturen hinterlassen hat, die nicht innerhalb weniger Jahre auszulöschen sind.

3.3.2 Liberal-kapitalistische Stadtentwicklung

Die liberal-kapitalistische Stadtentwicklung steht diametral zu einer plangesteuerten, sozialistischen Stadtentwicklung. Sie ist ausgeprägt in den USA, Kanada oder Australien und – mit Abstrichen – auch in den eher marktgesteuerten Staaten Europas zu finden. Aber auch in vielen Schwellenländern des Südens dominiert mehr oder minder der Markt als eine zentrale Verteilungsinstanz von Standorten in der Stadt.

Marktdominierte Allokation von Standorten

Entscheidende Steuerungsgrößen in liberal-kapitalistischen Systemen sind dabei Märkte wie der Bodenmarkt, der Wohnungsmarkt und der Immobilienmarkt. Nicht die staatliche oder kommunale Planbehörde entscheidet, wo etwas sein darf, sondern die Marktmechanismen und damit das Angebot, die Nachfrage und der Preis. Die Planung der öffentlichen Hand ist mit wenigen Kompetenzen ausgestattet und kann nur reagieren, kann aber selbst nur in Ansätzen gestalterisch wirken. Planerische Leitbilder sind in liberal-kapi-

talistischen Städten daher auch nur nachrangig zu beurteilen. Wenn Investoren an bestimmten Standorten Chancen sehen, das eingesetzte Kapital mit einer entsprechenden Rendite zurückzubekommen, dann werden sie investieren. Umgekehrt werden sie das Kapital herausnehmen, wenn die Gewinnerwartungen nachlassen. Die Inwertsetzung und der Verfall treten in Form von Zyklen auf, wobei ein „Überschießen" („Overshooting") charakteristisch ist. Dieses „Overshooting" entsteht, weil Kapitalzu- oder -abflüsse einander gegenseitig aufschaukeln und durch eine schwache öffentliche Hand nicht „beruhigt" werden können. Wie auf einem Aktienmarkt ist die Investitionstätigkeit eines potenten Geldgebers in einem Stadtteil das Signal für andere Marktteilnehmer, Ähnliches zu tun, wenn sie eine hohe Rendite erzielen wollen. Damit wird der Preis für Grund und Boden und Immobilien in diesem Stadtteil steigen, und nur mehr potente Einkommensgruppen können sich diese Standorte leisten. Die Segregation verstärkt sich immer mehr, solange bis ein „Tipping Point" erreicht ist und der Prozess kippt. Bestimmte Bevölkerungsgruppen oder Nutzungen verlassen den Stadtteil und leiten damit einen Abwertungsprozess ein. Dieser Abwertungsprozess währt so lange, bis neue Pioniere den Stadtteil wieder entdecken und einen neuen Investitionszyklus einleiten.

Die gesellschaftspolitische Konzeption in einem liberal-kapitalistischen System akzeptiert diese Zyklen und auch die sozialen Unterschiede, die sich räumlich abbilden. Die sozialen Schichten separieren sich in der Stadt, und es finden sich ausgeprägte

Property Tax verstärkt die sozial-räumliche Segregation

In den USA stellt die Grundsteuer, die Property Tax, ein Schlüsselelement dar, welches die sozialräumliche Segregation und die soziale Homogenität in den Wohnvierteln unterstützt. Sie orientiert sich – im Unterschied zu Deutschland oder Österreich – an dem realen Marktwert einer Immobilie und ist damit einmal höher und auch wieder niedriger. Wenn sich in einem Bezirk oder in einer Stadt der Marktwert der Immobilien erhöht, dann profitiert jedenfalls die lokale Gebietskörperschaft durch höhere Steuereinnahmen und die Bevölkerung durch einen gestiegenen Wert ihres Besitzes. Der Marktwert kann aber nur dann steigen, wenn die soziale und ökologische Qualität in der Gemeinde gehoben wird, wenn die Kriminalität gering ist, die Schulen einen guten Ruf haben und wenn es als erstrebenswert gilt, dort zu wohnen. Alles, was den Marktwert senken könnte, wird daher von der Bevölkerung und der lokalen Gebietskörperschaft aus dem Bezirk oder aus der Stadt zu verdrängen versucht. Das beste Instrument ist dabei der steigende Marktwert selbst, denn er sorgt für die Erhöhung der Property Tax, die Jahr für Jahr neu festgelegt wird und eine Abwanderung jener Bevölkerungsgruppen zur Folge hat, die sich diese nicht mehr leisten können. Bei einer Property Tax von beispielsweise 3 % vom Marktwert einer Immobilie, so z. B. bei einem Standardhaus mit einem Marktwert von 250 000 Dollar, beträgt diese bereits 7 500 Dollar pro Jahr. Wer nicht zahlen kann, muss verkaufen. Eine verstärkte Segregation ist dann die Folge.

Ober-, Mittel- und Unterschichtviertel. Diese räumliche Ungleichverteilung wird als Folge der unterschiedlichen individuellen und ökonomischen Leistungskraft akzeptiert und nicht a priori als ungerecht empfunden. Sie sind Ausdruck einer unterschiedlichen Beitragsleistung zur Gemeinschaft und zugleich auch Stimulus zur Mehrleistung.

Betonung von Stadtmitte und Expansion am Stadtrand

In liberal-kapitalistischen Systemen stellt die Stadtmitte einen besonderen Ort dar. In den meisten Fällen ist die Stadtmitte der Ort mit den höchsten Bodenpreisen und einer damit verbundenen funktionellen Selektion. Private Durchschnittshaushalte haben Schwierigkeiten, diese Bodenpreise über die Miete oder den Kaufpreis für ihre Appartements zu bestreiten. Sie werden daher verdrängt und sich – unabhängig von der persönlichen Wohnortpräferenz – einen anderen Wohnstandort suchen müssen. Die Stadtmitte wird zum **C**entral **B**usiness **D**istrict (CBD) mit hoher Bebauungsdichte, hoher Konzentration von hochrangigen Arbeitsplätzen und sehr hohen Boden-, Kauf- und Mietpreisen. Der öffentliche Raum ist nur in einem geringen Ausmaß vorhanden, weitläufige Plätze zur

Demonstration von Herrschaft und Öffentlichkeit sind ausgesprochen selten.

Die Stadtmitte mit der hohen Bebauungsdichte geht unvermittelt in Stadtteile mit geringerer Bebauungsdichte und gemischter Nutzung über. Manchmal sind diese, an eine Downtown anschließenden Stadtteile in einem schlechten baulichen Zustand. Auch die Wohnbevölkerung vor Ort zählt nicht zu den Bestverdienenden. Das ist besonders dann der Fall, wenn Unklarheit herrscht, ob sich die Downtown ausbreiten wird oder nicht. In solch einer Situation sind die Investoren noch nicht bereit, aktiv zu werden und die angestammte Wohnbevölkerung verunsichert, ob sie selbst investieren soll. Brachfläche und Verfall (Commercial Blight sowie Residential Blight) kennzeichnen dann dieses Übergangsgebiet.

Nach dieser Übergangszone schließen sich die Wohngebiete an. Diese sind in einem liberal-kapitalistischen System generell segregiert. Die Immobilienpreise stellen die Entscheidungsinstanzen dar, die zu einer Sortierung der Haushalte nach ihrer ökonomischen Leistungskraft führen. Reiche Nachbarschaften separieren sich von den ärmeren Nachbarschaften. Dabei lässt sich eine generelle Tendenz zum Stadtrand feststellen, wo die Parzellen größer und oft auch teurer werden: Der Anteil der einkommensstarken Haushalte nimmt zu, der Sozialgradient ist zentral-peripher ansteigend. Das muss aber nicht immer und in allen Sektoren der Stadt (oder der Stadtregion) gelten. Manchmal sind auch Nachbarschaften in der Nähe der Downtown ausgesprochen hochpreisig und stellen damit Inseln des Reichtums in einem „Meer der Armut" dar. Unzählige „Garden Districts" oder „Historical Districts" in der Nähe der Downtowns sind dafür ein Beleg.

Das weitere Stadt-Umland ist uneinheitlich. An verkehrstechnisch günstigen Knoten werden Einkaufszentren oder Bürokomplexe errichtet, umgeben von Grünland, Freizeiteinrichtungen oder ausgewählten Wohnvierteln. Einkaufszentren, Bürokomplexe und Wohnviertel werden nicht im individuellen Stil errichtet, sondern von professionellen Bauträgern („Developer"). Diese erzielen dann die größten Erträge, wenn sie im unbebauten Gebiet standardisierte oder teilstandardisierte Baulichkeiten in großer Zahl errichten. Sie gehen damit keine finanziellen Belastungen ein, die entstehen,

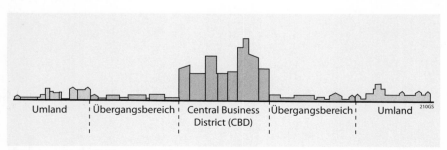

Abb. 3.3.2/1: *Profil der US-amerikanischen Stadt*

wenn Altlasten beseitigt werden müssen, und sie übertragen die Folgekosten für Infrastruktur der Allgemeinheit. Dazu kommt der Mythos der Eroberung und Besiedelung des offenen Landes, der am Stadtrand seine Projektionsfläche findet. Die Städte wachsen daher aus Gründen der Profitmaximierung rasch nach außen, der „Urban Sprawl" gewinnt an Bedeutung. Diese Expansion der Stadtregion, die sich an den Bodenpreisen und den Transportkosten orientiert und auf der Vollmotorisierung basiert, erfolgt flächig und weitgehend unabhängig von den öffentlichen Massenverkehrsmitteln.

3.3.3 Die europäisch-wohlfahrtsstaatliche Stadtentwicklung

Die Stadtentwicklung vieler europäischer Metropolen folgt weder dem liberal-kapitalistischen noch dem sozialistischen Prinzip, sondern einem eigenen Modell. Dieses Modell nimmt eine Mittelposition zwischen dem liberal-kapitalistischen und dem sozialistischen Modell ein. Auch wenn dabei die realen Unterschiede zwischen einem britischen oder skandinavischen, einem deutschen oder spanischen Sozialsystem erheblich sind (ESPING-ANDERSON, G. 1995), so lassen sich doch im Grundsätzlichen mehr Gemeinsamkeiten als Unterschiede erkennen, die sich in der Stadtentwicklung niederschlagen.

Konzeption des Wohlfahrtsstaates
Das Gemeinsame des Wohlfahrtsstaates ist die Gewährung von Leistungen kollektiver Daseinsvorsorge für einen Großteil der Bevölkerung. Dabei steht die Absicherung einer Reihe von individuellen Risiken im Vordergrund. Arbeitslosigkeit,

Abb. 3.3.2/1: Chicago – Downtown

Krankheit, Pflegebedürftigkeit oder die Erwerbslosigkeit im Alter werden über kollektive Sicherungssysteme abgefedert. Die Mittel dafür müssen aus Sozialabgaben und Steuern gewonnen werden, wobei eine Umverteilung der Lasten angestrebt wird. Im sozialen Wohlfahrtsstaat gehört es zur gesellschaftlich akzeptierten Vorstellung von Gerechtigkeit, dass die sozialen Unterschiede nicht zu groß sein dürfen, auch wenn das konkrete Ausmaß dessen, was als „zu groß" angesehen wird, von Staat zu Staat unterschiedlich ist.

Die Wurzeln dieses europäischen Konzepts von gesellschaftlicher Fürsorge liegen in der mittelalterlichen Bürgergemeinde, die den sozial Schwächeren gegenüber eine Fürsorgepflicht wahrnahm. An dieser langen Tradition konnte auch der Liberalismus des 19. Jh. wenig ändern. Ganz im Gegenteil, mit dem Wachstum der industriellen Metropolen, der Entstehung eines städtischen Proletariats und der damit verbundenen zunehmenden politischen Gefahr wurde der Ruf nach einer starken öffentlichen Hand, die sozial Bedürftigen hilft, Infrastrukturen baut und betreibt, lauter. Die Stadtplanungen entwickelten sich gerade im 19. Jh. zu mächtigen Teilen der öffentlichen Verwaltung, die gleichsam mit dem „Federstrich" die Städte umbauen konnten.

Duale Stadtentwicklung

Kennzeichnend für die Stadtentwicklung in den europäischen Wohlfahrtsstaaten ist die Dualität von marktwirtschaftlicher Steuerung auf der einen und zentralistischer Planung auf der an-

deren Seite. Beides passiert mit einem von Staat zu Staat unterschiedlichen Mischungsverhältnis. Der Gesetzgeber limitiert den Markt und schränkt die Verfügungsrechte über das private Eigentum ein (Mieterschutz, Bauordnung, Flächenwidmung), gleichzeitig gestattet er Investoren und Bauträgern, auf dem Immobilienmarkt aktiv zu werden. Die öffentliche Hand stellt Wohnraum für sozial bedürftige Bevölkerungsgruppen zur Verfügung, indem sie die Mietpreisbildung kontrolliert oder selbst zum Bauherrn wird. Alle anderen Gruppen müssen sich dagegen auf dem Immobilienmarkt selbst umsehen und entsprechende Marktpreise bezahlen.

Kennzeichnend für die aktive Rolle der öffentlichen Hand ist die Ambition, stadtteilbezogene Auf- und Abwertungsprozesse zu mildern oder zu initiieren. Insbesondere wird das „Overshooting" der Auf- und Abwertungszyklen von Stadtteilen durch die öffentliche Hand verhindert. Ab einem bestimmten Punkt des Verfalls greift die öffentliche Hand ein und saniert, investiert oder errichtet öffentliche Infrastrukturen, um eine marktgesteuerte Aufwertung zu stimulieren. Aus diesem Grund ist Stadtverfall kein flächiges, sondern nur ein punktförmiges Phänomen. Ebenso kann die öffentliche Hand, wenn eine Entwicklung aus der Sicht der Politik zu sehr in Richtung Aufwertung geht, eine gezielte soziale Durchmischung betreiben. Wohngebäude der öffentlichen Hand mit kostengünstigen und sozial Schwachen vorbehaltenen Wohnungen werden dort gebaut, wo einkommensstarke Bevölkerungen zu Hause sind (Antisegregationspolitik).

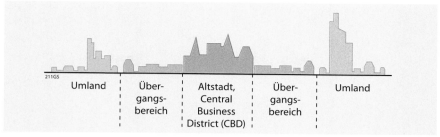

Abb. 3.3.3/1: Profil der wohlfahrtsstaatlichen Stadt

Die Dualität zeigt sich auch bei einer morphologischen Betrachtung. Auf der einen Seite sind die historischen Kerne der europäischen Städte zu sehen, die fast immer aufwändig gepflegt und erhalten werden. Aufgrund des historischen Alters gelten die Stadtkerne in der gesellschaftlichen Wertung, sofern Kriege und vorangegangene Umbauten nicht zu viel an Zerstörungen angerichtet haben, als vielfältig, urban und sehenswert. In den historischen Kirchen, Rathäusern, Adelspalästen und Bürgerhäusern ist die Geschichte der Stadt konserviert und sie dienen als bauliche Symbole der gesellschaftlichen Identität. Der Denkmalschutz, der einen massiven Eingriff in eine marktgesteuerte Verwertung eines Objekts darstellt, besitzt einen wichtigen Stellenwert. Die Stadtmitte ist als der Ort des kollektiven Gedächtnisses von besonderer Bedeutung und ein zyklischer Prozess von Verfall und Erneuerung – wie es in liberal-kapitalistischen Städten zu beobachten ist – erscheint undenkbar. Auf der anderen Seite werden außerhalb der historischen Kernstadt die Elemente der liberal-marktwirtschaftlichen Stadtentwicklung sichtbar. Entlang der Achsen erfolgt eine zunächst liniengebundene Aufschließung (Ribbon Development oder Strip-Development) mit einer monotonen Wiederholung von Einkaufszentren, ausgelagerten Büros, Tankstellen und Autohändlern, Freizeiteinrichtungen und mehrgeschossigen Wohnbauten. Es bilden sich semiurbane Formen heraus, zwischenstädtisch in der Terminologie von T. SIEVERTS (1998), die mit der Tradition der europäischen Stadtentwicklung brechen. Diese Dualität – Europäisierung der Stadtmitte und Amerikanisierung des Randes – ist auch ein Kennzeichen einer europäisch-wohlfahrtsstaatlichen Stadtentwicklung.

Zum Einlesen

LICHTENBERGER, E.: Die Stadt – Von der Polis zur Metropolis. – Wissenschaftliche Buchgesellschaft/Primus Verlag, Frankfurt 2002.
Im Kapitel 2 dieses Buches wird die Abhängigkeit der Stadtentwicklung vom politischen System aufgegriffen und anhand von konkreten Beispielen erläutert. Die zahlreichen Abbildungen illustrieren dieser Analysekonzeption.

Gesamtübersichten

BENEVOLO, L.: Die Geschichte der Stadt. – Campus, Frankfurt/Main 1991.

Abb. 3.3.3/2 und Abb. 3.3.3/3: Europäische Dachlandschaft (Wien)

Abb. 3.3.3/3

Zusammenfassung

- Die relevanten „Driving Forces" der Stadtentwicklung gelten generell, aber sie sind eingebettet in ein jeweils spezifisches politisches und soziokulturelles Umfeld. Während B. HOFMEISTER (1996) in seiner Typologie das soziokulturelle Umfeld betont, so unterstreicht E. LICHTENBERGER (2002) die Bedeutung des politischen Systems für die Stadtentwicklung. Sie unterscheidet die Stadtentwicklung in einem sozialistischen Regime, in einem liberal-kapitalistischen und in einem sozialen Wohlfahrtsstaat.
- Die sozialistische Stadtentwicklung war plangesteuert, die Stadtplanung besaß zentrale und umfassende Kompetenzen. Soziale Unterschiede galt es zu vermeiden. Für die Stadtentwicklung von besonderer Bedeutung war dabei die Neustrukturierung des Wohnungsmarktes, der verstaatlicht, kommunalisiert oder in Genossenschaften überführt wurde. Plattenbauten an den Stadträndern oder in den Neustädten prägten das Bild der sozialistischen Stadtentwicklung. Die meist bürgerlichen Innenstädte demonstrierten eine vergangene historische Epoche und wurden dem Verfall preisgegeben.
- Die liberal-kapitalistische Stadtentwicklung steht diametral zu einer plangesteuerten, sozialistischen Stadtentwicklung. Entscheidende Steuerungsgröße sind dabei Märkte wie der Bodenmarkt, der Wohnungsmarkt und der Immobilienmarkt. Da Märkte ohne ernsthafte Reglementierung zu einem zyklischen Verhalten tendieren, finden sich auch in den liberal-kapitalistische Städten Phänomene einer zyklischen Auf- und Abwertung. Kennzeichnend sind ferner das hohe Ausmaß an sozialer und auch ethnischer Segregation sowie ein abrupter Übergang von einer Stadtmitte mit hoher Bebauungsdichte und hohen Bodenpreisen zu einer weitflächigen Außenzone mit funktioneller und sozialer Separierung und geringer Bebauungsdichte.
- Kennzeichnend für die Stadtentwicklung in den europäischen Wohlfahrtsstaaten ist die Dualität von marktwirtschaftlicher Steuerung auf der einen Seite und zentralistischer Planung auf der anderen Seite. Der Gesetzgeber limitiert den Markt und schränkt die Verfügungsrechte über das private Eigentum ein (Mieterschutz, Bauordnung, Flächenwidmung). Gleichzeitig gestattet er Investoren und Bauträgern, auf dem Immobilienmarkt aktiv zu werden. Die öffentliche Hand stellt Wohnraum für sozial bedürftige Bevölkerungsgruppen zur Verfügung und verweist gleichzeitig alle anderen Gruppen auf den freien Immobilienmarkt. Das zyklische Überschießen von Entwicklungsprozessen (Aufwertung, Stadtverfall) wird durch aktive Maßnahmen der öffentlichen Hand gebremst, der sozialen und ethnischen Segregation wird mit unterschiedlichen Instrumenten entgegengesteuert. Diese Dualität zeigt sich auch mit den unterschiedlichen Entwicklungsperspektiven der Stadtmitte und des Stadtrandes. Die historische Stadtmitte wird erhalten und konserviert, der Stadtrand durch Marktprozesse massiv umgeformt. Anders formuliert: Der Europäisierung der Stadtmitte steht die Amerikanisierung des Randes gegenüber.

Abb. 4/1: Der amerikanisierte Stadtrand von Wien

4 Innerstädtische Strukturelemente, Steuerungs- und Ordnungsprinzipien

Keine Stadt ist baulich, sozial oder funktionell homogen. Jede Stadt ist im Inneren hochgradig differenziert. Dabei sind bestimmte Strukturelemente in vielen Städten zu finden, und auch die Steuerungs- und Ordnungsprinzipien sind zu verallgemeinern. Damit setzt sich dieses Kapitel auseinander, welches die gesamtstädtische Betrachtungsebene verlässt und auf die innerstädtische Ebene wechselt. Weiter befasst es sich mit innerstädtischen Strukturelementen, Stadtstrukturmodellen sowie mit allgemeinen Ordnungs- und Steuerungsprinzipien. Dieses Kapitel geht nicht auf den Einzelfall ein und verliert sich nicht in der Vielfalt städtischer Realitäten. Es hebt das Allgemeine hervor, wobei dieses vor dem Hintergrund der europäischen und US-amerikanischen Stadt extrahiert wurde.

4.1 Innerstädtische Strukturelemente

Jede Stadt gliedert sich in städtische Einheiten, die als funktionelle und physische Elemente der Stadt aufzufassen sind. Wie diese Gliederung im Konkreten erfolgt, ist eine Frage der Maßstabsebene und des Erkenntnisinteresses. Die städtischen Teileinheiten auf der Mikroebene sind Wohnungen, Gebäude und Baublöcke, auf der Mesoebene Nachbarschaften, Stadtteile,

Bezirke und Zusammenfassungen von Bezirken. Die folgenden Aussagen beziehen sich auf diese Mesoebene. Dazu wird eine Dreiteilung vorgenommen: in die City, in die daran anschließende geschlossen verbaute Kernstadt und in die Außenzone.

4.1.1 City und Citybildung

Im deutschen Sprachgebrauch entspricht die City dem städtischen Teilraum mit der höchsten baulichen Dichte sowie der höchsten Konzentration an tertiären und quartären Arbeitsplätzen. Sie liegt auch im topographischen Sinne meist in der „Mitte", im zentralen Bereich der Stadt. Andere Bezeichnungen, die nicht strikt synonym zu gebrauchen sind, aber dennoch in dieselbe Richtung zielen, sind der Stadtkern, die Innenstadt und – wenn die Stadtmitte tatsächlich mit dem historischen Kern identisch ist – die Altstadt.

Im angloamerikanischen Kontext wird mit City eine Stadt mit eigener Verwaltungsfunktion bezeichnet, die aber deutlich größer oder auch kleiner sein kann als die eigentliche City. Die City of New York beispielsweise endet an deren administrativen Stadtgrenzen und ist damit sehr viel größer als der eigentliche Innenstadtbereich. Die City of London ist ebenfalls größer als die City im deutschen Sprachsinn, aber auch sehr viel kleiner als London selbst.

Der City im deutschen Sprachgebrauch entspricht die Downtown bzw. der CBD (**C**entral **B**usiness **D**istrict) im US-amerikanischen Sprachraum. Der CBD ist der funktionale Kernbereich und das Hauptgeschäftszentrum der nordameri-

kanischen Großstadt. War ursprünglich damit nur jenes Stadtzentrum gemeint, in dem sich der Einzelhandel konzentrierte, so versteht man heute unter CBD den multifunktionalen Versorgungs- und Dienstleistungsbereich, insbesondere im hochwertigen quartären Sektor.

Strukturelle Merkmale der City

Zur Abgrenzung des CBD dienen zwei Maßzahlen: der CBD-Höhenindex sowie der CBD-Intensitätsindex (MURPHY, R. E. & J. E. VANCE 1954). Bei beiden Maßzahlen werden die Gesamtflächen der Geschossflächen pro Baublock aufsummiert, die in einer für den CBD typischen Art und Weise genutzt werden. Als CBD-typisch gelten dabei alle Geschäfte, Büros, Restaurants, Bars, Praxen und kulturellen Einrichtungen. Diese Gesamtfläche aller CBD-typischen Einrichtungen wird beim Höhenindex auf die Gebäudegrundfläche bezogen und beim Intensitätsindex auf die gesamte Geschossfläche. Wenn jeweils ein bestimmter Schwellenwert (0,5) überschritten wird, dann zählt die statistische Einheit noch zum CBD.

Die City im deutschen Sinn weist eine Reihe von physiognomischen und funktionellen Merkmalen auf (HOFMEISTER, B. 1997), die wie folgt zusammengefasst werden können:

1. Konzentration tertiärer Funktionen: Die City ist der Ort mit einer hohen Dichte an Dienstleistungsunternehmen und Einrichtungen des tertiären Sektors. Dieser umfasst alle Tätigkeiten, die der Versorgung der Bevölkerung mit materiellen und immateriellen Gütern dienen, also z. B. Handel, Verkehr, Ausbildung, kulturelle Leistungen, medizinische Versor-

gung, Rechtswesen oder die öffentliche Verwaltung. Es werden in der Regel jene Funktionen in der City konzentriert, die ein relatives Maximum an Umsätzen pro Flächeneinheit erzielen, eine besondere öffentliche Bedeutung besitzen oder das spezifische Prestige der City für sich beanspruchen. In der City finden sich öffentliche Einrichtungen wie Gerichte, Ministerien und Universitäten, aber auch Kultureinrichtungen wie Theater, Oper und Museen, des Weiteren Banken und Versicherungen, die Kanzleien von Rechtsanwälten oder Steuerberatern sowie die Praxen von Fachärzten und der spezialisierte oder hochpreisige Einzelhandel.

2. Überhang der Tag-Nachtbevölkerung: Die Konzentration der Arbeitsplätze des Dienstleistungssektors in der City führt zu rhythmischen Phänomenen sowohl in der Nutzung als auch in der Bevölkerung. Während der Öffnungszeiten der Büros, der Geschäfte und der öffentlichen Einrichtungen hält sich eine vielfach höhere Bevölkerungszahl in der City auf als außerhalb der normalen Arbeitszeiten. In den Abendstunden wird der Rückgang der anwesenden Bevölkerung durch die Besucher der Theater, der Opernhäuser, der Restaurants und Lokale teilweise kompensiert. Die wohnhafte Bevölkerung in den Nachtstunden (Nachtbevölkerung) ist dann um ein Vielfaches geringer als die Tagbevölkerung.

3. Dichte Bebauung: Die City ist der Ort mit den höchsten Grundstückspreisen und einem daraus ableitbaren Interesse der Investoren an maximaler Ausnutzung der Fläche. Die Bebauung in der City zeichnet sich durch eine hohe Dich-

te und einen geringen Grünflächenanteil aus. Die vertikale Dimension des Baukörpers ist ausgeprägt, Hochhäuser sind in der City konzentriert, sofern es die Bauordnung zulässt. In vielen europäischen Städten sorgt der Denkmal- und Ensembleschutz für eine Limitierung der Bauhöhe. Hochhäuser werden daher an den Cityrand oder an andere Stellen der Stadt verdrängt.

4. Nutzungswandel in der vertikalen Dimension: Die hohe Nutzungsintensität in der City bringt es mit sich, dass nicht nur bestimmte Funktionen aus der Fläche verdrängt werden und andere Funktionen eindringen, sondern dass auch in der vertikalen Dimension der Gebäude charakteristische Invasions- und Sukzessionsprozesse stattfinden. Zu achten ist dabei auf das Erdgeschoss und den Dachboden. Das Erdgeschoss der City wird hauptsächlich betrieblich genutzt und steht der Wohnfunktion nicht mehr zur Verfügung. Es finden sich durchgehende Ladenfronten mit Schaufenstern von Einzelhandelsgeschäften, in den eher abseitigen Lagen auch Garagen, Lager oder Magazine. Aufgrund nicht vorhandener Expansionsmöglichkeiten in der Fläche verdrängen die Einzelhandelsgeschäfte, Restaurants und Dienstleistungsbetriebe die Wohnfunktion in die höher gelegenen Stockwerke. Im Dachgeschoss wiederum findet sich im zunehmenden Ausmaß die Wohnfunktion. Aufgrund der besonderen Lage „über der Stadt" sind die dort befindlichen Wohnungen sehr begehrt, überdurchschnittlich kostspielig und selektieren damit auch eine ausgewählt kaufkräftige Bevölkerungsgruppe.

5. Passagen, Kaufhäuser und Fußgängerzonen: Die Bedeutung der City für den Einzelhandel wird nicht nur durch die spezifische Erdgeschossnutzung dokumentiert, sondern auch durch bauliche Maßnahmen im öffentlichen und halböffentlichen Bereich. Passagen werden errichtet, die nicht nur die Länge und Vielzahl der Schaufenster vergrößern, sondern auch die Erreichbarkeit zusätzlicher Geschäfte fördern. Passagen ermöglichen ebenso wie Arkaden oder Kolonnaden ein wetterunabhängiges Einkaufen und stellen damit ein attraktives Gegengewicht zu den geschlossenen Shoppingcentern am Stadtrand dar.

6. Verdrängung des ruhenden Verkehrs: Die Flächenknappheit in der City führt zur Verdrängung des ruhenden Verkehrs – der viel Fläche beansprucht, aber geringe „Erträge" abwirft – aus dem öffentlichen Raum. Der ruhende Verkehr verbleibt außerhalb der City und wird in Parkhäuser oder Parkgaragen verdrängt bzw. unter die Erde verlegt. Der motorisierte Individualverkehr wird in den historischen Altstädten ebenfalls unterbunden oder zumindest in der einen oder anderen Form limitiert.

Citybildung

Die heute erkennbaren physiognomischen und funktionellen Merkmale sind das Ergebnis eines in Europa bereits historischen Prozesses, der als Citybildung bezeichnet wird. Darunter ist ein charakteristischer Funktionswandel der Innenstadt zu verstehen, der zur Verdrängung der Wohnbevölkerung und des umsatzschwachen Einzelhandels und Gewerbes führt. Die frei gewordenen Wohn- und Grundstücksflächen werden durch die „Produktionsorte" des tertiären und quartären Sektors, durch Büros, Einzelhandelsgeschäfte, Kanzleien und Banken aufgefüllt. Die Citybildung wird getragen vom Auftreten neuer, expandierender und kapitalkräftiger Dienste der Wirtschaft und des Staates.

Die Citybildung führt zur funktionalen und auch zur sozialen Entmischung im Inneren der Stadt. Damit erhöhen sich auch die durchschnittlichen Wege, welche die Konsumenten der Dienstleistungen zurücklegen müssen. Die Citybildung wird daher durch die Entwicklung von Massenverkehrsmitteln verstärkt. Sie setzte in den großen Städten Europas in der ersten, aber spätestens in der zweiten Hälfte des 19. Jh. ein und stellt einen Wachstumsprozess dar, der mit einer räumlichen Ausbreitung gekoppelt ist. Mit einer Phasenverschiebung greift die Citybildung auf die seitlich angrenzenden Stadtteile über. Auch dort kommt es, wenn sich keine politisch-planerische Regulation in den Weg stellt, zur charakteristischen Verdrängung der Wohnfunktion und zum Eindringen von Büros, Geschäften und Dienstleistungen.

Der Citybildung liegt die Prämisse zugrunde, dass die Stadt ein zentriertes System mit einer sozialen Mitte als besonderen Ort darstellt. Die Mitte ist der Ort bester Erreichbarkeit, gleichzeitig jener mit dem geringsten Flächenangebot und einem hohen Sozialprestige. Nur die gesellschaftlich wichtigen Funktionen „dürfen" daher dort angesiedelt werden. In der mittelalterlichen Bürgerstadt waren es das Rathaus und die Kirche, in der barocken Residenzstadt kamen die Adelspaläste und der Herrschersitz hinzu und seit der Industrialisierung die Banken, Versicherungen und der Einzelhandel. Die Gesellschaft schreibt der Stadtmitte jeweils eine besondere Funktion zu. Mit der Entwicklung des motorisierten Individualverkehrs und der Aufwertung des Stadtrandes gilt die Prämisse, dass die City der Ort mit der besten Erreichbarkeit und daher ein besonderer Ort ist, nicht mehr uneingeschränkt. Damit sinkt aber auch die Attraktivität der City für den Einzelhandel und für kundenorientierte Dienstleistungen. Die Bodenpreise gehen zurück, Innenstädte können verfallen und die soziale Mitte verschiebt sich, in den europäischen Städten jedoch viel weniger als in den nordamerikanischen. Insbesondere auch deshalb, weil in den USA die Innenstädte keine besondere baulich-architektonische Qualität aufweisen, die ihnen eine Einmaligkeit verleihen würde, die nicht so ohne weiteres am Stadtrand reproduzierbar wäre. In nordamerikanischen Städten sucht sich die Konsumgesellschaft bei Bedarf auch eine neue soziale Mitte und findet diese in den neu entstandenen Einkaufs- und Freizeitkomplexen am Stadtrand. Der Prozess einer Cityverschiebung oder -verlagerung setzt ein. Dies ist aber nicht nur das Ergebnis einer reduzierten Zugänglichkeit, sondern auch Folge einer grundsätzlich anti-urbanen Haltung, die dem Leitbild der Suburbia Vorrang schenkt.

4.1.2 Citynahe und cityferne Kernstadtbereiche

Um die City herum gruppieren sich Wohn- und Gewerbegebiete in unterschiedlicher Zusammensetzung, Struktur und Dichte, deren gemeinsames Kennzeichen die rasterförmige und geschlossene Baublockstruktur darstellt. Außerhalb dieses Bereiches beginnen, unabhängig von der administrativen Grenzziehung, der städtische Rand und das Stadt-Umland. Von der City bis zum Rand zeigen sich charakteristische Gradienten, aber auch städtische Grundrisselemente, die in keinem Zusammenhang mit der zentral-peripheren Distanz stehen:

1. Zunehmende Wohnfunktion in den cityfernen Stadtteilen: Die Wohnfunktion nimmt gegen den Stadtrand hin zu. In den citynahen Stadtteilen wird die Wohnfunktion durch Büros, Geschäfte und Dienstleistungen verdrängt. Ebenso ziehen sich die kleineren Gewerbebetriebe und das traditionelle Handwerk, welche in den Wohngebäuden noch situiert sind (Hinterhofindustrie), aus den citynahen Stadtteilen zurück. Eine geschlossene Mietshausbebauung findet sich erst in den cityfernen Stadtteilen.

2. Abfallender Sozialgradient: Der Anteil einkommensstarker Haushalte an allen Haushalten ist in den citynahen Stadtteilen im Vergleich zum Stadtrand eher hoch. Es gehört zum traditionellen Muster der europäischen Stadt, dass zur Stadtmitte hin, die der Sitz der Regierung, des Königs, des Adels oder des hohen Klerus war, auch die statushohen Bevölkerungsgruppen tendierten. Gegenwärtig sind diese statushohen Gruppen auch die Träger einer citynahen Gentrification

besonders der oberen Stockwerke und der Dachböden. In nordamerikanischen Städten verläuft der Sozialgradient dagegen vom Zentrum zur Peripherie hin ansteigend. In den citynahen Bereichen wohnt eine tendenziell statusniedrigere Wohnbevölkerung als am Stadtrand. Mit der Zunahme der Wohnfunktion im cityfernen Bereich überwiegt in allen Fällen aber auch die Nachtbevölkerung im Vergleich zur Tagbevölkerung.

3. Abnehmende Bebauungsdichte in den cityfernen Stadtteilen: Die Bebauungsdichte und die Gebäudehöhe nehmen – je nach Bauordnung – gegen den Stadtrand hin ab, der Grünflächenanteil nimmt dagegen zu. Mit Bauland wird gegen den Stadtrand hin großzügiger umgegangen, was als Folge eines zentral-peripher abnehmenden Bodenpreises interpretiert werden kann. Eine intensive Nutzung der vorhandenen Bauflächen und ein „Ausweichen" in die vertikale Dimension finden in den citynahen Bereichen viel häufiger statt als in den cityfernen. Insbesondere in den europäischen Städten mit einer beschränkten Bauhöhe in den historischen Stadtkernen nimmt die Gebäudehöhe in den angrenzenden Cityerweiterungsgebieten – sofern es die Bauordnung erlaubt – oft drastisch zu. Die historischen Altstädte sind damit nicht die Stadtteile mit den höchsten Gebäuden, sondern die Cityerweiterungsgebiete in unmittelbarer oder etwas weiterer Nachbarschaft.

4. Hohe Verkehrsbelastung in den citynahen Stadtteilen: Während in der City der motorisierte Individualverkehr sowie der ruhende Verkehr zunehmend verdrängt werden, sind die citynahen und

-fernen Stadtteile davon in unterschiedlicher Weise betroffen. Die radialen Ausfallstraßen verbinden die City mit den restlichen Stadtteilen und mit dem städtischen Umland. Diese radialen Straßen sind zyklisch ausgelastet und in vielen Fällen auch überlastet. Ähnliches lässt sich bei den konzentrischen Ringstraßen feststellen, die in unterschiedlicher Distanz zur City die Stadtteile miteinander verbinden. Entlang dieser Straßen ist eine erhebliche Beeinträchtigung der Umwelt- und Lebensqualität („Umwelt-Blight") zu konstatieren, die zur selektiven Abwanderung der Wohnbevölkerung und zum Nutzungswandel beiträgt (z. B. äußere Ringstraßen, zweiter Ring). Problematisch ist besonders in den citynahen Stadtteilen die Situation des ruhenden Verkehrs. Mangelnde Stellflächen führen dazu, dass die Zahl der Parkplätze deutlich geringer ist als die Zahl der Pkws der dort lebenden Bevölkerung. Weil eine Vergrößerung des Straßenraums aufgrund der gegebenen Bebauung nicht möglich ist, werden Maßnahmen der Parkraumbewirtschaftung ergriffen, um einerseits die Knappheit der Stellflächen auch monetär zum Ausdruck zu bringen und andererseits die Wohnbevölkerung zu privilegieren.

5. Altindustrielle Inseln: Als Zeugen der historischen Industrialisierung finden sich innerhalb des dicht verbauten Stadtgebietes altindustrielle Inseln, die leer stehen, eine andere Nutzung erfahren haben oder die noch aktive Industriebetriebe beherbergen. Je älter die industriellen Inseln sind, desto citynäher sind sie lokalisiert. Gegründet wurden sie am damaligen Stadtrand, der sich im

Laufe der Zeit jedoch hinausgeschoben hat. Die Industriebetriebe wurden von der Wohnhausbebauung zunehmend umgeben und schließlich in die geschlossene Bebauung integriert. Diese altindustriellen Inseln stellen heute Fremdkörper in der dicht verbauten Kernstadt dar, die entweder als öffentliche Gebäude, als Freizeiteinrichtungen oder nach Abriss und Neubau als Wohngebäude dienen. Ein ähnliches „Einwachsen" von ehemals am Stadtrand gelegenen Baulichkeiten haben in den europäischen Städten viele Bahnhöfe erfahren. Zur Zeit ihrer Gründung wurden sie am Stadtrand errichtet und sind heute in den dicht verbauten Stadtkörper integriert – mit allen Vor- und auch Nachteilen.

6. Mosaik von Grünflächen: Eine ähnliche mosaikartige Struktur wie die altindustriellen Inseln weisen die innerstädtischen Grünflächen auf. Die Gärten der Sommerpalais des Adels, die zum Zeitpunkt der Errichtung am Stadtrand oder im weiteren Stadt-Umland lagen, sind im Laufe der Zeit in den geschlossenen Stadtkörper „eingewachsen", haben aber ihre Funktion als Grünfläche nicht aufgegeben müssen. Sie wurden vom Adel selbst der öffentlichen Nutzung zugeführt oder im Zuge der republikanischen Umwandlung der europäischen Staaten zwangsweise geöffnet. Andere Grünflächen, die ebenfalls am Stadtrand lagen, wurden von der Stadtplanung bewusst freigehalten. Manche Freiflächen wurden im Zuge des Umbaus der barocken Stadt zunächst funktionslos und dann als Grünfläche genutzt (Glacis, Stadtbefestigung). In der Tendenz ergibt sich aber dennoch eine Zunahme des Grünflächenanteils von den citynahen zu den cityfernen Stadtteilen.

4.1.3 Außenzone und Stadtrand

Mit der Auflösung der geschlossenen Bebauung endet die Kernstadt, und die Außenzone der Stadtregion beginnt. Folgt man dem Modell von O. Boustedt (1970), dann werden damit unterschiedliche Teile der Stadtregion zusammengefasst: das Ergänzungsgebiet, die verstädterte Zone, die Randzone und schließlich das Umland. Die Außenzone ist in den vergangenen Jahren ein wesentliches Element der Stadtregion geworden und zeichnet sich durch folgende physiognomische und funktionelle Merkmale aus:

1. Funktionales Patchwork: In der Außenzone der Stadtregion nimmt die Wohnfunktion zu. Es bestehen eingestreute Ballungen von Einzelhandelsgeschäften, Lagerräumen oder Freizeiteinrichtungen sowie Industrie- und Gewerbegebieten. Am Stadtrand findet man generell ein Patchwork unterschiedlicher Nutzungen, wobei rein quantitativ die Wohnfunktion in unterschiedlichen Ausprägungen – von der Einzelhausbebauung für gehobene Einkommensschichten bis hin zu den Squattersiedlungen der Ärmeren – überwiegt. Das größere Flächenangebot erlaubt generell Großformen im Bereich des Wohnens, der Freizeit und des Handels. Insbesondere in der weiter außen liegenden Randzone und im Umland zwingen weder der bestehende Baukörper noch die vorgegebenen Parzellen zu bestimmten Formen und Größen. Die Neuplanung und Neuerrichtung von Wohn-, Industrie-, Gewerbe- und Freizeitanlagen erlaubt die weitgehend unbeschränkte Umsetzung der architektonisch oder betriebswirtschaftlich für sinnvoll erachteten Baulichkeiten.

2. Dominanz der Nachtbevölkerung: Die großen Unterschiede der Tag- und Nachtbevölkerung, die in der City zu beobachten sind, kehren sich in der Außenzone um. Dort dominiert – trotz des funktionalen Patchworks – die Nachtbevölkerung. Rhythmische Pendelwanderungen in die citynahen Stadtteile, in die City selbst, aber auch zunehmend in andere Teile des Stadtrandes rufen zentral-periphere, aber auch tangentiale Verkehrsströme hervor. Letztere nehmen zu, weil sich die Arbeitsplatzentwicklung, aber auch die Entwicklung der Einzelhandelsgeschäfte und des Freizeitangebots zunehmend an den Stadtrand verschoben hat und weil die Umfahrung der dicht verbauten Kernstadt zu einer Einsparung von Fahrtzeiten führt.

3. Geringe Bebauungsdichte: Das größere Flächenangebot führt in der Außenzone generell zu einer geringeren Bebauungsdichte. Gruppenhaus- und Zeilenbauweise gehen nach außen hin in Reihen- und Einzelhausbebauung über, was zu einer Abnahme von Dichtemerkmalen (Geschossflächenzahl = GFZ, Einwohnerdichte) führt. Bei den Industrie- und Gewerbebetrieben, bei den Freizeiteinrichtungen sowie bei den Einrichtungen der öffentlichen Hand werden die flächenintensiven Nutzungen bei gleichzeitig geringer Nutzungsdichte an den Stadtrand verlagert. Dies betrifft sehr unterschiedliche Infrastrukturen: Friedhöfe genauso wie Sportanlagen, Produktionshallen, Rangierbahnhöfe, Parkplätze für abgeschleppte Autos oder Flughäfen. Alte Dorfkerne, die von der expandierenden Stadt eingeschlossen und aufgenommen wurden, stellen häufig Inseln höherer Dichte und funktioneller Mischung dar.

4. Ruhender und fließender Verkehr: Die Situation für den motorisierten Individualverkehr wird in der Außenzone günstiger, denn die Verkehrsdichte pro Flächeneinheit sinkt. Die Verfügbarkeit eines Autos wird zur Notwendigkeit, denn die großen Distanzen in der Außenzone lassen sich nicht mehr zu Fuß oder mit dem Fahrrad bewältigen. Insbesondere der tangentiale Verkehr wird aufgrund fehlender oder unzureichender öffentlicher Massenverkehrsmittel hauptsächlich über den motorisierten Individualverkehr abgewickelt. Parkplätze sind bei den Einzelhandelsgeschäften, bei den Freizeiteinrichtungen sowie den Arbeits- und Wohnstätten vorhanden und fördern damit den Individualverkehr. Entlang der hochrangigen Straßen und besonders an deren Kreuzungspunkten siedeln sich Industrie- und Gewerbebetriebe, Einzelhandelsgeschäfte und Freizeiteinrichtungen an. Wohngebiete werden in größerer Distanz dazu angeschlossen. Funktionelle Segregationsprozesse sind die Folge.

5. Grüngürtel: Das Vorhandensein von Freiräumen in der Außenzone ist hervorzuheben. Planerische Aktivitäten haben sich in manchen Städten darauf konzentriert, diese Freiräume zu einem geschlossenen Grüngürtel zusammenzuhängen. Diese Grüngürtel stellen auch den Versuch der öffentlichen Hand dar, eine expansive Stadtentwicklung zu kontrollieren und eine Barriere gegen eine flächenintensive Expansion zu errichten. Unabhängig davon, wie gut oder schlecht die Bestrebungen umgesetzt wurden, sind die geschützten Freiräume als ein Charakteristikum der Stadtränder der europäischen Städte zu betrachten.

Die Außenzone der Stadt ist das dynamische Element der europäischen und der nordamerikanischen Stadtentwicklung. Das hauptsächliche Wachstum der Bevölkerung und die steigende Zahl der Arbeitsplätze finden in den Außenzonen statt. Dabei ist eine Konvergenz nordamerikanischer und europäischer Entwicklungen erkennbar. Zentrale Elemente und Baulichkeiten, die in den Außenzonen der nordamerikanischen Stadt und zunehmend auch in den europäischen Städten zu finden sind, werden im Folgenden kurz beschrieben. Es sind dies

- Zwischenstadt,
- geplante Siedlungen (Housing Subdivisions),
- Office und Business Parks (Edge Cities) sowie
- Malls.

Zwischenstadt

Die Zwischenstadt ist ein von T. Sieverts (1998) geprägter Begriff. Vor dem Hintergrund der europäischen Stadtentwicklung kritisiert er die Entwicklung am Stadtrand, insbesondere an den Knotenpunkten der Verkehrslinien. Dort entsteht ein Konglomerat von gewerblicher Nutzung, landwirtschaftlichen Betrieben, unterschiedlichen Wohnbauten, Verkehrsnetzen, Freizeitanlagen sowie landschaftsnahen Freiräumen. Der Zwischenstadt entspricht die „Città Diffusa" im Italienischen.

Die Zwischenstadt ist die „auf den ersten Blick diffuse, ungeordnete Struktur ganz unterschiedlicher Stadtfelder mit einzelnen Inseln geometrisch-gestalthafter Muster, eine Struktur ohne eindeutige Mitte, dafür aber mit vie-

len mehr oder weniger stark funktional spezialisierten Bereichen, Netzen und Knoten" (Sieverts, T. 1998, 15). T. Sieverts kritisiert mit dem Begriff die mangelnde städtebauliche Qualität der neuen Siedlungsform und mahnt verstärkt Planungskonzepte für die Außenzone der europäischen Stadt ein.

Housing Subdivisions

Die Housing Subdivision, auch „Cluster", „Pod" oder – euphemistisch – „Village" bzw. „Neighborhood" genannt, stellt das zentrale Element des Stadtrands, insbesondere der US-amerikanischen Städte dar. Eine Housing Subdivision besteht ausschließlich aus Einzel- oder Reihenhäusern, die meist von einem Investor geplant und errichtet wurden. Von einer zentralen Erschließungsstraße, der so genannten „Arterial" aus, erfolgen weitere Verzweigungen (Sackgassen, die „Cul-de-Sac" genannt werden), entlang derer die Einfamilienhäuser errichtet werden. Die Häuser selbst weisen eine einheitliche Grund- und Aufrissstruktur auf. Aufgrund der inneren Erschließung in Form von Sackgassen ohne Querverbindungen und der beträchtlichen linearen Ausdehnung der Housing Subdivisions ist der Besitz eines Autos nahezu unerlässlich.

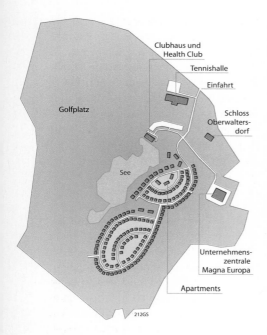

Golfplatz

Clubhaus und Health Club

Tennishalle

Einfahrt

Schloss Oberwalters-dorf

See

Unternehmens-zentrale Magna Europa

Apartments

212GS

Abb. 4.1.3/1: Das Prinzip der Housing Subdivision

Eine Housing Subdivision übernimmt ausschließlich die Wohnfunktion. Einkaufen, Arbeiten oder der Besuch von kulturellen Einrichtungen erfolgen an anderen Plätzen. Freizeiteinrichtungen können aber integriert werden. Je nach dem Stellenwert der Freizeiteinrichtungen (Golfplatz, Tennisanlagen, Schwimmbäder) selektieren die Subdivisions nicht nur nach sozialen Kriterien, sondern auch nach Aspekten des Lebensstils. So werden aus Housing Subdivisions Lifestyle Communities.

Die Housing Subdivision kann als eine Gated Community ausgeprägt sein, wenn sie einem besonderen Sicherheitsbedürfnis der Anrainer nachkommen möchte. Dabei wird die Siedlung durch Zäune oder Mauern umschlossen, und der Zutritt ist nur den Anwohnern und Gästen gestattet. Aber auch ohne Zäune und Mauern selektiert eine Housing Subdivision ihre Bewohner aufgrund des Kaufpreises der Häuser und der Grundstücke. Housing Subdivisions werden für jede Einkommensklasse angeboten und sind aufgrund der einheitlichen Aufschließung, Bebauung und Preisgestaltung sozial einigermaßen homogen. Dahingehend ist jede Housing Subdivision eine Gated Community, wenngleich manche nur imaginäre Mauern errichtet haben.

Office und Business Parks, Edge Cities

Ein zweites Element der nordamerikanischen Außenzone stellen die Office und Business Parks dar, die an Standorten mit guter Erreichbarkeit errichtet werden. Häufig an Autobahnkreuzungen oder -abfahrten findet sich ein Konglomerat von Bürogebäuden, meist von einem zentralen Investor errichtet und an einzelne Nutzer geleast oder vermietet. Die Office oder Business Parks weisen eine extreme quantitative Asymmetrie der Tagbevölkerung in Relation zur Nachtbevölkerung auf und sind bis auf wenige Ausnahmen monofunktional ausgerichtet.

Ab einer bestimmten Zahl von Arbeitsplätzen und Bürogebäuden gehen Office und Business Parks in Edge Cities über, sofern sie die entsprechenden Merkmale auch aufweisen. Hierbei handelt es sich um planmäßig angelegte Städte am Rande einer Agglomeration, meist an der Kreuzung von Autobahnen oder größeren Straßen, mit Dominanz des Bürosektors und einer kompletten Ausstattung mit Einzelhandelsgeschäften und Dienstleistungen für die einige Zehntausend Personen umfassende Wohnbevölkerung. Die Arbeitsplatzdichte ist in den Edge Cities sehr hoch. Sie unterscheiden sich damit grundsätzlich von den Trabanten- oder Satellitenstädten, die als reine Schlafstädte konzipiert sind. Edge Cities übernehmen Cityfunktionen und können damit als Auslagerung der City in den suburbanen Raum verstanden werden. Citybildungsprozesse haben dabei nicht die an die City angrenzenden Stadtteile erfasst, sondern den Rand der Agglomeration.

Zur Abgrenzung einer Edge City wurden von J. GARREAU (1991) fünf Kriterien vorgeschlagen:

• eine Bürofläche von mindestens 450 000 m² Gesamtfläche (dies ergibt bei einer durchschnittlichen Bürofläche pro Kopf von 18 m² im amerikanischen Durchschnitt nahezu 30 000 Arbeitsplätze),
• eine gesamte Einzelhandelsverkaufsfläche von mindestens 54 000 m²,
• eine Zahl der Arbeitsbevölkerung, welche jene der Wohnbevölkerung übertrifft,
• eine relativ kompakte Baustruktur sowie
• ein vergleichsweise geringes Alter der Wohn- und Arbeitsbevölkerung.

Die Entwicklung von Edge Cities beeinträchtigt indirekt die Entwicklung in der City, denn sie bietet neuen Büroraum in sicherer und angenehmer Umgebung, der ohne größere Verkehrsprobleme zu erreichen ist. Die Edge Cities sind in den USA entstanden, wo die Aufgabe eines

nicht mehr benötigten oder dysfunktional gewordenen Baukörpers bzw. Stadtteils zur Tradition gehört. Wie bereits ausgeführt, stehen nicht die Sanierung und Revitalisierung im Vordergrund der Stadtentwicklung in den USA, sondern die Neuerrichtung auf dem freien Feld. Pioniergeist, Profitinteressen sowie die relative Unabhängigkeit von Standorten aufgrund der Benutzung des Autos spielen ebenso eine Rolle wie die Konkurrenz der Gemeinden im amerikanischen Stadtland um die Ansiedlung von ertragreichen Büroarbeitsplätzen.

Malls

Eine Mall stellt die räumliche Konzentration von Einzelhandelsgeschäften in unterschiedlicher Größe und mit verschiedenem Warenangebot an Ausfallstraßen oder Straßenkreuzungen dar. Hinsichtlich der Anordnung der Geschäfte ist zwischen einer Strip-, einer Court- und einer Center-Mall zu unterscheiden.

Bei einer Strip-Mall (Streifen-Mall) sind die Geschäfte linear entlang einer Straße angeordnet. Eine Strip-Mall ist die einfachste und zugleich auch preiswerteste Bauform. Die Geschäfte werden nebeneinander angeordnet und meistens durch einen offenen und überdachten Außengang verbunden. Der Lieferverkehr wird an der Rückseite der Strip-Mall abgewickelt, um den Kundenverkehr damit nicht zu belasten. Strip-Malls sind nicht viel länger als 100 Meter und daher nur für kleinere Einheiten verwendbar.

Eine Court-Mall (Innenhof-Mall) stellt eine Weiterentwicklung der Strip-Mall dar. Der Baukörper wird L-förmig oder U-förmig angeordnet, um Gehdistanzen zu verkürzen und mehr Geschäfte unter-

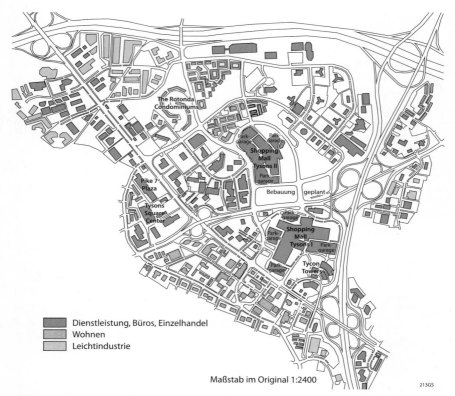

Dienstleistung, Büros, Einzelhandel
Wohnen
Leichtindustrie

Maßstab im Original 1:2400

213GS

Abb. 4.1.3/2: *Autobahnknoten und Edge City (das Beispiel Tysons Corner in Washington D.C.)*

zubringen. Je nach Erschließung und Größe wird an der Außenseite geparkt oder im Innenhof. Der Lieferverkehr wird abermals an der jeweiligen Rückseite der Court-Mall abgewickelt.

Schließlich ist das Mall-Center zu erwähnen, welches aus zumindest zwei Baukörpern besteht, deren Schaufensterfronten einander zugewandt sind und die einen zumeist überdachten Fußgängerbereich begrenzen. Ein Mall-Center wird dann zum Shopping Center, wenn die Verkaufsfläche mehr als 10 000 m² be-

trägt. Die Anordnung der Baukörper löst sich von der Parallelität und Einheitlichkeit. Unterschiedliche Baukörper werden verschieden angeordnet, was zwar die Vielfalt erhöht, aber auch tote Winkel und zwangsläufig gute und schlechte Standorte schafft.

Charakteristisch für die Shoppingcenter ist die Mischung von verschiedenen Sortimentgruppen, Betriebsformen sowie kleineren und großen Geschäften mit Gastronomie- und Dienstleistungsbetrieben (z. B. Bankfilialen,

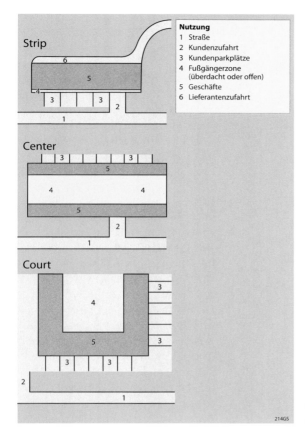

Nutzung
1 Straße
2 Kundenzufahrt
3 Kundenparkplätze
4 Fußgängerzone (überdacht oder offen)
5 Geschäfte
6 Lieferantenzufahrt

Abb. 4.1.3/3: *Strip,- Center-, und Court-Mall*

214GS

Reisebüros, Friseure). Ein zentrales Management verwaltet das Shoppingcenter und übernimmt betriebswirtschaftliche sowie bauliche Aufgaben (Marketing, Werbung, Sanierung, Ausbau). In Kombination mit einem **U**rban **E**ntertainment **C**enter (UEC), welches meist aus Kinos, Diskotheken, Restaurants und spezialisierten Einzelhandelsgeschäften besteht, stellen die Shoppingcenter ein prägendes Element des Stadt-Umlandes dar und kennzeichnen auch viele große europäische Städte.

Zum Einlesen

Sieverts, T.: Zwischenstadt – zwischen Ort und Welt, Raum und Zeit, Stadt und Land. – Vieweg, Braunschweig/Wiesbaden 1998.

T. Sieverts hat die Aufmerksamkeit der stadtplanerischen Diskussion mit seiner Konzeption der „Zwischenstadt" auf den Stadtrand gelenkt. Nicht der Stadtkern verdient das alleinige Interesse des fachlichen Diskurses, sondern sehr viel mehr der Stadtrand, denn dort ist die Dynamik des städtischen Wachstums zu finden.

Hocquél, W.: Leipzig. Architektur von der Romantik bis zur Gegenwart. – Passagen Verlag, Berlin 1990.

Gleichsam als Gegenstück zur „Zwischenstadt" lenkt dieser beispielhaft erwähnte Architekturführer die Aufmerksamkeit ausschließlich auf die Innenstadt.

Beschrieben werden darin die Entwicklung der City und ausgewählte Baulichkeiten. Ähnliche Architekturführer mit einer Fokussierung auf die City finden sich für viele andere Städte.

Gesamtübersichten

KNOX, P. & L. MC CARTHY: Urbanization: an Introduction to Urban Geography. – Pearson Education, London 2005.

LICHTENBERGER, E.: Stadtgeographie. Begriffe, Konzepte, Modelle, Prozesse. – 3. Auflage Teubner, Stuttgart/Leipzig, 1998.

Zusammenfassung

- Jede Stadt gliedert sich in städtische Teileinheiten, die als funktionelle und physische Elemente der Stadt aufzufassen sind. Auf der Mesoebene von Stadtteilen werden unterschieden: die City, die daran anschließende, geschlossen verbaute Kernstadt sowie der Stadtrand bzw. die Außenzone.

- Im deutschen Sprachgebrauch entspricht die City dem städtischen Teilraum mit der höchsten baulichen Dichte sowie der höchsten Konzentration an tertiären und quartären Arbeitsplätzen und liegt auch im topographischen Sinne meist in der „Mitte", im zentralen Bereich der Stadt. Andere Bezeichnungen, die nicht strikt synonym zu gebrauchen sind, aber dennoch in dieselbe Richtung zielen, sind der Stadtkern, die Innenstadt und – wenn die Stadtmitte tatsächlich mit dem historischen Kern identisch ist – die Altstadt. Im angloamerikanischen Kontext wird mit City ein Stadtteil mit eigener Verwaltungsfunktion bezeichnet. Der dazugehörige Citybildungsprozess beschreibt die funktionale Spezialisierung (Bürofunktion, Einzelhandel) und die soziale Entmischung im Inneren der Stadt.

- Um die City herum gruppieren sich Wohn- und Gewerbegebiete in unterschiedlicher Zusammensetzung, Struktur und Dichte, deren gemeinsames Kennzeichen die rasterförmige und geschlossene Baublockstruktur darstellt. In diesem Übergangsbereich zeigen sich charakteristische Gradienten: eine zunehmende Wohnfunktion in den cityfernen Stadtteilen, eine abnehmende Bebauungsdichte, ein fallender oder ansteigender Sozialgradient (je nach sektoralem Ausschnitt), altindustrielle Inseln sowie ein Mosaik aus Grünflächen.

- Mit der Auflösung der geschlossenen Bebauung endet die Kernstadt und die Außenzone der Stadt bzw. der Stadtregion beginnt. Sie ist durch ein funktionales Patchwork (Wohnen, Arbeiten, Einzelhandel, Lagerung, Freizeit) ebenso gekennzeichnet wie durch die Dominanz der Nachtbevölkerung, eine geringe Bebauungsdichte und einen hohen Besatz an Grünflächen (bis hin zu einem Grüngürtel). Die Außenzone der Stadt ist das dynamische Element der europäischen und der nordamerikanischen Stadtentwicklung. Bauliche Elemente sind dabei die Zwischenstadt, geplante Siedlungen (Housing Subdivisions), Office und Business Parks (Edge Cities) sowie Malls.

4.2 Stadtmodelle

Stadtmodelle oder Stadtstrukturmodelle entwickeln vereinfachte Abbilder der funktionalen und/oder der sozioökonomischen Gliederung der Stadt. Sie basieren auf der impliziten Idee, dass nicht Zufälligkeiten das innerstädtische Strukturmuster produzieren, sondern bestimmte theoretisch verankerte Ordnungsprinzipien. Stadtmodelle werden dabei sowohl nach induktiven als auch nach deduktiven Prinzipien erarbeitet. Induktiv bedeutet dabei, dass von den realen städtischen Teileinheiten auf unterer Ebene ausgehend ein vereinfachtes Abbild erstellt wird. Deduktiv beschreibt den umgekehrten Weg: anhand von übergeordneten Prämissen wird die Stadt in Teileinheiten gegliedert.

4.2.1 Die Stadtstrukturmodelle der Sozialökologie (Chicagoer Schule)

Die Chicagoer Schule der Soziologie entwickelte nach dem Ersten Weltkrieg ein geschlossenes und theoretisch ausgerichtetes Gedankengebäude über den grundsätzlichen Zusammenhang von gesellschaftlicher und räumlicher Strukturierung. Dieses Gedankengebäude wurde von den Autoren selbst als Sozialökologie (Social Ecology) bezeichnet, womit der zentrale Forschungsgegenstand – nämlich Gesellschaft und deren Lebensraum – zum Ausdruck kommt. Die Sozialökologie entwickelte sich zu einem der wichtigsten theoretischen Ansätze in der Stadtforschung, nicht nur in der Geographie, sondern in vielen anderen einschlägig orientierten Sozialwissenschaften, denn sie ist umfassend, in sich schlüssig und brauchbar, um empirische Realität zu deuten und zu erklären.

Die Chicagoer Schule betrachtet die Stadt als eine Zusammenfassung von sozialräumlichen Einheiten. In diesen sozialräumlichen Einheiten haben bestimmte Bevölkerungsgruppen oder Nutzungen „ihr" Zuhause gefunden. So wie ein Biotop eine ganz spezifische Biotopbevölkerung (= Biozönose) besitzt, so weisen auch Teile der Stadt jeweils ausgesuchte Nutzungen oder Bewohnergruppen auf. Diese Nutzungen oder Bewohnergruppen sind standortadäquat. Wenn externe Rahmenbedingungen die Standorte verändern, dann muss sich die standortadäquate Zusammensetzung der Bevölkerung oder Nutzungen ändern. Jede Änderung der Standortqualität bewirkt Austausch-, Verdrängungs- und Nachfolgeprozesse von Nutzungen und Nutzergruppen.

Die Sozialökologie betrachtet die innerstädtische Struktur als das Ergebnis solcher Austausch-, Verdrängungs- und Nachfolgeprozesse. Diese führen zu einem dynamischen Gleichgewicht, welches aber nicht stabil ist. Jede Störung führt zu neuen Austausch-, Verdrängungs- und Nachfolgeprozessen und damit zu einem neuen Gleichgewicht. Die wichtige Frage lautet dabei: Wer oder was regelt den Austausch-, Verdrängungs- und Nachfolgeprozess?

Die einfache Antwort darauf lautet: der Markt und die ökonomischen Möglichkeiten der Marktteilnehmer, sich zu behaupten. Standorte weisen divergierende Qualitäten auf und werden unterschiedlich nachgefragt. Die Entscheidung darüber, wer die beliebten Standorte bekommt, fällt der liberale Markt über die Preisbildung. Wenn viele potenzielle Nutzer einen Standort besitzen wollen, dann wird der Preis (Kaufpreis, Mietpreis) dafür steigen und es werden die Nutzer „siegen", die diesen Preis bezahlen können. Umgekehrt werden die Nutzungen verdrängt, die diesen Preis nicht mehr bezahlen können. Eine neue sozialökologische Ordnung stellt sich ein.

Die Innenstadt gilt sehr häufig als beliebter Standort. Sie ist durch ein zentripetales Verkehrssystem gut erreichbar und als historischer Kern baulich attraktiv. Viele Nutzer wollen einen Standort in der Innenstadt einnehmen, die verfügbaren Flächen sind aber begrenzt. Über Preisbildung und Wettbewerb auf dem Boden- und Mietwohnungsmarkt wird entschieden, wer schließlich einen Standort in der Innenstadt erhält. Statushohe Bevölkerungsgruppen mit hohem Einkommen werden den Wettbewerb ebenso bestehen wie Nutzungen, die hohe Erträge abwerfen. Damit kann eine gegebene sozialökologische Ordnung durch die Rückführung auf einige wenige Prinzipien allgemein erklärt werden.

Die Prinzipien der Sozialökologie basieren auf der von CHARLES DARWIN inspirierten Idee des Wettbewerbs der Arten, wobei es in der Sozialökologie nicht um deren Überleben, sondern um deren Standorte auf dem freien Markt geht. Der Wettbewerb um Standorte setzt voraus, dass diese frei zugänglich sind und auf einem transparenten Markt gehandelt werden. Wenn der Wettbewerb lange genug anhält, dann bildet sich eine

stabile Differenzierung der Stadt in homogene Teilräume heraus. Diese Teilräume auszuweisen, war Gegenstand des Ring-, des Sektoren- und des Mehrkernmodells. Die Vorgehensweise war dabei aber eine Differenzierung von „oben nach unten", von der Gesamtstadt in Richtung städtische Teilräume.

Das Ringmodell von E. BURGESS
Stadtstrukturmodelle sind vereinfachte Darstellungen dieser sozialökologischen Ordnung. Eines der ältesten Modelle dieser Art ist jenes von ERNEST BURGESS aus dem Jahre 1925, welches die Verhältnisse der US-amerikanischen Städte der Zwischenkriegszeit idealtypisch abbildet. Er unterscheidet vier markante städtische Teilgebiete: die City, eine daran anschließende Übergangszone, die Arbeiterwohnviertel und die Wohnviertel der gehobenen sozialen Schichten. Zwischen diesen Teilgebieten besteht die folgende spezifische Dynamik:

Die City, die mit dem CBD (**C**entral **B**usiness **D**istrict; in Chicago auch „Loop" genannt) identisch ist, vergrößert sich aufgrund des wirtschaftlichen Wachstums nach außen und benötigt für Büros und Geschäfte mehr Fläche, was in den daran angrenzenden Stadtteilen zu einem Strukturwandel führt. Dort wird die Wohnfunktion verdrängt, durch Büros und Geschäfte ersetzt und die Industrie wird abgesiedelt. In diesen Wachstumsrändern wird in die bestehende Gebäudesubstanz nichts mehr investiert, weil in absehbarer Zeit mit anderen Nutzungen und Nutzergruppen mehr Gewinn gemacht werden kann.

Die an den CBD angrenzenden Stadtteile werden daher zu einer „Zone in Transition", zu einer Übergangszone. Der Verfall der Bausubstanz ist mit einem Sinken der Mietpreise verbunden, was wiederum einkommensschwachen Bevölkerungsgruppen oder wenig profitträchtigen Unternehmen die Chance gibt, dort zu wohnen oder zu produzieren. Die Übergangszone ist der Wohnstandort für Zuwanderer der ersten Generation, für gesellschaftliche Randgruppen sowie für Unternehmen, die sich keinen besseren Standort leisten können.

An die „Zone in Transition" schließt die „Zone of Working-Men's Home" an, die Arbeiterwohnviertel. Dann folgt eine „Residential Zone" für gesellschaftliche Mittelschichten mit Einfamilienhausverbauung und lokalen Geschäftszentren sowie eine Pendlerzone („Commuters Zone") für höhere soziale Schichten, die sich auch längere Pendeldistanzen leisten können.

Alle Zonen schieben sich im Expansionsfall nach außen, wobei der Wachstumsimpuls durch eine Expansion des CBD, aber auch durch Zuwanderung in die entsprechenden, sozial gestaffelten Wohnviertel entstehen kann. Die Stadt vergrößert sich, dehnt sich aus und schiebt die sozialökologisch unterschiedlich zu bewertenden Ringe hinaus, bleibt aber strukturell betrachtet gleich.

Das BURGESS-Modell ist sowohl ein statisches Stadtstrukturmodell als auch ein dynamisches Stadtentwicklungsmodell, weil es Aussagen darüber trifft, wie sich die Stadt in der Zeit entwickelt. Es war zur Zeit seiner Entstehung revolutionär, weil es sich von der konkreten Deskription einer Stadt löste und diese modellhaft erfasste. Es ersetzte in der Stadtforschung die konkrete Einzelfallanalyse (Idiographie) einer Stadt durch die Analyse von Regelhaftigkeiten (Nomothetik). Damit wurde das BURGESS-Modell aber auch angreifbar, denn es erhob den Anspruch, allgemeingültig zu sein, was es aber nicht sein kann.

Das Sektorenmodell von H. HOYT
Gegen das einfache Ringmodell argumentierte H. HOYT (1939). Er untersuchte die räumliche Verteilung und die Entwicklung der statushohen Wohngebiete für insgesamt 30 US-amerikanische Städte. Er bestätigt zwar die Annahme eines tendenziell vom Zentrum zur Peripherie ansteigenden Sozialgradienten, verwarf aber die Idee homogener konzentrischer Kreise. Die Dynamik der Stadtentwicklung geht auch nicht von der Entwicklung des CBDs aus, sondern von den Effekten der großen Verkehrsachsen sowie vom Wohnstandortverhalten der statushohen Bevölkerung. Die Stadt gliedert sich bei H. HOYT in einzelne „Tortenstücke" mit homogener Sozialstruktur und Nutzung und nicht in ein System mit konzentrischen Zonen. Die einzelnen „Tortenstücke" entwickeln sich entlang der Verkehrsachsen (streifen- oder bandförmige Entwicklung, „Ribbon Development"), die den Auslöser der Nutzungsselektion darstellen.

Verkehrsachsen verändern die innerstädtischen Standortqualitäten. Die statushohe Bevölkerung reagiert darauf, denn nur sie bringt die ökonomischen Voraussetzungen dafür mit, auf Veränderungen der Standortqualität durch Wegzug oder

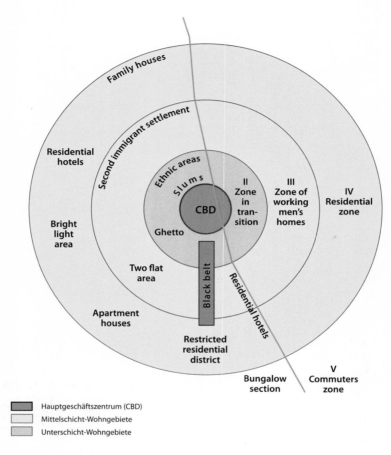

Hauptgeschäftszentrum (CBD)
Mittelschicht-Wohngebiete
Unterschicht-Wohngebiete

215GS

Abb. 4.2.1/1: *Das Ringmodell von E. Burgess*

Zuzug antworten zu können. Verlassen statushohe Haushalte ein Wohnviertel, dann nehmen die statusniedrigen Bevölkerungsgruppen deren Wohnstandorte ein. Wenn ein bestimmter „Tipping Point" erreicht ist, dann beschleunigt sich der Wegzug der statushohen Haushalte. In den ehemaligen Oberschichtvierteln sinkt der Preis für Immobilien, was den Zuzug statusniedrigerer Bevölkerung

ebenso beschleunigt wie den Wegzug der noch verbliebenen statushohen Haushalte. Der Prozess währt so lange, bis sich wieder ein relatives Gleichgewicht eingestellt hat. Wesentlich bei H. Hoyt ist jedenfalls: das dynamische Element der Stadtentwicklung ist damit nicht die Expansion des CBD, sondern das Wohnstandortverhalten der statushohen Haushalte.

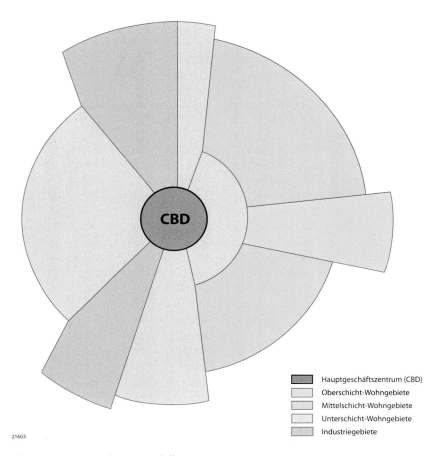

Hauptgeschäftszentrum (CBD)
Oberschicht-Wohngebiete
Mittelschicht-Wohngebiete
Unterschicht-Wohngebiete
Industriegebiete

216GS

Abb. 4.2.1/2: *Das Sektorenmodell von H. HOYT*

Das Mehrkernmodell von C. D. HARRIS und E. L. ULLMAN

1945 veröffentlichen CHAUNCY D. HARRIS und EDWARD L. ULLMAN ihren Artikel über die „Nature of Cities", der von E. EHLERS 1992 in einem Sammelband nochmals abgedruckt wurde. C. D. HARRIS und E. L. ULLMAN komplettierten damit die Triade der Stadtstrukturmodelle, die, im sozialökologischen Denken der Chicagoer Schule verankert, die Situation der US-amerikanischen Stadt in der Zwischenkriegszeit und damit lange vor dem Einsetzen der massiven Suburbanisierungsprozesse modellhaft beschreiben.

Das sogenannte Mehrkernmodell von C. D. HARRIS und E. L. ULLMAN löst sich von der strikten Geometrie des Modells von E. BURGESS und H. HOYT. Es sieht die Stadt weder als eine Akkumulation von konzentrischen Kreisen noch als Summe von Sektoren. C. D. HARRIS und E. L. ULLMAN interpretieren die Strukturierung der Stadt im Wesentlichen bedingt durch die Anordnung der Arbeitsplätze. Mit den industriellen Zentren einer Stadt sind die Wohngebiete der Arbeiter verbunden, und ebenso hängen die Wohngebiete der mittleren und höheren Angestellten mit der Verteilung der tertiären Dienstleistungsarbeitsplätze zusammen. C. D. HARRIS und E. L. ULLMAN beachten damit in erster Linie die Standorte der Arbeitsplätze, die als Kerne der städtischen Teilentwicklung hervorhob. Das Prinzip der räumlichen Arbeitsteilung findet erstmals Eingang in ein sozialökologisches Modell, welches gleichwertig neben dem Prinzip der sozialen Differenzierung der Wohngebiete rangiert.

4.2.2 Sozialraumanalyse

Ende der 1940er Jahre entwickelten ESHREF SHEVKY und WENDELL BELL (1955) die Sozialraumanalyse, die im Unterschied zu den vorgestellten sozialökologischen Modellen nicht von der Gesamtstadt ausgeht, sondern die die sozialräumliche Gliederung der Gesamtstadt von „unten" aufbaut. Die Autoren gehen davon aus, dass die Gesamtstadt die Summe vieler kleiner, in sich abgeschlossener „Welten" darstellt. „Natural Areas" heißen diese „Welten" der Stadt, und wenn die Forschung Stadtstrukturmodelle erzeugen will, dann muss sie von diesen kleinen Bausteinen ausgehen.

E. SHEVKY und W. BELL definieren den bei R. E. PARK (1925) bereits vorkommenden Begriff der „Natural Areas" als sozial homogene Stadtteile, deren Grenzen natürliche oder künstliche Barrieren darstellen (Flussläufe, Eisenbahnlinien, Straßen) und die mit den statistischen Grenzen übereinstimmen und daher durch Volkszählungsdaten auch statistisch erfasst werden können. Natural Areas weisen nicht nur eine homogene soziale Struktur auf, sondern sind auch dadurch gekennzeichnet, dass die Interaktionsdichte der Bevölkerung innerhalb dieser Areale hoch und nach außen hin gering ist. Natural Areas beinhalten somit städtische Teilgesellschaften, die auch als Nachbarschaften zu bezeichnen sind, die miteinander kommunizieren und sich gegenüber außen abschotten. Die Stadt und die städtische Gesellschaft bilden somit Zusammenfassungen kleinerer Bausteine, nämlich der Natural Areas und der darin lebenden Bevölkerung.

Die Leistung der Sozialraumanalyse war die Entwicklung einer Methode zur Einteilung der Stadt in Natural Areas. Diese setzen sich aus Zähldistrikten zusammen, die als statistische Bausteine der Stadt fungieren und die anhand von spezifischen Merkmalen gekennzeichnet sind. Die spezifischen Merkmale ergeben sich aus einer expliziten theoretischen Annahme, die folgendermaßen lautet: Der Entwicklungsstand der industriellen Gesellschaft ist messbar und kann durch eine Zunahme der sozialen Beziehungen, durch eine Differenzierung der Funktionen und durch eine wachsende Komplexität der Organisation gekennzeichnet werden.

E. SHEVKY und W. BELL leiten von diesen drei komplexen Merkmalen des gesell-

217GS

Abb. 4.2.2/1: *Das Mehrkernmodell von C. D. Harris und E. L. Ullman*

schaftlichen Entwicklungsstandes (Zunahme der sozialen Beziehungen, Differenzierung der Funktionen, wachsende Komplexität der Organisation) konkrete Messgrößen ab. Auf die Darstellung der Argumente, die diese Her- und Ableitung begründen, kann hier verzichtet werden. Anhand entsprechender Einzelmerkmale jedenfalls, die die soziale, demographische und ethnische Struktur der Bevölkerung reflektieren, wird der gesellschaftliche Entwicklungsstand gemessen und die Natural Areas nach Homogenitätsprinzipien zusammengefasst. Als Ergebnis zeigt sich eine innerstädtische Differenzierung der Stadt nach sozialen, demographischen und ethnischen Merkmalen bzw. nach dem Entwicklungsstand der industriellen Gesellschaft. Natural Areas sind städtische

Teilräume und Teilgesellschaften, die demselben gesellschaftlichen Entwicklungsstand zuzuordnen sind.

4.2.3 Die Faktorialökologie

Die Ableitung der Merkmale der Sozialraumanalyse aus einem Postulat der Industriegesellschaft und deren Zusammenfassung zu den drei Merkmalsdimensionen (soziale, demographische und ethnische Dimension) bot Anlass zur Kritik. Sie wirkte nicht schlüssig und wurde zunehmend auf der Basis des Arguments kritisiert, dass eine andere Interpretation des Entwicklungsstandes der Industriegesellschaft zu anderen Merkmalsdimensionen und damit zu anderen Einteilungen der Stadt geführt hätte. Die Forschungsfrage der Stadtforschung nach der Veröffentlichung der Arbeit von E. SHEVKY und W. BELL (1955) lautete daher: Sind die drei Merkmalsdimensionen (soziale, demographische und ethnische Dimension) tatsächlich die relevanten Größen, nach denen die Stadt strukturiert werden kann?

Zahlreiche Analysen von BRIAN BERRY und anderen Autoren haben die Relevanz der drei Faktoren für die Differenzierung der Stadt bestätigt. Die „Entmischung" der Bevölkerung lässt sich tatsächlich anhand dreier Faktoren erklären: eines sozialen Faktors, eines demographischen und eines ethnischen Faktors. Die berufliche Position und damit das Einkommen, das Alter und der Familienstand sowie die ethnische Herkunft bestimmen im Einzelfall und im statistischen Aggregat, wo die entsprechenden Bevölkerungsgruppen wohnen und wie die Stadt in Natural Areas einzuteilen ist.

Die Faktorialökologie, der dieser Nachweis gelang, basiert auf der Anwendung der Faktorenanalyse. Die Faktorenanalyse stellt ein multivariates Verfahren dar, welches aus einer Vielzahl von Einzelmerkmalen die Struktur der nicht direkt messbaren Faktoren extrahiert. Dabei geht man davon aus, dass hinter den Einzelmerkmalen und ihrer bivariaten Zusammenhangsstruktur einige wenige zentrale Dimensionen (= Faktoren) stehen, die durch die Faktorenanalyse identifiziert werden (BAHRENBERG, G., E. GIESE & J. NIPPER 1992).

Faktorialökologische Untersuchungen wurden in großer Zahl durchgeführt. Sie kamen insgesamt zu dem Ergebnis, dass tatsächlich soziale, demographische und ethnische Faktoren die Struktur der Stadt und die „Entmischung" der Bevölkerung bestimmen (LICHTENBERGER, E., H. FASSMANN & D. MÜHLGASSNER 1987). Diese drei Faktoren sind aber für jeweils unterschiedliche räumliche Muster verantwortlich. So führt der soziale Faktor zu einer sektoralen Anordnung der Bevölkerungsgruppen mit unterschiedlichem Sozialstatus, was dem Stadtmodell von H. HOYT entspricht.

Der demographische Faktor kennzeichnet die Entmischung der Bevölkerung nach unterschiedlichen Altersgruppen und dem Familienstand. Er folgt einem zonalen, konzentrischen Anordnungsmuster und damit wiederum dem Modell von E. BURGESS. Der Stadtrand weist eine hohe Neubautätigkeit sowie eine vergleichsweise junge Bevölkerung mit einem hohen Kinderanteil auf. Neu erbaute Stadtteile werden eben in erster Linie von jungen Wohnungssuchenden besiedelt. In den Stadtteilen, die sich näher zum Stadtkern hin befinden, erfolgte die Bautätigkeit bereits einige Jahre oder Jahrzehnte früher. Die damals jungen Wohnungssuchenden, die die Wohnungen gekauft oder gemietet haben, sind entsprechend älter geworden. Den „Wachstumsringen" der Stadt entspricht die demographische Abfolge von Jung zu Alt.

Schließlich belegt der ethnische Faktor eine räumliche „Klumpung" der Wohnstandorte der zugewanderten Bevölkerung. Ihre Verteilung in der Stadt ist sehr stark von den Bedingungen des Wohnungsmarktes und den sozialen Netzwerken abhängig. Ethnisch differenzierte Viertel wachsen um bestimmte Konzentrationspunkte herum, die durch die Verteilung früherer Zuwanderungen bzw. durch den Standort von ethnisch geprägten Institutionen vorgezeichnet sind, sowie in Stadtteilen mit vergleichsweise billigem Wohnraum. Diese Merkmalskombination führt in der Regel nicht zu zonalen oder sektoralen Anordnungsmustern, sondern zu einer geklumpten Verteilung.

Die faktorialökologischen Untersuchungen zeigten aber auch auf, dass der jeweilige Stellenwert der Faktoren unterschiedlich ist. In Städten mit einer ausgesprochen ausgeprägten marktgesteuerten Entwicklung sind beispielsweise der soziale Faktor und damit die ökonomische Situation wesentlich, um „Entmischung" und Segregation zu erklären. In Städten mit einem wohlfahrtsstaatlichen Regime tritt dagegen der soziale Faktor zurück, und der demographische Faktor gewinnt an Bedeutung. Die öffentliche Hand sorgt für den Bau von Sozialwohnungen auch

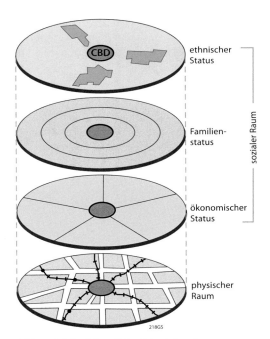

Abb. 4.2.3/1: *Räumliche Prinzipien der Segregation*

in Oberschichtvierteln, die dann nach sozialen, aber auch nach demographischen Merkmalen vergeben werden. Ein entwickeltes System von Wohnbeihilfen, Mietkontrollen und Transferzahlungen hilft auch ärmeren Bevölkerungsgruppen, einen Wohnstandort einzunehmen, der ihnen sonst verwehrt bliebe. Um diese Transferzahlungen in Anspruch nehmen zu können, ist neben der sozialen Bedürftigkeit eine bestimmte Haushaltsgröße und Kinderzahl von Vorteil. Somit steuert ein demographischer Faktor sehr viel mehr als ein sozialer die räumliche Verteilung der Bevölkerung in Städten wohlfahrtsstaatlicher Prägung. Darin liegt auch der primäre Wert faktorialökologischer Untersuchungen: nämlich die Zusammenhänge zwischen innerstädtischen Strukturmustern und politischem System herzustellen.

Zum Einlesen

FASSMANN, H. & G. HATZ: Fragmentierte Stadt? Sozialräumliche Struktur und Wandel in Wien 1991–2001. – Mitteilungen der Österreichischen Geographischen Gesellschaft 146, 2004, 61–92.
In diesem Aufsatz wird anhand der Volkszählungsdaten 1991 und 2001 die sozialräumliche Struktur der Stadt Wien aufgezeigt. Auch wird die Veränderung zwischen den beiden Zeitpunkten analysiert und der These der wachsenden Fragmentierung nachgegangen. Die These, wonach die sozialräumliche Struktur immer ungleicher wird und Arm und Reich sich auch im Stadtraum immer mehr differenzieren, kann für Wien jedenfalls nicht bestätigt werden.

PARK, R. E.: Die Stadt als räumliche Struktur und als sittliche Ordnung. – In: ATTESLANDER, P. & B. HAMM (Hrsg.): Materialien zur Siedlungssoziologie. – Kiepenheuer und Witsch, Köln 1974, 90–100.
Wer einen Einblick in das sozialökologische Denken gewinnen möchte, ist mit diesem kurzen Aufsatz gut beraten. Er beschreibt darin Grundprinzipien der Sozialökologie, aber auch eine dynamische Gesellschaft, die wie ein Organismus funktioniert, sich verändert, dazulernt, aber auch für die eigene Reproduktion sorgt.

Gesamtübersichten

LICHTENBERGER, E., H. FASSMANN & D. MÜHLGASSNER: Stadtentwicklung und dynamische Faktorialökologie: Beiträge zur Stadt- und Regionalforschung 8. – Verlag der Österreichischen Akademie der Wissenschaften, Wien 1987.

PARK, R. E., E. W. BURGESS & P. MC KENZIE: The City. – Chicago 1925.

SHEVKY, E. & W. BELL: Sozialraumanalyse. – In: ATTESLANDER, P. & B. HAMM (Hrsg.): Materialien zur Siedlungssoziologie. Kiepenheuer und Witsch, Köln 1974, 125–139.

Zusammenfassung

- Stadtmodelle oder Stadtstrukturmodelle sind vereinfachte Abbilder der funktionalen und/oder der sozioökonomischen Gliederung der Stadt. Sie basieren auf der impliziten Idee, dass nicht Zufälligkeiten das innerstädtische Strukturmuster produzieren, sondern bestimmte theoretisch verankerte Ordnungsprinzipien. Die Sozialökologie stellt ein Konzept dar, welches diese Ordnungsprinzipien in sich geschlossen und überzeugend entwickelt hat.

- Die Sozialökologie (der Chicagoer Schule) betrachtet die Stadt als eine Zusammenfassung von sozialräumlichen Einheiten. In diesen sozialräumlichen Einheiten haben bestimmte Bevölkerungsgruppen oder Nutzungen „ihr" Zuhause gefunden. So wie ein Biotop eine ganz spezifische Biotopbevölkerung (= Biozönose) besitzt, so weisen auch Teile der Stadt jeweils ausgesuchte Nutzungen oder Bewohnergruppen auf. Diese Nutzungen oder Bewohnergruppen sind „standortadäquat". Wenn externe Rahmenbedingungen die Standorte verändern, dann müssen sich die standortadäquate Zusammensetzung der Bevölkerung oder Nutzungen ändern. Jede Änderung der Standortqualität bewirkt Austausch-, Verdrängungs- und Nachfolgeprozesse von Nutzungen und Nutzergruppen, wobei der Markt und die ökonomische Leistungsfähigkeit der Marktteilnehmer diese Prozesse steuern.

- Die sozialökologische Ordnung kann zu Stadtstrukturmodellen komprimiert werden. Eines der ältesten Modelle dieser Art ist das Ringmodell von ERNEST BURGESS aus dem Jahre 1925. Gegen das einfache Ringmodell argumentierte H. HOYT (1939), der ein Sektorenmodell erarbeitet hat. Das umfassendste und allgemein anwendbare ist jedoch das Mehrkernmodell von C. HARRIS und E. ULLMAN (1945).

- Einen induktiven Forschungsweg zur Ermittlung von Stadtstrukturmodellen haben E. SHEVKY und W. BELL mit der Sozialraumanalyse vorgestellt. Im Unterschied zu den sozialökologischen Modellen, die von der Gesamtstadt ausgehen, bedient sich die Sozialraumanalyse kleiner homogener Bausteine auf einer unteren Maßstabsebene, den Natural Areas, und bildet daraus größere Einheiten. Entscheidendes Kriterium ist dabei die demographische, soziale und ethnische Ähnlichkeit der Natural Areas.

- Die Faktorialökologie stellt eine Weiterentwicklung der Sozialraumanalyse dar. Die Forschungsfrage der Stadtforschung nach der Veröffentlichung der Arbeit von E. SHEVKY und W. BELL (1955) lautete: Sind die drei Merkmalsdimensionen (soziale, demographische und ethnische Dimension) tatsächlich die relevanten Größen, nach denen die Stadt strukturiert werden kann? Zahlreiche Analysen haben seitdem die Relevanz der drei Faktoren für die Differenzierung der Stadt bestätigt. Die „Entmischung" der Bevölkerung lässt sich – wenn auch in einem von Stadt zu Stadt unterschiedlichem Ausmaß – anhand dieser drei Faktoren erklären: einem sozialen Faktor, einem demographischen und einem ethnischen Faktor.

4.3 Steuerungs- und Ordnungsprinzipien

Innerstädtische Differenzierungen sind nicht das Ergebnis von Zufälligkeiten, sondern von grundsätzlichen Steuerungs- und Ordnungsprinzipien. Zu nennen sind in diesem Zusammenhang der Bodenpreis und der Bodenmarkt, die Segregation sowie normative Konzepte des Städtebaus und der Stadtplanung. Diese drei grundsätzlichen Ordnungs- und Steuerungsprinzipien beeinflussen die innerstädtischen Differenzierungen in einem hohen Ausmaß. Sie werden im Folgenden erläutert.

4.3.1 Städtebauliche Leitbilder und normative Instrumente

Die Stadt, insbesondere deren physische Struktur, wird seitens der öffentlichen Hand, in erster Linie aber auch seitens privater Investoren, zum Gegenstand konzeptiver Überlegungen, von denen gestaltende und strukturierende Effekte ausgehen. Dazu kommt das „tägliche" Handeln der „Urban Decision Maker" (z.B. Planer, Baufirmen, Architekten, Standortentwickler), welches von Profitinteressen, aber auch von städtebaulichen Leitbildern beeinflusst ist. Mit den städtebaulichen Leitbildern ist ein wichtiges Ordnungsprinzip der innerstädtischen Differenzierung angesprochen. Städtebauliche Leitbilder stellen dabei mehr oder minder konkrete, mittel- bis langfristig angelegte, normative Zielvorstellungen dar. Sie sind in Form von Plänen oder Regelungen explizit festgehalten und als Publikation veröffentlicht oder auch nur im kollektiven Bewusstsein verankert.

Neben den planerischen Leitbildern, die eine wichtige Rolle spielen, sind normative Instrumente anzuführen, die sehr direkt innerstädtische Strukturen prägen. Die Bauordnung, Bebauungs- und Flächenwidmungspläne, Grünzonenpläne, Masterpläne zur Steuerung der Entwicklung einzelner Stadtteile sowie gesamtstädtische Stadtentwicklungspläne legen die räumlichen Verteilungen von Nutzungen, Funktionen und Bebauungen fest. Diese normativen Instrumente der Stadtplanung sind in den europäischen Städten sehr alt. Bauordnungen zur Vermeidung von Bränden sind seit dem Mittelalter gang und gäbe.

Einen besonderen Stellenwert erhielten die Stadtplanung und die städtischen Leitbilder angesichts des Wachstums der europäischen Städte im 19. Jh. Sie setzten damals mit der Kritik an der liberalen Stadtentwicklung ein, deren Städte – rasch wachsend, dicht bebaut, unhygienisch und ungesund –, den Ruf nach einer anderen städtischen Realität laut werden ließen. Die städtebaulichen Reformideen entzündeten sich an der Unwirtlichkeit der europäischen Städte des 19. Jh. und haben unterschiedliche Antworten präsentiert.

Sozialreformatorische Projekte

Eine Antwort bestand in städtebaulichen Leitbildern, die sich an der Tradition kleinstädtischen Lebens orientierten und für Auflockerung und Nachbarschaft eintraten. Die Gartenstadt von EBENEZER HOWARD stellt das bekannteste Beispiel dar. Das Wachstum der großen Städte sollte seiner Ansicht nach durch die Errichtung von Gartenstädten aufgefangen werden. Anstelle der ungegliederten Wachstumsringe an der Peripherie sollte in einem gewissen Abstand von der Zentralstadt ein Kranz von sechs kleineren Städten mit rund 30 000 Einwohnern errichtet werden.

Die Gartenstädte selbst sind mit einer relativ geringen Bebauungsdichte ausgestattet. Sie zeigen eine klar akzentuierte Stadtmitte mit einem darauf ausgerichteten Straßensystem, sind durchgrünt und weisen funktionell getrennte Einheiten auf. Wo Wohngebiete sind, werden keine Gewerbe- und Industrieanlagen errichtet. Um die Gemeinschaftsbildung zu stärken und die ausschließlich am Profit orientierte Ausbeutung, die zur Verelendung breiter Massen geführt hat, zu unterbinden, plädierte E. HOWARD für eine genossenschaftliche Eigentumsverwaltung. Die Genossenschaft, die von den Bewohnern gebildet wird, besitzt die Häuser und die Grundstücke. Die Gartenstadt gehört damit ihren Bürgern. Die Genossenschaft sorgt aber dafür, dass die individuellen Rechte jenen der Gemeinschaft untergeordnet werden.

Die Gartenstädte sollen die Vorzüge der „Stadt" mit jener des „Landes" verbinden. Vielleicht ist es dieser angestrebten Harmonie zu verdanken, dass die Gar-

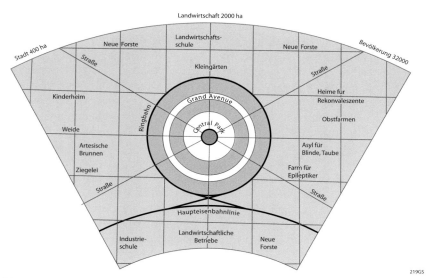

Abb. 4.3.1/1: *Konzept einer Gartenstadt von E. HOWARD (1902)*

tenstadtidee große öffentliche Aufmerksamkeit erfuhr. Eine Reihe von Gartenstädten im Sinne EBENEZER HOWARDS und seiner Partner (R. UNWIN, B. PARKER) wurde realisiert. Letchworth und Welwyn Garden City im Norden Londons, Hampstead Garden Suburb oder Hellerau bei Dresden kommen zumindest im architektonischen Sinne der Konzeption nahe, wenn auch das Prinzip, dass privates Eigentum untersagt und durch genossenschaftliches Eigentum ersetzt werden soll, nicht immer realisiert wurde. Dazu kommen viele nachempfundene Beispiele, die als Gartenstädte bezeichnet wurden, obwohl sie nur spezifische Elemente beinhalten, von denen zwei kurz vorgestellt werden sollen:

• Ville Sociale: Die Ville Sociale stellt einen kombinierten Wohn- und Produktionskomplex mit umfassender Infrastruktur dar, der auf teilweise radikalen sozialpolitischen Visionen basiert. So plante der britische Unternehmer R. OWEN Industriedörfer mit etwa 1 200 Bewohnern, die von Landwirtschaft umgeben sein mussten und eine funktionale Einheit von Fabrik, Wohnungen, Kirche und Schule darstellten. Dazu kam die Idee der räumlichen Trennung der Eltern und Kinder, um die „Weitergabe schlechter Gewohnheiten" zu unterdrücken. Zu erwähnen ist das Projekt „Saltaire" des englischen Fabrikanten T. SALT, der seine Fabrik in unmittelbarer Nähe der Arbeiterreihenhäuser, die mit Gärtchen ausgestattet waren, errichtete. „Saltaire" verfügte über Versorgungs-, Bildungs- und Erholungsanlagen mit städtischem Anspruch. Ein weiteres Beispiel ist schließlich die Siedlung

„Familistère" in Guise (Frankreich), die genossenschaftlich errichtet wurde. Sie bestand aus drei mehrgeschossigen Wohnhäusern für rund 465 Familien mit überdachter Laubengangerschließung und mehreren Gebäuden, in denen alle wesentlichen Infrastruktureinrichtungen (z.b. Schule, Kindergarten, Kinderkrippe, Schwimmbad, Wäscherei) untergebracht waren. Die Anlage wurde zwischen 1859 und 1885 errichtet und 1968 in ein Museum umgewandelt.

- Arbeitersiedlungen: Die Popularität des Gartenstadtgedankens führte zu einer architektonischen Aufwertung der früher sehr einfachen Vorstadtsiedlungen. Arbeitersiedlungen wurden sensibler geplant und gebaut. Die Krupp'schen Werkswohnsiedlungen in Essen und in Kiel zeigen gängige Elemente solcher Anlagen. Ein- bis zweigeschossige Wohneinheiten dominieren, Frei- und Spielplätze zwischen den rechteckigen oder quadratischen Blocks werden „freigehalten" und Grünflächen werden zu einem integrierten Bestandteil der Siedlungen.

Leitbild der Moderne – die gegliederte und aufgelockerte Stadt

Alle sozialreformatorischen Stadtprojekte verfolgten eine sehr kleinstädtische, fast schon antiurbane Grundhaltung. Ihre quantitativen Auswirkungen auf die Entwicklung der Großstädte blieben daher begrenzt. Auch wenn im 20. Jh. das sprunghafte städtische Wachstum in Europa nachließ, so waren dennoch andere Antworten notwendig als Gartenstädte oder Gartenkolonien.

Die Antworten orientierten sich an dem funktionellen Städtebau, der programmatisch in den Jahren von 1928 bis 1933 von einer Gruppe international tätiger Architekten und Stadtplaner entwickelt wurde. Das 1933 erstellte Programm wurde von Le Corbusier redigiert, in 95 Paragraphen untergliedert und 1943 als Charta von Athen publiziert. Es forderte den städtebaulichen Bruch mit der Gründerzeit und plädierte für eine zeitgemäße und moderne Architektur, die den Geist einer Epoche ausdrücken sollte. Der Städtebau sollte sich der industriellen Technik bedienen und Rentabilität durch Rationalisierung und Normung erzielen. Wenn Wohnanlagen oder neue Stadtteile errichtet wurden, weil die städtische Bevölkerung zunahm oder abgewohnte Stadtteile saniert werden müssen, dann waren diese nicht kleinteilig, sondern großzügig zu planen, so das Konzept. Die Großwohnform wurde zu einem dominanten Element dieses Leitbildes. Großwohnsiedlungen auf der grünen Wiese wurden für zehn-, fünfzig- oder sogar hunderttausend Einwohner gebaut. „In seinem Modell hat Le Corbusier die soziale Grundlage für eine neue Stadt des Maschinenzeitalters mit jener Organisationsweise großindustrieller Produktion identifiziert, die im Taylorismus und Fordismus nordamerikanischer Trusts als eine neue Form organisierter und rationaler Überflußproduktion verkörpert schien" (Hilpert, T. 1988, 30).

Eine immer als willkürlich zu empfindende Ästhetik muss zurücktreten und sich der Funktionalität eines Bauwerks unterordnen. Wohnen, Arbeiten und Freizeit sind die dominanten Nutzungsformen, und diese sollen so angeordnet werden, dass keine Störungen entstehen. Die drei wichtigen Funktionen, insbesondere das Arbeiten und Wohnen, haben an unterschiedlichen Orten zu erfolgen. Die lokale Einheit der Bedürfnisbefriedigung an einem Ort, im Zuge der Industrialisierung bereits ins Wanken gekommen, bricht vollkommen auf. Die Freizeit wird an spezialisierten Orten verbracht, das Wohnen erfolgt ebenso lokal gebunden und gearbeitet wird in Büro- oder Fabrikgebäuden, weitab vom Wohnort. Die Stadt wird funktionell klar gegliedert. Das damit verbundene Verkehrsaufkommen wird stillschweigend akzeptiert, obwohl in der Charta selbst die Forderung erhoben wurde, dass die Entfernung zwischen Arbeitsplatz und Wohnort auf ein Minimum reduziert werden sollte. In Befolgung der anderen Ziele ergab es sich aber automatisch, dass die Standorte für das Arbeiten, das Wohnen und die Freizeit immer mehr auseinander rückten. Die Pendeldistanzen in einer dispersen Stadtregion nahmen zu und wurden, wenn sie nicht über öffentliche Verkehrsmittel zurückgelegt werden konnten, mithilfe des Autos überwunden. Das Leitbild der autogerechten Stadt (REICHOW, H. B. 1959, zitiert bei HEINEBERG, H. 1999) dominierte in Europa den Städtebau der 1960er-Jahre und sorgte für Stadtautobahnen, autogerechte Schneisen und für die Erweiterung des Straßenraums.

Weitere wesentliche Kennzeichen der Stadtentwicklung der Moderne sind:

- In Vorwegnahme der fordistischen Massenproduktion von Industrieerzeugnissen brachte die Moderne die Großform als ein neues städtebauliches Prinzip.

Wesentliche Kennzeichen sind dabei eine gewisse Standardisierung der baulichen Elemente, die Wiederholung von Formen, die Dimension der Gebäudeanlagen und die erzielten Einwohnerdichten. Die Großform kann daher auch als urbane Antwort auf die ländlich oder kleinstädtisch geprägten sozialreformatorischen Projekte interpretiert werden.

- Die Großform im Bereich der Wohnfunktion war der Wohnblock. Er bestand aus einem an den Rändern eines Areals angeordneten Baukörper und einem daraus entstehenden Innenhof. Diese Blockrandbebauung konnte regelhaft, symmetrisch und wiederholend erfolgen. Die Blockrandbebauung führt immer zu Innenhöfen mit oft gartenstadtähnlichem Charakter, aber deutlich höheren Dichten. Die Blockrandbebauung kann auch entlang von Achsen erfolgen. Das linienhafte Element des geschlossenen Blockrandes erzeugt dabei eine Monumentalität, die typisch für die Stadtentwicklung der Moderne ist. Ein exemplarisches Beispiel dafür ist der Karl-Marx-Hof in Wien.

- Die Stadtentwicklung der Moderne war auf die Stadterweiterung hin ausgerichtet. Die Großform war und ist inkompatibel mit der relativen Kleinzügigkeit der Innenstadt. Am Stadtrand oder auch außerhalb der Kernstadt entstehen neue Stadtteile oder in weiterer Distanz auch neue Trabantenstädte. Die „Grands Ensembles" in Frankreich sind Ansammlungen sehr großer Baublocks an den Stadträndern, die trotz ihrer euphemistischen Bezeichnung oft durch monotone Architektur, schlechte Bausubstanz und soziale Problemlagen vielfältiger Natur charakterisiert sind. In den deutschen Städten heißen diese abhängigen Stadtteile zwar nicht „Grands Ensembles", sondern München-Neuperlach oder Köln-Chorweiler, die Problemsituationen sind aber sehr ähnlich.

- Mit den städtebaulichen Großformen entstehen Konzentrationen an vielen Orten der Stadt. Die Stadt weist nicht mehr nur ein Zentrum, umgeben von konzentrischen Wachstumszonen, auf, sondern viele Zentren. Diese Zentren sind meist auch Knotenpunkte des öffentlichen Nahverkehrs und Standorte von Dienstleistungseinrichtungen. Die Stadt wird strukturell komplexer, sie ist nicht mehr das einfach zentrierte System, sondern entwickelt sich zunehmend zu einem differenzierten Netz von Zentren unterschiedlicher Ausstattung und Funktionalität.

Stadterneuerung und nachhaltige Stadterweiterung

Die Großwohnsiedlungen sind längst aus der Mode gekommen, und von der autogerechten Stadt sprechen städtische Entscheidungsträger heutzutage auch bereits längst nicht mehr. Neue Leitbilder haben die alten verdrängt. Die städtebaulichen Großformen erwiesen sich als zunehmend problematisch und wurden durch selektive Abwanderung zu sozialpolitischen Brennpunkten. Sie weisen heute überdurchschnittlich hohe Anteile an Bewohnern mit Migrationshintergrund und geringem Einkommen auf, die Wohnungen sind sanierungsbedürftig, Verwahrlosung und Kriminalität sind an der Tagesordnung. Die erhoffte Urbanität durch Dichte hat sich nicht eingestellt.

Die Rückbesinnung auf die historische Stadt der kurzen Wege, der kompakten Struktur, der Nutzungsmischung und einer „heilen sozialen Ordnung" stellte eine Art Gegenreaktion auf die gegliederte und aufgelockerte Stadt der Moderne dar. Die Stadterneuerung gewann an politischem Gewicht. Sie zielte auf den Erhalt und die Sanierung der historischen Stadtviertel ab, auf die Modernisierung des Wohnungsbestandes und auf eine funktionale Aufwertung der Stadtkerne.

Die Stadterneuerung umfasst alle Maßnahmen, die auf den Erhalt und die Sanierung historischer Stadtteile abzielen. Das Spektrum reicht dabei von der Kahlschlagsanierung als eine Form der harten Stadterneuerung, die auf Abriss und Neubau basiert, bis hin zu einer behutsamen und erhaltenden Stadterneuerung. Die harte Stadterneuerung schiebt das historische Erbe beiseite und errichtet in der bestehenden Stadtteilstruktur neue Gebäude. Sie war die dominierende Erneuerungsform der 1960er-Jahre. Die behutsame, erhaltende oder sanfte Stadterneuerung der 1970er-Jahre besann sich jedoch des historischen Erbes und modernisierte die vorhandenen Baukörper. Ein Abriss derselben blieb die Ausnahme.

Die behutsame, erhaltende oder sanfte Stadterneuerung beschränkt sich nicht nur auf die historischen Altstadtkerne, sondern berücksichtigt auch ältere Wohngebiete. Die Verdrängung der angestammten Wohnbevölkerung und eine allzu starke bausoziale Aufwertung (Gentrification) gelten als unerwünscht. Gelingt es dagegen, durch begleitende Maßnahmen oder entsprechende

Gesetzgebung diese Austauschprozesse zu unterdrücken, dann wird eine erhaltende und gleichzeitig auch sanfte Stadterneuerung möglich und angestrebt.

Das Leitbild der Stadterneuerung eignet sich definitorisch nicht für jene Entwicklungsprozesse, die zur Stadterweiterung führen. Für diese wird daher ein anderes Leitbild propagiert, nämlich das der nachhaltigen Stadtentwicklung.

Als Folge der internationalen Diskussion um Nachhaltigkeit haben sich auch für den Städtebau die Prinzipien der Ressourcenschonung, der Umweltverträglichkeit sowie der Nachhaltigkeit (Sustainability) als programmatische Ansage durchgesetzt. Die berühmten UN-Konferenzen von Rio de Janeiro 1992 und Istanbul 1996 sowie die Charta von Aalborg („Charta der Europäischen Städte und Gemeinden auf dem Weg zur Zukunftsbeständigkeit") markieren wichtige Etappen auf dem Wege zu diesem neuen Leitbild. Es basiert auf der Schaffung kompakter, dichter und dennoch hochwertiger baulicher Strukturen. Das disperse Ausufern der Städte und das Entstehen eines Urban Sprawl sollen verhindert werden. Dies soll nicht durch monotone Großformen im Stile der 1960er und 1970er Jahre erfolgen, sondern in erster Linie durch Erhalt und Sanierung des Bestandes.

Wenn Erweiterungen notwendig sind, dann ist Polyzentralität als eine auch im Europäischen Raumentwicklungskonzept (EUREK) festgeschriebene Planungsmaxime anzustreben. Klar akzentuierte Siedlungsschwerpunkte sollen nicht nur Urbanität erzeugen, sondern auch die betriebswirtschaftliche Rentabilität des öffentlichen Personennahverkehrs sicherstellen. Die Polyzentralität soll in Europa das normative Gegengewicht zum flächigen Urban Sprawl darstellen.

In den klar akzentuierten Siedlungsschwerpunkten ist die geordnete Mengung unterschiedlicher Nutzungen als ein drittes wesentliches Element des nachhaltigen Leitbildes anzustreben. Durch die räumliche Mengung der Funktionen Wohnen, Arbeiten, Freizeit und Versorgung sollen den Nutzern kurze Wegstrecken ermöglichen. Ganz im Gegensatz zum Funktionalismus im Städtebau und damit zur Charta von Athen wird die funktionell und auch sozial durchmischte Stadt angestrebt. Die Stadt wird damit zu einer Stadt der kurzen Wege, deren Wegstrecken auch mit umweltverträglichen Verkehrsmitteln oder zu Fuß zurückgelegt werden können. Nicht mehr die gegliederte und aufgelockerte Stadt wird angestrebt, sondern die kompakte und durchmischte Stadt.

New Urbanism

Eine Alternative zur Stadterneuerung und Gentrification offeriert besonders in den USA der New Urbanism. Die nordamerikanische Stadt der Moderne mit ihren Großformen, ihrer Unübersichtlichkeit, ihren Verfallserscheinungen und ihrer „sozialen Kälte" wird von den Vertretern des „New Urbanism", des neotraditionalistischen Städtebaus, als Irrweg bezeichnet (BODENSCHATZ, H. 1998). Sie fordern eine städtebauliche Rückbesinnung auf die vormoderne Stadt, die sich in ihrer Perspektive bewährt hat, und eine Renaissance derselben in der Postmoderne. Es geht dabei nicht nur um den Erhalt und die Sanierung der historischen Stadtkerne, sondern viel mehr noch um den Neubau nach alten, traditionellen Prinzipien. Die historische Orientierung ist dabei keineswegs eindeutig und entspricht weder zeitlich noch räumlich einem bestimmten Vorbild. Es liegt vielmehr ein Konglomerat von Prinzipien vor, die im neotraditionalistischen Städtebau zusammengetragen werden.

Zu diesen Prinzipien zählt die Bedeutung des öffentlichen Raums, der gefassten Plätze und der Straßen, die dem Fußgänger dienen sollen und einen allen zur Verfügung stehenden Stadtraum schaffen. Die Stadt soll wieder dem Fußgänger gehören und nicht dem Auto. Sie soll zum Flanieren einladen und den öffentlichen Raum als Ort der Begegnung und Kommunikation wieder aufwerten.

Hierarchie im städtischen Raum ist ein weiteres Prinzip. Ein zentraler Platz sorgt für eine klare Orientierung innerhalb des Stadtraumes. Hauptstraßen unterscheiden sich hinsichtlich ihrer Breite und der Ausgestaltung von Nebenstraßen. Die Bauhöhe ist gestaffelt und folgt einem zentral-peripheren Gradienten. Der Bewohner oder Besucher der Stadt soll sich nicht im Urban Sprawl verlieren, sondern er soll sich zurechtfinden können und damit ein unmittelbares Gefühl von Vertrautheit vermittelt bekommen.

Die Herstellung einer urbanen Dichte stellt das dritte Prinzip des neotraditionalistischen Städtebaus dar. Hohe Dichte soll Urbanität schaffen und damit abermals einen Kontrapunkt zur extensiven Raumnutzung des Urban Sprawl setzen. Die Stadt soll sich klar von der Ruralität der ländlichen Räume absetzen. Ein sied-

lungsstrukturelles Kontinuum – wie es das Stadtland darstellt – soll vermieden werden.

Schließlich wird im Rahmen des New Urbanism nicht nur die Stadt architektonisch neu gestaltet, sondern auch sozial umgeformt. Community Building, die Bildung von Gemeinschaften und Nachbarschaften, ersetzt die Anonymität der Großstadt. Soziale Kontrolle wird nicht als belastend empfunden, sondern ist ein Teil der im neotraditionalistischen Stil errichteten Städte. Teilweise wird die soziale Kontrolle auch durch kodifizierte Verhaltensmaßregeln, die von der Farbe der Vorhänge bis zur Schnittlänge des Grases alles regeln, ersetzt. Der New Urbanism strebt eine saubere, sichere, strukturierte und auch sozial homogene Stadt an, die über soziale Kontrolle und in spezifischen Fällen auch über das politische Regime diesen ursprünglichen Charakter bewahren soll.

Das erste Referenzmodell stellt der Anfang der 1980er-Jahre realisierte Badeort Seaside in Florida dar. ANDRES DUANY und ELIZABETH PLATER-ZYBERK waren für die städtebauliche Rahmenplanung verantwortlich. Weitere bekannte Vertreter dieses neuen Stadttyps sind PETER KATZ und LEON KRIER. Eine große Aufmerksamkeit fanden die Ideen des New Urbanism mit der vom Disney-Konzern 1995 realisierten Modellstadt Celebration. Denn Celebration verwirklicht sehr eindrucksvoll den Anschluss an die Gartenstadtidee des ausgehenden 19. Jh.

Die Ideen des New Urbanism beeinflussen die Stadtentwicklung kleinerer Städte besonders in Nordamerika. In Europa kommt diesen Konzepten weniger Bedeu-

Abb. 4.3.1/2: *New Urbanism in Seaside (Florida)*

tung zu, weil vieles vom dem, was der New Urbanism fordert, in den traditionellen Stadtkernen ohnehin realisiert ist. Der New Urbanism beeinflusst aber auch indirekt die Stadtentwicklung der größeren Städte Nordamerikas, denn es wird mit dem kompletten Neubau von Kleinstädten eine fast typisch zu nennende amerikanische Antwort auf die aktuellen Probleme in den Großstädten offeriert: Mit diesen möchte man sich nicht auseinandersetzen, man schiebt sie beiseite und versucht, eine neue „heile Welt" auf der grünen Wiese zu schaffen.

4.3.2 Bodenpreise und Bodenmarkt

Der Bodenmarkt stellt ein weiteres wichtiges Ordnungs- und Steuerungsprinzip der innerstädtischen Struktur dar. Er bewertet über die Preisbildung die standörtliche Qualität und filtert damit indirekt die Nutzungen. Im Wettbewerb der Nutzer werden deren ökonomische Fähigkeiten, bestimmte Preise auch zu bezahlen, entscheidend sein. Wenn im Stadtzentrum die Bodenpreise am höchsten sind, dann werden die entsprechenden Kauf- oder Mietpreise nur von bestimmten Käufern oder Mietern bezahlt werden können. Eine Selektion der Bevölkerung nach ökonomischen Merkmalen und der Nutzungen nach deren Rendite findet statt. In der Sozialökologie besitzt die Steuerungsfunktion durch den Bodenmarkt einen zentralen Stellenwert.

Einen wesentlichen Theoriebeitrag zu dieser Frage hat WILLIAM ALONSO (1964) geleistet. Im deutschsprachigen Raum haben M. NAUMANN (1909) und F. v. WIESER (1909) Analysen über Miete und Grundrente vorgelegt, wobei sie an die Überlegungen von J. H. VON THÜNENS anschließen.

Bodenpreis und Bodenrente

Grundstücke sind in der ökonomischen Betrachtungsweise nichts anderes als eine bestimmte Form des Kapitals. Mithilfe des Kapitals können Zinsen erwirtschaftet werden, indem beispielsweise das Kapital bei einer Bank veranlagt wird. Aus dem Besitz eines Grundstücks kann der Eigentümer ebenfalls einen Gewinn erzielen, der als Grundrente zu bezeichnen ist. Die Grundrente ist vom Nutzer des Grundstücks zu bezahlen, der diese aus der Nutzung desselben erzielt. Die Höhe der Grundrente ist sowohl vom Nutzungsertrag als auch von den Verhandlungen mit dem Eigentümer abhängig.

Die Grundrente (oder Bodenrente) selber kann in Abhängigkeit von der landwirtschaftlichen Fruchtbarkeit des Bodens oder der Intensität der Nutzung in weitere Renten (Bonitätsrente, Intensitätsrente) zerlegt werden. Wichtiger als diese beiden Renten ist jedoch die Lagerente, die sich – wie es D. RICARDO und J. H. VON THÜNEN vorgesehen haben – aus der unterschiedlichen Marktnähe oder Marktferne ergibt. Sie wird durch die Erreichbarkeit eines innerstädtischen

Standortes bestimmt. Je besser städtische Standorte erreichbar sind, desto „marktnäher" sind sie, und desto höher wird die Lagerente sein.

Neben der Lagerente können zwei weitere spezifische Renten abgegrenzt werden. Auf der ökologischen Qualität des Grundstücks beruht die Umweltrente. Unabhängig von der Marktdistanz sind für Grundstücke und Wohnungen an attraktiven Standorten (Aussichtslage, Waldrand, See- und Flussufer) höhere Renditen zu erzielen. Die städtische Entwicklung am Flussufer oder die Sanierung von altindustriellen Gebieten im Hafenbereich großer Städte profitieren von dieser Umweltrente. Die zweite Rente, die im engeren Begriff der Lagerente nicht vorgesehen ist, kann als Imagerente bezeichnet werden. Sie entsteht bei Immobilien, die in einem Stadtteil liegen, welcher ein höheres gesellschaftliches Image besitzt. Allein durch die Tatsache, dass eine Immobilie in diesem Stadtteil zu finden ist, kann eine höhere Rendite erzielt werden.

Es bedarf aufwändiger Erhebungen, um die Lagerente im engeren Sinne von der Umweltrente und der Imagerente zu separieren. Dazu müssen die Preise für vergleichbare Immobilien auf unterschiedlichen Standorten mit differierender Umweltqualität und divergierendem Image verglichen werden, um aus den durchschnittlichen Differenzbeträgen auf die Renten schließen zu können. Im Folgenden wird der Einfachheit halber darauf verzichtet, denn es genügt, das Prinzip von Lagerente und Nutzungsselektion aufzuzeigen.

Bodenpreis und Nutzungsselektion

Die Lage einer Immobilie innerhalb der Stadt bestimmt über die Lagerente den Kauf- oder Mietpreis. Diesen Kauf- oder Mietpreis werden nicht alle Nachfrager bezahlen wollen oder können. Mit dem Kauf- oder Mietpreis erfolgt daher eine Selektion der Nutzung oder der Nutzergruppen.

Das Nachfrageverhalten der einzelnen Nutzergruppen nach bestimmten Immobilien ist aber unterschiedlich. Manche Nutzungsformen sind auf Immobilien im Stadtzentrum angewiesen und bereit, eine hohe Lagerente zu bezahlen, andere Nutzergruppen ziehen dagegen den Stadtrand vor. Es ergeben sich damit unterschiedlich steile Nachfragegradienten einzelner Nutzer nach einer Immobilie. Der Einzelhandel und der spezialisierte Dienstleistungssektor benötigen viele Konsumenten und müssen daher einen Standort wählen, der gut erreichbar ist. Das Stadtzentrum oder ausgewählte Knotenpunkte mit guter Erreichbarkeit stellen geeignete Standorte dar. Viele potenzielle Konsumenten können rasch das Zentrum oder die Knotenpunkte erreichen und sorgen möglicherweise für hohe Erträge. Dazu kommen jene Geschäfte, Institutionen und Betriebe, die aus Prestigegründen einen Standort in der prestigeträchtigen Innenstadt vorziehen (Banken, Versicherungen, aber auch Ministerien, Parlament und Regierungssitz). Die Bereitschaft, hohe Mieten oder einen hohen Kaufpreis für eine Immobilie zu bezahlen, wird durch die hohe Gewinnerwartung oder aus spezifischen Imagegründen heraus gesteigert. Diese Bereitschaft sinkt aber mit zunehmender Distanz vom Stadtzentrum oder von den gut erreichbaren Knotenpunkten; der Nachfragegradient verläuft steil nach unten. An abseitigen Standorten ist die Erreichbarkeit schlecht, die Zahl der potenziellen Konsumenten gering und das Image möglicherweise auch. Aufgrund der geringen Profiterwartung sinkt die Nachfrage der Unternehmen nach diesen Standorten.

Dieser Nachfragegradient ist für einzelne Branchen des Dienstleistungssektors ebenso zu differenzieren wie für unterschiedliche Geschäftsgrößen und Eigentümerstrukturen. Geschäfte mit Luxusartikeln oder mit einem sehr spezialisierten Angebot werden Standorte mit guter Erreichbarkeit öfter nachfragen als Geschäfte mit einem Normalsortiment. Große Geschäfte benötigen aus betriebswirtschaftlichen Gründen mehr Konsumenten und müssen daher abermals größeres Gewicht auf eine gute Erreichbarkeit legen als kleine. Die Nachfragegradienten sind also viel differenzierter und komplexer als die in der Abb. 4.3.2/1 dargestellten.

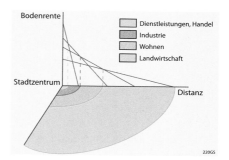

Abb. 4.3.2/1: *Lagerente unterschiedlicher Nutzungen*

Einem steilen, zentral-peripher sinkenden Nachfragegradienten beim Einzelhandel und bei den Dienstleistungsunternehmen steht ein wesentlich flacherer Gradient bei der Nutzungsform „Wohnen" gegenüber. Wohnungen, die gut erreichbar sind, werden als vorteilhaft empfunden; die Erreichbarkeit stellt aber nicht das einzige Kriterium dar. Verfügbare Wohnfläche zum gegebenen Preis oder die ökologische Qualität des Wohnumfeldes sind möglicherweise wichtigere Kriterien. Die Nachfrage nach Wohnungen am Stadtrand wird daher vergleichsweise hoch sein und verflacht erst mit zunehmender Distanz von der Stadt in Abhängigkeit vom Transportsystem und -preis.

Das Prinzip der Nutzungsselektion besteht in der unterschiedlichen Bereitschaft zur Bezahlung der höheren Lagerente. Wer die höhere Lagerente in den jeweiligen Gradientenabschnitten bezahlt, dessen Nutzung dominiert. Aus dem Gradientenmodell gelangt man somit zu einem einfachen konzentrischen Stadtstrukturmodell.

1. Die innerstädtischen Standorte können sich nur jene Nutzergruppen leisten, die einerseits über genügend Kapital verfügen, um die hohen Mieten oder Kaufpreise aufbringen zu können, und die andererseits die gute Erreichbarkeit der Innenstadt aus betriebswirtschaftlichen Notwendigkeiten heraus benötigen. Die damit zusammenhängenden Nutzungen verdrängen alle anderen, weil sie als einzige die hohe Lagerente bezahlen.

2. Gegen den Stadtrand hin sinkt die Lagerente, weil aus Gründen der Erreichbarkeit weniger Nutzer diese Standorte nachfragen. Geschäfte mit geringerer Ertragskraft und geringerer Reichweite nehmen die Standorte mit schlechterer Erreichbarkeit in Kauf. Die Wohnfunktion gewinnt an Bedeutung.

3. Noch weiter gegen den Stadtrand hin und darüber hinaus sinkt die Lagerente abermals deutlich. Die Wohnnutzung wird dominant, die Marktferne stellt für private Haushalte keinen Standortnachteil mehr dar. Neben der Wohnfunktion finden sich am Stadtrand nur mehr jene Unternehmen, die einen großen Flächenbedarf haben. Shoppingcenter mit einer großzügigen Verkaufsfläche, mit ausgedehnten Parkplätzen und aufwändigen Verkehrswegen benötigen billige Flächen und sind auf diese Standorte angewiesen.

Der fallende Nachfragegradient ist in der Realität sehr viel komplizierter und entspricht keinem stetig fallenden Graphen. Die Knoten des ÖPNV-Netzes erzeugen so etwas wie zahlreiche lokale „Erreichbarkeitsgipfel". Das wiederum bewirkt eine Erhöhung der Zahl der potenziellen Konsumenten und der Gewinnerwartungen der Unternehmen. Der Nachfragegradient wird dort Ausschläge nach oben aufweisen. Für manche Standorte am Stadtrand (z. B. Kreuzungspunkte von Autobahnen) ist die potenzielle Erreichbarkeit auch für eine große Zahl an Besuchern bereits eher gewährleistet als im Stadtzentrum.

Zu berücksichtigen ist auch, dass die Nachfrage nach Standorten nicht nur von der Distanz zum Stadtzentrum abhängig ist, sondern dass sehr viel komplexere Überlegungen eine Rolle spielen. So lassen sich Kostenersparnisse erzielen, wenn Unternehmen, die miteinander in einem

Produktionszusammenhang stehen, aber auch Einzelhandelsgeschäfte in Nachbarschaft zueinander lokalisiert sind. Sie profitieren von der räumlichen Ballung, weil mehr Konsumenten kommen oder weil sie als fiktive Einheit (Einkaufsstraße) bekannt sind. Unternehmen können aber auch einen Standort wählen, weil die Konkurrenz bereits dort ist. Wenn die Standortbedingungen zufriedenstellend sind, dann partizipieren beide Konkurrenzunternehmen im gleichen Ausmaß. Wenn die Bedingungen sich als schlecht erweisen, dann sind beide Unternehmen gleichermaßen davon betroffen. An der Wettbewerbssituation der beiden zuein-ander ändert sich nichts. Keines kann das andere durch eine alternative Standortentscheidung übertreffen. Schließlich ist die generelle Gültigkeit des Immobilienmarkts als ein Ordnungs- und Steuerungsprinzip dann in Frage zu stellen, wenn die Kauf- und Mietpreise nicht frei ausgehandelt werden können oder stark reglementiert sind. In den Städten, die planwirtschaftlich verwaltet werden, und wo kein freier Bodenmarkt existiert, konnte dieser seiner Ordnungsfunktion nicht gerecht werden. Dort war die Citybildung mit der Verdrängung der Wohnfunktion durch Geschäfte und Büros nur schwach ausgeprägt, denn ein höherer als der festgelegte Preis durfte nicht verlangt werden. Einen so genannten „Rent Gap", die Differenz zwischen dem real erzielten und dem potenziell erzielbaren Boden- oder Mietpreis, mussten die Eigentümer stillschweigend akzeptieren. Erst nach den politischen Veränderungen versuchten die Besitzer, diesen „Rent Gap" zu beseitigen und die ihnen aufgrund der Marktverhältnisse zustehende Lage-, Umwelt- und Imagerente auch tatsächlich zu erheben. Die Selektionsprozesse der Nutzungen sind dort noch im Gange.

4.3.3 Segregation

Die Segregation stellt ein drittes, wichtiges räumliches Ordnungsprinzip der Stadt dar. Der Begriff selbst bedeutet so viel wie Absondern und Trennen und kennzeichnet sowohl einen Prozess als auch einen Zustand. Segregation beschreibt den Vorgang, der zu einer ungleichen Verteilung von Bevölkerungsgruppen, Geschäften und Unternehmen in der Stadt führt und zugleich auch den Zustand derselben. Segregation bewirkt eine Absonderung und Entmischung auf der einen Seite und eine Konzentration und Ballung auf der anderen. Eine Segregation, die sich auf die Bevölkerung und ihre Wohnstandorte bezieht, nennt man residenzielle Segregation, eine Segregation nach funktionalen Aspekten (Verteilung der Arbeitsstätten, Freizeiteinrichtungen) kann auch als funktionelle Segregation bezeichnet werden. Segregation kommt in allen Städten vor und stellt ein generelles und kulturübergreifendes Phänomen dar. Jede Stadt besitzt Wohngebiete für Reiche und Arme, für Ausländer und Einheimische, aber auch Geschäftsviertel, Industriegebiete und Unterhaltungsbezirke. In manchen Städten ist die Separierung stärker ausgeprägt, in manchen schwächer. Eine Stadt ohne Segregation und mit einer perfekten Mischung der Funktionen und Gesellschaft erscheint jedenfalls als planerische Utopie.

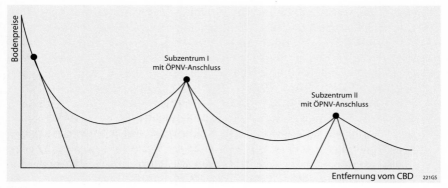

Abb. 4.3.2/2: *Zentral-peripherer Bodenpreisgradient*

Im Folgenden werden die Begründungen für die Existenz von Segregationsprozessen und die Möglichkeit zu deren analytischer Messung vorgestellt.

Segregation von Nutzungen und Unternehmen

Segregationsprozesse sorgen zunächst für die räumliche Trennung der Wohnfunktion von anderen Nutzungsformen. Wohn- und Industriegebiete treten in der Regel nicht gemischt auf, sondern sind räumlich voneinander getrennt. Die Segregation von Nutzungen schließt damit an die allgemeinen Aussagen über den Bodenmarkt und die Lagerente an. Jede Nutzungsform weist unterschiedliche Nachfragegradienten nach innerstädtischen Standorten auf und die Nutzungsselektion selbst erfolgt auf Basis der unterschiedlichen Bereitschaft und Möglichkeit, bestimmte Immobilienpreise zu bezahlen.

Die Segregation von Nutzungen und Unternehmen folgt aber auch normativen Konzepten über die funktionsräumliche Trennung. Wohnen, industrielle Arbeit sowie Freizeit sollen nicht an einem Ort konzentriert werden, sondern jeweils an unterschiedlichen Orten, um Nutzungskonflikte zu minimieren. Die räumliche Nähe von Wohnungen und Industriebetrieben führt zur Beeinträchtigung der Lebensqualität im Wohnumfeld und wird daher in der Flächenwidmung vermieden. Ähnliches gilt für die räumliche Nachbarschaft von Freizeitanlagen und Industriebetrieben. Eine Segregation unterschiedlicher Nutzungen wird in vielen Fällen einer Mischung derselben vorgezogen.

Schließlich sprechen für die Konzentration von Unternehmen und Geschäften an einem Ort und damit für die Absonderung von anderen Orten die Vorteile der Ballung. Aus der Ballung von Unternehmen an einem Ort können Agglomerationsvorteile erzielt werden, die zu einer Kostenersparnis führen. Im Abschnitt „Stadt als Standort" (7.1.1, 224) werden die entsprechenden standorttheoretischen Zugänge erläutert, die auch für die innerstädtischen Ballungen von Geschäften und Betrieben gelten.

Segregation der Wohnbevölkerung

Neben der funktionellen Segregation stellt die Segregation der Wohnbevölkerung (residenzielle Segregation) eine wichtige gesellschaftsbezogene Ordnungsfunktion dar. Die Bevölkerung separiert sich – so zeigen viele empirische Belege – nach sozialen, demographischen und ethnischen Kriterien. Reiche Bevölkerungsgruppen wohnen in anderen Stadtteilen als arme, Zuwanderer in anderen Vierteln als Einheimische und die junge Bevölkerung in anderen Stadtteilen als die ältere. Die gesellschaftliche Differenzierung wird in räumliche Absonderung auf der einen und Konzentration auf der anderen Seite „übersetzt". Mit dieser Aneignung oder Zuweisung spezifischer Stadträume werden auch Raumqualitäten ungleich verteilt. Die reiche Bevölkerung, die bestimmte Wohnviertel „in Besitz" genommen hat, profitiert auch von der möglicherweise sehr guten Verkehrsanbindung, von der Lage innerhalb der Stadt, von der Ausstattung mit technischer und sozialer Infrastruktur sowie von der gesunden und schönen Umwelt. Die arme Bevölkerung, die an den Stadtrand oder in innerstädtische Wohnquartiere abgedrängt wird, muss zusätzlich die Defizite des räumlichen Kontextes akzeptieren (Dangschat, J. S. 2002).

Die Segregation der Wohnbevölkerung nach sozialen, demographischen und ethnischen Merkmalen ist eine Folge der Selektionsmechanismen auf dem Immobilienmarkt, der ökonomischen Leistungsfähigkeit der Haushalte sowie unterschiedlicher Wohnpräferenzen. Der Immobilienmarkt steuert den Bezug von Wohnungen, Häusern und in weiterer Folge auch von Stadtteilen über den jeweiligen Preis. Der städtische Boden- und Immobilienmarkt stellt damit einen wesentlichen Filter für die unterschiedliche Verteilung der Bevölkerung in der Stadt dar. Dazu kommen rechtliche Reglementierungen, die den Bezug bestimmter Wohnungen an die Staatsbürgerschaft oder an die soziale Bedürftigkeit koppeln. Selektion, Filterung und eine ungleiche Verteilung von Bevölkerungsgruppen in der Stadt wird die Folge sein.

Segregation ist aber nicht nur strukturell bedingt (erzwungene Segregation), sondern besitzt auch den Charakter einer freiwillig gewählten Wohnform. Eine sozial, demographisch und ethnisch homogene Nachbarschaft wird von der Mehrheit der Bevölkerung angestrebt. Ähnliche Normen und Wertvorstellungen minimieren Konflikte und schaffen kognitive Sicherheit. Wenn der Nachbar aus derselben sozialen Gruppe stammt, derselben ethnischen Minderheit angehört oder ähnlich alt ist, dann erhöht dies das nachbarschaftliche Verständnis und verhindert jene Konflikte, die nur aus unterschiedlichen Lebensweisen herrühren. Es verwundert daher auch nicht, dass neue Siedlungsformen – wie Gated Communities, Lifestyle Communities oder der New Urbanism – stark segregierte Wohnformen darstellen.

Weder die demographische oder die soziale noch die ethnische Segregation stellen a priori eine unerwünschte Erscheinung dar. Ganz im Gegenteil, in der Sozialökologie werden segregierte Nachbarschaften als Orte der Wertvermittlung und Sozialisation für eine frühe Phase der Integration als notwendig erachtet. Die Sozialökologie erwartet jedoch in weiterer Folge, dass sich segregierte Wohnviertel mit der Eingliederung der Zugewanderten auflösen. Wenn dies nicht erfolgt, dann ist das auch ein Hinweis auf eine mangelnde gesellschaftliche Eingliederung. Man gelangt damit zum Schluss, dass Segregation vor dem Hintergrund einer längerfristigen Perspektive Anlass zum politischen Handeln sein kann. Weder die dauerhafte Fragmentierung der Gesellschaft in horizontaler (räumlicher) noch vertikaler (sozialer) Dimension ist mit der wohlfahrtsstaatlich geprägten Idee der europäischen Stadt vereinbar.

In der ersten Phase erfolgen die Zuwanderung und eine distanzierte Kontaktaufnahme. Die Zuwanderer leben extrem segregiert in „ihren" Ethnic Communities. Diese ethnischen Communities offerieren Wohnraum, Arbeit und ein Stück Heimat (z. B. Little Italy, Chinatown).

Nach und nach müssen die Zuwanderer aber aus den ethnischen Vierteln heraustreten und „Kontakt" mit der Mehrheitsgesellschaft aufnehmen. In der zweiten Phase setzt diese Erfahrungssammlung mit der Mehrheitsgesellschaft ein. Zuwanderer bemerken, dass sie nur dann den Konkurrenzkampf um Arbeitsplätze, aber auch Wohnungen bestehen, wenn sie die Sprache der Mehrheitsgesellschaft beherrschen und die kulturelle Symbolik richtig deuten können. Der Wohnstandort bleibt noch immer das ethnische Viertel, die ethnische Segregation ist unverändert hoch.

In der dritten Phase des Race-Relation-Cycle (dazu auch der Exkurs und Tab. 4.3.3/1) beginnt nun der eigentliche Lernprozess. Die Zuwanderer erlernen die Sprache und die Verhaltensweisen der Mehrheitsgesellschaft, sie beginnen sich zu akkomodieren. Die angepassten und deshalb auch „erfolgreichen" Angehörigen der ethnischen Minderheit erlangen einen höheren Status und verlassen die ethnischen Viertel. Die ethnische Segregation beginnt zu sinken.

Am Ende des Anpassungsprozesses steht die perfekte Anpassung (Assimilation). Mit der Assimilation löst sich aber – so die Sozialökologie – die ethnische Segregation in der Stadt auf. Alle Angehörigen der ethnischen Minderheit sind inzwischen angepasst, haben sich integriert und das ethnische Viertel verlassen. Sie wohnen dort, wo die Angehörigen derselben sozialen Schicht bereits wohnen. Die ethnische Segregation wurde also durch eine soziale ersetzt.

Die Realität zeigt sehr deutlich, dass sich die Sozialökologie in diesem Punkt geirrt hat. Die ethnische Segregation hat sich weder in den nordamerikanischen Städten mit einer langen Zuwanderungsgeschichte noch in den europäischen aufgelöst. Ethnische Viertel haben sich vielmehr dauerhaft herausgebildet, auch deshalb, weil die Mehrheitsgesellschaft immer wieder den ethnischen Vierteln ausweicht („Invasion-Sukzessions-Zyklus") und weil manche ethnische Minderheiten trotz perfekter Assimilation nicht aufgenommen werden. Die ethnischen Ghettos wurden größer, haben sich verfestigt und prägen eine eigene Subkultur, die weit entfernt ist, Teil einer homogenen Stadt zu sein. Die farbige Bevölkerung ist zwar assimiliert, konstituiert aber eine eigene Teil- und Parallelgesellschaft. Die Idee von der einen und einheitlichen Stadtgesellschaft mag zwar normativ erwünscht sein, stellt sich in der Realität aber nur ausnahmsweise ein.

Exkurs: Segregation und Sozialökologie

Segregation besitzt in der Sozialökologie einen besonderen Stellenwert, wobei die ethnische Segregation anders bewertet wird als die soziale. Die soziale Segregation ist aus dem Blickwinkel der Sozialökologie die normale Folge eines Konkurrenzkampfes um städtische Standorte, der über den Preis des Standortes entschieden wird. Soziale Ungleichheit muss auch in soziale Segregation übersetzt werden, und es ist legitim, dass sich die einzelnen Statusgruppen separieren. Anders sind die Bewertung und theoretische Einbettung der ethnischen Segregation zu sehen. Ethnische Segregation darf und soll in einer ersten Phase der Zuwanderung ethnische, nationalitätenspezifische Gruppen herausbilden. Die ethnischen Viertel stellen für einen begrenzten Zeitraum einen Raum der sozialen Ordnung dar. Die Separierung der Gesellschaft in Teilgruppen „zähmt" die aus der Sicht der Sozialökologie gefährliche Tendenz zur Individualisierung und zur Desorganisation, bedingt durch die Loslösung von normgebenden Institutionen (z. B. der Kirche). Segregation, die Zerlegung der Stadt in ein mosaikhaftes Muster unterschiedlicher Communities, ist auf der einen Seite Kennzeichen der Großstadt und auf der anderen Seite der einzige Weg, um die Folgen des Desintegrationsprozesses zu bewältigen. Zwischen der Freiheit der Großstadt und der Kontrolle innerhalb der „Neighborhoods" existiert ein Spannungsverhältnis, aber auch eine symbiotische Ergänzung. Langfristig muss sich die ethnische Segregation aber auflösen – so die theoretische Sichtweise – und in eine soziale Segregation übergehen, denn Zuwanderer passen sich an die Gesellschaft an, werden Teil derselben und legen ihre Ethnizität als Differenzierungsmerkmal ab. Die Sozialökologie hat diesen Anpassungs-, Lern- und Sozialisierungsprozess in vier Phasen eingeteilt und diese zum so genannten Race-Relation-Cycle zusammengefasst.

Messung von Segregation

Segregation ist ein Prozess und ein Zustand ungleicher Verteilungen in räumlichen Einheiten. Zur Messung des unterschiedlichen Ausmaßes an Mischung oder Entmischung von spezifischen Bevölkerungsgruppen sind zwei Maßzahlen gebräuchlich: der Dissimilaritätsindex, der die Verteilung zweier Bevölkerungsteilgruppen misst, und der Segregationsindex, der die Verteilung einer Bevölkerungsgruppe im Vergleich zur Gesamtbevölkerung bestimmt. Beide Indikatoren können Werte zwischen 0 (= perfekte Gleichverteilung) und 100 (= maximale Segregation) annehmen. Bei der Berechnung beider Indizes geht man von der Verteilung einer ausgewählten Bevölkerungsgruppe nach Teilräumen, verglichen mit der Verteilung der Bevölkerung

Phase	Verhältnis zur Mehrheits-gesellschaft	Wohnstandort	Ethnische Segregation
1	Zuwanderung und Kontakt-aufnahme	ethnisches Viertel	extrem hoch
2	Wettbewerb (oder Konflikt) um Wohnstandorte, um Arbeitsplätze und um sozialen Status	ethnisches Viertel	extrem hoch
3	Akkomodation	Beginn des Wegzugs der sozialen Aufsteiger	mittel
4	Assimilation	• ethnisches Viertel hat sich aufgelöst • Wegzug der perfekt assimilierten, ehemaligen Zuwanderer	nicht mehr vorhanden

Tab. 4.3.3/1: *Phasen des Race-Relation-Cycle*

insgesamt, aus. Wenn in einem konkreten Bezirk 10 % aller Ausländer der Stadt wohnen und in diesem Bezirk gleichzeitig 10 % der Bevölkerung leben, dann liegt offensichtlich keine überdurchschnittliche Konzentration vor. In- und Ausländer sind gleich verteilt. Wenn dagegen in einem Bezirk 90 % der Ausländer der Stadt leben, aber nur 10 % der Wohnbevölkerung insgesamt, dann besteht eine hohe Ungleichverteilung. Beide Indizes summieren die Differenzen in den Teilräumen für die Gesamtstadt und weisen eine Maßzahl auf. Bei der Berechnung des Segregationsindex (IS) wird die Summe der Differenzen der Anteile der Bevölkerungsgruppe A in der i-ten Raumeinheit (a von i) und der Anteile der Gesamtbevölkerung G (aber ohne Bevölkerungsgruppe A) in der i-ten Raumeinheit (g von i) gebildet und über alle Raumeinheiten summiert. Wenn die Gruppe A in jenen Raumeinheiten wohnt, die von der Gesamtbevölkerung gemieden werden, dann wird die Differenz der Relativwerte sehr hoch sein und damit auch der Segregationsindex. Umgekehrt wird der

Segregationsindex sehr klein sein, wenn in allen Raumeinheiten proportional gleich viele Vertreter der Gruppe A und der Gesamtbevölkerung G leben.

$$IS = 0,5 \cdot \sum_{i=1}^{n} |a_i - g_i|$$

Der Dissimilaritätsindex (ID) wird analog dazu berechnet. Der einzige Unterschied besteht darin, dass nicht die Gesamtbevölkerung G als Referenzgruppe dient, sondern eine andere Bevölkerungsgruppe B. Der Dissimilaritätsindex misst somit die Ungleich- oder Gleichverteilung zwei beliebiger Teilgruppen der Bevölkerung (z. B. die Segregation der türkischen und ex-jugoslawischen Wohnbevölkerung).

$$ID = 0,5 \cdot \sum_{i=1}^{n} |a_i - b_i|$$

Beim Vergleich der Indizes zweier Städte ist darauf zu achten, dass die räumlichen Einheiten hinsichtlich der Zahl und Größe in etwa gleich sein sollen. Große räumliche Einheiten mit einer heterogenen Bevölkerungsstruktur senken

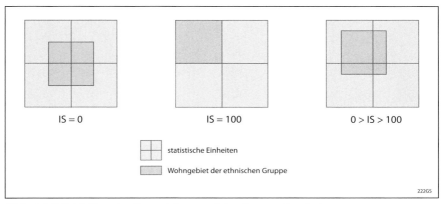

IS = 0   IS = 100   0 > IS > 100

☐ statistische Einheiten

▨ Wohngebiet der ethnischen Gruppe

222GS

Abb. 4.3.3/1: *Einfluss der Grenzziehung auf den Segregationsindex*

die Wahrscheinlichkeit, dass sowohl der ID als auch der IS hohe Werte erreichen. Mit der Kleinheit der räumlichen Einheiten steigt dagegen die Wahrscheinlichkeit, dass homogene In- oder Ausländerviertel abgegrenzt werden. Dies schlägt sich dann in der Summe aller räumlichen Einheiten – IS und ID ergeben sich schließlich durch Summierung der Differenz der Anteilswerte – nieder. Zu beachten ist auch der Einfluss der Grenzziehung. Gehen die Grenzen der räumlichen Einheiten quer durch ein Viertel mit überwiegend ausländischer Bevölkerung, dann sinkt der Ausländeranteil nur aufgrund dieser Grenzziehung, und in weiterer Folge verringern sich auch der IS und der ID. Die unterschiedlichen Werte des IS in der obigen Abbildung werden lediglich durch Grenzverschiebungen erzeugt. An der relativen Konzentration der Beispielgruppe hat sich nichts geändert. Auch darauf ist bei Segregationsanalysen zu achten.

Zum Einlesen

DUANY, A., E. PLATER-ZYBERK & J. SPECK: Suburban Nation. The Rise of Sprawl and the Decline of the American Dream. – North Point Press, New York 2000.

Ein gut lesbares und reichlich illustriertes Buch über die Entwicklung der US-amerikanischen Städte, insbesondere über das Wachstum der Suburbia. Dabei wird deutlich, welchen Einfluss städtebauliche Leitkonzeptionen besitzen, aber auch die Verankerung dieser Konzeptionen in das allgemeine gesellschaftspolitische Modell wird dargestellt.

MUSTERD, S., W. OSTENDORF & M. BREEBAART: Muster und Wahrnehmung ethnischer Segregation in Westeuropa. – In: HÄUSSERMANN, H. & I. OSWALD: Zuwanderung und Stadtentwicklung. – Leviathan Sonderheft 17/1997. Westdeutscher Verlag, Opladen 1997, 293–307.

In einem knappen Beitrag stellen die Autoren unterschiedliche Segregationsmuster in Amsterdam, Brüssel, Frankfurt und Düsseldorf vor. Sie zeigen, dass die Segregationsindizes der deutschen Städte deutlich unter jenen der anderen untersuchten Städte liegen. Die Begründungen dafür sind knapp, aber überzeugend. Dieser Aufsatz führt auch hin zur Problematik des Städtevergleichs mit uneinheitlichen Statistiken.

Gesamtübersichten

DÜWEL, J. & N. GUTSCHOW: Städtebau in Deutschland im 20. Jahrhundert. Ideen – Projekte–Akteure. – Teubner, Stuttgart, Leipzig, Wiesbaden 2001.

FRIEDRICHS, J. (Hrsg.): Spatial Disparities and Social Behaviour. A Reader in Urban Research. – Christians Verlag, Hamburg 1982.

LICHTENBERGER, E.: Die Stadt. Von der Polis zur Metropolis. – Wissenschaftliche Buchgesellschaft/ Primus Verlag, Darmstadt 2002.

Zusammenfassung

- Mit den städtebaulichen Leitbildern ist ein wichtiges Ordnungsprinzip der innerstädtischen Differenzierung angesprochen. Städtebauliche Leitbilder stellen dabei mehr oder minder konkrete, mittel- bis langfristig angelegte, normative Zielvorstellungen dar. Sie sind in Form von Regelungen explizit festgehalten und als Publikation veröffentlicht oder auch nur im kollektiven Bewusstsein verankert. Städtebauliche Leitbilder waren und sind Antworten auf spezifische gesellschaftspolitische Problemsituationen. Die Gartenstadt von EBENEZER HOWARD war die Antwort auf das städtische Wachstum des 19. Jh., die gegliederte und aufgelockerte Stadt war die Verarbeitung der Moderne. Gegen die Moderne wandte sich im ausgehenden 20. Jh. ein neues Leitbild und zwar das der Nachhaltigkeit (durchmischte Stadt der kurzen Wege) und des Erhalts (Stadterneuerung), in den USA auch das des New Urbanism.
- Der Bodenmarkt stellt ein zweites wichtiges, vielleicht das wichtigste Ordnungs- und Steuerungsprinzip der innerstädtischen Struktur dar. Er bewertet über die Preisbildung die standörtliche Qualität und filtert damit indirekt die Nutzungen. Im Wettbewerb der Nutzer werden deren ökonomische Fähigkeiten, bestimmte Preise auch zu bezahlen, entscheidend sein. Wenn im Stadtzentrum die Bodenpreise am höchsten sind, dann werden die entsprechenden Kauf- oder Mietpreise nur von bestimmten Käufern oder Mietern bezahlt werden können. Eine Selektion der Bevölkerung nach ökonomischen Merkmalen und der Nutzungen nach deren Rendite findet statt. In der Sozialökologie besitzt die Steuerungsfunktion durch den Bodenmarkt einen zentralen Stellenwert.
- Die Segregation stellt ein drittes, wichtiges räumliches Ordnungsprinzip der Stadt dar. Der Begriff selbst bedeutet so viel wie Absondern und Trennen und kennzeichnet sowohl einen Prozess als auch einen Zustand. Segregation beschreibt den Vorgang, der zu einer ungleichen Verteilung von Bevölkerungsgruppen, Geschäften und Unternehmen in der Stadt führt und zugleich auch das Resultat dieses Vorganges. Segregation führt zur Absonderung und Entmischung auf der einen Seite und zur Konzentration und Ballung auf der anderen. Eine Segregation, die sich auf die Bevölkerung und ihre Wohnstandorte bezieht, nennt man residenzielle Segregation, eine Segregation nach funktionalen Aspekten (Verteilung der Arbeitsstätten, Freizeiteinrichtungen) kann auch als funktionelle Segregation bezeichnet werden. Die residenzielle Segregation wird wiederum von den ethnischen, sozialen und demographischen Merkmalen der Haushalte gesteuert.

Abb. 5/1: *Ein Viertel zwischen Aufwertung und Verfall (Detroit)*

5 Aktuelle Stadtentwicklungsprozesse

Städte sind dynamische Elemente des Siedlungssystems. Sie verändern sich ununterbrochen, baulich-physiognomisch, gesellschaftlich, politisch und ökonomisch. Die Dynamik ist hierbei unterschiedlich: während sich gesellschaftliche, politische und ökonomische Veränderungen sehr rasch vollziehen, hinken die baulich-physiognomischen Veränderungen hinterher. Das Synchronisationsproblem wurde schon angesprochen, wonach die bauliche Hülle einer Gesellschaft und diese selbst immer aus unterschiedlichen Zeiten stammen. Städte sind demnach dynamische Elemente, und die derzeit ablaufenden Stadtentwicklungsprozesse sind zahlreich. Sie werden im Folgenden zusammengefasst:

Prozesse, die die Gesamtstadt betreffen, und Prozesse, die innerstädtische oder zwischenstädtische Strukturen verändern. Die Darstellung der Stadtentwicklungsprozesse erfolgt vor der Erläuterung der Stadtentwicklungen in Europa und den USA.

5.1 Gesamtstädtische Rahmenbedingungen

5.1.1 Die Stadt als entindustrialisierte Steuerungszentrale

Die alte, traditionelle, politische und ökonomische Ordnung, die durch den Nationalstaat und die Industrialisierung geprägt war, geht zu Ende, und eine neue Ordnung bildet sich heraus. Sie ist durch das Zurückdrängen des Nationalstaates und durch neue Formen der Arbeitsorganisation gekennzeichnet. Ausmaß und Intensität der internationalen Arbeitsteilung haben sich deutlich erhöht und geographisch ausgebreitet. Die Entwicklung moderner Kommunikations- und Informationstechnologien bildete dafür die Ausgangsbasis. Sie ermöglichte das Einholen und Verteilen von Informationen über große Distanzen, in kurzer Zeit und zu geringen Kosten. Damit wurden neue Produktions- und Distributionssysteme für einen globalen Markt realisierbar. Dazu kamen die Liberalisierung der Güter- und Kapitalmärkte, die das Verschieben von Produktionsstandorten immer leichter ermöglichte und den nationalstaatlichen Handlungsspielraum zurückdrängte.

Mit der Vision von der Welt als Dorf, der Kompression der Distanzen und der Austauschbarkeit der Standorte wurde noch bis vor wenigen Jahren das Ende der Geographie vorhergesagt. Das war vorschnell, wie sich herausstellte. Zwar wurden die industriellen Standorte mit Massenproduktion und Fließbandfertigung tatsächlich krisenanfälliger, austauschbarer und abgewertet, ausgewählte Dienstleistungsstandorte dagegen gewannen an Bedeutung. Dies war am Beginn der Entwicklung nicht so deutlich wie heute.

Die großen Städte wurden entindustrialisiert, aber sie wurden auch zu Kontrollinstanzen einer globalisierten Wirtschaft. Sie beherbergen zwar immer weniger Betriebe der Grundstoff-, Schwer- und Fertigungsindustrie, aber dafür blieben oder kamen die Konzernzentralen, die

Unternehmen der Medien- und Informationsbranche, Banken, Versicherungen und Finanzdienstleister. Die Stadt wurde zur Dienstleistungsstadt, wobei nicht mehr der konsumentenorientierte Dienstleistungssektor entscheidend ist und die Bedeutung der Metropolen im internationalen Maßstab ausmacht, sondern jene Sektoren, die die industriellen Beziehungen kontrollieren. Die globalisierte Ökonomie restrukturiert die industrielle Basis der Stadt, die ihre nationale Einbettung verliert und zu einer Cosmopolis wird (SOJA, E. W. 2000).

Mit dem Bedeutungszuwachs des produktionsorientierten und wirtschaftsnahen Dienstleistungssektors und dem Bedeutungsverlust des industriellen Sektors geht in den Städten ein erheblicher sozialer Wandel vor sich. Auf der einen Seite finden sich die gut bezahlten Arbeitsplätze in weltweit operierenden Unternehmen. Die Yuppies („**Y**oung **U**rban **P**rofessionals"), die Dinks („**D**ouble **I**ncome, **n**o **K**ids") oder die Bobos (die „**B**ourgeois **B**ohemians") stellen verkürzte Bezeichnungen für die neuen urbanen Eliten dar, die auf einem internationalen Arbeitsmarkt agieren und ein hohes Einkommen erzielen. Auf der anderen Seite zeigen sich die Verlierer dieses Prozesses, die alte Arbeiterschicht, die politisch und ökonomisch an Einfluss verloren hat. Die industrielle Massenproduktion hat die Herausbildung einer breiten und homogenen Arbeiterklasse gefördert, die nachindustrielle Gesellschaft führt zu einer differenzierten und heterogenen Schichtstruktur mit einem bedeutsamen „Oben" und „Unten".

Merkmalsdimension	Moderne, industrielle Stadt	Postmoderne Dienstleistungsstadt
Ökonomische Grundlage	• industrielle Massen-produktion • Economies of Scale • national orientierte Ökonomie	• flexible Spezialisierung in der Industrie • Bedeutungsgewinn des Dienst-leistungssektors (besonders der produktionsorientierten Dienste) • Economies of Scope • globalisierte Ökonomie
Gesellschaftliche Struktur	• Klassen- und Schichten-modell • Homogenität innerhalb der Klassen und Schichten • Dominanz der „Normal-familie"	• fragmentierte Gesellschaft • zusätzliche Differenzierung nach Lebensstilen, Konsummustern, Freizeitverhalten • neue Lebensformen
Städtische Struktur	• funktionelle und soziale Zonierung der Stadt • Kern-Rand-Gradienten • großräumige Segregation	• Patchwork an sozialer und funktioneller Differenzierung • multinodale Struktur mit flachem Kern-Rand-Gradienten • kleinräumige Segregation
Stadtplanung, politische Regulation	• umfassender Anspruch; besonders im Bereich der physischen Planung • öffentliche Hand nimmt viele gesellschaftliche Aufgaben wahr • politische Macht in wenigen Institutionen konzentriert (Government)	• eingeschränkter Anspruch der Planung und Konzentration auf Leitbilder und Modellprojekte • Public-Private-Partnership • Auslagerung ehemals öffentlicher Aufgaben • Machtstrukturen sind komplex und liegen bei vielen Akteuren (Governance)

Tab. 5.1/1: *Moderne und postmoderne Stadt: stilisierte Unterschiede*

Die Zunahme der so genannten Yuppies, Dinks und Bobos wird von einem Wachstum der Arbeitsplätze im Bereich der personenorientierten Dienste begleitet. Die neue urbane Elite lagert haushaltsbezogene Dienste aus, von Wäsche waschen über Essen gehen bis hin zur flexiblen Kinderbetreuung. Wäschereien, Restaurants und Einzelhandelsgeschäfte mit langen Öffnungszeiten ermöglichen neue Lebensstile, schaffen Milieus und unterstützen neue Erwerbsformen. Viele dieser personenorientierten Dienste werden von Zuwanderern erbracht. Ihre Anpassungsfähigkeit und ihre Bereitschaft, auch für wenig Bezahlung relativ viel zu leisten, ermöglicht auch von der Angebotsseite her das Wachstum dieses Dienstleistungsbereichs.

5.1.2 Wachsende Stadt durch Zuwanderung

Die zweite übergeordnete Tendenz betrifft die Zuwanderung, wobei diese mit dem industriellen und sozialen Wandel zusammenhängt. Vorbei sind die Prophezeiungen, die das demographische Ende der Stadt vorhergesagt haben. Das Umgekehrte ist eingetreten: die meisten Städte Europas wachsen, und sie wachsen aufgrund der Zuwanderung. Die Zuwanderung hat eingesetzt, weil die Städte für Zuwanderer attraktiv sind – zumindest im Vergleich zu den Lebensbedingungen der Herkunftsgebiete. Sie geben Hoffnung auf Erwerbsarbeit und Einkommen. Gerade in den großen europäischen Metropolen mit einem wachsenden und differenzierten Dienstleistungssektor finden sich immer wieder Erwerbsmöglichkeiten für Zuwanderer mit sehr hoher Qualifikation. Gleiches gilt aber auch für solche mit einem sehr geringen Qualifikationsgrad. Das Bild der Sanduhr mit einer schlanken Mitte und breiten Schultern oben und unten kennzeichnet den Verlust der alten industriellen Mittelschichten. Die Migration von Eliten verläuft mit jener von Hilfskräften Hand in Hand. Computerspezialisten, Aktienhändler oder Experten des internationalen Handelsrechts werden ebenso nachgefragt wie Tellerwäscher, Kindermädchen oder Paketzusteller.

Dazu kommen die abnehmenden Möglichkeiten des Nationalstaates zur Kontrolle und Steuerung globaler Wanderungsprozesse sowie die Anonymität der Großstadt, die ein Leben ohne soziale Kontrolle ermöglicht. Die Stadt nimmt den Fremden auf, fragt nicht lange nach Herkunft und Legalität und macht ihn über kurz oder lang zu ihrem Bürger. Zuwanderer können in die städtische Gesellschaft ein- und manchmal auch in dieser untertauchen und versuchen, dort ihre Hoffnungen auf ein besseres Leben zu realisieren. Das Bild des Städters impliziert auch immer das Bild des Fremden, wie es LOUIS WIRTH (1983) bereits beschrieben hat.

Die Zuwanderung gleicht sowohl die Abwanderung der inländischen Bevölkerung in das Stadt-Umland als auch negative Geburtenbilanzen aus. Negative Geburtenbilanzen treten aber immer seltener auf, denn mit der Zuwanderung von jüngeren Arbeitskräften und deren Familienangehörigen wandern auch potenzielle Väter und Mütter zu. Daher wachsen die meisten großen Städte Europas. Vor wenigen Jahrzehnten hat man noch von Wien als der vergreisten Stadt gesprochen, heute zählt Wien in Österreich zu den Bundesländern mit einer vergleichsweise jungen Bevölkerung. In allen deutschen Großstädten ab 300 000 Einwohnern beträgt der Ausländeranteil rund 16 %, jeder sechste Einwohner besitzt eine ausländische Staatsbürgerschaft. Die Werte schwanken dabei zwischen 5,4 % in Dresden und 25,7 % in Frankfurt. Stuttgart und München sind zwei weitere Städte, in denen jeder vierte keinen deutschen Pass besitzt. Die früher noch beobachtbaren Unterschiede zwischen den „erfolgreichen" und damit für Zuwanderer attraktiven Städten und den eher unattraktiven Städten sind geringer geworden, Zuwanderung betrifft immer mehr alle deutschen und zunehmend auch alle europäischen Metropolen.

5.1.3 Urban Governance

Auf die Zurückdrängung der nationalstaatlichen Handlungsspielräume, die wachsende Flexibilität des Kapitals und die zunehmende Heterogenität der Bevölkerung müssen auch die Stadtplaner reagieren. Stadtentwicklung ist nicht mehr umfassend, technokratisch und autoritär durchzusetzen, sondern muss sich eines anderen Stils bedienen. Starre Government-Strukturen weichen einer anpassungsfähigen Urban-Governance. Dies soll ein flexibles Reagieren auf sich rasch ändernde ökonomische Außenwelten sicherstellen und gleichzeitig schlanke und damit kostengünstige Verwaltungsstrukturen ermöglichen. Die Urban Governance beinhaltet eine Reihe neuer Elemente. So werden soziale Dienste ausgelagert, weil die Kosten der öffentlichen Verwaltung für die Erbringung sozialer Dienstleistungen als „zu hoch" empfunden werden. Die Betreuung von Obdachlosen, von Asylbewerbern, von Schwerkranken oder Kleinkindern übernehmen kirchliche Organisationen oder marktwirtschaftlich agierende Unternehmen, die dafür einen fixen „Stückkostenersatz" erhalten. Diese Allianz zwischen der öffentlichen und der privaten Hand ist typisch für die neue Governance-Struktur.

Die Stadt wird im Rahmen ihrer neuen Governance-Struktur auch zu einer „Entrepreneurial City", zu einer unternehmerischen Stadt. Sie konzentriert ihre Aktivitäten entweder auf Großprojekte, oder sie entwickelt und produziert neue innerstädtische Standorte, die in weiterer Folge an private Unternehmen oder Haushalte vermarktet werden. Kennzeichnend ist dabei das Eingehen von Public-Private-Partnerships. Allianzen zwischen der öffentlichen und der privaten Sphäre werden geschlossen, um Standorte zu entwickeln, Stadtteile zu sanieren oder neu zu errichten (z. B. die Donaucity in Wien, das ehemalige Werftgebiet in London). Im Unterschied zu früher muss die Stadt dabei Kompromisse eingehen und sich den Kapitalgebern auch anpassen. Die unbeschränkte Macht der Stadtplanung,

so wie sie im 19. Jh. noch vorhanden war, ist geschwunden. Stadtentwicklung wird auch und besonders von Unternehmen und deren Kapitalinteressen geprägt.

5.1.4 Inszenierung und Festivalisierung

Die zunehmende Konkurrenz der Städte um öffentliche Aufmerksamkeit und Investoren verlangt auch eine Standortpolitik, die den Zuzug von Arbeit und Kapital attraktiv erscheinen lässt. Eine international ausgerichtete Standortpolitik ist immer breit zu denken und umfasst gesamthaft die unterschiedlichen Aktivitäten einer Stadtpolitik. Sie umfasst auch die Möglichkeit der Inszenierung. Alle großen Städte sind dazu übergegangen, ihre Standortqualität zu vermarkten, wie z. B. eine Automobilfirma ihr Produkt anpreist. Besonders gut eignen sich dafür große Events. Großprojekte dienen dazu, die Stadt zu inszenieren und sie in das richtige Licht zu rücken. Die Stadt muss auffallen, damit sie für das Kapital interessant erscheint. Weil die Standorte ähnlicher geworden sind und die so genannten „harten" Standortfaktoren (Verkehrserschließung, Boden- und Mietpreise, Produktions- und Büroflächen) in sehr vielen Städten in befriedigender Manier vorzufinden sind, kommt es stark auf die Inszenierung und Festivalisierung der Stadt an, um letztlich potenziellen Investoren, Touristen oder der Welt zu gefallen.

Die Veranstaltung von Olympischen Spielen, Fußballmeisterschaften, Weltausstellungen, Festivals oder politischen Großereignissen wird von vielen Städten angestrebt. Gelingt es der Stadt, diese

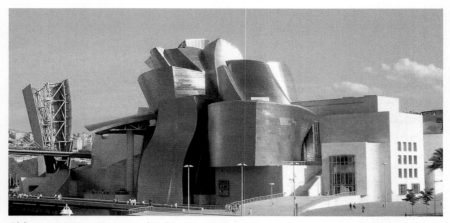

Abb. 5.1.4/1: *Inszenierung durch zeitgenössische Architektur – das Beispiel Bilbao*

Großereignisse an sich zu binden, dann funktionieren diese wie eine Lokomotive, welche viele Waggons nach sich zieht. Großereignisse bewirken die Konzentration öffentlicher Investitionen des Landes oder des Bundes auf die Stadt, die ihrerseits wiederum Finanzströme aus privater Hand nach sich ziehen. Sie haben einen integrativen Effekt in der Stadtverwaltung und in der Stadt selbst zur Folge: Das An-einem-Strang-Ziehen, die Notwendigkeit, das Großereignis gut über die Bühne zu bringen, einigt die Heterogenität der Interessen, der sozialen Strukturen und der politischen Kräfte (HÄUSSERMANN, H., SIEBEL, W. 1993). Städte vermarkten sich, um sich als unverwechselbares Produkt bestmöglich an den Käufer, an Touristen, Investoren aber auch an die Wohnbevölkerung selbst heranzutragen. Stadtmarketing ist dabei aber deutlich mehr als nur eine Werbestrategie, denn es setzt sich auch mit der Produktgestaltung gezielt auseinander. Dazu zählt eine umfassende Standortpolitik, die kulturelle

Events ebenso mit einschließt wie die Geschichte der Stadt und ihre Architektur. Wie erfolgreich diese Politik sein kann, belegen viele Beispiele (von La Défense in Paris bis zum Guggenheim-Museum in Bilbao, Abb 5.1.4/1).

Zum Einlesen:

HÄUSSERMANN, H. & W. SIEBEL: Festivalisierung der Stadtpolitik. Stadtentwicklung durch große Projekte. – Westdeutscher Verlag, Opladen 1993.
  H. HÄUSSERMANN und W. SIEBEL thematisieren die zunehmende Festivalisierung als ein Instrument der Stadtentwicklung. Projekte werden dabei zum Vehikel einer Stadtplanung, die eine Stadtentwicklung des „großen Plans" oder auch der umfassenden Strategie abgelöst hat.

FASSMANN, H. & G. HATZ, (Hrsg.): Wien. Stadtgeographische Exkursionen. – Verlag Ed. Hölzel GmbH, Wien 2002.
  Die stadtgeographischen Exkursionen werden jeweils durch eine fachwissenschaftliche Einleitung vorgestellt. Die entsprechenden Einleitungen zum Thema Zuwanderung sowie Festivalisierung eignen sich, um einen raschen Überblick zu gewinnen.

FASSMANN, H., J. KOHLBACHER & U. REEGER, (Hrsg.): Zuwanderung und Segregation. Europäische Metropolen im Vergleich. – Drava Verlag, Klagenfurt 2002.

In diesem Sammelband wird anhand ausgewählter Beispiele die Bedeutung der Zuwanderung für die demographische und stadtstrukturelle Entwicklung herausgearbeitet.

Gesamtübersichten
DICKEN, P.: Global Shift: Industrial Change in a Turbulent World. – Harper and Row, London 1986.

Zusammenfassung

- Die großen Städte der so genannten entwickelten Welt beherbergen zwar immer weniger Betriebe der Grundstoff-, Schwer- und Fertigungsindustrie, aber dafür blieben oder kamen die Konzernzentralen, die Unternehmen der Medien- und Informationsbranche, Banken, Versicherungen und Finanzdienstleister. Die Stadt wird zur Dienstleistungsstadt, wobei nicht mehr der konsumentenorientierte Dienstleistungssektor entscheidend ist und die Bedeutung der Metropolen im internationalen Maßstab ausmacht, sondern jene Sektoren, die die industriellen Beziehungen im globalen Maßstab kontrollieren. Mit diesem sektoralen Wandel ist ein sozialer Wandel verbunden. Die traditionellen Mittelschichten verlieren an Gewicht, während neue soziale Gruppen am oberen und unteren Rand der Gesellschaft entstehen.
- Zuwanderung stellt eine weitere übergeordnete Tendenz der Stadtentwicklung in der so genannten entwickelten Welt dar. Vorbei sind die Prophezeiungen, die das demographische Ende der Stadt vorhergesagt haben. Das Umgekehrte ist eingetreten: Die meisten Städte Europas wachsen, und sie wachsen aufgrund der Zuwanderung. Die Zuwanderung hat eingesetzt, weil die Städte für Migranten attraktiv sind – zumindest im Vergleich zu den Lebensbedingungen in den Herkunftsgebieten –, weil sie benötigt werden, und weil Wanderungsverflechtungen ein Teil der globalisierten Welt geworden sind. Der Nationalstaat ist auch in dem Bereich nicht mehr in der Lage, das Wanderungsgeschehen autonom zu kontrollieren.
- Damit ist eine weitere Änderung der Rahmenbedingungen angesprochen: Das politische Gewicht von Stadtverwaltung und Planung nimmt ab, jenes anderer Akteure nimmt dagegen zu. Die Stadtplanung muss den umfassenden Gestaltungsanspruch abgeben und sich auf die Leitbilderstellung und Organisation ausgewählter Projekte konzentrieren. Sie regt Entwicklungen an und sucht für die Durchführung von Maßnahmen die Partnerschaft mit dem privaten Kapital.
- Die zunehmende Konkurrenz der Städte um die öffentliche Aufmerksamkeit und Investoren verlangt auch eine Standortpolitik, die den Zuzug von Arbeit und Kapital attraktiv erscheinen lässt. Eine international ausgerichtete Standortpolitik ist immer breit zu denken und umfasst gesamthaft die unterschiedlichen Aktivitäten einer Stadtpolitik. Sie umfasst auch die Möglichkeit der Selbstinszenierung, um Standortqualität zu vermarkten. Besonders gut eignen sich dafür große Events, die dazu dienen, die Stadt zu inszenieren und sie in das richtige Licht zu rücken.

5.2 Sozialräumliche Differenzierungen

Die US-amerikanische Literatur reflektiert die Tendenz des Rückganges der sozialen Mitte und des Wachstums an den Rändern der urbanen Gesellschaft viel deutlicher als die deutschsprachige Literatur. Wahrend für die USA das drastische Bild einer Dual City (MARCUSE, P. 1989, MOLLENKOPF, J. & M. CASTELLS 1991) oder einer Fragmented City (SOJA, E. W. 2000) gezeichnet wird und E. W. SOJA mit der „Fractal City" das Mosaik sozialer Strukturen (SOJA, E. W. 2000) betont, weisen empirische Befunde in Europa darauf hin, dass es Tendenzen in diese Richtung gibt, die quantitativ an Bedeutung besitzen, aber kritisch betrachtet werden müssen (KLAGGE, B. 2001, FASSMANN, H. & G. HATZ 2004, POHL, T. 2009).

5.2.1 Ethnische Viertelsbildung

Die Städte der so genannten entwickelten Welt sind ethnisch heterogen geworden. Dies ist eine direkte Folge der verstärkten Zuwanderung aus dem Ausland und eines Rückgangs der inländischen Bevölkerung, was wiederum auf die niedrigen Geburtenzahlen und auf die Abwanderung in das Stadt-Umland zurückgeführt werden kann. Die verstärkte Zuwanderung erhöht die Zahl der ausländischen Wohnbevölkerung auf der einen Seite und reduziert die Bevölkerungsverluste durch Suburbanisierung auf der anderen Seite.

Die meist limitierten finanziellen Möglichkeiten der meisten Zuwanderer schränken den ihnen offen stehenden Wohnungsmarkt ein. Manchmal kommen rechtliche Barrieren hinzu, die der ausländischen Wohnbevölkerung den Zugang zu günstigen und mit öffentlichen Mitteln subventionierten Wohnungen unmöglich machen. Die Folge ist eine verstärkte Konzentration der ausländischen Wohnbevölkerung auf bestimmte Segmente des Wohnungsmarktes und damit meist auch auf spezifische Viertel in der Stadt. Dabei handelt es sich um abgewohnte Mietshausquartiere im Stadtkern, aber auch um Unterkünfte in Großwohnanlagen am Stadtrand, die manchmal von den einheimischen Haushalten gemieden werden. Die zugewanderte Wohnbevölkerung segregiert sich jedenfalls, viele europäische Städte weisen Ghettoisierungstendenzen auf, auch wenn das Ausmaß hinter dem der US-amerikanischen Stadt zurückbleibt. Unzweifelhaft weisen die Zuwanderer aber immer eine vergleichsweise hohe Konzentration in bestimmten Stadtteilen auf. Die strukturellen Gründe dafür sind offensichtlich und wurden schon angedeutet. Das Problem dabei ist, dass „Ausländerstadtteile" oft auch benachteiligte Stadtteile sind, die über geringeres Prestige, über weniger Arbeitsplätze und über eine schlechte Infrastruktur verfügen. Sie schaffen weniger Möglichkeiten, mit der Mehrheitsgesellschaft in Kontakt zu treten, was wiederum für einen gegenseitigen Lernprozess hinderlich ist (HECKMANN, F. 1998). Auch wenn die Wissenschaft über die Bedeutung und die Konsequenzen einer dauerhaften ethnischen Viertelsbildung unterschiedlicher Meinung ist, als stadtgeographisches Thema ist das

Abb. 5.2.1/1: *Ethnic Business – der Brunnenmarkt in Wien*

Monitoring von ethnischen Strukturen in der Stadt relevant und gesellschaftspolitisch wichtig. Die ethnische Viertelsbildung setzt aber auch signifikante Landmarken in der Stadt. Chinatown in San Francisco, das italienische Viertel in Boston oder der Brunnenmarkt in Wien mit vielen türkischen Gemüsehändlern erzeugen Abwechslung und Vielfalt in der Stadt, was nicht nur von Touristen, sondern auch von dauerhaften Stadtbewohnern geschätzt wird. Die soziale und auch ethnische Differenzierung der Bevölkerung und der tolerante Umgang miteinander sind wichtige Kriterien des soziologischen Stadtbegriffs und damit konstitutiv für eine Stadt.

5.2.2 Gentrification

Ein anderer Teilprozess, der zu neuen sozialräumlichen Strukturen beiträgt, betrifft die baulich-soziale Aufwertung von abgewohnten Stadtteilen durch ausgewählte Bevölkerungsgruppen. Dieser Prozess der baulich-sozialen Aufwertung wird auch als Gentrification bezeichnet, ein Begriff, der von RUTH GLASS (1964) geprägt wurde, in Anlehnung an „gentry" (engl.: der Adel). Gentrification beschreibt somit die Sanierung der physischen Struktur, die eine Aufwertung innenstadtnaher Wohngebiete und die Verdrängung der angestammten Bevölkerung durch eine statushöhere Bevölkerung zur Folge hat.

Gentrification als solche kann nochmals unterteilt werden in eine Form der Aufwertung, die durch Hausbesitzer und Bewohner des Wohngebietes selbst erfolgt. Diese endogene Sanierung wird von P. L. CLAY (1979) als „Incumbent Upgrading" bezeichnet, im Unterschied zur sonstigen Gentrification, die von Personen oder institutionellen Investoren getragen wird, die von außen kommen.

Die Gentrification weist im Zeitverlauf eine Systematik auf, die von J. S. DANGSCHAT (1988) in Anlehnung an P. L. CLAY (1979) entwickelt wurde. Es handelt sich dabei um einen doppelten Invasions- und Sukzessions-Zyklus, der zweimal einen Austausch der Bevölkerung vor Ort vorsieht. Zuerst entdecken Pioniere ein abgewohntes Wohngebiet „für sich". Die Mieten sind niedrig, die Sanierungsmaßnahmen einfach und wenig professionell, dafür aber kreativ und originell. Das Wohngebiet erhält einen eigenen Charakter und zieht weitere Pioniere, Studenten, Künstler und junge Erwerbstätige an. Mit der Zunahme dieser Bevölkerungsgruppe wird die Ansiedlung ausgewählter Geschäfte, die auf die Bedürfnisse dieser neuen Klientel abgestimmt sind, möglich. Szene-Clubs und Kneipen entstehen, ein solches Wohnviertel wird „chic", was zur Folge hat, dass der Zuzug zunimmt und die Mieten steigen. Alteingesessene werden unter anderem durch Mieterhöhungen vertrieben. Sie ziehen fort, weil das Wohngebiet mehr und mehr den ursprünglichen Charakter verliert.

Mit dem Einsetzen einer professionellen Gentrification durch Baufirmen setzt der zweite Zyklus ein. Luxussanierte Wohnungen in dem als „chic" eingestuften Wohngebiet finden entsprechende Käufer oder Mieter. So genannte Gentrifier (einkommensstarke Bevölkerungsgruppen) mit höherem Sozialstatus ziehen ein. Die Boden- und Mietpreise steigen deutlich an und verdrängen nicht nur die noch angestammte Bevölkerung, sondern auch die Pioniere der Gentrification. Der Prozess ist dann abgeschlossen, wenn auch die Pioniergeneration ausgetauscht ist und aus dem ehemals abgewohnten Gebiet ein Wohnviertel für gehobene Ansprüche entstanden ist.

5.2.3 Gated Communities

Die Entwicklung von Gated Communities ist ein sichtbarer Ausdruck für neue Formen der sozialräumlichen Differenzierung in der Stadt und besonders in der Stadtregion. Gated Communities sind geschlossene Wohnanlagen der Ober- und oberen Mittelschichten, die durch Sicherheitseinrichtungen und Absperrungen (Alarmanlagen, Mauern, Zäune, Kameraüberwachung, privates Sicherheitspersonal) von anderen Stadt- und Siedlungsteilen separiert sind. Die Größe der Gated Communities variiert von einzelnen Appartementblöcken bis hin zu großflächigen Siedlungen mit eigener Infrastruktur.

Die Gated Communities sind häufig von einem privaten Betreiber auf privatem Grund und Boden errichtet worden. Sie entziehen sich damit dem öffentlichen Raum, und die öffentliche Hand verliert ihre Planungs- und Verwaltungshoheit. Kritisch sind auch die damit verbundene soziale Segregation und die freiwillige Abgrenzung gegenüber dem Umfeld zu

Abb. 5.2.3/1: *Gated Community in Bratislava*

sehen. Gesamtgesellschaftliche Kohäsion geht leicht verloren, wenn einzelne soziale Gruppen sich nicht nur ein eigenes bauliches Gehäuse, sondern auch eine eigene soziale Umwelt konstruieren und jene gesellschaftliche Realität ausfiltert, die als unerwünscht gilt.

Gated Communities sind vor allem in jenen Staaten mit erheblicher sozialer Ungleichheit vorzufinden, in denen auch die öffentliche Hand nicht gegensteuern kann oder will. Das Entstehen von Gated Communities ist Ausdruck der neuen sozialräumlichen Polarisierung der postmodernen Stadt am oberen Ende der ökonomischen und sozialen „Sanduhr". Diesen „Ghettos der sich selbst Ausschließenden" stehen daher auch die „Ghettos der

Ausgeschlossenen" gegenüber, die sich am anderen Ende der sozialen Hierarchie befinden. Sie leben zwar nicht in formell geschlossenen Gated Communities, sondern in informellen Wohnsiedlungen am Rande der großen Städte, besonders in den Ländern des Südens, dennoch werden ihre Stadtviertel von anderen Bevölkerungsgruppen gemieden. Informelle Wohnsiedlungen sind Siedlungen, die meist im Selbstbau, durch nachbarschaftliche Netzwerke oder mit privaten Kleinfirmen errichtet werden, meistens auch außerhalb der geltenden Bauvorschriften. Die Begriffe für die Siedlungen variieren (Slums, Squatter-Siedlungen, Shanty Towns, Barrios, Favelas), gemeinsam ist aber, dass auch in den „Ghettos der Ausgeschlossenen" die öffentliche Hand ihre Kompetenzen einbüßt und der vormals öffentliche Raum zu einem privaten oder bestenfalls halböffentlichen Raum transformiert wird.

5.2.4 Lifestyle Communities

Lifestyle Communities sind Wohnanlagen, die von einem privaten Investor errichtet wurden und die sich an Haushalte mit gemeinsamen Interessen im Bereich Freizeit, Lebensstil oder Weltanschauung richten. Lifestyle Communities müssen keine Gated Communities sein, aber es ist möglich, dass auch diese durch Sicherheitseinrichtungen gemeinschaftlich geschützt werden. Das Wesentliche ist jedoch nicht das Gating, sondern der gemeinsame Lebensstil. Lifestyle Communities richten sich an soziale Mittel- und Oberschichten, ältere Menschen, Golfspieler oder auch an Haushalte, die ein imaginiertes Bild des Lebens in einer US-amerikanischen Kleinstadt pflegen wollen.

Als Inseln des Wohlstands werden sie in der Stadt oder in der Stadtregion errichtet, kennzeichnend sind zentral geplante Reihenhäuser oder allein stehende Objekte sowie Freizeiteinrichtungen (Golf, Tennis, Schwimmbad). Wichtiger als die Ummauerung, die für Gated Communities typisch ist, ist der Preis für ein entsprechendes Objekt, der den wichtigsten Filter dafür darstellt, dass nur die „richtigen" Bewohner in diese Communities einziehen. Segregation ist abermals erwünscht und wird angestrebt, denn sie sorgt für eine homogene soziale Umwelt und eine Verdrängung von Armut und Elend aus dem Blickfeld der Bewohner.

Zum Einlesen:

DANGSCHAT, J. S.: Gentrification: Der Wandel innenstadtnaher Wohnviertel. – In: FRIEDRICHS, J. (Hrsg.): Soziologische Stadtforschung. Sonderheft 29 der Kölner Zeitschrift für Soziologie und Sozialpsychologie. – Westdeutscher Verlag, Opladen 1988, 272–292.
Der Artikel von JENS DANGSCHAT eröffnet die Diskussion um die Gentrification. Begrifflichkeiten und Prozesse werden vom Autor umfassend dargestellt.

FASSMANN, H. & G. HATZ: Fragmentierte Stadt? Sozialräumliche Struktur und Wandel in Wien 1991–2001. – Mitteilungen der Österreichischen Geographischen Gesellschaft 146, 2004 61–92.
Die empirische Frage, ob Wien eine zunehmend fragmentierte Stadt darstellt, wird in diesem Beitrag aufgegriffen. Anhand von Volkszählungsdaten erfolgt eine sozialräumliche Analyse für den Zeitraum 1991 bis 2001.

GÖRGL, P.: Die Amerikanisierung der Wiener Suburbia? Der Wohnpark Fontana. Eine sozialgeographische Studie. – VS-Verlag für Sozialwissenschaften, Wiesbaden 2008.
In dieser Dissertation wird die Lifestyle Community „Fontana", südlich von Wien, näher beschrieben und die Motive und Biographien der Bewohner analysiert. Das verbindende Element sind dabei weniger der Lifestyle, sondern sehr persönliche Antworten auf die Frage, warum die Haushalte nach Fontana gezogen sind.

Gesamtübersichten

FASSMANN, H.: Eurometropolen – Gemeinsamkeiten und Unterschiede. – Geographische Rund-schau, 10 (1999), 518–522.

Zusammenfassung

• Die Städte der so genannten entwickelten Welt sind ethnisch heterogen geworden. Dies ist eine direkte Folge der verstärkten Zuwanderung aus dem Ausland und eines Rückgangs der inländischen Bevölkerung, was wiederum auf die niedrigen Geburtenzahlen und auf die Abwanderung in das Stadt-Umland zurückgeführt werden kann. Die meist limitierten finanziellen

Möglichkeiten der meisten Zuwanderer schränken den ihnen offenstehenden Wohnungsmarkt ein. Manchmal kommen rechtliche Barrieren hinzu, die der ausländischen Wohnbevölkerung den Zugang zu günstigen und mit öffentlichen Mitteln subventionierten Wohnungen unmöglich machen. Die Folge ist eine verstärkte Konzentration der ausländischen Wohnbevölkerung auf bestimmte Segmente des Wohnungsmarktes und damit meist auch auf spezifische Viertel in der Stadt.

- Ein anderer Teilprozess, der zu neuen sozialräumlichen Strukturen beiträgt, betrifft die baulich-soziale Aufwertung von abgewohnten Stadtteilen durch ausgewählte Bevölkerungsgruppen. Dieser Prozess der baulich-sozialen Aufwertung wird auch als Gentrification bezeichnet, ein Begriff, der von RUTH GLASS (1964) geprägt wurde, in Anlehnung an „gentry" (engl.: der Adel). Gentrification beschreibt somit die Sanierung der physischen Struktur, die eine Aufwertung innenstadtnaher Wohngebiete und die Verdrängung der angestammten Bevölkerung durch eine statushöhere zur Folge hat.

- Die Entwicklung von Gated Communities ist ein anderer Ausdruck für neue Formen der sozialräumlichen Differenzierung in der Stadt und besonders in der Stadtregion. Gated Communities sind geschlossene Wohnanlagen der Oberschichten und oberen Mittelschichten, die durch Sicherheitseinrichtungen und Absperrungen (Alarmanlagen, Mauern, Zäune, Kameraüberwachung, privates Sicherheitspersonal) von anderen Stadt- und Siedlungsteilen separiert sind. Die Größe von Gated Communities variiert von einzelnen Appartementblöcken bis hin zu großflächigen Siedlungen mit eigener Infrastruktur.

- Lifestyle Communities sind Wohnanlagen, die von einem privaten Investor errichtet wurden, und die sich an Haushalte mit gemeinsamen Interessen im Bereich Freizeit, Lebensstil oder Weltanschauung richten. Lifestyle Communities müssen keine Gated Communities sein, aber es ist möglich, dass auch diese durch Sicherheitseinrichtungen gemeinschaftlich geschützt werden. Das Wesentliche ist jedoch nicht das Gating, sondern der gemeinsame Lebensstil. Lifestyle Communities richten sich an soziale Mittel- und Oberschichten, ältere Menschen, Golfspieler oder auch an Haushalte, die ein imaginiertes Bild des Lebens in einer US-amerikanischen Kleinstadt pflegen wollen.

5.3 Erneuerung der physischen und sozialen Struktur

Städtische Strukturen werden abgenützt und altern, Gebäude werden abbruchreif, funktionsuntüchtig oder bleiben als Brachflächen zurück. Neben den technischen Alterungsprozessen der baulichen Struktur einer Stadt stellt sich auch ein soziales Altern ein. Das soziale Altern der physischen Struktur besteht darin, dass diese nicht mehr den Bedürfnissen der Gegenwartsgesellschaft entspricht und daher, relativ betrachtet, alt geworden ist. Die physische Struktur, besonders in den europäischen Städten, überlebt eben als „Zeuge" einer längst vergangene Epoche und es stellt sich dabei immer die Frage, wie die neuen gesellschaftlichen Bedürfnisse mit der alten physischen Struktur in Einklang zu bringen sind. Die Stadt ist zu eng für das Auto und die Masse der Wohnungen zu klein und zu dicht für die heutigen Bedürfnisse. Das Synchronisieren der physischen Struktur mit den heutigen gesellschaftlichen Anforderungen und damit eine umfassende Erneuerung der historischen Stadt sind wesentliche Herausforderungen für die Stadtentwicklung.

5.3.1 Urban Blight

Die physischen Strukturen unterliegen der Abnutzung und Alterung. Wenn nicht rechtzeitig investiert wird, dann entsteht Stadtverfall, dieser kann sich ausbreiten. Wenn in einen Stadtteil oder in ein Gebäude nicht mehr investiert

Abb. 5.3/1: *Stadtverfall in Dublin*

wird, dann steigt die Wahrscheinlichkeit, dass auch in das Nachbargebäude oder in den benachbarten Stadtteil weniger investiert wird. Insbesondere dann, wenn eine marktgesteuerte Stadtentwicklung dominiert, breitet sich Stadtverfall leichter aus. Die englische Bezeichnung für Stadtverfall, nämlich „Blight", was soviel wie „Pilzbefall" bedeutet, drückt diesen Effekt der „Ansteckung" implizit aus.

Stadtverfall kennzeichnet Mangelerscheinungen der physischen Struktur einer Stadt, die von leichten Beeinträchtigungen der Funktion oder des äußeren Erscheinungsbildes bis hin zur völligen Zerstörung derselben reichen können. Die Umstände, die zum Stadtverfall führen können, sind im Detail vielfältig. Eine geringe Nachfrage nach Wohnraum – beispielsweise als Folge einer sinkenden Bevölkerungszahl – sorgt für fallende Preise und für steigenden Leerstand. Die Erträge für Hausbesitzer sinken, und es steht zu wenig Kapital für eine Erneuerung zur Verfügung. Oder der rechtliche Rahmen sorgt für eine Limitierung der Mieteinnahmen und der sonstigen Immobilienerträge. Damit verlieren die Eigentümer die finanziellen Möglichkeiten, um eine periodische Erneuerung durchzuführen. Es kann aber auch die öffentliche Hand selbst sein, die sich auf die Stadterweiterung konzentriert und abgewohnte Stadtviertel vernachlässigt. Schließlich ist eine bestimmte Zone des Verfalls als systemimmanentes Übergangsphänomen zu akzeptieren. Die alten Nutzungen finden in Gebäuden oder Stadtvierteln nicht mehr statt, neue Nutzungen sind noch nicht vorhanden. Eine Zone des Überganges („Zone in Transition") ist die Folge.

5.3.2 Sanfte und harte Stadterneuerung

Stadterneuerung stellt einen Teilprozess der Stadtentwicklung dar, der den Stadtverfall wieder zu beseitigen versucht. Stadterneuerung umfasst alle zielgerichteten Maßnahmen der öffentlichen und privaten Hand zur Erhaltung, Sanierung, Umgestaltung und Modernisierung bestehender Objekte oder Teile einer Stadt. Neben dem Objektbezug (Gebäude, Baublöcke oder Stadtteile) kann man Stadterneuerung auch hinsichtlich des Modus in eine harte und eine sanfte Stadterneuerung unterscheiden. Eine „sanfte" Stadterneuerung versucht, die Maßnahmen der Erhaltung, Sanierung, Umgestaltung und Modernisierung im vorhandenen Bestand mit der dort wohnhaften Bevölkerung durchzuführen, ohne

Abb. 5.3.2/1: *Sanfte Stadterneuerung in Wien*

Abb. 5.3.2/2: *Stadterneuerung – Innenstadt von Rostock*

die sozialen Strukturen zu verändern. Im Unterschied dazu akzeptiert die harte Stadterneuerung den Austausch und die Verdrängung der angestammten Bevölkerung. Sie akzeptiert diesen Austausch, weil Stadterneuerungsmaßnahmen durch Abriss, Neubau oder Sanierung leer stehender Objekte radikaler erfolgen kann, schneller vonstatten geht und auch mehr Profit abwirft.

Als begriffliche Unterkategorie zur Stadterneuerung kann der Stadtumbau aufgefasst werden. Stadtumbau bezeichnet jene städtebaulichen Maßnahmen, die darauf abzielen, Stadtteile bei der Bewältigung des Strukturwandels (alte Industrieviertel) und der Folgen des Rückganges der Bevölkerung (Abwanderung) zu unterstützen. In Deutschland wird der Stadtumbau in den Kommunen durch entsprechende Programme (Stadtumbau Ost bzw. Stadtumbau West) durch öffentliche Gelder maßgeblich unterstützt (KABISCH, S., M. BERNT & A. PETER 2004). Ebenso kann das deutsche Bund-Länder-Programm „Soziale Stadt – Stadtteile mit besonderem Entwicklungsbedarf" als eine Maßnahme der Stadterneuerung aufgefasst werden. Ziele des Programms sind die Verbesserung der physischen Wohn- und Lebensbedingungen sowie die Stabilisierung der wirtschaftlichen Basis in den Stadtteilen.

Stadterneuerung setzt ein, wenn ein politisches Umdenken die öffentliche Hand zu Investitionen in die alten Baukörper veranlasst, was einerseits auf ein verändertes städtebauliches Leitbild zurückgeführt werden kann, andererseit aber auch auf den vermehrten Wunsch der Bevölkerung, alte Stadtteile zu erhalten. Nicht mehr die suburbane Außenexpansion steht im Vordergrund, sondern die Innenstadtentwicklung. Unterstützt wird dieser Wandel von Bürgerinitiativen, die ihr „Krätzl" (in Wien), ihren „Kiez" (in Berlin) oder ihr „Veedel" (in Köln) vor einer allzu radikalen Modernisierung schützen. Gentrification ist dabei ein deutliches Signal der privaten Haushalte, die alte und funktionslos gewordene Bausubstanz wieder in Wert zu setzen. Stadterneuerung kann damit auch als eine Gegenreaktion auf den modernen Städtebau mit seinen industriell gefertigten Großwohnanlagen und einer aus heutiger Sicht als phantasielos geltenden Architektur aufgefasst werden.

5.3.3 Reurbanisierung

Reurbanisierung stellt einen weiteren Teilprozess der Stadtentwicklung dar, der als Gegensatz zur Suburbanisierung verstanden werden kann. Reurbanisierung äußert sich statistisch in der Bevölkerungs- und Beschäftigungszunahme in der Kernstadt und kennzeichnet insgesamt eine Aufwertung der Kernstadt. Das überproportionale Wachstum der Dienstleistungen (insbesondere der unternehmensorientierten Dienste, der Banken, Versicherungen und des Finanzwesens) in den Kernstädten hat diese zunächst als Arbeitsort wieder attraktiv gemacht. Dies wiederum hängt mit den Standortwünschen der neuen stadtzentrierten Dienstleistungssektoren zusammen: Sie bevorzugen Standorte, an denen sich deren leitende Angestellte wohl fühlen, also in den Kernstädten und nicht in den suburbanen Gebieten.

Gleichzeitig werden die städtischen Kerngebiete mit ihrer hohen Dichte und ihrer vielfältigen Geschäfts- und Lokalstruktur von neuen Dienstleistern als attraktiv empfunden. Mit der Rückkehr der einkommensstarken Bevölkerungsgruppen (Gentrifier) wird der Filtering-down-Prozess der Innenstadt nicht nur gestoppt, sondern es setzt ein neuer Aufwertungsprozess ein. Wohnungen und Gebäude werden saniert, neue Geschäfte entstehen und Urbanität kehrt zurück. Reurbanisierung ist damit ein wichtiger Vorgang zur Erhaltung physischer Strukturen. Dieser Prozess hat aber – trotz gegenteiliger Vorhersagen – noch nicht das Ausmaß erreicht, damit Innenstädte nennenswert saniert werden. Sowohl zahlen- als auch flächenmäßig ist die Bedeutung der Reurbanisierung im Vergleich zur Suburbanisierung eher gering, die erneuerten und reurbanisierten Stadtteile stellen nur „Islands of renewal in seas of decay" (BERRY B., 1995, 64–96)dar.

5.3.4 Recycling von Brachflächen

Unter Brachflächen und Brachobjekten werden unterschiedlich genutzte urbane Flächen und Baulichkeiten verschiedener Größe und Lage verstanden, die vorübergehend oder dauerhaft nicht mehr oder nur noch sehr extensiv genutzt werden und mehr oder weniger dem Verfall oder einer natürlichen Nutzung unterliegen. Städtische Brachflächen und Brachobjekte können vieles umfassen. Es hat sich dabei als sinnvoll erwiesen, zumindest vier Brachflächentypen zu unterscheiden:

• Industrie- und Bergbaubrache,
• Wohnbrache,

- Verkehrs- und Infrastrukturbrache sowie die
- Konversionsbrache.

Industrie- und Bergbaubrachen bezeichnen jene Flächen, auf denen sich früher Produktionsstätten befanden oder unterschiedliche Materialien abgebaut wurden. Industrie- und Bergbaubrachen beinhalten daher immer alte Industrieobjekte samt umgebenden Flächen. Wohnbrachen stellen dagegen ehemalige, nun aber funktionslos gewordene Wohngebäude dar. Infrastrukturbrachen umfassen aufgegebene Werft- und Hafenanlagen, Bahnflächen, aber auch ehemalige Postämter, Schulen und Krankenhäuser. Schließlich sind jene aufgelassenen militärischen Standorte und Produktionsanlagen anzuführen, die als Konversionsbrachen zu kennzeichnen sind.

Diese Brachflächen und ungenutzten Baulichkeiten stellen jedoch für eine innenorientierte Stadtentwicklung wichtige Reserveflächen dar: Sie sind in der Regel gut erschlossen, innenstadtnah und bieten daher im Vergleich zur kosten- und flächenintensiven Aufschließung von Arealen an den Stadträndern ein hohes Nutzungspotenzial. Brachflächen und Brachobjekte gewinnen bei Neuinwertsetzungen durch den Kontrast von alter Baulichkeit und moderner Nutzung einen besonderen Charme und ein hohes Identifikations- und Vermarktungspotenzial. Trotz der genannten Vorteile erweist sich das „Recycling" von innerstädtischen Brachen in der Praxis als ein schwieriger und oft langwieriger Prozess. Die Flächen erscheinen aus der Sicht potenzieller Investoren als wenig attraktiv („mentale Altlast"), sie stehen unter Denkmalschutz, oder sie sind kontaminiert und verursachen damit hohe Sanierungskosten. Dennoch stellen diese Brachflächen ein wesentliches Flächenpotenzial für die eng verbauten europäischen Städte dar.

Zum Einlesen:

FASSMANN, H. & G. HATZ (Hrsg.): Wien. Stadtgeographische Exkursionen. – Verlag Ed. Hölzel GmbH, Wien 2002.

Die stadtgeographischen Exkursionen werden jeweils durch eine fachwissenschaftliche Einleitung vorgestellt. Die entsprechende Einleitung zum Thema Stadterneuerung eignet sich gut, um einen raschen Überblick zu erlangen.

Gesamtübersichten

LICHTENBERGER, E.: Stadtverfall und Stadterneuerung. – Beiträge zur Stadt- und Regionalforschung 10, Verlag der Österreichischen Akademie der Wissenschaften, Wien 1990.

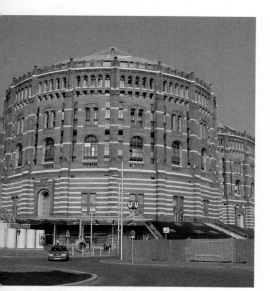

Abb. 5.3.4/1: *Recycling von Industriebauten*

Zusammenfassung

- Bauliche Strukturen werden abgenützt und altern, Gebäude werden abbruchreif, funktionsuntüchtig oder bleiben als Brachflächen zurück. Wenn nicht rechtzeitig investiert wird, dann entsteht Stadtverfall, dieser kann sich ausbreiten. Wenn in einen Stadtteil oder in ein Gebäude nicht mehr investiert wird, dann steigt die Wahrscheinlichkeit, dass auch in das Nachbargebäude oder in den benachbarten Stadtteil weniger investiert wird. Insbesondere dann, wenn eine marktgesteuerte Stadtentwicklung dominiert, breitet sich Stadtverfall leichter aus. Die englische Bezeichnung für Stadtverfall, nämlich „Blight", was soviel wie „Pilzbefall" bedeutet, drückt diesen Effekt der „Ansteckung" implizit aus.

- Stadterneuerung umfasst alle zielgerichteten Maßnahmen der öffentlichen und privaten Hand zur Erhaltung, Sanierung, Umgestaltung und Modernisierung bestehender Objekte oder Teile einer Stadt. Neben dem Objektbezug (Gebäude, Baublöcke oder Stadtteile) kann man Stadterneuerung auch hinsichtlich des Modus in eine harte und eine sanfte Stadterneuerung unterscheiden. Eine „sanfte" Stadterneuerung versucht, die Maßnahmen der Erhaltung, Sanierung, Umgestaltung und Modernisierung im bestehenden Bestand mit der dort wohnhaften Bevölkerung durchzuführen, ohne die sozialen Strukturen zu verändern. Im Unterschied dazu akzeptiert die harte Stadterneuerung den Austausch und die Verdrängung der angestammten Bevölkerung.

- Reurbanisierung stellt einen weiteren Teilprozess der Stadtentwicklung dar, der als Gegensatz zur Suburbanisierung verstanden werden kann. Reurbanisierung äußert sich statistisch in der Bevölkerungs- und Beschäftigungszunahme in der Kernstadt und kennzeichnet insgesamt eine Aufwertung der Kernstadt. Mit der Rückkehr der einkommensstarken Bevölkerungsgruppen wird der Filtering-down-Prozess der Innenstadt nicht nur gestoppt, sondern es setzt ein neuer Aufwertungsprozess ein. Wohnungen und Gebäude werden saniert, neue Geschäfte entstehen und Urbanität kehrt zurück. Reurbanisierung ist damit ein wichtiger Vorgang zur Erhaltung physischer Strukturen.

- Unter Brachflächen und Brachobjekten werden unterschiedlich genutzte urbane Flächen und Baulichkeiten verschiedener Größe und Lage verstanden, die vorübergehend oder dauerhaft nicht mehr oder nur noch sehr extensiv genutzt werden und mehr oder weniger dem Verfall oder einer natürlichen Nutzung unterliegen. Diese Brachflächen und ungenutzten Baulichkeiten stellen jedoch für eine innenorientierte Stadtentwicklung wichtige Reserveflächen dar: Sie sind in der Regel gut erschlossen, innenstadtnah und bieten daher im Vergleich zur kosten- und flächenintensiven Aufschließung von Arealen an den Stadträndern ein hohes Nutzungspotenzial. Brachflächen und Brachobjekte gewinnen bei Neuinwertsetzungen durch den Kontrast von alter Baulichkeit und moderner Nutzung einen besonderen Charme und ein hohes Identifikations- und Vermarktungspotenzial.

5.4 Strukturänderungen im Einzelhandel

Ein weiterer Teilprozess der Stadtentwicklung betrifft den Einzelhandel und seine Veränderungen. Das historisch gewachsene Geschäftsmuster vieler europäischer Städte war durch die flächige Verbreitung der Geschäfte mit Waren für den täglichen Bedarf, durch eine Hierarchie der Geschäftsstraßen für Waren des längerfristigen Bedarfs und durch punktuelle Märkte gekennzeichnet. Mit der Entwicklung des öffentlichen Verkehrsnetzes erfolgte bereits Ende des 19. und Anfang des 20. Jh. eine Konzentration des Einzelhandels in den heutigen Hauptgeschäftsstraßen, die jedoch aufgrund der veränderten Konsumgewohnheiten, der gestiegenen individuellen Mobilität und neuer Organisationsformen der Betriebe zunehmend unter Druck geraten. Die Zahl der kleinen Lebensmittelgeschäfte nimmt ab, die Hierarchie der Geschäftsstraßen wird steiler und Shopping Center entstehen an dezentralen Standorten in den Stadtrandgebieten.

5.4.1 Filialisierung und internationale Ketten

Das hierarchisch und räumlich strukturierte Muster des Einzelhandels wurde in den vergangenen Jahrzehnten deutlich verändert. Neue Organisationsformen des Einzelhandels in Form von Supermärkten und Filialbetrieben leiteten einen räumlichen Konzentrationsprozess ein. Dieser Konzentrationsprozess lief in zwei Phasen ab: Zunächst bewirkte die Filialisierung keine Veränderung der traditionellen Geschäftsstraßenstruktur. Im Gegenteil: Die Filialbetriebe passten sich dem vorhandenen Muster der Geschäftsstraßen an. Erst in einer weiteren Phase begann ein Verdrängungs- und Konzentrationsprozess bei den Filialbetrieben, begleitet von Unternehmensübernahmen und Unternehmenszusammenschlüssen. Der Konzentrations- und Filialisierungsprozess hat nicht nur die Geschäfte des kurzfristigen Bedarfes, sondern auch jene des längerfristigen Bedarfes erfasst. Auch Bekleidungs- oder Schuhmodegeschäfte, ebenso wie Optiker und Elektronikgeschäfte sind heute vorwiegend Filialbetriebe internationaler Unternehmen.

Mit der Schaffung des Binnenmarktes erfolgt eine zunehmende Internationalisierung des Einzelhandels, begleitet von einer Uniformierung und Angleichung des Geschäftsangebotes. In den Geschäftsstraßen und Einkaufszentren vieler europäischer Städte sind jeweils dieselben Filialen in ähnlicher Aufmachung und mit dem identischen Warenangebot zu finden. Nur mehr als Relikte halten sich die kleineren, alteingesessenen Geschäfte jeglicher Art, die mit persönlicher Kundenbetreuung und kompetenter Beratung in großem Konkurrenzkampf mit den bekannten Filialen stehen. Traditions- und Einzelunternehmer sind nur mehr in Nischen, welche nicht von Filialbetrieben abgedeckt werden, zu finden. Die Tendenz zur Konvergenz lässt sich nicht nur in den geplanten und nach gleichem Muster strukturierten Einkaufszentren beobachten, sie lässt auch die Individualität der ehemaligen Geschäftsstraßen verschwinden. Die Geschäftsstruktur der Einkaufsstraßen ist kaum mehr von jener der Shopping Malls in den Einkaufszentren zu unterscheiden.

Abb. 5.4.1/1: Factory Outlet Center (Parndorf)

Die Filialisierung und die Internationalisierung werden in den Flagship-Stores gleichsam auf den Punkt gebracht. In den Flagship-Stores der internationalen Unternehmen werden sämtliche Produktlinien einer Kette angeboten. Während „Outlets" von führenden Markenunternehmen meistens in einem Franchising-System betrieben oder als Markenabteilungen in Modekaufhäusern („Peek und Cloppenburg") vertreten sind, verbleiben die Flagship-Stores im Eigentum der Markenunternehmen. Flagship-Stores bedeuten eine neue Re-Konzentration der Filialbetriebe, hauptsächlich in den innerstädtischen Geschäftszentren, aber auch zunehmend in den Einkaufszentren am Stadtrand.

5.4.2 Angebotswandel

Neben der Filialisierung zeichnet sich auch eine Branchenverlagerung ab. Am auffälligsten sind dabei der starke Anstieg der Textil- und Bekleidungsbranche und deren steigende Umsatzzahlen. Zurückzuführen ist diese Entwicklung auf das Eindringen internationaler Modekonzerne und -filialen sowie auf die steigende Nachfrage der Konsumenten nach schnelllebiger und billiger Konfektionsmode. Sie hat das traditionelle Schneider- und Schusterhandwerk, Schneiderzubehörgeschäfte, Stoffgeschäfte, aber auch Woll- und Handarbeitsgeschäfte weitgehend verdrängt. In den Kernstädten nimmt ebenfalls die Zahl der Geschäfte des langfristigen Bedarfs, insbesondere der Einrichtungs- und Möbelgeschäfte, ab. Diese Branche ist an den Stadtrand gezogen, wo Flächen für nationale und internationale Filialunternehmen (IKEA, Interio) kostengünstig zur Verfügung stehen.

5.4.3 Verteilung der Geschäftsstraßenhierarchie

Die Bedeutung der innerstädtischen Geschäftszentren mit überregionaler Versorgungsfunktion sowie der Shopping Center am Stadtrand ist in den letzen Jahren angestiegen. Im Vergleich mit den Geschäftszentren der oberen Hierarchiestufen bleiben die Geschäftsstraßen mit geringer Reichweite zurück. In den Geschäftsstraßen der obersten Hierarchiestufe lässt sich das Eröffnen neuer Filialgeschäfte sowie die Erneuerung und Modernisierung bestehender Geschäfte beobachten, in den Straßen der unteren Hierarchiestufe das Schließen derselben.

Bemerkenswert ist die Tatsache, dass die Auf- und Abwertungsprozesse der innerstädtischen Geschäftsstraßen oft durch planerische Maßnahmen und den Bau von Infrastrukturen begleitet und manchmal auch gefördert werden. Die Neugestaltung der Straßenoberflächen durch die Einrichtung von Fußgängerzonen, verkehrsberuhigten Zonen und die einheitliche Gestaltung der Stadtmöblierung (z. B. Sitzbänke) steigert die Attraktivität der Einkaufsstraßen. Die Planung konzentriert sich dabei eindeutig auf jene Geschäftsstraßen, in denen die Investition die meisten Konsumenten erreicht – also die hochrangigen Geschäftsstraßen. Es gilt, einige wenige attraktive Straßen zu erhalten, um den Kaufkraftabfluss in das Stadt-Umland zu verhindern. Dass damit auch automatisch die Geschäftsstraßen unterer Stufe abgewertet werden, wird in Kauf genommen.

5.4.4 Shopping Center und Entertainment Center

Mit der Vollmotorisierung entstanden am Stadtrand große Einkaufszentren (Shopping Center) nach US-amerikanischem Vorbild. Wesentlich waren und sind dabei die zentrale Planung und Errichtung durch eine Betreibergesellschaft und ein spezifischer Branchenmix. Dieser sichert dem Konsumenten etliche Koppelungs-

Abb. 5.4.3/1: *Filialisierung in einer traditionellen Einkaufsstraße*

Abb. 5.4.4/1: *Shopping Center am Stadtrand (Wien)*

vorteile und macht Einkaufszentren attraktiv. Die gesamte Bedarfspalette an kurz-, mittel- und längerfristigen Konsumartikeln kann „unter einem Dach" abgedeckt werden. Die Idee des Warenhauses lebt auf, sie wird flächig umgesetzt und mit den Faktoren „Vielfalt" und „Konkurrenz" ausgestattet.

Das Verbinden von Einkaufen und Freizeit wird auch in Europa in den letzten Jahren durch die Aspekte „Erlebnis" und „Entertainment" ergänzt. Dieser Trend nahm in den USA seinen Ausgang und ist eigentlich als eine Mischform aus Handel, Freizeit und Unterhaltung zu definieren. In den Stadtlandschaften der USA dient diese spezifische Kombination als Ersatz einer fehlenden Stadtinfrastruktur und eines nicht vorhandenen lebendigen Stadtkerns.

Entertainment Center verfolgen verschiedene Ziele. Das Angebot soll besonders erlebnisorientiert ausgerichtet sein. Verkaufsveranstaltungen, Merchandisingaktionen und wechselnde Dekorationen sollen das Flair von Freizeit und Erlebnis bieten. Große Bedeutung besitzt dabei die gastronomische Komponente: thematisierte Gastronomiekonzepte stellen das Erlebnis in den Vordergrund. Ein flächendeckendes und familienfreundliches Angebot für Freizeit und Einkaufen soll die Attraktivität der Shopping Center erhöhen und die Verweildauer in den Zentren verlängern.

Die forcierte Entwicklung der Urban Entertainment Center kann nicht ohne Folgen für die Freizeiteinrichtungen in der Kernstadt bleiben. Nicht nur die traditionellen innerstädtischen Geschäftsstraßen, sondern auch Freizeiteinrichtungen wie etwa Kinos spüren die neue Konkurrenz der „Urban Entertainment Center".

Zum Einlesen:

FASSMANN, H. & G. HATZ, (Hrsg.): Wien. Stadtgeographische Exkursionen. – Verlag Ed. Hölzel GmbH, Wien 2002.
Die stadtgeographischen Exkursionen werden jeweils durch eine fachwissenschaftliche Einleitung vorgestellt. Die entsprechende Einleitung zum Thema Einkaufen in Wien eignet sich gut, um einen raschen Überblick zu erlangen.

Gesamtübersichten

HEINRITZ, G., K. KLEIN & M. POPP: Geographische Handelsforschung. – Borntraeger, Berlin und Stuttgart 2003.

Zusammenfassung

- Wesentliche Effekte der Umgestaltung der Städte in der so genannten entwickelten Welt gehen vom Einzelhandel und seinen Veränderungen aus. Das historisch gewachsene Geschäftsmuster vieler europäischer Städte war durch die flächige Verbreitung der Geschäfte mit Waren für den täglichen Bedarf, durch eine Hierarchie der Geschäftsstraßen für Waren des längerfristigen Bedarfs und durch punktuelle Märkte gekennzeichnet.
- Mit der Entwicklung des öffentlichen Verkehrsnetzes erfolgte bereits Ende des 19. und Anfang des 20. Jh. eine Konzentration des Einzelhandels in den heutigen Hauptgeschäftsstraßen, die jedoch aufgrund der veränderten Konsumgewohnheiten, der gestiegenen individuellen Mobilität und neuer Organisationsformen der Betriebe zunehmend unter Druck geraten sind.

Neue Organisationsformen des Einzelhandels in Form von Supermärkten und Filialbetrieben leiteten einen räumlichen Konzentrationsprozess ein.

- Neben der Filialisierung zeichnet sich auch eine Branchenverlagerung ab. Am auffälligsten sind dabei der starke Anstieg der Textil- und Bekleidungsbranche und deren steigende Umsatzzahlen. In den Kernstädten nimmt aber auch die Zahl der Geschäfte des langfristigen Bedarfs, insbesondere der Einrichtungs- und Möbelgeschäfte, ab. Diese Branche ist an den Stadtrand gezogen, wo Flächen für nationale und internationale Filialunternehmen kostengünstig zur Verfügung stehen.
- Die Bedeutung der innerstädtischen Geschäftszentren mit überregionaler Versorgungsfunktion sowie der Shopping Center am Stadtrand ist in den letzten Jahren angestiegen. Im Vergleich zu den Geschäftszentren der oberen Hierarchiestufen bleiben die Geschäftsstraßen mit geringer Reichweite relativ zurück. In den Geschäftsstraßen der obersten Hierarchiestufe lässt sich das Eröffnen neuer Filialgeschäfte sowie die Erneuerung und Modernisierung bestehender Geschäfte beobachten, in den Straßen der unteren Hierarchiestufe das Schließen derselben.

5.5 Suburbanisierung und Postsuburbia

Der gestiegene Wohlstand breiter Bevölkerungsgruppen und der Wunsch nach Wohnen im Grünen haben die Wohnsuburbanisierung weiter gefördert und zu einer flächenhaften Ausbreitung von Wohngebieten in das Stadt-Umland geführt. Dazu kommen aufgrund des gestiegenen Flächenbedarfs des Einzelhandels, des Gewerbes, der Industrie und teilweise auch des Dienstleistungssektors weitere Verlagerungen aus der Kernstadt in das Stadt-Umland. Die verstädterten Gebiete im suburbanen Raum sind zu einem weitflächigen, unscharf gegliederten Siedlungssystem geworden. Die „Stadt" dehnt sich über ihre administrativen Grenzen aus und erzeugt eine oft unscharfe und unstrukturierte Raumstruktur („Urban Sprawl").

5.5.1 Wohnsuburbanisierung

Suburbanisierung war in den Städten Europas in der Nachkriegszeit kein Thema. Der Wiederaufbau stand im Vordergrund, und auch die Bevölkerung war weder bereit, noch in der Lage, große Distanzen zu den möglichen Arbeitsplätzen in der Kernstadt zurückzulegen. Erst mit der Festigung der europäischen Volkswirtschaften und der beginnenden Vollmotorisierung war es einer wachsenden Zahl von Haushalten möglich, ihren Wohnsitz zu verlegen. Dazu kamen die finanzielle Förderung des Eigenheimbaues durch die öffentliche Hand in der einen oder anderen Form und weitere steuerliche Erleichterungen (z.B. Pendlerpauschale).

Die Suburbanisierung setzte in den europäischen Agglomerationen später ein als in US-amerikanischen Städten, wobei ein deutliches West-Ost- und Nord-Südgefälle festzustellen ist.

Abb. 5.5.1/1: *Wohnsuburbanisierung im Süden von Wien*

Abb. 5.5.1/2 und Abb. 5.5.1/3 : *Reihenhäuser in der Suburbia Maria Enzersdorf (Süden von Wien)*

Abb. 5.5.1/3

Suburbanisierung war über viele Jahrzehnte in den süd- und osteuropäischen Städten kein Thema, ist es nun aber sehr wohl. In den vergangenen Jahrzehnten war besonders in Süd- und Osteuropa eine spürbare Beschleunigung, Intensivierung und Ausbreitung des Phänomens auch auf weiter außerhalb gelegene, bislang eher ländlich geprägte Bereiche festzustellen, vor allem bedingt durch die Anziehungskraft niedrigerer Bodenpreise und größerer Baulandreserven, aber auch aufgrund der erreichten Vollmotorisierung und des Ausbaues leistungsfähiger Straßen- und Schienenverbindungen.

Mit der Suburbanisierung der Wohnbevölkerung, die hauptsächlich von mittleren und höheren Einkommensgruppen getragen wird, geht den Kernstädten Kaufkraft verloren. In den durchschnittlichen Wohnquartieren der Städte bleiben überdurchschnittlich oft ärmere, ausländische, ältere und arbeitslose Bevölkerungsgruppen zurück. Diese Innenstadtbereiche geraten damit sehr leicht in einen kumulativen Abwertungsprozess („Filtering-down"). In den betroffenen Stadtteilen verbleiben also einkommensschwächere Personen, die aufgrund ihrer Einkommenssituation einen Strukturwandel bei den Geschäften vor Ort und bei der öffentlichen Infrastruktur (z. B. Schulen) nach sich ziehen. Das Schließen von Geschäften oder die Abwertung von Schulen stellen aber wiederum ein Signal für die verbliebenen einkommensstärkeren Gruppen dar, ebenfalls wegzuziehen. Es wird weniger in Häuser, Wohnungen, Geschäfte und Infrastruktur investiert: ein Stadtteil beginnt zu verfallen.

Mit der sozial selektiven Abwanderung der Bevölkerung aus den Kernstädten dehnt sich die Suburbia in der Regel konzentrisch aus. Dort, wo sich die Stadt-Umland-Wanderer der Vorperiode niedergelassen haben, steigt der Bodenpreis aufgrund der verstärkten Nachfrage. Die Stadt-Umland-Wanderer der Folgeperiode weichen daher in die billigeren Teile der Suburbia aus und ziehen weiter in das Stadt-Umland, wo das Bauland noch günstiger ist. Wenn auch dort Verknappung und Verteuerung einsetzt, dann erfolgt eine weitere Expansion. Die verstädterten Gebiete im suburbanen Raum entwickeln sich zyklisch zu einem weitflächigen, unscharf gegliederten Siedlungssystem („Urban Sprawl"). Desurbanisierung im Sinne des Zyklusmodells von L. van den Berg et al. (1982) ist die Folge.

5.5.2 Suburbanisierung von Industrie- und Dienstleistungsunternehmen

Der Wohnsuburbanisierung folgend, kommt es in vielen Fällen zu einer verstärkten Auslagerung von Industrie- und Dienstleistungsunternehmen in das Stadt-Umland. Aufgrund des zunehmenden Flächenbedarfs und der hohen innerstädtischen Grundstückspreise finden diese nur eingeschränkte Erweiterungsmöglichkeiten im dichtverbauten Stadtgebiet vor. Meist erfolgen die Umzüge, wenn größere Investitionen im Betrieb anstehen (wie z. B. der Umstieg auf neue Produkte bzw. Fertigungsverfahren). Die attraktiven Verwertungsmöglichkeiten innenstadtnaher Immobilien durch hohe Bodenpreise fördern die Tendenz zur

Auslagerung der Produktionsstätten. In vielen Fällen wird auch der Auszug des Hinterhofgewerbes von der Stadtverwaltung nicht ungern gesehen, da sich dadurch Spielräume für die Sanierung von gesamten Wohnblöcken ergeben. Umgekehrt kann die Suburbia durch ein großzügiges Angebot an billigen und aufgeschlossenen Gewerbeflächen in nicht zu großer Entfernung zur Kernstadt und meist in günstiger Lage zu übergeordneten Verkehrsverbindungen punkten, sodass Agglomerationsvorteile weiterhin erhalten bleiben. Eine besondere Rolle spielen dabei die Einkaufszentren im suburbanen Raum als Kristallisationspunkte der Konzentration von Handelsgeschäften. Dahinter stehen die Konzentrationen des Kapitals und die veränderten Konsumentenwünsche, die das großzügige und vielfältige Einkaufen in Kombination mit Gastronomie oder Kinobesuch als eine Freizeitgestaltung betrachten.

5.5.3 Suburbanisierung des tertiären Sektors

Die Suburbanisierung von Dienstleistungen und Büros führt auch zu einer polyzentrischen Struktur in der Stadtregion, deren Knotenpunkte von alten Dorf- oder Stadtkernen eingenommen werden. Dies trifft besonders auf die Suburbanisierung der europäischen Stadt zu, die im Zuge ihrer Expansion die früher eigenständigen Siedlungen im Umland funktionell integriert hat. Ob das Freising bei München oder Mödling bei Wien ist, macht dabei keinen prinzipiellen Unterschied. Selten kommt es zur Neugründung einer neuen Siedlung im Sinne einer Edge City.

Edge Cities können als ein vorläufig finales Phänomen einer fortschreitenden Suburbanisierung städtischer Funktionen aufgefasst werden. Bevölkerung, Arbeitsplätze, aber auch kulturelle und soziale Infrastruktur verlagern sich vom Stadtkern in die Suburbia. Dass diese Funktionsverlagerung mit erheblichen Nachteilen für den Stadtkern verbunden ist (Leerstand an Gewerbeflächen, „Aussterben" der Innenstädte), muss nicht weiter betont werden. Das Bild der „Doughnut Cities" ist eine Metapher für diesen Prozess der funktionellen Stadtentkernung und der Funktionsverlagerung an den Rand.

5.5.4 Postsuburbia und Urban Sprawl

Das wesentliche Kennzeichen der Postsuburbia liegt in der Emanzipation der Suburbia von der Kernstadt. Die funktionelle Abhängigkeit – am Stadtrand wohnen und in der Kernstadt arbeiten oder die Freizeit verbringen – besteht nicht mehr. Die Arbeitsplätze entstehen vermehrt in der Suburbia, die Zentralität der Kernstadt verlagert sich nach außen. Das demographische und wirtschaftliche Wachstum der Stadtregion konzentriert sich auf den Außenbereich, während die Innenbereiche zurückbleiben. Die klare Ausrichtung einer peripher-zentralen Berufspendelwanderung weicht einem diffusen und nicht mehr eindeutig orientierten Verkehraufkommen. Die Postsuburbia stellt eine weiterentwickelte Form der Suburbia mit funktionalen Knoten (wie Shopping Center, Edge Cities, Office Parks) und großer Ausdehnung dar. Wann der Übergang von der traditionellen Suburbia zu einem postsuburbanen Urban Sprawl beginnt, ist nicht eindeutig zu sagen. Die planerischen Probleme, die mit einem postsuburbanen Sprawl verbunden sind, entstehen jedenfalls aufgrund der dispersen Anordnung von Funktionsinseln. Innerhalb des Urban Sprawl finden sich an bestimmten Standorten (z. B. Kreuzungen von Autobahnen) bestimmte funktionale Anreicherungen und bauliche Verdichtungen (z. B. in Edge Cities). Gerade Knotenpunkte von Autobahnen oder leistungsfähigen Straßen werden als Standorte für Einkaufszentren oder Produktionsbetriebe genutzt. Eine relativ weitläufige funktionale Differenzierung ist die Folge. Das Wohnen, die Versorgung und das Arbeiten finden an jeweils unterschiedlichen Orten statt. Einzelne Funktionsinseln entstehen im Urban Sprawl und produzieren damit eine diffuse, polyzentrische Entwicklung. Die Möglichkeiten, Verkehr zu kanalisieren und durch öffentliche Verkehrsmittel abzuwickeln, sind aufgrund dieser diffusen Struktur beschränkt. Der italienische Ausdruck „Città Diffusa" trifft dieses Phänomen mindestens ebenso gut wie der französische Ausdruck „Ville Émergente".

Die Entstehung eines postsuburbanen Sprawl wird durch die kommunale Planungsautonomie (in Deutschland, Österreich und besonders in den USA) unterstützt. Gemeinden versuchen aus finanziellen Überlegungen heraus, möglichst viele profitable und ökologisch unproblematische Unternehmen sowie einkommensstarke Bevölkerungsgruppen anzuziehen. Das damit verbundene „Filtering-up" wertet die Gemeinde auf und stärkt ihre Finanzkraft. Der Wettbewerb der Gemeinden, Filterung-up-Prozesse

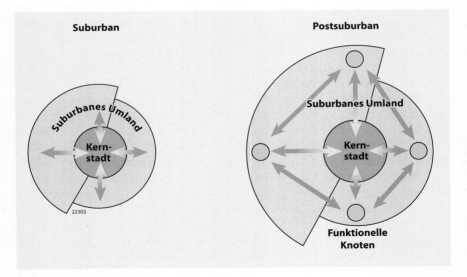

Abb. 5.5.4/1: *Suburbane und postsuburbane Siedlungsstruktur*

in Gang zu setzen, verhindert aber planerisch-politische Reglementierungen, die darauf abzielen, gemeinsam zu planen. Jede Gemeinde kämpft für sich und erzeugt damit negative Effekte für die Nachbargemeinden. Die Stadt ist längst über ihr Stadtgebiet hinaus gewachsen, darf aber nur einen Teil „ihres" Territoriums verwalten, planen und versorgen. Administrative und funktionelle Stadträume fallen auseinander.

Zum Einlesen:

SIEVERTS, T.: Zwischenstadt – zwischen Ort und Welt, Raum und Zeit, Stadt und Land. – Vieweg, Braunschweig/Wiesbaden 1998.

T. SIEVERTS, Professor für Architektur und Städtebau, prägte den Begriff der Zwischenstadt und war erfolgreich in dem von ihm eingeleiteten Perspektivenwechsel: nicht mehr nur die Stadtmitte soll im Zentrum der Aufmerksamkeit der Wissenschaft und Öffentlichkeit stehen, sondern auch und besonders die Entwicklungen am Stadtrand.

DITTRICH-WESBUER, A. & F. OSTERHAGE: Wohnstandortwahl jenseits administrativer Grenzen: Wanderungsentscheidungen von Familien mit Kindern im Bergischen Land. – In: SCHMITT, G. & K. SELLE (Hrsg.): Bestand? Perspektiven für das Wohnen in der Stadt. – Rohn, Dortmund 2008, 135–152.

Hinter den Wanderungen von Haushalten stehen oft komplexe Entscheidungsprozesse. Die Befragung von gewanderten Haushalten bietet oft die einzige Möglichkeit, mehr über die Hintergründe des Wanderungsgeschehens in einer Stadtregion zu erfahren. Dabei erweisen sich die Kosten (Hausbau, Wohnung, Miete), das Motiv des Wohnens im Grünen, die Anbindung an Busse und Bahnen, das kindergerechte Wohnumfeld sowie die Einkaufsmöglichkeiten im Ort als wesentliches Kriterium bei der Entscheidung für den Wohnstandort.

GÖRGL, P.: Die Amerikanisierung der Wiener Suburbia? Der Wohnpark Fontana. Eine sozialgeographische Studie. – VS-Verlag für Sozialwissenschaften, Wiesbaden 2008.

Das für Österreich ungewöhnliche Konzept des Wohn- und Freizeitparks Fontana im Süden Wiens kann als ein Beispiel für eine neue und postsuburbane Siedlungsentwicklung gedeutet werden. Der Autor versucht, dieses Siedlungsprojekt ganzheitlich zu begreifen und rückt dabei die subjektive Perspektive der Bewohnerinnen und Bewohner in den Mittelpunkt der Analyse.

Gesamtübersichten

KUNZMANN, K.: Welche Zukünfte für Suburbia? Acht Inseln im Archipel der Stadtregion. – In: BRAKE, K., J. DANGSCHAT & G. HERFERT (Hrsg.): Suburbanisierung in Deutschland. Aktuelle Tendenzen – Opladen 2001.

LICHTENBERGER, E., & G. HEINRITZ: The Take-off of Suburbia and the Crisis of the Central City. Proceedings of the International Symposium in Munich and Vienna 1984. – Erdkundliches Wissen 76, Stuttgart 1986.

Zusammenfassung

• Die Städte dehnen sich weit über ihre administrativen Grenzen hin aus, sie werden zu einer Stadtregion mit geringerer Dichte und wiederkehrenden Siedlungselementen. Mit der Suburbanisierung der Wohnbevölkerung, die hauptsächlich von mittleren und höheren Einkommensgruppen getragen wird, geht den Kernstädten auch Kaufkraft verloren. In den durchschnittlichen Wohnquartieren der Städte bleiben überdurchschnittlich oft ärmere, ausländische, ältere und arbeitslose Bevölkerungsgruppen zurück. Diese Innenstadtbereiche geraten damit sehr leicht in einen kumulativen Abwertungsprozess („Filtering-down"), die Zuwanderungsgemeinden im Stadt-Umland in ein „Filtering-up".

• Der Wohnsuburbanisierung folgend, kommt es in vielen Fällen zu einer verstärkten Auslagerung von Industrie- und Dienstleistungsunternehmen in das Stadt-Umland. Aufgrund des zunehmenden Flächenbedarfs und der hohen innerstädtischen Grundstückspreise finden diese nur eingeschränkte Erweiterungsmöglichkeiten im dichtverbauten Stadtgebiet vor. Eine besondere Rolle spielen dabei die Einkaufszentren im suburbanen Raum als Kristallisationspunkte der Konzentration von Handelsgeschäften.

- Eine Suburbanisierung von Dienstleistungen und Büros führt auch zu einer polyzentrischen Struktur in der Stadtregion, deren Knotenpunkte von alten Dorf- oder Stadtkernen eingenommen werden. Dies trifft besonders auf die Suburbanisierung der europäischen Stadt zu, die im Zuge ihrer Expansion die früher eigenständigen Siedlungen im Umland funktionell integriert hat. Selten kommt es zur Neugründung einer neuen Siedlung im Sinne einer Edge City. Der Begriff (Kantenstadt) beschreibt jene urbanen Zentren am Rand einer großen Stadt, die neu geplant und errichtet wurden, multifunktionale Prägungen und alle Merkmale einer eigenständigen Stadt aufweisen.

- Die Postsuburbia stellt eine weiterentwickelte Form der Suburbia mit funktionalen Knoten (wie Shopping Center, Edge Cities, Office Parks) und großer Ausdehnung dar. Wann der Übergang von der traditionellen Suburbia zu einem postsuburbanen Urban Sprawl beginnt, ist nicht eindeutig zu sagen. Die planerischen Probleme, die mit einem postsuburbanen Sprawl verbunden sind, entstehen aufgrund des dispersen Anordnung von Funktionsinseln. Innerhalb des Urban Sprawl entstehen an bestimmten Standorten (z. B. Kreuzungen von Autobahnen) bestimmte funktionale Anreicherungen und bauliche Verdichtungen (z. B. in Edge Cities). Die Stadt wird weitflächig, autoabhängig und alles andere als kompakt. Der italienische Ausdruck „Città Diffusa" trifft dieses Phänomen mindestens ebenso gut wie der französische Ausdruck „Ville Émergente" oder der englische Begriff des „urban sprawl".

Abb. 6/1: *Innenstadt von Athen*

6 Städtische Systeme

Alle Städte einer Region, eines Staates und auch in einem gewissen Sinn der Erde bilden zusammengenommen ein ganzheitliches und regelhaftes Städtesystem. Die Systemkohärenz nimmt jedoch mit der Maßstabsvergrößerung ab. Zu den Kennzeichen von Systemen zählt die gegenseitige Beeinflussung der Systembestandteile, also der Städte. Wachstum oder ein Bedeutungsverlust der einen Stadt beeinflussen alle anderen Städte.

Mit der Befassung des städtischen Systems erfolgt ein Wechsel der Betrachtungsebene. Analyseeinheit ist weder die innerstädtische noch die gesamtstädtische Ebene, sondern das städtische System insgesamt. Im Folgenden werden Konzepte vorgestellt, um dieses System zu erfassen, zu analysieren und zu beschreiben. Es geht dabei um die Verteilung der Städte nach der Stadtgröße, die statistische und räumliche Verteilung der Städte nach ihren Funktionen, um die Theorie der zentralen Orte, ferner geht es um eine Koppelung von ökonomischen, sozialen und räumlichen Merkmalen an die Stadtgröße sowie um das Global-City-Konzept.

6.1 Stadtgrößenanalyse

Die Analyse der Städte einer räumlichen Bezugseinheit folgt einer einfachen Frage: Existiert eine Regelhaftigkeit hinsichtlich der Größe der Städte eines Staates oder einer Region? Jede topographische Karte eines Staates lässt erkennen, dass nur wenige Städte sehr groß sind, eine beachtliche Anzahl jedoch eine mittlere Größe aufweist und viele Städte ausgesprochen klein sind. Offensichtlich existieren bestimmte Prinzipien, die diese Abstufung steuern.

Die Frage nach dem Zusammenhang zwischen der Größe und der Häufigkeit des Auftretens eines bestimmten Phänomens ist sowohl eine sehr alte als auch eine in vielen anderen Wissenschaften gestellte Frage. Konzeptionelle Ansätze zur Erklärung dieses Zusammenhanges finden sich in der Biologie ebenso wie in der Nationalökonomie. Es ist der Alltagsbeobachtung zugänglich, dass Merkmale nicht gleich verteilt sind und dass eine Beziehung zwischen der Merkmalsausprägung und der Häufigkeit ihres Auftretens existiert: Große Unternehmen finden sich ebenso selten wie große Städte oder sehr begabte Menschen.

6.1.1 Analyse von Größenverteilungen

Ein schlichter und naheliegender Ansatz in der Stadtgeographie geht von einer Verteilungsanalyse der Städte aus, die hinsichtlich ihrer Stadtgröße erfasst werden. Die Stadtgröße wird meist mittels der Einwohnerzahl gemessen, doch könnte man auch andere Indikatoren verwenden wie beispielsweise die wirtschaftliche Ertragskraft oder die Zahl der Konzernzentralen einer Stadt. So schlicht die Erfassung der Einwohnerzahl einer Stadt auf den ersten Blick auch erscheinen mag, so aufwändig kann sich dies in der realen Analyse gestalten. Eine Reihe von Fragen stellt sich: Wie wird die Stadt abgegrenzt? Welches Messkonzept verwendet man für die Bevölkerungszahl (anwesende Bevölkerung, Wohnbevölkerung)? Welche Datenquellen stehen zur Verfügung? Wie diese Fragen im Detail beantwortet werden, ist eine gesonderte Aufgabe. Bei der Analyse der Größenverteilung von Städten geht es jedenfalls immer um die Frage, ob eine „typische" und immer wieder zu beobachtende Verteilung von Städten existiert.

Rang-Größen-Regel

Einen Ansatz, um die Verteilungen von Städten nach ihrer Größe zu beschreiben, stellt die Rang-Größen-Regel dar. Diese ist kein statistischer Verteilungstyp, sondern eine Behauptung hinsichtlich der Größenverteilung von Städten. Die Rang-Größen-Regel postuliert, dass zwischen der Stadtgröße und der Rangziffer einer Stadt in einem bestimmten Territorium eine konstante Beziehung herrscht. Diese Beziehung geht davon aus, dass die Multiplikation der Einwohnerzahl einer Stadt mit ihrer Rangziffer eine konstante Größe darstellt und der Einwohnerzahl der größten Stadt entspricht. Oder anders ausgedrückt: Die Einwohnerzahl einer beliebigen Stadt ergibt sich aus der Division der Einwohnerzahl der größten Stadt durch die Rangzahl der zu berechnenden Stadt.

Wenn Berlin drei Millionen Einwohner zählt, dann „sollten" – im Sinne dieser Regel – in der nächst größeren Stadt in Deutschland mit der Rangziffer 2 eben 1,5 Mio. Ew. leben und in der zehntgrößten Stadt 300 000 Ew. Wenn die zweit- oder die zehntgrößte Stadt andere Bevölkerungszahlen aufweisen und nach „oben" oder „unten" abweichen, dann folgt die Stadtgrößenverteilung offensichtlich nicht der Rang-Größen-Regel, und ein anderer Verteilungstyp ist der Analyse zugrunde zu legen.

Die Rang-Größen-Regel geht auf den deutschen Geographen FELIX AUERBACH zurück, der bereits 1913 folgendes postulierte: „Wenn man n-Individuen nach einer bestimmten Eigenschaft absteigend ordnet und dabei entweder bei der Rangnummer n_1 oder bei n_2 oder allgemein bei der Rangnummer n_x aufhört, wobei dann jene Eigenschaft zuletzt auf den Wert p_1, p_2 oder p_x herabgesunken ist, so besteht zwischen n_x und p_x ein bestimmtes Gesetz. [...] $n_x \cdot p_x = $ constant" (AUERBACH, F. 1913, 76). A. J. LOTKA (1926) führte einen Exponenten ein, um die „Wirkung" der Rangzahl n_x zu gewichten. Zu der gebräuchlichen Schreibweise, die von G. K. ZIPF (1949) entwickelt wurde, gelangt man durch Umformung. Sie lautet:

$$\text{Log } p_x = \log p_1 - q \log n_x$$

Die Zipfsche Formel sagt aus, dass der Logarithmus der Einwohnerzahl einer Stadt eine lineare Funktion der logarithmierten Rangziffer und der logarithmierten Einwohnerzahl der größten Stadt darstellt. Diese lineare Funktion entspricht dem einfachen Regressionsmodell, dieses lässt sich mithilfe empirischer Daten bestimmen. Eine entsprechende Regressionsanalyse führt nicht nur zur Bestimmung des Koeffizienten, sondern beantwortet auch die Frage, wie exakt die Verteilung der Städte – nach Größe und

Rangnummer gereiht – durch die Rang-Größen-Regel bestimmt wird. Wenn die Rang-Größen-Regel uneingeschränkt gilt, dann können keine Residuen (Abweichungen von der Regressionsgeraden) beobachtet werden. Wenn dagegen die Abweichungen erheblich sind, dann folgt die Stadtgrößenverteilung keiner Rang-Größen-Regel, sondern einem anderen Verteilungsprinzip.

Die Rang-Größen-Regel kann auch ohne Regressionsmodell einfach, wenngleich nicht so exakt, bestimmt werden. Werden in einem Diagramm, dessen beide Achsen logarithmisch skaliert sind, die Größe und die Rangnummer aller Städte eingetragen, dann ergibt sich ein Graph mit unterschiedlichem Verlauf. Wenn der Graph einer Geraden entspricht, dann liegt die perfekte Einhaltung der Rang-Größen-Regel vor. Konvexe oder konkave Graphen signalisieren andere Verteilungsprinzipien.

Primatstadtverteilung (konkave Abweichung)

Eine mögliche Abweichung von einer Verteilung, die der Rang-Größen-Regel folgt, ist die Primatstadtverteilung. Bei einer Primatstadtverteilung ist die Stadt mit der Rangziffer 1 „zu groß". Ihre Bevölkerungszahl beträgt nicht das Doppelte der zweitgrößten Stadt, oder das Dreifache der drittgrößten, sondern deutlich mehr. Die erste Stadt kann in diesem Fall auch als Primatstadt bezeichnet werden.

Der Begriff Primatstadt geht auf M. JEFFERSON zurück, der 1939 sein „The Law of the Primate City" publizierte. Später wurde bei Vorliegen einer Primat-

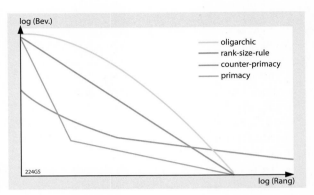

Abb. 6.1.1/1:
Rang-Größen-Verteilung

stadt die Verteilung insgesamt als Primatstadtverteilung bezeichnet. M. JEFFERSON untersuchte für 51 Staaten das Größenverhältnis zwischen den Städten mit der Rangziffer 1 und 2 sowie 1 und 3. Nur in wenigen Fällen lag tatsächlich eine Verteilung vor, die der Rang-Größen-Regel entsprach, in sehr vielen Fällen übertraf die Einwohnerzahl der ersten Stadt die der nachfolgenden Städte bei weitem. M. JEFFERSON führte für solche Fälle den Primacy-Index ein, der sich aus dem Verhältnis der Stadt mit der Rangziffer 1 zu jener mit der Rangziffer 2 ergibt.

Für BRIAN BERRY (1961) stellte die Primatstadtverteilung einen Hinweis auf einen frühen wirtschaftlichen und politischen Entwicklungsstand eines Staates dar. In kleinen Staaten mit einer geringen Zahl an politischen und wirtschaftlichen Kräften bilden sich Primatstädte heraus. Ein Diktator oder ein Herrscher bestimmen, wo das wirtschaftliche oder politische Zentrum lokalisiert wird: „(…) fewer forces (leading more to a primacy distribu-tion) will affect the urban structure of a country: the smaller is that country, the shorter is the history of urbanization in the

country and the simpler is the economic and political life of the country and the lower is the degree of economic development" (BERRY, B. 1961, 584). In „reifen", demokratisch und marktwirtschaftlich voll entwickelten Staaten bilden sich jedoch Siedlungsgrößenverteilungen nach der Rang-Größen-Regel heraus. Denn dort sind die (Markt-)Kräfte zahlreich, und das demokratische System verhindert durch eine entsprechende Verwaltungsorganisation eine zentralistische Machtkonzentration. Dass B. BERRY das US-amerikanische Siedlungssystem als Referenz für diese Aussage wählte, ist offensichtlich.

Oligarchische Verteilung (konvexe Abweichung)

Eine andere Form der Abweichung ergibt sich dadurch, dass die der größten Stadt nachfolgenden Städte nicht „zu klein" – wie bei der Primatstadtverteilung –, sondern „zu groß" sind. Die zweite Stadt weist mehr als die halbe Einwohnerzahl der ersten Stadt auf, die dritte mehr als ein Drittel der ersten und so weiter. Bei einer konvexen Abweichung besitzen die der ersten Stadt nachfolgenden Städte zu viel an „Macht" oder an Bedeutung oder die erste zu wenig – je nach Sichtweise.

Das Entstehen einer konvexen Abweichung kann mehrere Ursachen haben. Es kann auf der einen Seite einem stark ausgebildeten Föderalismus zugeschrieben werden. Dieser Föderalismus fördert nicht die Herausbildung einer Hauptstadt, sondern unterstützt die Entwicklung vieler Hauptstädte, die sich die politische und wirtschaftliche Macht eines Staates teilen. Die Schweiz ist dafür ein Beispiel, wo zwar Zürich die größte Stadt ist, aber die nachfolgenden Städte Genf, Basel, Bern und Lausanne für eine konvexe Abweichung sorgen.

Auf der anderen Seite kann eine Siedlungsgrößenverteilung mit „zu vielen" großen Städten das Ergebnis politischer Ereignisse sein. Deutschland hatte nach der Teilung und infolge des formellen Sonderstatus von Berlin „zu viele" große Städte. Die Hauptstadtfunktionen von Berlin wurden auf mehrere Städte (Hamburg, München, Frankfurt, Köln, Bonn) aufgeteilt, die nach der Wiedervereinigung im Sinne der Rang-Größen-Regel nun „zu groß" sind. Ebenso hatte Polen nach dem Ende der Teilung mit Warschau, Krakau und Lodz mehrere große Städte, die sich als administrative oder industrielle Zentren voneinander unabhängig entwickelt hatten und nach der Vereinigung ebenfalls eine konvexe Verteilung ergeben.

6.1.2 Möglichkeiten und Grenzen der Stadtgrößenanalyse

Die Analyse von Stadtgrößenverteilungen und die Identifikation, ob es sich dabei um eine Verteilung, die der Rang-Größen-Regel folgt, um eine konkave oder konvexe Verteilung oder um eine Mischform aus diesen beiden handelt, stellt einen zusammenfassenden und brauchbaren Einstieg in eine weiterführende Diskussion dar. Die Stadtgrößenanalyse eignet sich insbesondere für eine zeitliche oder räumliche Vergleichsanalyse. Sie zeigt in kompakter Form, wie die Stadtgrößen eines Staates oder einer Region verteilt sind und liefert damit in weiterer Folge Hinweise auf die Verteilung der politischen und wirtschaftlichen Macht.

Die These von Brian Berry, wonach die unterschiedlichen Verteilungstypen im Rahmen einer historischen Abfolge stehen und sich in eine bestimmte Richtung hin entwickeln müssen, erscheint jedoch gewagt, denn sie ist empirisch nicht zu belegen. Staaten mit einer ausgeprägten Primatstadtverteilung sind dennoch als marktwirtschaftlich und demokratisch einzustufen (z. B. Österreich, Frankreich, Portugal). Die Ursachen für eine „zu große" Hauptstadt haben nichts mit einem nicht entwickelten demokratischen System zu tun, sondern mit historischen Veränderungen. Ehemalige Kolonialreiche haben große Hauptstädte „produziert", die nach dem Ende der Kolonialreiche „zu groß" erscheinen (z. B. Portugal). Gleiches gilt für verkleinerte Staaten mit einer vergleichsweise zu großen Hauptstadt (z. B. Österreich oder Ungarn). Ebenso ist die Ableitung einer optimalen Stadtgröße aus der Verteilung der

Größe der anderen Städte abzulehnen. Unterstellt wir ein Determinismus, wenn behauptet wird, die größte und damit die erste Stadt eines Staates müsse doppelt so groß sein wie die zweite oder umgekehrt. Die Legitimation, eine bestimmte Stadtgröße zu fordern, wird aus einer vermeintlichen Stabilität der Rang-Größen-Verteilung abgeleitet. B. Berry (1961) nimmt an, dass die Siedlungsgrößenverteilung nach der Rang-Größen-Regel den stabilen Endpunkt einer langen Urbanitätsgeschichte darstellt. Aus der vermeintlichen Stabilität wird auf die Optimalität geschlossen, mit einem analytischen Befund eine normative Forderung begründet. Nach einer langen Diskussion über die Siedlungsgrößenanalyse kann jedenfalls heute klar verneint werden, dass sich aus der Rang-Größen-Regel eine „optimale" Stadtgröße per se (und ohne politische Vorgaben) ableiten lässt.

Zum Einlesen

Haggett, P.: Geographie. Eine globale Synthese. – Ulmer UTB, Stuttgart 2004.
  Im Kapitel 14.2 (441–446) offeriert P. Haggett eine knappe Zusammenstellung der Siedlungsgrößenanalyse. Die entsprechende Kapitelüberschrift – „Siedlungen als Ketten" – trifft das später Gesagte zwar nicht, denn es handelt sich nicht um verkettete Siedlungen (im Sinne eines Ribbon Development), aber als Einstieg in die Siedlungsgrößenanalyse ist der Beitrag sehr brauchbar.
Fassmann, H.: City-size distribution in the Austro-Hungarian Monarchy 1857-1910: a rank-size approach. – Historical Social Research. Quantum Information, 38 (1986), 3–24.
  In dem Beitrag wird die Entwicklung des Städtesystems der Österreichisch-Ungarischen Monarchie von 1857-1910 anhand der Volkszählungsdaten vorgestellt. Der Beitrag führt dabei auch in die generelle Fragestellung der Siedlungssystemforschung ein.

Gesamtübersichten

Knox, P. & L. McCarthy: Urbanization: an Introduction to Urban Geography. – Pearson Education, London 2005.
Lichtenberger, E.: Stadtgeographie. Begriffe, Konzepte, Modelle, Prozesse. – Teubner, Stuttgart/Leipzig, 3. Auflage 1998.

Zusammenfassung

- Existiert eine Regelhaftigkeit hinsichtlich der Größe der Städte eines Staates oder einer Region? Jede topographische Karte eines Staates lässt erkennen, dass nur wenige Städte sehr groß sind, eine beachtliche Anzahl jedoch eine mittlere Größe aufweist und viele Städte ausgesprochen klein sind. Offensichtlich existieren bestimmte Prinzipien, die diese Abstufung steuern. Damit befasst sich die Analyse der Verteilungen der Stadt- und Siedlungsgrößen.
- Einen Ansatz, um die Verteilung von Städten nach ihrer Größe zu beschreiben, stellt die Rang-Größen-Regel dar. Sie geht davon aus, dass zwischen der Stadtgröße und der Rangziffer einer Stadt in einem bestimmten Territorium eine konstante Beziehung herrscht. Oder anders ausgedrückt: Die Einwohnerzahl einer beliebigen Stadt ergibt sich aus der Division der Einwohnerzahl der größten Stadt durch die Rangzahl der zu berechnenden Stadt. Wenn Berlin drei Millionen Einwohner zählt, dann „sollten" – im Sinne dieser Regel – in der nächstgrößeren Stadt in Deutschland mit der Rangziffer 2 1,5 Mio. Ew. leben und in der zehntgrößten Stadt 300 000 Ew.
- Eine mögliche Abweichung von einer Verteilung, die der Rang-Größen-Regel

folgt, ist die Primatstadtverteilung. Bei einer Primatstadtverteilung ist die Stadt mit der Rangziffer 1 „zu groß". Ihre Bevölkerungszahl beträgt nicht das Doppelte der zweitgrößten Stadt oder das Dreifache der drittgrößten, sondern deutlich mehr. Die erste Stadt kann in diesem Fall auch als Primatstadt bezeichnet werden.

- Eine andere Form der Abweichung ergibt sich dadurch, dass die der größten Stadt nachfolgenden Städte nicht „zu klein" – wie bei der Primatstadtverteilung –, sondern „zu groß" sind. Die

zweite Stadt weist mehr als die halbe Einwohnerzahl der ersten Stadt auf, die dritte mehr als ein Drittel der ersten und so weiter. Bei einer konvexen Abweichung besitzen die der ersten Stadt nachfolgenden Städte zu viel an „Macht" oder Bedeutung oder die erste zu wenig – je nach Sichtweise. Einfache Erklärungsmuster zwischen der Stadtgrößenverteilung und dem Entwicklungsstand einer Gesellschaft erscheinen aber wenig angebracht.

6.2 Theorie der zentralen Orte

1933 hat WALTER CHRISTALLER seine ökonomisch-geographische Untersuchung über die Gesetzmäßigkeit der Verbreitung und Entwicklung der Siedlungen mit städtischen Funktionen unter dem Titel „Die zentralen Orte in Süddeutschland" veröffentlicht. Dieses Buch und der spezifische, modellhafte Denkansatz waren seiner Zeit weit voraus. Es dauerte Jahre, ja sogar Jahrzehnte, bis W. CHRISTALLER in Deutschland, und zwar in englischer Übersetzung, von der deutschsprachigen Geographie rezipiert wurde. Heute ist die Theorie der zentralen Orte fester Bestandteil jeder Stadtgeographie und dieses Studienbuch wäre unvollständig, wenn dieser Ansatz nicht erläutert werden würde.

6.2.1 Grundlegender Ansatz

WALTER CHRISTALLER wollte mit seiner Theorie die Größe, die Anzahl und die Verteilung der Städte erklären, wobei er als empirisches Beispiel Süddeutschland gewählt hat. Er hätte aber auch einen anderen Ausschnitt der Erdoberfläche wählen können, wo marktwirtschaftliche Bedingungen herrschen, denn auf die konkrete Geographie vor Ort kam es ihm eben nicht an. Er hat mit seinem Modell beansprucht, einen allgemeinen Ansatz bereitgestellt zu haben, der auch auf jedes andere Territorium anwendbar ist.

Die Größe, die Anzahl und die Verteilung der Städte leitet W. CHRISTALLER nicht aus dem historischen Werden oder naturräumlichen Gegebenheiten, sondern aus drei grundsätzlichen Prinzipien ab: dem Versorgungs- oder Marktprinzip, dem Verkehrsprinzip sowie dem Prinzip der Administration. W. CHRISTALLER selbst hat lediglich das Versorgungs- oder Marktprinzip theoretisch ausformuliert und die beiden anderen nur skizziert. „Drei Prinzipien bestimmen also, jedes nach eigener Gesetzlichkeit, das System der zentralen Orte, davon sind zwei ökonomisch ausgerichtet, das dritte aber politisch" (CHRISTALLER, W. 1933, 85).

Das Prinzip der Marktversorgung

Die Größe, Anzahl und Verteilung der Städte wird bei W. CHRISTALLER in erster Linie durch das Prinzip der Marktversorgung erklärt. Er geht dabei von der Versorgung der Bevölkerung mit Gütern und Dienstleistungen aus und berücksichtigt die Tatsache, dass auf einem Markt freie Preisbildung sowie Konkurrenz der Anbieter herrschen. Diese Konkurrenzsituation führt dazu, dass jedes Gut (bzw. jede Dienstleistung), welches von einem Produzenten hergestellt wird, nur über eine begrenzte Reichweite verfügt. Unter

Reichweite wird dabei die maximale Entfernung verstanden, bis zu der eine flächig verteilte Bevölkerung eine in einem zentralen Ort angebotene Dienstleistung in Anspruch nimmt oder ein Gut erwirbt. W. CHRISTALLER nennt dies auch die äußere Reichweite im Unterschied zu einer inneren Reichweite, die sich als Entfernung und damit als Zahl der Konsumenten definiert, ab der es sich überhaupt rechnet, ein bestimmtes Gut anzubieten.

Außerhalb der äußeren Reichweite kauft die Bevölkerung die Güter nicht oder nicht mehr an einem zentralen Ort, sondern an einem anderen, für sie näher gelegenen. Denn der Konsument muss nicht nur den Kaufpreis für das Gut bezahlen, sondern auch die Transportkosten einrechnen. W. CHRISTALLER nimmt an, dass die Konsumenten rational handeln und permanent abwägen, wo man einkaufen muss, damit der Kaufpreis für ein Gut plus die persönlichen Transportkosten sich auf ein Minimum beschränken.

Gekauft wird dort, wo die Distanz am geringsten ist und nicht, weil das Angebot so groß ist oder das Einkaufen gerade dort zum Erlebnis wird. Der Konsument ist also ein Homo Oeconomicus. Unterstellt wird auch, dass die Transportkosten proportional zur Entfernung von einem potenziellen Ort des Einkaufens ansteigen. Angenommen wird außerdem, dass die Bevölkerung dispers und gleichmäßig verteilt ist. Wenn diese Prämissen akzeptiert werden, dann entspricht die äußere Reichweite eines Gutes einem Kreis, wobei im Mittelpunkt das Gut oder die Dienstleistung angeboten wird und der Radius den gerade noch akzeptierten Transportkosten entspricht. Die Fläche dieses Kreises nennt W. CHRIS-

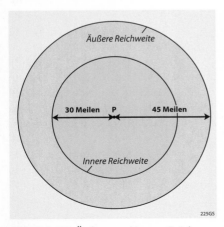

225GS

Abb. 6.2.1/1: Äußere und innere Reichweite

taller Ergänzungsgebiet und vermeidet die besetzten Begriffe wie Marktgebiet, Absatzgebiet, Umland, Hinterland, Einzugsbereich oder Ausstrahlungsgebiet.

Ein Unternehmer, der ein bestimmtes Gut verkaufen oder eine Dienstleistung anbieten möchte, wird seinen Standort dort suchen, wo keine Konkurrenz besteht. Er will sein Absatzgebiet maximal ausschöpfen und nicht mit einem anderen Anbieter teilen. Wenn alle Unternehmen so agieren, dann wird der Markt, also die Fläche eines Territoriums, in regelmäßig angeordnete zentrale Orte, die die Knotenpunkte eines Gitternetzes darstellen, aufgeteilt. Um sie herum sind dann die sie umgebenden kreisförmigen Ergänzungsgebiete, die einander berühren, angeordnet.

Die zunächst unversorgten Gebiete, die sich bei einer kreisförmigen Marktaufteilung ergeben, werden so aufgeteilt, dass Güter und Dienstleistungen dort bezogen werden, wo die Transportkosten am geringsten sind. Damit schieben sich die Reichweiten nach außen, bis keine unversorgten Gebiete übrig bleiben. Das Ergebnis ist die bekannte Sechseckstruktur. Ein zentraler Ort versorgt die Bevölkerung des Ergänzungsgebietes, welches als Sechseck beschreibbar ist, mit einem bestimmten Gut oder einer Dienstleistung.

Das Modell wird komplexer, weil die Konsumenten nicht nur ein Gut oder eine Dienstleistung nachfragen, sondern viele und unterschiedliche Güter und Dienstleistungen. Produkte für den täglichen Bedarf sind genauso zu berücksichtigen wie Produkte für den episodischen oder langfristigen Bedarf. Die Periodizität der Inanspruchnahme beeinflusst dabei die Reichweite. Ein sehr teures Gut kann nur selten gekauft werden und benötigt daher eine große innere und äußere Reichweite, damit die Anbieter dieses Gutes ökonomisch überleben können. Damit ein Autohändler für Luxusfahrzeuge, die nur selten verkauft werden, ein Geschäft eröffnen kann, muss er aber sicher sein, dass er konkurrenzfrei eine bestimmte Mindestzahl an potenziellen Käufern erreicht (innere Reichweite). Umgekehrt sind auch die Käufer bereit, für ein sehr teures Gut eine weite Distanz zurückzulegen, weil in Relation zum Kaufpreis die persönlichen Transportkosten gering sind (äußere Reichweite).

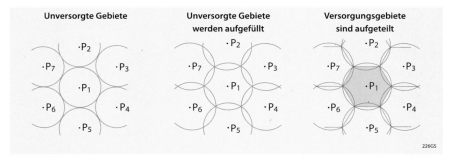

Abb. 6.2.1/2: *Sechseckmuster durch flächendeckende Reichweiten*

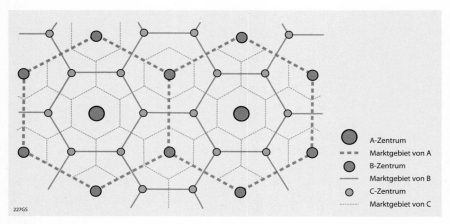

227GS

Abb. 6.2.1/3: *Das Netz der zentralen Orte*

Neue Anbieter von Gütern und Dienstleistungen sind nicht dispers verstreut, sondern sie halten sich an den Raster der bereits bestehenden zentralen Orte. Die Vielzahl an angebotenen Gütern und Dienstleistungen verleiht dem zentralen Ort eine zentrale Funktion. Orte, in denen viele Güter und Dienstleistungen angeboten werden, heißen zentrale Orte höherer Ordnung, während Orte mit einer Bedeutung, die nur bis zum nahen oder näheren Umfeld reicht, zentrale Orte niederer oder niederster Stufe genannt werden. Zentrale Orte der untersten Stufe (M-Orte) versorgen mit ihren Gütern eine geringe Bevölkerungszahl. Ein zentraler Ort der nächsten Stufe (ein A-Ort) bedient die „eigene" Bevölkerung mit den Gütern der M-Orte und zusätzlich mit den höherrangigen A-Gütern auch jeweils ein Drittel der Bevölkerung des niederrangigen M-Ortes. Die anderen beiden Drittel werden von zwei weiteren A-Orten versorgt. Das Einzugsgebiet eines A-Ortes besteht demnach aus drei M-Ergänzungsgebieten

(ein eigenes M-Einzugsgebiet plus sechsmal jeweils ein Drittel M-Einzugsgebiete) oder allgemein: Auf jeder Zentralitätsstufe enthält ein zentraler Ort drei Ergänzungsgebiete der nächst niedrigeren Stufe. Der Zurechnungsfaktor (k) beträgt somit drei, das Marktprinzip kann daher auch als k-3-Prinzip bezeichnet werden.

Das Verkehrsprinzip
Die Anordnung der zentralen Orte, nur nach dem Markt- oder Versorgungsprinzip erklärt, stimmt nur partiell mit dem realen Städtemuster überein. W. CHRISTALLER hat daher noch zwei weitere Prinzipien eingeführt. Das eine nennt er Verkehrsprinzip.

In dem Modell der zentralen Orte ergibt sich das Problem, dass Verkehrswege, die zentrale Orte höherer Ordnung verbinden, nicht gerade ausgeführt sein können, sondern im Zickzack verlaufen, was sicherlich nicht im Sinne einer effizienten Verkehrsverbindung ist. Wenn zwei benachbarte, hochrangige A-Orte durch eine gerade Straßenführung miteinander verbunden werden, dann bleibt der nächstrangige M-Ort abseits. Zentrale Orte können daher auch aufgrund des Kriteriums einer effizienten Verkehrsanbindung angeordnet werden. Also nicht die optimale Marktversorgung steht im Vordergrund, sondern die verkehrsmäßige Erschließung mit möglichst kurzen Wegstrecken. „Das Verkehrsprinzip lässt eine solche Verteilung der zentralen Orte als die günstigste erscheinen, bei der möglichst viele wichtige Orte an einem möglichst geraden und billigen herzustellenden Verkehrsweg zwischen zwei bedeutenderen Städten liegen, während die unwichtigen Orte abseits gelassen werden können" (CHRISTALLER, W. 1933, 79). Gelangt dieses Prinzip zur Anwendung, dann muss die Zahl der zentralen Orte erhöht werden, damit das gesamte Gebiet versorgt wird. Aus der Zuordnung von drei Ergänzungsgebieten pro zentralem Ort (k-3-Prinzip) werden vier, jeweils kleinere Ergänzungsgebiete (k-4-Prinzip). „Man sieht sofort, dass, wenn die zentralen Orte nach dem Verkehrsprinzip verteilt sind, eine wesentlich höhere Anzahl von zentralen Orten jedes Größentyps erforderlich ist, um das Gebiet mit zentralen Gütern der entsprechenden Reichweite zu versorgen – es widerspricht also dem Versorgungsprinzip, das bestrebt ist, mit einer möglichst geringen Anzahl auszukommen" (CHRISTALLER, W. 1933, 81).

Das Administrativprinzip (Absonderungsprinzip)

Das dritte Prinzip lautet bei W. CHRISTALLER Administrativprinzip (Absonderungsprinzip), womit die Art und Weise der administrativen Zuordnung von zentralen Orten niederer Ordnung zu jenen höherer Ordnung gemeint ist. Beim Markt- oder Versorgungsprinzip wurde jeweils ein Drittel des Ergänzungsgebiets dem zentralen Ort höherer Ordnung zugeordnet, womit ausgedrückt wird, dass ein Drittel der Bevölkerung die höherrangigen Güter in dem einen höherrangigen Ort einkauft, die anderen zwei Drittel aber in den beiden anderen. Bei einer politisch-administrativen Gliederung wäre diese Teilung nicht akzeptabel. Dies würde bedeuten, dass ein Drittel der Bevölkerung das Amtsgericht des Ortes x und ein anderes jenes des Ortes y aufsuchen soll. Politisch-administrative Zuordnungen müssen eindeutig sein, deshalb schließt das Ergänzungsgebiet des höherrangigen Ortes die vollständigen Ergänzungsgebiete der nächstniedrigen mit ein (k-7-Prinzip).

6.2.2 Weiterentwicklungen und Kritik

A. LÖSCH veröffentlichte 1940 „Die räumliche Ordnung der Wirtschaft", in der ebenfalls die Verteilung von Siedlungen thematisiert wurde. A. LÖSCH argumentiert stärker ökonomisch und stellt die Standortfrage eines Betriebes (einer Brauerei) in den Mittelpunkt seiner Analyse. Auch er kommt zu einem hexagonalen Marktgebiet, welches aus den Geboten der Marktversorgung, des Preises und der Transportkosten resultiert, gibt aber die strikte Hierarchiebedingung auf. Ein zentraler Ort höherer Stufe muss nicht alle Güter des Ortes niedrigerer Stufe anbieten. Ein Nachbarort mit einer gleich hohen Zentralitätsstufe ergänzt möglicherweise das Angebot, und die Bewohner des Ortes der unteren Stufe kaufen sowohl in dem einen als auch in dem anderen übergeordneten Zentrum. Damit fällt aber auch die strikte Zuordnung der Einzugsgebiete im Sinne des k-3-Prinzips weg.

Das System der Marktnetze (nach A. Lösch), die einander unterschiedlich überlagern, ergibt ein komplexes Gesamtgefüge. Diese Überlagerung zielt auch darauf ab, städtereiche und städtearme Sektoren abzubilden. A. Lösch verzichtet damit auf die realitätsferne Annahme der gleichen Bevölkerungsverteilung und lässt unterschiedlich dicht besiedelte Teileinheiten zu.

Einen anderen Ansatz zur Erklärung einer gegebenen Siedlungsverteilung wählte M. Dacey (1966). Er löste sich von den deterministischen Annahmen der Regionalökonomie und argumentierte mit statistischen Wahrscheinlichkeiten. Dabei werden bestimmte Annahmen hinsichtlich der Dichte der Städte in regionalen Einheiten getroffen und in weiterer Folge die Verteilung dieser Städte simuliert. M. Dacey kann nachweisen, dass allein aufgrund dieser Wahrscheinlichkeitsannahmen das Stadtsystem von Iowa „reproduzierbar" ist.

In eine ähnliche Richtung ist L. Curry (1964) gegangen, der das Verhalten von Konsumenten und Unternehmen von den strikten Zwängen der Transportkosten löste und Aspekte des Zufalls und der Unsicherheit berücksichtigte. In welchem Ort die Konsumenten ihre Konsumbedürfnisse befriedigen, hat auch etwas mit Zufall zu tun und ist nicht strikt deterministisch, sondern probabilistisch aufzufassen. Ähnlich verhalten sich Unternehmer, wenn sie ein bestimm-

tes Gut anbieten. Auch in diesem Fall läuft in einem begrenzten Umfang ein Wahrscheinlichkeitsprozess ab. Die Siedlungsverteilung ist damit nicht nur das Ergebnis ökonomischer Rationalitäten, sondern auch ein Resultat des Zufalls.

Eine andere Weiterentwicklung betrifft die Übertragung des zentralörtlichen Systems auf die innerstädtische Verteilung von Einzelhandelsstandorten. Dabei findet jedoch nur das Marktprinzip seine Anwendung, während das Administrativ- und das Verkehrsprinzip unberücksichtigt bleiben. Aus der Reichweite der Geschäftszentren (Geschäftsstraßen) wird demnach auf deren funktionale Bedeutung für die zu versorgende Bevölkerung geschlossen. Manche Geschäftszentren versorgen nur die unmittelbar benachbarte Wohnbevölkerung, andere dagegen die gesamte Stadt. Aufgrund dieses Reichweitekriteriums ergibt sich eine Ausweisung von Nachbarschafts-, Viertels- und Regionalzentren.

Die Reichweite von angebotenen Gütern und Dienstleistungen ist im zwischenstädtischen Bereich eine Funktion der Spezialisierung. Je spezialisierter ein Gut ist, desto größer muss die Reichweite sein, damit es überhaupt angeboten werden kann. Im innerstädtischen Bereich wird die Spezialisierung durch die Ballung von gleichartigen Geschäften ersetzt. Je stärker Geschäfte einer Branche an einem Standort konzentriert auftreten, desto größer ist die Reichweite dieses Standortes. Eine tragende Bedeutung nehmen dabei die Güter des periodischen Bedarfs, insbesondere der Textil- und Bekleidungssektor ein. Die Rangordnung von innerstädtischen Zentren (bzw. Einkaufsstraßen) wird maßgeblich durch das Ausmaß der Ballung und der Qualität der angebotenen Waren bestimmt.

Neben der Weiterentwicklung sind auch die kritischen Einwände anzuführen. Sie konzentrieren sich zunächst auf die Annahme eines freien und ungehinderten Marktes mit der damit verbundenen ökonomischen Rationalität der Akteure. Menschen handeln nicht immer rational, sie besitzen nur in den seltensten Fällen vollständige Informationen über das Angebot und den Preis von Gütern und Dienstleistungen und die Prämisse der vollständigen Konkurrenz auf dem Markt muss in Frage gestellt werden. Dazu kommen die spezifischen Annahmen des Modells, die eine gleichmäßige Verteilung der Bevölkerung, die Ausblendung der topographischen Gegebenheiten und die vereinfachte Gleichsetzung von Distanz mit Transportkosten ebenso voraussetzen wie die räumliche Gleichverteilung der Ansprüche und der Kaufkraft.

Neben dieser allgemeinen Kritik ist eine spezifische anzuführen, die sich aus den Erkenntnissen der Einzelhandelsforschung ergibt: Diese zeigt nämlich sehr deutlich, dass ein ausschließlich rationales Kaufverhalten, welches sich am Produktpreis und den Transportkosten orientiert, immer weniger der realen Situation entspricht. Das Einkaufsverhalten wird vielmehr von der Angebotspalette des Zielortes bestimmt, von der Möglichkeit, mehrere Aktivitäten oder Besorgungen zu koppeln, von der Attraktivität der Geschäfte oder des unmittelbaren Umfeldes. Mit der Koppelung tritt eine Reduktion des Zeit-, Kosten- und

Müheaufwandes für das einzelne Gut ein, sodass die akzeptierbaren Transportwege von Seiten des Konsumenten sehr viel länger werden.

Dazu kommen außerökonomische Gründe: Eine attraktive Altstadt kann auch dann Konsumenten an sich binden, wenn die Preise vielleicht höher sind als an anderen Orten. Das von vielen als angenehm empfundene Ambiente eines Shoppingcenters bewirkt, dass auch größere Distanzen überwunden werden. Viele nehmen auch längere Fahrtkosten in Kauf, wenn dafür genau das „richtige" Angebot vorhanden ist, wenn die Gelegenheit besteht, unterschiedliche Freizeiteinrichtungen mit dem Einkauf von Lebensmitteln zu verbinden oder wenn das Einkaufen zu einem Erlebnis wird. Das alles hat wenig mit einer kritischen Kalkulation von Preisen und Fahrtkosten zu tun.

Zu berücksichtigen ist auch, dass mit der Vollmotorisierung und den relativ geringen laufenden Kosten, bezogen auf eine Wegstrecke, die ein Autobesitzer zu bezahlen hat, die Frage der Transportkosten bei der Anschaffung von Gütern oder der Inanspruchnahme von Dienstleistungen in der Bedeutung deutlich zurückgetreten ist. Das Einkaufsverhalten ist immer weniger distanzsensitiv und wird immer mehr durch andere, außerökonomische Faktoren gesteuert. Damit wird aber auch eine Abgrenzung der zentralen Orte im Umland der Städte nahezu unmöglich, denn eine fixe Zuordnung von Konsumenten, die ihre Konsumbedürfnisse nur in bestimmten zentralen Orten befriedigen, entspricht immer weniger der Realität des Verbraucherverhaltens (Polyorientierung).

6.2.3 Empirische Messung von Zentralität

Das Modell der zentralen Orte, die damit verbundene Denkweise und die Terminologie haben sich aber trotz aller Kritik durchgesetzt und Begriffe wie zentraler Ort haben fast schon Eingang in die Umgangssprache gefunden. Dazu hat auch der instrumentelle Gebrauch des Modells der zentralen Orte in der Raumordnung beigetragen. Die Frage, wie zentral ein zentraler Ort ist, interessiert die Politik genauso wie die Bevölkerung, weil damit etwas über die Bedeutung einer Stadt ausgesagt wird. Aber wie kann die Zentralität eines Ortes gemessen werden? Die einschlägige Forschung ist zu drei Untersuchungsansätzen zusammenzufassen (HEINEBERG, H. 2000, 87 ff.):

- die Analyse der Ausstattung der zentralen Orte (Katalogmethode),
- die Erfassung der Reichweite des zentralen Ortes und
- die indirekte Bestimmung der Zentralität durch die amtliche Statistik.

Katalogmethode

Die Katalogmethode basiert auf der Erfassung der in den zentralen Orten angebotenen Güter und Dienstleistungen. Sie stützt sich auf das k-3-Prinzip der Marktversorgung und das k-7-Prinzip der administrativen Funktion. Die Erfassung der Verkehrszentralität bleibt ausgeblendet.

Im Rahmen der Katalogmethode wird in der Regel keine Kompletterfassung aller Güter und Dienste vorgenommen, sondern die Zentralität nur anhand einer bestimmten Auswahl an Gütern und Dienstleistungen (daher die Bezeichnung Katalog) überprüft. W. CHRISTALLER selbst hat neben der Telefonmethode – die Anzahl der Telefonanschlüsse pro Einwohner diente als Indikator für den Bedeutungsüberschuss und damit für die Zentralität – die Katalogmethode vorgeschlagen und dabei insgesamt neun Gruppen von spezifischen Einrichtungen empfohlen (Einrichtungen der Verwaltung, des Handels und Geldverkehrs, Einrichtungen von kultureller und kirchlicher Bedeutung u. v. m.). Aus der Gruppe „Verwaltung" soll seiner Ansicht nach das Vorhandensein eines Standesamtes, eines Amtsgerichts, eines Landgerichts und einer Behörde der Landesregierung überprüft werden, um Hinweise auf die Zentralität des Ortes zu erhalten.

H. BOBEK und M. FESL (1978) haben insgesamt 182 Dienstleistungen aus den Bereichen der privatwirtschaftlichen Dienstleistungen, der gesetzten Dienstleistungen der öffentlichen Hand (z. B. Gericht, Schule, Universität) sowie der offiziösen oder halbamtlichen Dienstleistungen, deren Standorte einer gewissen Kontrolle unterliegen (z. B. Gebietsschutz bei Notaren, Apotheken), verwendet. Mithilfe von Adressverzeichnissen, Telefonbüchern, Branchenregistern oder – in Österreich – Amtskalendern kann in weiterer Folge die Häufigkeit des Vorkommens der ausgewählten Dienste erhoben werden. Selten vorkommende Dienste sind Hinweise auf einen zentralen Ort höherer Ordnung, häufig vorkommende Dienste dagegen auf einen zentralen Ort niederer Stufe.

Die Katalogmethode dient der Einstufung der Zentralität eines Ortes, nicht jedoch der Bestimmung der Größe des Ergänzungsgebietes und damit des zentralörtlichen Bereichs. Darin liegt auch eine wissenschaftliche Leistung von HANS BOBEK und

Maria Fesl, die für einen Gesamtstaat die zentralen Orte aufgrund der Kombination von Katalogmethode und Reichweitenerhebung bestimmt haben.

Die Katalogmethode stellt eine valide und vergleichsweise kostengünstige Möglichkeit der Einstufung dar. Ihre Schwäche liegt in der Auswahl der Dienste, die dahingehend kritisch zu überprüfen ist, ob sie tatsächlich „Zentralität" abbildet sowie in der fehlenden Gewichtung. Ein Buchhandelsgeschäft kann klein sein und eine geringe Reichweite aufweisen oder groß, spezialisiert und mit entsprechend höherer Reichweite ausgestattet sein. W. Christaller selbst hat schon auf die fehlende Berücksichtigung der „Qualität" der angebotenen Dienste aufmerksam gemacht. Seit H. Bobek wurde daher das Kriterium des Spezialisierungsgrades von Geschäften und Dienstleistungen durch das Vorhandensein von Kettenläden und Filialen ersetzt.

Bestimmung der Reichweite (Umlandmethode)

Der zweite Zugang zur Zentralitätsmessung besteht in der Erfassung der Reichweiten der zentralen Orte. Je höher der Rang der zentralen Orte, desto größer ist ihre Reichweite. Im Bereich der so genannten gebundenen Zentralität der gesetzten Dienste der öffentlichen Hand (k-7-Prinzip) ist die Abgrenzung der zentralörtlichen Bereiche relativ einfach, denn sie ist häufig klar definiert. Gerichte haben Standorte und klare territoriale Zuständigkeitsbereiche, ebenso Finanzämter oder Verwaltungsstellen der amtlichen Administration. Daraus lassen sich klare Bereiche abgrenzen, die wiederum auf die Zentralität der zentralen Orte zurückzuführen sind.

Schwieriger wird die Abgrenzung der Reichweiten der privatwirtschaftlichen Dienste, denn diese weisen keinen Gebietsschutz und damit auch keine klar definierten Einzugsbereiche auf. Sie müssen in aufwändigen Verfahren bestimmt werden. Eine Methode zur Bestimmung der so genannten freien Zentralität besteht in der Befragung von Konsumenten. Wo kaufen diese welche Güter ein? Aus den Antworten können die zentralörtlichen Bereiche bei aller Unschärfe, die sich aus einer Befragung ergibt, abgegrenzt werden. Die Konsumenten können am Wohnort befragt werden oder in den Hauptgeschäftszentren der zentralen Orte, wobei die Angabe der Postleitzahl des Wohnortes bereits ausreicht. Werden die Befragungsergebnisse in unterschiedlichen Hauptgeschäftszentren summiert, dann kann die spezifische Reichweite für einen zentralen Ort festgestellt werden.

Befragungen müssen, damit sie nicht allzu großen Zufallsschwankungen unterliegen, eine einigermaßen große Stichprobe umfassen, und die Probanden selbst sollen zufallsgesteuert ausgewählt werden. Der Aufwand zur Gewährleistung einer guten Qualität bei diesen Befragungen ist sehr hoch. Daher finden sich in einschlägigen Forschungen auch alternative Zugänge. So lässt sich von den Autokennzeichen, wenn dies grundsätzlich möglich ist, auf den Zulassungsort schließen. Die Unterstellung, dass dieser Zulassungsort mit dem Wohnort identisch ist, stimmt zwar nicht immer, aber in vielen Fällen. Durch die Aufnahme der Zulassungsorte der parkenden oder fahrenden Autos kann – sehr grob und fehlerbehaftet, aber dennoch – auf die Reichweite eines Geschäftszentrums geschlossen werden.

Oder es werden nicht die Konsumenten befragt, sondern Schlüsselpersonen, die Auskunft geben können, wo ihrer Ansicht nach die meisten Konsumenten bestimmte Güter einkaufen. Bürgermeister, Gemeindesekretäre oder Grundschullehrer, die ihre Schüler und deren Eltern in der Regel gut kennen, geben indirekt über das Einkaufsverhalten und damit über die Reichweite zentralörtlicher Bereiche Auskunft. Es können Kundenkarteien, Auslieferungsbücher oder Bestelllisten ausgewertet werden, die etwas über die räumliche Herkunft der Kunden aussagen. Auch dies lässt – bei aller Unschärfe – gewisse Rückschlüsse auf zentralörtliche Bereiche erkennen.

Indirekte Bestimmung durch die amtliche Statistik

Ein dritter Zugang zur Bewertung des zentralörtlichen Ranges besteht in der Auswertung von amtlichen statistischen Quellen. Wenn die in einem Ort angebotenen Güter und Dienste etwas mit der Zentralität dieses Ortes zu tun haben, dann kann aus der Größe des Dienstleistungssektors indirekt auf den zentralörtlichen Rang geschlossen werden. Damit ist zwar nichts über die Reichweite ausgesagt, aber es ist anzunehmen, dass ein sehr großer Dienstleistungssektor seine Dienste und Güter nicht nur für den lokalen Bedarf anbietet.

Die Größe des Dienstleistungssektors kann über entsprechende Beschäftigtenzahlen gemessen werden, wobei sowohl die Verwendung absoluter als auch relativer Beschäftigtenzahlen im tertiären Sektor Probleme bereitet. Werden absolute Werte verwendet, dann wird mehr der Größeneffekt eines zentralen Ortes, nicht jedoch dessen Zentralität erfasst, verwendet man dagegen relative Werte, dann wird nichts über die Größe und damit über die Reichweite des zentralen Ortes ausgesagt (BLOTEVOGEL, H. 1983). Aber diese Methode ist vergleichsweise billig und liefert vergleichbare Ergebnisse.

6.2.4 Das Modell der zentralen Orte als normatives Konzept

W. CHRISTALLER hat ein analytisches Modell geschaffen, welches dazu dient, die komplexe Realität auf ein vereinfachtes Gerüst von theoretischen Aussagen zu reduzieren. Die Raumordnung hat dieses Modell dankbar aufgegriffen und ein normatives Instrument daraus gemacht. Eine Zentrale-Orte-Politik wurde und wird zum Entwicklungs- und Ordnungsinstrument der öffentlichen Hand. Die Idee ist plausibel: Zentrale Orte stellen die „natürlichen" Zentren für ihr Umland dar. Infrastrukturen und Investitionen der öffentlichen Hand sind daher auf diese Zentren hin zu konzentrieren, denn diese versorgen in weiterer Folge ihr Umland. Die Konzentration der Einrichtungen in den zentralen Orten erleichtert die Verkehrserschließung und fördert möglicherweise die Funktion dieses Zentrums als ein regionalökonomischer Wachstumspol. Zentrale Orte sichern damit die „gerechte" und gleichwertige Versorgung der Bevölkerung und verhindern eine flächige und disperse Verbreitung von Dienstleistungseinrichtungen (Schulen, Notare, Arztpraxen). Die raumordnerische Bevorzugung der zentralen Orte führt dazu, dass Städte und Gemeinden anstreben, als zentrale Orte eingestuft zu werden. Sobald eine Gemeinde als zentraler Ort einer bestimmten Stufe klassifiziert wird, erhält sie mehr Aufmerksamkeit der öffentlichen Hand und möglicherweise auch durch private Investoren und in weiterer Folge tatsächlich mehr Arbeitsplätze, Unternehmen sowie insgesamt mehr Funktionen für das Ergänzungsgebiet. Die Kategorisierung einer Stadt als zentraler Ort kann somit einen entwicklungspolitischen Impuls darstellen.

Die Einstufung der Gemeinden hinsichtlich ihrer Zentralität stellt daher ein heikles Unterfangen dar. Klassifikationsschemata müssen einigermaßen abgesichert, klar definiert und allgemein akzeptiert sein. In Deutschland beispielsweise einigte sich die **M**iniste**rk**onferenz für **R**aum**o**rdnung (MKRO) auf eine verbindliche Definition und bundeseinheitliche Ausstattungsmerkmale für die verschiedenen Zentralitätsstufen. Demnach sind in Unterzentren (auch Grundzentren genannt) die Güter des täglichen Bedarfs zu finden. Unterzentren sind mit einer Hauptschule, mit einer Arztpraxis, mit einer Apotheke sowie Einzelhandels- und Handwerksbetrieben ausgestattet.

In einem Mittelzentrum werden Waren und Dienste des gehobenen, über die Grundversorgung hinausgehenden Bedarfs angeboten. In Mittelzentren finden sich weiterführende Schulen, Berufs-, Sonder- und Volkshochschulen, ein Krankenhaus sowie ein Hallenbad und Sporteinrichtungen. Ein Mittelzentrum soll mindestens 7 000 Ew. und das Ergänzungsgebiet mindestens 40 000 Ew. umfassen. In den Oberzentren sollen spezialisierte, episodische und langfristige Bedürfnisse der Bevölkerung nach Waren und Diensten befriedigt werden. Oberzentren sollen mindestens 100 000 Ew. und das dazugehörige Ergänzungsgebiet eine Bevölkerung von 500 000 Ew. aufweisen. Zu den Einrichtungen gehören nach der MKRO neben den auch auf unterer Stufe vorhandenen Institutionen noch höhere Verwaltungsbehörden, Hochschulen, Theater, Kliniken und anderes mehr. Um diese Gliederung besser an die Realität anzupassen und auch ein Mehr an politischem Spielraum zu ermöglichen, werden noch Zwischenstufen eingeführt, wie zum Beispiel jene eines zentralen Ortes unterer Stufe mit Teilfunktionen eines zentralen Ortes mittlerer Stufe.

Besonders gegen diese Praxis spricht sich der Abschlussbericht einer Arbeitsgruppe der ARL zur Weiterentwicklung des Zentrale-Orte-Konzepts aus (Blotevogel, H. 2002). Dieser plädiert für vier Stufen bei der Ausweisung (Grund-, Mittel- und Oberzentren sowie Metropolregion) und die Möglichkeit, zentralörtliche Sonderformen (z.B. Einkaufszentren) gesondert zu berücksichtigen. Wichtiger vielleicht noch ist die Kritik an der Funktionszuweisung, die in der Regel immer ganze Gemeinden betrifft. Genau dies geht an der Realität in einem steigenden Ausmaß vorbei. Großflächige Gemeinden werden als Ganzes als zentraler Ort ausgewiesen, obwohl das eigentliche Zentrum nur einen kleinen Teil der Fläche ausmacht. Dann wiederum werden Stadtrandgemeinden als eigener zentraler Ort eingestuft, obwohl diese funktionell zum entsprechenden

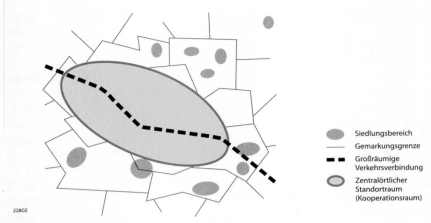

228GS

Abb. 6.2.4/1: *Transkommunale Kooperationsräume*

Oberzentrum gehören. Anstelle dessen
wird empfohlen, zentrale Orte als Stand-
ortcluster zentraler Einrichtungen auszuweisen, und zwar unabhängig von den
Gemeindegrenzen.

Zum Einlesen

BLOTEVOGEL, H. (Hrsg.): Fortentwicklung des Zentrale-Orte-Konzepts. – Forschungs- und
Sitzungsberichte der ARL 217, Hannover 2002.
Der Band 217 der Forschungs- und Sitzungsberichte
der ARL enthält eine Reihe von interessanten Beiträgen, die sich mit der Fortentwicklung des Zentrale-
Orte-Konzepts befassen.

HAGGETT, P.: Geographie. Eine globale Synthese.
– Ulmer UTB, Stuttgart 2004.
Im Kapitel 14.3 (446–465) offeriert P. HAGGETT eine
knappe Zusammenstellung des Modells der zentralen
Orte nach W. CHRISTALLER. Als einführender Text ist
dieser Beitrag gut verwendbar.

DICKEN, P. & P. LLOYD: Standort und Raum – Theoretische Perspektiven in der Wirtschaftsgeographie. – Verlag Eugen Ulmer, Stuttgart 1999.
In dem einleitenden Kapitel („Die räumliche Organisation ökonomischer Aktivitäten: ein vereinfachtes
Modell") wird die komplexe Begründung für die
Herausbildung eines zentralörtlichen Systems vorgestellt. Der Text ist als einführender Lesestoff gut
geeignet.

WEICHHART, P., H. FASSMANN & W. HESINA: Zentralität
und Raumentwicklung. – ÖROK Schriftenreihe
167, Wien 2005.
Der Band 167 der ÖROK-Schriftenreihe befasst sich
mit den theoretischen Grundlagen des Zentralitäts-
konzepts und enthält eine Reihe von Neuerungen,
die notwendig sind, um das Konzept an veränderte
gesellschaftliche Realitäten anzupassen.

Gesamtübersichten

CHRISTALLER, W.: Die zentralen Orte in Süddeutsch-
land. – Jena/Darmstadt 1933 (reprografischer
Nachdruck der 1. Auflage durch die WBG,
Darmstadt 1980).

KING, L.: Central Place Theory. Scientific Geography Series 1. – Sage Publications, Beverly Hills
1984.

LÖSCH, A.: Die räumliche Ordnung der Wirtschaft.
– Fischer Verlag, Jena 1940.

Zusammenfassung

- Existiert ein Zusammenhang zwischen der Funktion und Größe der Städte eines Staates oder einer Region? Wie kann die Funktion bestimmt werden, und wie lassen sich Prinzipien finden, die das Verteilungsmuster der Städte erklären? 1933 hat WALTER CHRISTALLER diese Fragen beantwortet und seine ökonomisch-geographische Untersuchung über die Gesetzmäßigkeit der Verbreitung und Entwicklung der Siedlungen mit städtischen Funktionen unter dem Titel „Die zentralen Orte in Süddeutschland" veröffentlicht.

- Die Größe, Anzahl und Verteilung der Städte werden bei W. CHRISTALLER in erster Line durch das Prinzip der Marktversorgung erklärt. Er geht dabei von der Versorgung der Bevölkerung mit Gütern und Dienstleistungen aus und berücksichtigt die Tatsache, dass auf einem Markt freie Preisbildung sowie Konkurrenz der Anbieter herrschen. Die angebotenen Güter und Dienste haben dabei unterschiedliche Reichweiten und Periodizitäten. Selten nachgefragte Güter und Dienste werden nur in wenigen Orten angeboten, Güter und Dienste des täglichen Bedarfs dagegen an vielen Orten. An wenigen Orten wird die volle Palette kurz- und langfristiger Güter und Dienstleistungen offeriert, an vielen Orten nur ein eingeschränktes Angebot. Ein hierarchisch abgestuftes System der zentralen Orte ist die Folge mit einigen wenigen zentralen Orten und sehr vielen niedrigrangigen.

- Gemessen wird die Zentralität eines Ortes durch die Erfassung der in den zentralen Orten angebotenen Güter und Dienste (Katalogmethode), durch die Bestimmung der Reichweiten der in den zentralen Orten angebotenen Güter und Dienste (Erfassung der Wohnorte der Konsumenten) sowie indirekt über die Zählung der im Dienstleistungssektor beschäftigten Personen. Das Ergebnis ist jedenfalls eine Auskunft darüber, welche zentralörtlichen Funktionen eine Stadt (bzw. Siedlung) besitzt.

- Die Raumordnung hat das Modell der zentralen Orte aufgegriffen und ein normatives Instrument daraus gemacht. Die Idee ist plausibel: Zentrale Orte stellen die „natürlichen" Zentren für ihr Umland dar. Infrastrukturen und Investitionen der öffentlichen Hand sind daher auf diese Zentren hin zu konzentrieren, denn diese versorgen in optimaler Weise ihr Umland. Die Konzentration der Einrichtungen in den zentralen Orten erleichtert die Verkehrserschließung und fördert möglicherweise die Funktion dieses Zentrums als ein regionalökonomischer Wachstumspol. Zentrale Orte sichern damit die „gerechte" und gleichwertige Versorgung der Bevölkerung und verhindern eine flächige und disperse Verbreitung von Dienstleistungseinrichtungen (Schulen, Notare, Arztpraxen). Nachteilig wirkt sich jedoch die Selbstverstärkung aus (werden zentrale Orte als solche eingestuft, dann erhalten sie durch die öffentliche Hand weitere zentralörtliche Funktionen) sowie die geringe Dynamik. Es dauert lange, bis die Raumordnung die „Aufsteiger" im zentralörtlichen System zur Kenntnis genommen hat und diese als zentrale Orte ausweist.

6.3 Theorie der Global City

Mit der Internationalisierung und Globalisierung der politischen und wirtschaftlichen Bezüge geht die Bedeutung der nationalstaatlichen Grenzen zurück, und die nationalen Städtesysteme mit ihren zahlreichen Unterzentren und einigen wenigen Oberzentren werden in Frage gestellt. Der Ansatz der Global Cities füllt diese konzeptionelle Lücke aus und postuliert die Herausbildung einer neuen Hierarchieebene. Global Cities fungieren dabei in einer globalisierten Welt als die Steuerungs- und Kontrollzentralen der global agierenden Ökonomien und werden als die neuen Weltzentren den nationalen Oberzentren übergeordnet. In diesem Zusammenhang stellt sich die Frage nach den Effekten auf nationale zentrale Orte und die Gültigkeit der Zentrale-Orte-Theorie auf einer globalen Ebene. Schließlich geht es auch um die Messung der Bedeutung der Global Cities analog zur Messung des zentralörtlichen Ranges.

6.3.1 Konzeptioneller Ansatz

Das Modell der zentralen Orte von W. CHRISTALLER kann als eine konsumentenorientierte Standorttheorie des tertiären Sektors interpretiert werden. Das Modell ist restriktiv hinsichtlich der Annahmen, aber dafür einigermaßen geschlossen hinsichtlich der verwendeten Terminologie und Argumentation. Das Global-City-Konzept ist im Vergleich dazu weniger geschlossen und restriktiv, aber dafür allgemeiner und leichter mit empirischen Beobachtungen in Einklang zu bringen. Im Konzept der Global Cities geht es nicht um Konsumenten, die bestimmte Güter und Dienste nachfragen, sondern um die Kontrolle und Steuerung einer internationalen Wirtschaft. Global Cities besitzen daher ebenfalls Reichweiten, und sie bieten auch zentrale Güter und Dienste an, der Konsument spielt jedoch keine Rolle. Nicht er ist es, der zentrale Güter und Dienste in Anspruch nimmt, sondern Unternehmen decken bestimmte Bedürfnisse in den Global Cities ab. Das Ergänzungsgebiet der Global Cities besteht nicht aus dem näheren oder weiteren Umland, sondern aus der „Welt", und es ist auch nicht als geschlossenes Gebiet aufzufassen, sondern eher als eine Summe von einzelnen Knotenpunkten und Interaktionsbereichen.

Das Global-City-Konzept kann – verkürzt formuliert – als eine unternehmensorientierte Standorttheorie des quartären Sektors bezeichnet werden. Der quartäre Sektor umfasst dabei alle unternehmensorientierten Dienstleistungssektoren wie Finanzdienste, rechtliche Dienstleistungen und Versicherungen. Das Konzept wurde vor dem Hintergrund einer zunehmenden Globalisierung formuliert, wobei diese wiederum auf drei Teilprozesse zurückzuführen ist:

1. Die Raum-Zeit-Konvergenz bei der globalen Kommunikation kann als „Hardware-Voraussetzung" der Globalisierung betrachtet werden. Sie besagt, dass zur Überbrückung von Distanzen immer weniger Zeit benötigt wird, wodurch sich die räumliche und zeitliche Dimension verringert und letztlich auf einen dimensionslosen Zustand hinsteuert. Am Ende eines Prozesses der Raum-Zeit-Konvergenz werden in allen Orten

der Erde gleichzeitig Informationen vorhanden sein oder von diesen abgerufen werden können. Orte fallen gleichsam zusammen und sind nicht mehr zeitlich und räumlich getrennt. Informationen sind fast überall und immer vorhanden und führen zum Entstehen des „Global Village". Raum-Zeit-Konvergenz basiert dabei auf vergleichsweise billigen Verkehrsmitteln und auf der Informations- und Kommunikationstechnologie, die eine intensive Vernetzung aller Orte der Erde erlaubt.

2. Die Deregulierung der Märkte wurde zu einem zentralen Paradigma des wirtschaftspolitischen Handelns. Die Märkte wurden geöffnet und die nationalstaatliche Protektion in Form von Schutzzöllen und spezifischen Bestimmungen weitgehend verdrängt. Eine weltweit verteilte Produktion und ein Global Sourcing wurden möglich, und die damit verbundenen komparativen Kostenvorteile führten zu unternehmerischen Wettbewerbsvorteilen. Weil alle Unternehmen diese Vorteile nützen wollen, setzt eine Spirale der Kostensenkung ein, die zu größeren Einheiten und zur Beschleunigung des globalen Wettbewerbs führt.

3. Politisch gestützt wird die Globalisierung durch den Rückzug des Nationalstaates. Der nationale Raum wird durch einen globalen Raum ersetzt, der eigene politische Institutionen aufbaut, die im globalen Raum für die politische, ökonomische oder auch soziale Regulation sorgen (z. B. Welthandelsorganisation, Internationaler Währungsfonds, die UNO, die EU, IOM, ILO).

Mit dem Prozess der Globalisierung verändern sich politische und wirtschaftliche Machtstrukturen. Die Kontroll- und Entscheidungskompetenzen verlagern sich von den Nationalstaaten in Richtung internationale Organisationen sowie in die Konzernzentralen multinational agierender Unternehmen. Dort, wo die Konzernzentralen und die internationalen Institutionen ihre Standorte haben, fallen die wesentlichen Entscheidungen mit weltweiter Reichweite. Die Orte der Entscheidung werden zu strategischen Orten der Globalisierung.

Global Cities (SASSEN, S. 1991) spielen als strategische Orte eine wichtige Rolle, denn sie beherbergen die politischen Institutionen und die Konzernzentralen oder zumindest jene Abteilungen, die strategische Entscheidungen treffen. Die Global Cities besitzen eine Command- und Control-Funktion, die etwas Anderes ist als die Versorgungsfunktion der zentralen Orte nach W. CHRISTALLER. In den Global Cities wird nicht die Bevölkerung versorgt, sondern die international tätige Wirtschaft kontrolliert und gesteuert.

Eine Command- und Control-Funktion üben nicht nur die „Headquarter" der multinationalen Unternehmen aus, sondern auch der unternehmensorientierte Finanz- und Dienstleistungssektor, der zu einem quartären Sektor zusammenzufassen ist. Dieser umfasst den so genannten „FIRE"-Sektor („Finance", „Insurance" und „Real Estate") sowie Unternehmensberatungen, Werbeagenturen und andere spezialisierte Dienstleistungen, die für weitere Unternehmen arbeiten. Der unternehmensorientierte Dienstleistungsbereich wird zur wichtigsten und neuen „Industrie" in den Global Cities, während die alte und traditionelle Industrie ihre

Bedeutung für die Mehrwertproduktion verliert. Die Konzentration und die Konkurrenz innerhalb der unternehmensorientierten Dienstleister fördern die Entwicklung von Innovationen, neuen Produkten und neuen Strategien.

Die Global Cities sind schließlich noch immer Marktplätze, aber ihre Reichweite ist eine globale, und die Produkte, die darauf gehandelt werden, sind weniger materielle Güter, sondern immaterielle Informationen, Wissen und Innovationen. Es ist für ein erfolgreiches Investmenthaus wichtig, ja geradezu unerlässlich, Informationen über Märkte, die Produktentwicklung und Firmenstrategien aus erster Hand zu erhalten. Die Face-to-Face-Kontakte zwischen Entscheidungsträgern der Wirtschaft und der Politik finden in den Global Cities statt und sichern den Beteiligten unmittelbare und neue Informationen. Genau das macht Global Cities so attraktiv und sorgt für einen Prozess, der sich gegenseitig aufschaukelt: Da in den Global Cities die Fäden der Weltwirtschaft zusammenlaufen, müssen die Konzernzentralen der multinationalen Unternehmen dort lokalisiert sein, und weil sie dort sind und andere kommen, sorgen sie dafür, dass in den Global Cities tatsächlich die „Fäden" zusammenlaufen. S. Sassen nennt vier elementare Funktionen von Global Cities:

„The combination of spatial dispersal and global integration has created a new strategic role for major cities. Beyond their long history as centers for international trade and banking, these cities now function in four new ways: first, as highly concentrated command points in the organization of the world economy; second, as key locations for finance and for specialized service firms, which have replaced manufacturing as the leading economic sector; third, as sites of production, including the production of innovations, in these leading industries; and fourth, as markets for the products and innovations produced [...]. Cities concentrate control over vast resources, while finance and specialized service industries have restructured the urban social and economic order. Thus a new type of city has appeared. It is a global city" (Sassen, S. 1991, 3f).

6.3.2 Klassifizierung von Global Cities

Die Messung und Klassifikation der Global Cities basiert auf zwei unterschiedlichen Ansätzen. Der eine entspricht der Katalogmethode der Zentrale-Orte-Forschung. Gemessen wird die Häufigkeit des Vorkommens bestimmter Dienste. Es handelt sich dabei aber nicht um allgemeine privatwirtschaftliche, amtliche oder offiziöse Dienste, sondern um Konzernzentralen multinationaler Unternehmen, die Zahl der Banken und der Versicherungen, um die Größe des Business-Service-Sektors oder das Vorhandensein und die Bedeutung von Börsen. Dazu kommen internationale Institutionen, von denen politische Command- und Control-Funktionen ausgehen. Anhand von Adressverzeichnissen, Unternehmensregistern, Selbstdarstellungen von Firmen oder Jahresberichten von Börsen lassen sich entsprechende Auszählungen vornehmen.

Die zweite und deutlich kompliziertere Möglichkeit besteht in der Messung von

Flows. Flows sind die Konsequenz der Einbettung der Global Cities in ein weltwirtschaftliches System. Die Intensität der Flows ist proportional zum Rang der Global Cities. Flows umfassen immaterielle „Ströme" von Informationen oder unternehmerischen Direktiven sowie „materielle" Flows wie die Ankünfte oder Abflüge von Flugpassagieren oder die Zahl der Fluglinien, die eine Stadt anfliegen. Die Sammlung entsprechender Statistiken ist sowohl schwierig als auch problematisch. So ist beispielsweise zu berücksichtigen, dass in den gängigen Passagierstatistiken (Ankünfte, Übernachtungen) Geschäftsreisende nur sehr schwer von Touristen zu trennen sind. Dies ist aber notwendig, um den ungerechtfertigten Aufstieg einer Stadt, wie beispielsweise Miamis, zur Weltstadt zu verhindern.

Als ein Beispiel für eine Messung der Global Cities wird die Arbeit der so genannten Loughborough Group (BEAVERSTOCK, J. V., R. G. SMITH & P. J. TAYLOR 1999) angeführt. T. HALL schreibt darüber: „undoubtedly the most rigorous attempt yet made to define systematically the relationships that are central to the concept of a global city" (HALL, T. 2001, 72). J. V. BEAVERSTOCK, R. G. SMITH & P. J. TAYLOR erheben dabei die Zahl der Konzernzentralen sowie der global agierenden Dienstleister in über 180 Städten der Welt. Sie gewichten dabei die Bedeutung der Niederlassungen und leiten aus der Zahl derselben das Ausmaß an Interaktionen der einen Stadt mit allen anderen Städten ab (Gravitationsansatz). Am Ende des Analyseverfahrens gelangen BEAVERSTOCK, J. V., R. G. SMITH & P. J. TAYLOR zu einer Rangreihe

von Städten, an deren Spitze jene Städte gesetzt werden, die mit allen anderen Städten maximal interagieren.

Zehn Städte werden dabei als Alpha-Global-Cities bezeichnet (London, Paris, New York, Tokio, Chicago, Frankfurt, Hong Kong, Los Angeles, Singapore und interessanterweise Mailand), ebenfalls zehn Städte werden in der Gruppe der Beta-Global-Cities zusammengefasst (San Francisco, Sydney, Toronto, Zürich, Brüssel, Madrid, Mexiko City, São Paulo, Moskau und Seoul) und schließlich 35 Gamma-World-Cities (mit Düsseldorf, Hamburg, München und Berlin) klassifiziert. Darauf folgen 67 Städte, die eine starke, mittlere oder schwache Evidenz besitzen, eine Global City zu sein, darunter Wien, Stuttgart, Köln, aber auch Bratislava, Bukarest oder Dresden. Was dabei auffällt, ist die ungleiche räumliche Verteilung der Global Cities. Von allen Alpha-, Beta- und Gamma-World-Cities liegt nur eine (Johannesburg) in Afrika, zwei sind in Australien und fünf in Südamerika lokalisiert. In Nordamerika werden dagegen 13 Global Cities gezählt, in Asien 12 und in Europa 22. Dies belegt einerseits sehr eindrucksvoll die ungleiche Globalisierung, die nur bestimmte Teile der Welt erfasst und andere Teile von diesen Prozessen ausspart, sowie andererseits – umgekehrt argumentiert – die Möglichkeiten, durch Stadtforschung auch den Prozess der Globalisierung zu erfassen.

Zum Einlesen

FRIEDMANN, J.: The World City Hypothesis. – Development and Change, 17/1 (1986), 69–84.

In diesem Aufsatz hat J. FRIEDMANN seine Ideen über das Entstehen eines neuen funktionellen Typs an Stadt, nämlich die World City, vorgestellt.

SASSEN, S.: The Global City: New York, London, Tokyo. – Princeton University Press, Princeton N. J. 1991.

Mit dieser Arbeit gelang es SASKIA SASSEN, die Idee der World City, die bei ihr als Global City bezeichnet wird, zu popularisieren. Die Diskussion über die Global Cities hat einen Perspektivenwechsel in der Stadtforschung eingeleitet. Nicht mehr die Stadt als Einzelobjekt und auch nicht das nationale Städtesystem standen – zumindest eine Zeit lang – im Mittelpunkt der stadtgeographischen Diskussion, sondern ihre Einbettung in globale Entscheidungs- und Kontrollstrukturen.

Gesamtübersichten

BEAVERSTOCK J. V., R. G. SMITH & P. J. TAYLOR: Geographies of globalization: US law firms in world cities. – Royal Geographical Society. Leicester 1999.

Zusammenfassung

- Mit der Internationalisierung und Globalisierung der politischen und wirtschaftlichen Bezüge geht die Bedeutung der nationalstaatlichen Grenzen zurück, und die nationalen Städtesysteme mit ihren zahlreichen Unterzentren und einigen wenigen Oberzentren werden infrage gestellt. Der Ansatz der Global Cities füllt diese konzeptionelle Lücke aus und postuliert die Herausbildung einer neuen Hierarchieebene. Global Cities fungieren dabei in einer globalisierten Welt als die Steuerungs- und Kontrollzentralen der global agierenden Ökonomien und werden als die neuen Weltzentren den nationalen Oberzentren übergeordnet.

- Das Modell der zentralen Orte von W. CHRISTALLER kann als eine konsumentenorientierte Standorttheorie des tertiären Sektors interpretiert werden. Im Konzept der Global Cities spielt der Konsument keine Rolle, sondern globale Unternehmen, die bestimmte Dienste und Güter benötigen und diese in Global Cities nachfragen. Global Cities besitzen daher ebenfalls Reichweiten, und sie bieten auch zentrale Güter und Dienste an, aber bezogen auf globale Unternehmen und nicht auf lokale Konsumenten.

- Die Messung und Klassifikation der Global Cities basiert auf zwei unterschiedlichen Ansätzen. Der eine entspricht der Katalogmethode der Zentrale-Orte-Forschung. Gemessen wird die Häufigkeit des Vorkommens bestimmter Dienste, angeboten durch Banken, Versicherungen, Börsen und politische Institutionen. Die zweite Möglichkeit besteht in der Messung von Flows, die als Konsequenz der Einbettung der Global Cities in ein weltwirtschaftliches System auftreten. Die Intensität der Flows ist proportional zum Rang der Global Cities, hierbei umfassen sie immaterielle (Informationen oder unternehmerische Direktiven) sowie „materielle" Ströme (Güter, Arbeitskräfte).

6.4 Sozioökonomische Differenzierungen im Siedlungssystem

Während es bei den bisherigen Ansätzen der Analyse von Städtesystemen um die Rangreihung und um Erklärungsmuster für Verteilungen ging, befasst sich der folgende Forschungsansatz mit anderen Ausgangsfragen: In welcher Art und Weise hängen die sozioökonomischen Strukturen mit der Stadt- oder Siedlungsgröße zusammen? Was ändert sich mit der Stadtgröße? Was bewirkt Größe? Worin besteht der Effekt der Primatstadt? Was zeichnet – strukturell betrachtet – Großstädte aus und unterschiedet diese von Kleinstädten? Und lässt sich eine optimale Stadtgröße proklamieren? Diese und andere Fragen werden durch eine systematische Analyse von städtischen Merkmalen in Kombination mit der Stadtgröße beantwortet.

6.4.1 Stadtgröße und wirtschaftliche Aktivitäten

Ist eine große Stadt ökonomisch erfolgreicher als eine kleine? Auf diese allgemeine Frage kann keine verbindliche Antwort gegeben werden, denn es gibt sehr erfolgreiche Kleinstädte und ökonomisch ausgesprochen erfolglose Großstädte. Die Größe alleine determiniert weder den wirtschaftlichen Erfolg noch den Misserfolg.

Was jedoch mit der Stadtgröße zusammenhängt, ist das Ausmaß an wirtschaftlichen Aktivitäten bezüglich der Ver- und Entsorgung. Je größer eine Stadt wird, desto mehr wirtschaftliche Aktivitäten werden von ihr selbst wieder konsu-

miert. Große Städte unterhalten größere eigene Wirtschaftskreisläufe und koppeln sich damit von ihrem Umland in einem stärkeren Ausmaß ab. Ihr Non-Basic-Sektor ist ausgeprägter als ihr Basic-Sektor. Der Non-Basic-Sektor umfasst alle Wirtschaftsbereiche, die mit der eigenen Stadt und ihrer Bevölkerung befasst sind, der Basic-Sektor dagegen jene Sparten, die „exportorientiert" sind, also Güter und Produkte offerieren, die von außerhalb nachgefragt werden.

Damit ist ein theoretischer Ansatz angesprochen, der eng an die Stadtgröße gekoppelt ist. Die Untersuchung von L. Ullman und M. F. Dacey (1960) teilt die Beschäftigten der US-amerikanischen Städte nach Basic- und Non-Basic-Wirtschaftsbereichen ein und stellt fest, dass mit der Stadtgröße der Non-Basic-Bereich, der nicht exportorientiert ist, deutlich ansteigt. In New York sind fast zwei Drittel der Beschäftigten in Produktions- und Dienstleistungsbranchen tätig, deren Güter und Dienste auch wieder von der New Yorker Bevölkerung konsumiert werden. In kleinen Städten mit weniger als 5 000 Einwohnern beträgt dieser Wert nur 24 % (Ullman, L. & M. F. Dacey (1960).

In einer anderen Untersuchung hat B. Berry (1961) anhand von Standortquotienten untersucht, welche Industrien in welchen Stadtgrößen überdurchschnittliche Beschäftigtenzahlen aufweisen. Während die Grundstoffindustrie und der Maschinenbau eher im klein- und mittelstädtischen Milieu zu finden sind, dominieren in den Großstädten die Nahrungsmittelindustrie, ausgewählte Bekleidungsindustrien sowie spezialisierte Leichtindustrien. Die Textilindustrie,

Spinnereien und Webereien finden sich dagegen in kleinstädtischen und nichtstädtischen Siedlungen.

Aktueller und umfassender sind die Untersuchungen von H. FASSMANN und P. MEUSBURGER (1997). Sie untersuchten nicht nur die Industrie-, sondern auch die Dienstleistungsarbeitsplätze und zeigten, dass besonders der Dienstleistungssektor mit der Stadtgröße überdurchschnittlich stark ansteigt. Der tertiäre Sektor nimmt mit steigender Stadtgröße deutlich zu. Eher in kleineren und mittleren Städten konzentriert sind Beschäftigte des sekundären Sektors. Industrielle und gewerbliche Arbeitsplätze sind in kleinen Gemeinden relativ selten, ihre Präsenz steigt mit der Siedlungsgröße an, erreicht in kleineren und mittleren Städten (Industriestädte) ein Maximum und fällt dann zu den großen Städten hin wieder ab.

Diese Aussage von einer Zu- und Abnahme der Beschäftigung im sekundären Sektor in Abhängigkeit von der Stadtgröße stellt jedoch eine Verallgemeinerung dar, man muss hinsichtlich der „Reife" der Industrie – im Sinne des Produktlebenszyklus – differenzieren (dazu Kapitel 7.2.3). Je reifer das Produkt ist, das in einem Unternehmen hergestellt wird, desto eher wird es in mittlere und kleinere Städte gedrängt. Je jünger es ist, desto eher sind die Arbeitsplätze in größeren Städten, oft im Zusammenhang mit den tertiären Bildungseinrichtungen, zu finden. So sind die Grundstoffindustrie und eine traditionelle Konsumgüterindustrie (z.B. Textilindustrie) eher in kleineren Städten zu finden, die Leichtindustrie, deren Produkte noch nicht die Reifephase erreicht haben, jedoch in den größeren Städten.

Des Weiteren ist hervorzuheben, dass innerhalb des tertiären Sektors vor allem die hoch qualifizierten Arbeitsplätze des Geld- und Kreditwesens sowie des Versicherungswesens, die hoch spezialisierten Berufe (Patentanwälte), die Kreativen im Bereich Design, Marketing und Werbung und die obersten Führungsebenen von multinationalen Konzernen zu einer räumlichen Konzentration tendieren. Die entsprechenden Arbeitsplätze sind weit von einer ubiquitären Verteilung entfernt und in den großen Zentren extrem konzentriert. Dies hängt – so der Erklärungs-

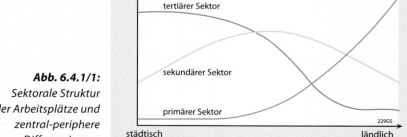

Abb. 6.4.1/1:
Sektorale Struktur der Arbeitsplätze und zentral-periphere Differenzierung

ansatz – mit der spezifischen betrieblichen Umwelt dieser Arbeitsplätze zusammen. Die hoch qualifizierten Arbeitnehmer müssen „am Ball" bleiben, die Kreativen benötigen eine anregende Umwelt. Sie sind auf Vielfalt, auf Informationen aus erster Hand und auf persönliche Kontakte angewiesen. Die kleineren Unternehmen, die Dienstleistungen für andere Betriebe anbieten (z. B. Personalberater, Werbebüros, Steuerberater), befinden sich zudem in einem sehr harten Konkurrenzkampf. Standorte in kleinen Städten, vielleicht sogar an der Peripherie eines Territoriums, fernab von direkten Kontakten und neuen Informationen, sind für sie vollkommen ungeeignet. Aber auch die großen Geld- und Kreditunternehmen, die eine stark ausgeprägte vertikale Arbeitsteilung aufweisen, müssen ihre Unternehmenszentralen in Zentralräumen platzieren. Auch sie sind von den Informationen internationaler Finanzmärkte abhängig, außerdem von Regierungsentscheidungen und vom Prestige ihres zentralen und damit exorbitant teuren Standorts, der die Finanzkraft des Unternehmens demonstrieren soll.

Die „städtischen" Unternehmen benötigen in der Regel keine großen Flächen, sondern viel mehr qualifizierte Arbeitskräfte, die Förderung von Innovationen sowie einen guten Zugang zu wichtigen Informationen. Dorthin zu gehen, wo Wissen, Informationen und ein gut ausgebildetes Arbeitskräftereservoir vorzufinden ist, gilt insbesondere für Unternehmen, die einem starken Wettbewerb ausgesetzt oder aus anderen Gründen mit einem hohen Maß an Unsicherheit konfrontiert sind. Das Zentrum mit seiner hohen Kontaktdichte und den Möglichkeiten, Informationen einzuholen, lange bevor sie kodiert und allgemein öffentlich zugänglich gemacht werden, stellt dabei den richtigen Standort für diese Unternehmen dar.

Dabei ist jedoch zu differenzieren: Organisationen, die ein stabiles Umfeld (wenig Unsicherheit) und gleich bleibende Ziele aufweisen, ausgereifte Produkte in Massenfertigung herstellen sowie zeitstabile Routineaktivitäten ausüben, für die es Regeln, Vorschriften und Pläne gibt, haben einen geringen Bedarf an direkten Kontakten zu anderen Organisa-

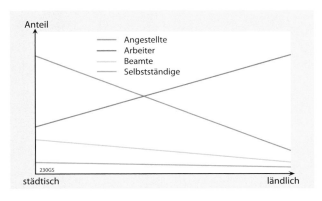

Abb. 6.4.1/2:
Sozialrechtliche Stellung und Stadtgröße

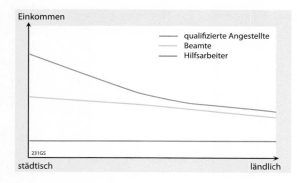

Abb. 6.4.1/3: *Pro-Kopf-Einkommen nach sozialrechtlicher Stellung und Stadtgröße*

tionen und können deshalb theoretisch an sehr vielen Standorten angesiedelt werden. Bei solchen Organisationen entscheiden die traditionellen Standortfaktoren wie Transport- und Lohnkosten, Miet- und Bodenpreise oder Subventionen, welche Standorte als günstig (optimal) angesehen werden. Je weniger sich betriebliche Entscheidungen jedoch an Leitlinien, Plänen und Vorschriften orientieren können und je größer die wirtschaftliche Unsicherheit über die Konsequenzen einer Entscheidung, die zukünftige Entwicklung und Richtigkeit der Methoden und Ziele ist, umso mehr sind direkte Kontakte zu qualifizierten und gut informierten Entscheidungsträgern notwendig. Unsicherheit erhöht die Notwendigkeit und die Häufigkeit von direkten Kontakten. Der Kontaktbedarf der Führungsebenen großer Organisationen kann im Allgemeinen nur wenigen „Zentren" (Großstädten, Agglomerationen) bzw. in den bei J. GOTT-MANN so genannten „Transactional Cities" (GOTTMANN, J. 1983) erfüllt werden.

Eine räumliche Dezentralisation von hoch qualifizierten Arbeitsplätzen ist nur in jenen Bereichen möglich, die einem mehr oder weniger „geschützten" Arbeitsmarktsegment angehören. Dieses umfasst im Wesentlichen die Arbeitsplätze der öffentlichen Hand, einschließlich der Post und der Bahn, solange diese nicht privatisiert sind. Die räumliche Dezentralisation hängt mit dem spezifischen gesellschaftlichen Auftrag zusammen, der dahingehend lautet, dass Dienstleistungen der öffentlichen Hand unabhängig von Rentabilitätsüberlegungen überall anzubieten sind. Sie sind gleichsam ubiquitär verfügbar zu machen, weil es das Gleichheitsgebot verlangt. Die Unterschiede zwischen großer und kleiner Stadt sowie zwischen Stadt und Land sind daher vergleichsweise gering, insbesondere in jenen Staaten mit einer mächtigen öffentlichen Hand.

6.4.2 Stadtgröße und Sozialsystem

Mit der Stadtgröße steigt die Differenzierung des sozialen Systems und die gesellschaftlichen Disparitäten nehmen zu. Die Großstädte sind einerseits die Orte höchster kultureller und intellektueller Leistungen und andererseits die Stätten mit höchster Kriminalität bezogen auf die wohnhafte Bevölkerung. Auf der einen Seite besteht großer Reichtum und auf der anderen Seite leben die sozial Exkludierten, die keinen Zugang mehr zu

gesellschaftlichen Ressourcen besitzen. Soziale Differenzierungen und Gegensätze sind dagegen in mittleren und kleineren Städten geringer, zugleich aber auch die ökonomischen, kulturellen und wissenschaftlichen Leistungen. Von der Stadtgröße geht offensichtlich ein Multiplikatoreffekt aus, der in einer überproportionalen Zunahme ökonomischer und kultureller Vorteile besteht.
An die Stadtgröße sind die sektorale Struktur, die Qualifikation und das Tätigkeitsprofil der Erwerbstätigen gekoppelt. Während der Anteil qualifizierter Arbeitnehmergruppen mit hoher Bildung und gutem Einkommen simultan mit der Stadtgröße ansteigt, geht der Anteil der Arbeiter zurück. Dies ist besonders stark bei den traditionellen Facharbeitern sowie bei den inländischen Arbeitern der Fall. Dieses Phänomen hängt mit der ebenfalls stadtgrößenspezifischen Selektion der Unternehmen zusammen. Agglomerationseffekte wirken nicht auf alle Unternehmen in gleicher Weise, und auch innerhalb der Unternehmen sind nicht alle funktionalen Bereiche gleich zu bewerten.
Mit der Stadtgröße nimmt aber auch der Anteil der unqualifizierten Tätigkeiten im Dienstleistungssektor überdurchschnittlich stark zu. Auf das Bild der Sanduhr-Ökonomie, die an beiden Rändern expandiert, wurde bereits hingewiesen. Die weitere Durchsetzung des arbeitsteiligen Prinzips erfasst auch jene Tätigkeiten, die traditionellerweise innerhalb der privaten Haushalte erledigt worden sind. Besonders bei den gut bezahlten und hoch qualifizierten Arbeitskräften ist eine Externalisierung von Teilen der Hausarbeit zu beobachten. Das quantitative Wachstum dieser Beschäftig-

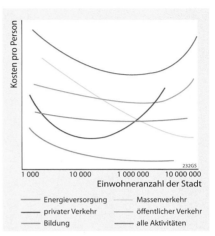

Abb. 6.4.3/1: Stadtgröße und Kostenstruktur

tengruppe hat in den großen Städten eine Zunahme personenorientierter Dienste zur Folge. Soziale Polarisierung kennzeichnet vor allem die Großstadt, während in den kleineren und mittleren Städten als Folge einer unterschiedlichen ökonomischen Entwicklung die soziale Homogenität stärker gewahrt bleibt.

6.4.3 Stadtgröße und „Nachhaltigkeit"

Eine dritte Dimension der städtischen Realität soll an dieser Stelle angesprochen werden: In welcher Weise verändern sich die Flächennutzung und damit ein Teil des ökologischen Systems mit der Stadtgröße? Die Antwort darauf ist noch viel schwieriger als jene auf die vorangegangenen Fragen, weil es sehr wenig systematische Forschung darüber gibt. Die Frage der Nachhaltigkeit hat zu einer Beschäftigung mit den Wertstoffkreisläufen der städtischen Gesellschaft geführt, ein

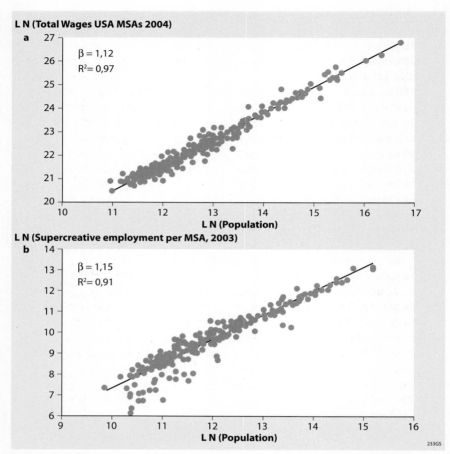

Abb. 6.4.3/2: *Pro-Kopf-Einkommen und Anteil der „Kreativen" nach der Stadtgröße*

Unterfangen, das außerordentlich schwierig und umfangreich ist. Wenn es gelingt, ein einigermaßen plausibles Modell für eine Stadt zu ermitteln, dann ist bereits ein großer Erfolg erzielt. Von einer vergleichenden Forschung mit der Stadtgröße als unabhängigen Variablen ist man noch weit entfernt. Was sich abschätzen lässt, ist die Tatsache, dass mit der Stadt-

größe die Wohndichte zunimmt, der Anteil an Ein- und Zweifamilienhäusern sinkt und jener der Geschosswohnbauten steigt. Damit wird auch – relativ betrachtet – der Anteil der für das Wohnen verwendeten Siedlungsflächen geringer. In dieser Dimension sind die großen Städte ökologisch vorteilhafter, denn sie stellen Wohnraum für eine große Bevölkerung bei gleichzeitig geringem Flächenverbrauch zur Verfügung. Dass dies in kultureller und politischer Hinsicht zu differenzieren ist, muss betont werden. Der flächensparende Effekt zunehmender Stadtgröße gilt aber auf jeden Fall. Dieser Effekt wird durch den erheblichen Anteil an Flächen, die einer öffentlichen Nutzung zur Verfügung stehen, zu einem kleinen Teil aber wieder aufgehoben. Die Stellflächen für den ruhenden Verkehr, aber auch das Ausmaß des öffentlichen Grüns und die öffentlich nutzbaren Räume nehmen mit der Stadtgröße zu. Noch stärker wird der flächensparende Effekt aber durch den steigenden Anteil der Verkehrsflächen kompensiert, der mit der Stadtgröße zunimmt. Große Städte zeichnen sich durch hohe Komplexität aus, sie sind arbeitsteilig organisiert, und die räumliche Trennung von Wohnen, Arbeiten und Sich-Erholen ist hochgradig vollzogen. Ein hohes innerstädtisches Verkehrsaufkommen ist die Folge, welches an die Stadtgröße gekoppelt ist. Was empirische Erhebungen des Weiteren zeigen, ist eine Zunahme der Zufriedenheit mit kulturellen Einrichtungen und mit Bildungsinstitutionen, die mit der Stadtgröße ansteigt. Ebenso nimmt die Anzahl der Patente (bezogen auf die Einwohnerzahl), das Einkommen pro Kopf, das Ausmaß an arbeitsteiligen Prozessen, aber auch die Häufigkeit krimineller Delikte zu. Diese Zusammenhänge führen zu Fragen nach der optimalen Stadtgröße. Existiert eine Stadtgröße, die die Vorteile der Großstadt maximiert und deren Nachteile minimiert? Diese Frage ist in einem allgemeinen Sinne schwierig zu beantworten, denn die Bewertung der einzelnen Variablen ist immer eine interessenabhängige Entscheidung. Wird die Innovationskraft der Großstäd-te höher gewichtet als die Kriminalität, die ebenfalls häufiger anzutreffen ist? Gewichtet man die Anonymität der Großstadt höher als die Verflechtung in soziale Netze? Die eine und allgemein gültige optimale Stadtgröße wird es nicht geben, denn diese ist immer nur zeit-, kultur- und interessensgebunden zu definieren. Die Kategorien „zu groß" oder „zu klein" sind immer relativ zu sehen und können sich in wenigen Jahrzehnten wieder geändert haben. Und dennoch ist die damit verbundene Forschungsfrage, in welcher Stadtgröße es sich am besten lebt, eine interessante.

Zum Einlesen

BETTENCOURT, L., J. LOBO, D. HELBING, C. KÜHNERT, & G. WEST: Growth, innovation, scaling, and the pace of life in cities. – Proceedings of the Natio-nal Academy of Sciences of the United States of America 2007, vol. 104, no. 17, 7301–7306.
Ein kurzer Beitrag, der die Thematik der Stadtgröße anschneidet und interessante Zusammenhänge aufzeigt.

FASSMANN, H. & P. MEUSBURGER: Arbeitsmarktgeographie. Erwerbstätigkeit und Arbeitslosigkeit im räumlichen Kontext. – Teubner, Stuttgart 1997.
In diesem Lehrbuch stellen die Autoren den konzeptionellen Ansatz der Verknüpfung von Siedlungsgröße und inhaltlichen Merkmalen vor. Dabei geht es auch um die Frage, welcher Effekt von der Stadt- und Siedlungsgröße auf Merkmale des Arbeitsmarkts und der Beschäftigung ausgeht.

Gesamtübersichten

BATTY, M.: The Size, Scale, and Shape of Cities. – Science, 319 (2008), o. O., 769–771.
BERRY, B. J. L.: City size distribution and economic development. – Economic Development and Cultural Change, 9 (1961), o. O. 573–588.

Zusammenfassung

- Während es bei den bisherigen Ansätzen der Analyse von Städtesystemen um die Rangreihung und um Erklärungsmuster für Verteilungen ging, befasst sich der in diesem Kapitel beschriebenene Forschungsansatz mit anderen Ausgangsfragen: In welcher Art und Weise hängen die sozioökonomischen Strukturen mit der Stadt- oder Siedlungsgröße zusammen? Was ändert sich mit der Stadtgröße? Und lässt sich eine optimale Stadtgröße proklamieren?

- Was mit der Stadtgröße zusammenhängt, ist das Ausmaß an wirtschaftlichen Aktivitäten bezüglich der Ver- und Entsorgung. Je größer eine Stadt wird, desto mehr wirtschaftliche Aktivitäten werden von ihr selbst wieder konsumiert. Große Städte unterhalten größere eigene Wirtschaftskreisläufe und koppeln sich damit von ihrem Umland in einem stärkeren Ausmaß ab. Ihr Non-Basic-Sektor (Wirtschaftsbereiche, die mit der Ver- und Entsorgung in der eigenen Stadt und ihrer Bevölkerung befasst sind) ist ausgeprägter als ihr Basic-Sektor (jene Sektoren, die „exportorientiert" sind, also Güter und Produkte offerieren, die von außerhalb nachgefragt werden).

- Was mit der Stadtgröße ebenfalls ansteigt, ist die Bedeutung des tertiären Sektors, vor allem der Stellenwert der hoch qualifizierten Arbeitnehmer des Geld- und Kreditwesens sowie des Versicherungswesens, die hoch spezialisierten Berufe (Patentanwälte), die obersten Führungsebenen von multinationalen Konzernen, aber auch die Kreativen im Design, Marketing und

der Werbewirtschaft. Die entsprechenden Arbeitsplätze sind weit von einer ubiquitären Verteilung entfernt und in den großen Zentren extrem konzentriert. Dies hängt in erster Linie und sehr allgemein formuliert mit den spezifischen betrieblichen Umwelten dieser Arbeitsplätze zusammen. Die hoch qualifizierten Arbeitnehmer müssen „am Ball" bleiben, sie sind auf Informationen aus erster Hand und auf persönliche Kontakte angewiesen, und sie benötigen eine vielfältige Umwelt, um Kreativität wachrufen zu können. Das alles finden sie in erster Linie in den großen Städten.

- Was empirische Erhebungen des Weiteren zeigen, ist eine Zunahme der Zufriedenheit mit kulturellen Einrichtungen und mit Bildungsinstitutionen, die mit der Stadtgröße ansteigt. Ebenso steigen die Anzahl der Patente (bezogen auf die Einwohnerzahl), das Einkommen pro Kopf, das Ausmaß an arbeitsteiligen Prozessen, aber auch die Häufigkeit krimineller Delikte an. Diese Zusammenhänge führen zu Fragen nach der optimalen Stadtgröße. Existiert eine Stadtgröße, die die Vorteile der Großstadt maximiert und deren Nachteile minimiert? Die eine und allgemein gültige optimale Stadtgröße wird es nicht geben, denn diese ist immer nur zeit-, kultur- und interessengebunden zu definieren. Die Kategorien „zu groß" oder „zu klein" sind relative Kategorien, und daher muss die Frage nach der optimalen Stadtgröße offen bleiben.

Abb. 7/1: *Stadt als Wirtschaftsfaktor (Bilbao)*

7 Die Stadt als Wirtschaftsstandort

Die Stadt schafft ökonomische Vorteile, sie produziert einen ökonomischen Mehrwert für Unternehmen und Betriebe. Was aber macht die Stadt für Unternehmen attraktiv? Mit dem Kapitel „Die Stadt als Wirtschaftsstandort" erfolgt ein weiterer Perspektivenwechsel in Richtung Stadtökonomie. Die Stadtgeographie schließt dabei an die Wirtschaftsgeographie an. Es geht nicht mehr um den Realraum der Stadt, um die räumlichen Bezüge der Gesellschaft und auch nicht mehr um die systemischen Zusammenhänge der Städte, sondern um die Stadt als Standort. Die Stadt ist damit zu einem punktförmigen „Ereignis" geschrumpft, mit dem bestimmte ökonomisch relevante Qualitäten verbunden sind, und

das seinerseits ein Set von positiven und negativen Externalitäten produziert und an die Unternehmen weitergibt.

7.1 Agglomerationsvor- und -nachteile

In der betrieblichen Standortlehre werden für Betriebe und Unternehmen optimale Standorte definiert. Optimale Standorte unterstützen den betrieblichen Erfolg, in dem auf der einen Seite Kosten gesenkt und auf der anderen Seite die Gewinne gesteigert werden. Die Standortlehre verarbeitet dabei räumliche Strukturmerkmale der Meso- oder Makroebene und komplettiert diese mit den Merkmalen des Betriebes auf der analytischen Mikroebene.

Die Stadt oder – allgemeiner gesagt – die Ansammlung von Betrieben an einem Ort, deren Infrastruktur und die gespeicherten kulturellen Werte führen zu spezifischen Vorteilen für Unternehmen, die unter dem Sammelbegriff „Agglomerationseffekte" zusammengefasst werden können. Sie können untergliedert werden in Effekte des städtischen Standortes (Urbanisationseffekte) und Effekte, die sich aufgrund der Ballung von Unternehmen an einem Standort (Lokalisationseffekte) auch außerhalb städtischer Regionen ergeben.

7.1.1 Die Stadt als Standortproduzent

In der traditionellen Standorttheorie werden Standorte als a priori gegeben betrachtet. Sie haben gleichsam von Natur aus gegebene Standortfaktoren. Die Nähe oder die Ferne zu zentralen Einrichtungen, die Verkehrserschlossenheit, selbst die ökologische Standortqualität werden als externe Größen betrachtet und nicht weiter hinterfragt. D. BÖKEMANN (1982) hat darauf hingewiesen, dass Standorte von Gebietskörperschaften produzierte Güter sind. Es handelt sich dabei um wirtschaftliche Güter, die erworben und veräußerbar sind und knappe Güter, die nicht ubiquitär und kostenfrei vorhanden sind. Der Wert eines Standortes ergibt sich dabei aus Angebot und Nachfrage und die Nachfrage wiederum aus der Zahl der alternativen Nutzungsmöglichkeiten. Die Summe der alternativen Nutzungsmöglichkeiten ergibt zusammen das standörtliche Nutzungspotenzial.
Eine Schlüsselgröße bei der Festlegung des Nutzungspotenzials stellt die vorhandene Infrastruktur dar. Diese kann sachkapitalorientiert sein (Verkehrseinrichtungen, Kommunikationseinrichtungen sowie Einrichtungen der Ver- und Entsorgung) oder humankapitalorientiert (berufliche Erstqualifikationseinrichtungen, Weiterbildungseinrichtungen und Wissenstransfereinrichtungen) (KRÄTKE, 1995). Eine andere Einteilung von Infrastruktur folgt einem eher funktionalen Gesichtspunkt. Standorte werden durch technische Infrastruktur (Straßen, Leitungen, Telekommunikation) erschlossen und mit sozialer Infrastruktur (Kindergärten, Schulen, Krankenhäuser) ausgestattet. Sie offerieren damit den Unternehmen ein Standortpotenzial, welches ihnen Vorteile bei der Erschließung von Faktor- und Gütermärkten offeriert.
Infrastrukturen entstehen nicht zufällig, sondern werden von der öffentlichen und manchmal auch privaten Hand errichtet. Mit jeder Infrastrukturinvestition werden damit Standorte auf- oder auch abgewertet, oder es werden Standorte produziert. Natürlich sind die Standorte schon vorher vorhanden, aber sie sind „leblose Ausschnitte der Erdoberfläche", die erst durch die Investitionen vielfältiger Natur zu gesellschaftlich nutzbaren Standorten werden. Die private und besonders die öffentliche Hand ist damit ein Standortproduzent von höchster Bedeutung, und es ist daher weiter zu erforschen, welche Prinzipien und Logiken die öffentliche Hand bei der Produktion von Standorten anwendet. Ebenso ist zu fragen, wer den durch die Standortentwicklung produzierten ökonomischen Mehrwert abschöpfen darf, und wer im Falle einer Standortabwertung für die Verluste aufkommen muss.

Die Stadt (bzw. die Gemeinde) ist neben dem Staat und dem Land eine der wichtigsten Gebietskörperschaften, die Standorte produzieren. Sie entwickelt ihre Standorte von der Mikro- über die Meso- bis hin zur Makroebene. Mit jeder Infrastrukturinvestition beeinflusst die Stadt ihre Mikrostandorte (Parzellen, Baublöcke), die Nutzungsmöglichkeiten auf der Mesoebene (Bezirke, Viertel) und die gesamtstädtische Standortattraktivität. Durch das politische und planerische Handeln werden Standorte geformt.

Wenn dieser Gedankengang akzeptiert wird, dann macht es auch Sinn, von einem Wettbewerb zwischen den Städten auszugehen. Die Stadt agiert wie ein Unternehmer und produziert Standorte und damit Vorleistungen für weitere wirtschaftliche Aktivitäten. Urbanisationseffekte basieren auf diesen Vorleistungen und verschaffen den Unternehmen, die sich eine spezifische Stadt ausgesucht haben, externe Vorteile, die sie intern zu höheren Profiten führt. Die verbesserte Erreichbarkeit im regionalen und internationalen Verbund, ein funktionierendes Kommunikationsnetzwerk, eine serviceorientierte Verwaltung oder ein elastischer und breit qualifizierter Arbeitsmarkt senken die unternehmerischen Transaktionskosten und erhöhen die Gewinne. Standortattraktivität mutiert damit in den Unternehmen zu einer monetären Größe.

Der Wettbewerbsdruck der Städte untereinander hat sich aufgrund externer Rahmenbedingungen deutlich erhöht. Die Globalisierung wirtschaftlicher Funktionen, die verbesserten Kommunikationstechnologien, die flexiblen Möglichkeiten, Arbeitsprozesse zu teilen und auf unterschiedliche Standorte zu verlagern sowie die zunehmende Integration von wirtschaftlichen, politischen und sozialen Räumen erhöhen die Notwendigkeit der Stadt, ihre Standortqualität immer wieder zu verbessern und konkurrenzfähig zu bleiben. Moderne Flughäfen, eine hochtechnisierte Kommunikationsinfrastruktur, aber auch die kulturelle Inwertsetzung von Städten durch Events vielfältiger Art (Olympische Spiele, Kulturereignisse, politische Konferenzen) sind Instrumente im Wettbewerb.

Ziel einer unternehmerischen Stadt ist es, proaktiv und vorausschauend ihre politischen, sozialen und kulturellen Ressourcen so zu entwickeln, dass sie das hoch mobile und global agierende Kapital an sich binden kann. Die Stadt muss sich dabei als ein erfolgreicher Produzent von Wirtschafts-, Wohn- und Freizeitstandorten profilieren, die attraktiver sind als jene aller anderen Standortproduzenten.

7.1.2 Urbanisationseffekte

Politische Faktoren sowie die private Hand produzieren Urbanisationseffekte. Es handelt sich dabei um jene positiven oder auch negativen Effekte, die sich aus der Struktur des städtischen Standortes ergeben. Es ist ein externer Effekt, weil dieser nicht vom Betrieb, der betrieblichen Organisation oder dem hergestellten oder angebotenen Produkt stammt, sondern gleichsam von außen als eine Vorleistung kommt. Es sind die Vor- oder Nachteile des Standortes, die das wirtschaftliche Ergebnis des Akteurs, seinen Gewinn oder auch seinen Nutzen beeinflussen (Maier, G. & F. Tödtling 2001).

Die Stadt besitzt spezifische Qualitäten, die sich als externe Faktoren vorteilhaft oder nachteilig auf den unternehmerischen Erfolg auswirken können. Dabei ist jedoch zu berücksichtigen, dass nicht alle Unternehmen immer die gleichen Standortfaktoren benötigen. Was für das eine Unternehmen vorteilhaft ist, kann sich auf ein anderes nachteilig auswirken.

Urbanisationseffekte gehen von den Bedingungen der Erreichbarkeit sowie der Größe und Differenziertheit des Absatz- und Arbeitsmarktes aus, von den Verflechtungsmöglichkeiten der Unternehmen sowie von der Innovationskapazität des Standortes. H. BATHELT & J. GLÜCKLER (2002) betonen in diesem Kontext eine Verschiebung der Bedeutung klassischer Erreichbarkeitsargumente hin zu den schwieriger abzuschätzenden Verflechtungsmöglichkeiten sowie zur Innovationskapazität.

Erreichbarkeit und Transportkosten

Die Stadt ist als Standort attraktiv, weil sie in der Regel eine gute Erreichbarkeit aufweist. Historisch gewachsene Verkehrsnetze waren immer auf die großen Städte hin orientiert. Die Städte sind auch Knotenpunkte der Eisenbahn- und Autobahnnetze oder Endpunkte der Schifffahrt oder des Flugverkehrs. Der städtische Standort senkt die Transportkosten zu den Bezugs- oder Absatzmärkten, was eine wesentliche Ersparnis darstellen kann. Er ermöglicht eine arbeitsteilige Produktion mit weiteren Ersparnissen aufgrund der konsequenten Nutzung der standortspezifischen komparativen Kostenvorteile.

Die grundsätzlich gute Erreichbarkeit der Städte kann sich umkehren, wenn die Verkehrsbelastung zu stark wird oder wenn die innerstädtischen Verkehrswege nicht entsprechend ausgebaut werden. Bei Übernutzung wird ein ursprünglich positiver Effekt zu einem Standortnachteil. Wenn die Stadt im Verkehr erstickt, dann mag es für Unternehmer günstiger sein, außerhalb nach einem neuen Standort zu suchen.

Flächenverfügbarkeit, Miet- und Bodenpreise

Die Miet- und Bodenpreise repräsentieren einen eindeutig quantifizierbaren Kostenfaktor, der mit dem räumlichen Standort in Zusammenhang steht. In der Regel ist die Flächenverfügbarkeit in der Stadt begrenzt, und die Miet- und Bodenpreise sind hoch. Unternehmen müssen daher abwägen, ob die Vorteile eines städtischen Standortes die höheren Miet- und Bodenpreise wettmachen. Ab einer bestimmten Kostenhöhe erfolgt ein Ausweichen in außerstädtische Gebiete mit geringeren Kosten, wobei manche Unternehmen und bestimmte Branchen leicht ausweichen können, andere jedoch nicht. Unternehmen können auch innerbetriebliche Differenzierungen vornehmen und das „Backoffice" an den Stadtrand verlagern, während sie die Zentrale in der Stadt belassen.

Die Größe des Absatzmarktes

Die große Zahl an potenziellen Kunden und Käufern ist für Unternehmen, die nahe am Endverbraucher sind, ein positiver Effekt des städtischen Standortes und für manche Branchen auch unerlässlich. Der Einzelhandel muss die Nähe zum Kunden suchen, sonst geht die Wettbewerbsfähigkeit verloren. Insbesondere dann, wenn er nur Waren für den kurz- oder mittelfristigen Bedarf anbietet. Kein Kunde wäre bereit, weite Distanzen zurückzulegen, um Lebensmittel oder Drogeriewaren zu kaufen. Manche Unternehmen sind aufgrund des Nachfrageverhaltens der Konsumenten schlichtweg gezwungen, städtische Standorte zu beziehen.

Mit der Größe des Absatzmarktes sind auch die „Economies of Scale" verbunden. Diese führen aufgrund des Umfangs einer weitgehend standardisierten Produktion, aber auch aufgrund einer einheitlichen Dienstleistung, zu erheblichen Kostenvorteilen. Kann sich aufgrund der Größe des Absatzmarktes eine Supermarktkette etablieren, die in standardisierten Filialen jene Produkte anbietet, die die Zentrale in großer Stückmenge und damit auch relativ billig einkauft, dann erzielt diese Kette auch entsprechende Umsätze. Von den „Economies of Scale" geht eine Tendenz zur Konzentration aus bzw. eine bereits vorhandene Konzentration fördert die „Economies of Scale".

Differenzierter Arbeitsmarkt

Ein großes Angebot an Arbeitskräften ist für alle arbeitsintensiven Unternehmen ein wesentliches Argument, um einen städtischen Standort aufzusuchen. Es senkt auf der einen Seite tendenziell die Lohnkosten und spart auf der anderen Seite Transaktionskosten. Transaktionskosten würden entstehen, wenn ein Unternehmern Arbeitskräfte benötigt, diese aber nur unter großem Suchaufwand findet.

Ein ausdifferenziertes und quantitativ elastisches Arbeitskräfteangebot sichert den Unternehmen flexible Expansionsmöglichkeiten. Wachsende Unternehmen sind nicht angebotsbeschränkt, wenn es darum geht, eine notwendige Produktionsausweitung auch durch die Einstellung neuer Arbeitskräfte zu ermöglichen. Hierbei liegt der Vorteil nicht nur darin, eine genügend große Zahl an Arbeitskräften zu finden, sondern auch genau jene mit den richtigen Qualifikationen. Auch das spart Kosten, denn Unternehmen müssen nicht auf überqualifizierte und relativ teure Arbeitskräfte ausweichen und sie müssen auch nicht Unqualifizierte einstellen, deren Produktivität geringer ist.

Entwickelter quartärer Sektor

Das Vorhandensein eines quartären Sektors, der die für Unternehmen wichtigen produktionsorientierten Dienste zur Verfügung stellt, repräsentiert einen weiteren positiven Effekt des städtischen Standortes. Unternehmen können die Dienste von Marketingfirmen, Anwaltskanzlein, Finanzdienstleistern oder Immobilienmaklern in Anspruch nehmen, mit ihnen in einen direkten und raschen Kontakt treten und damit abermals interne Kosten senken. Die Transaktionskosten, die entstehen, wenn spezialisierte Dienstleister erst gesucht, ausgewählt und getestet werden müssen, sind in der Stadt mit einer großen Dichte an entsprechenden Unternehmen deutlich geringer. Auch ist es möglich, durch den gezielten Zukauf von unternehmensnahen Diensten Kosten zu sparen. Eine innerbetriebliche Vorratshaltung dieser unternehmensnahen Dienste ist nicht notwendig. Der breit entwickelte quartäre Sektor stellt eine Garantie dafür dar, dass im Bedarfsfall auf dem Markt ausgewählte Dienstleistungen dazugekauft werden können. Die Aufrechterhaltung eines schlanken Verwaltungsapparates (im Englischen als „lean management" bezeichnet) ist an städtischen Standorten möglich.

Kontaktpotenziale und Informationsvorsprung

Das Kontaktpotenzial eines städtischen Standortes stellt einen weiteren wichtigen Standortfaktor dar, der auf bestimmte Unternehmen oder Unternehmensteile eine erhebliche Anziehungskraft ausübt. Dies gilt insbesondere für Unternehmen, die auf einem unsicheren Markt agieren oder deren Produkte sich in einem frühen Stadium des Produktzyklus befinden. Sie benötigen kurzfristig, spontan und auf kurzem Wege direkte Kontakte mit Entscheidungsträgern der Wirtschaft, der öffentlichen Verwaltung, des Finanzwesens, der Politik und der Nachrichtenmedien, um ihren Wissens- und Informationsstand zu erweitern und zu aktualisieren sowie eigenes Wissen weitergeben zu können. Im Rahmen dieser persönlichen Kontakte werden „weiches" Wissen und nicht kodifizierte Informationen, also bestimmte Erfahrungen, unternehmerisches Gespür und „Insider-Wissen" ausgetauscht, informelle Netzwerke geknüpft.

Ein Standort kann dafür sorgen, dass die Kosten, um richtige Partner zu finden, ihnen gegenüber Vertrauen aufzubauen, Zugang zu Informationen zu erhalten oder institutionelle Barrieren zu überwinden, gering gehalten werden. Räumliche Nähe alleine ist zu wenig, es wird auch die Erzeugung einer sozialen, institutionellen und organisatorischen Nähe notwendig sein, um in einer wissensbasierten Ökonomie erfolgreich zu sein. Das betrifft insbesondere Unternehmen, die über kein stabiles Umfeld verfügen, sondern sich dynamisch auf immer neue Situationen einstellen müssen.

Unternehmen, die ein stabiles Umfeld, Sicherheit und gleich bleibende Ziele besitzen sowie zeitstabile Routineaktivitäten ausüben, haben einen geringen Bedarf an direkten Kontakten zu anderen Organisationen und können daher prinzipiell an sehr vielen Standorten angesiedelt werden. Bei solchen Organisationen entscheiden die traditionellen Standortbedingungen wie Transport- und Lohnkosten, Miet- und Bodenpreise oder Subventionen darüber, welche Standorte als günstig angesehen werden.

Kulturelle und ökologische Standortqualität

Die Standortwahl von Unternehmen folgt nicht immer nur ökonomischen Kalkülen. Insbesondere dann, wenn zwei Standorte ähnliche „harte" Standortfaktoren aufweisen, werden „weiche" Faktoren wie Image, kulturelles Angebot, Freizeitqualität oder urbanes Ambiente wichtig. I. HELBRECHT hat diese Standortbedingungen zu einem „Look and Feel"-Faktor zusammengefasst (HELBRECHT, I. 1998).

Bei der Diskussion dieser Standortfaktoren wird deutlich, dass die Unterscheidung zwischen „hart" im Sinne von quantifizierbar und wichtig und „weich", womit eher unwichtige und irrationale Faktoren gemeint sind, zunehmend obsolet wird. Die Fragen nach der Sicherheit, nach attraktiven Kultur- und Freizeitgestaltungsmöglichkeiten sowie nach einem Schul- und Studienangebot für Kinder qualifizierter Mitarbeiter haben zwar nicht unmittelbar etwas mit Kosten und Gewinnen zu tun, sehr wohl gilt dies aber langfristig gesehen. Denn qualifizierte Mitarbeiter legen auf diese Aspekte des Standortes großen Wert und ihre Kreativität und Leistungsbereitschaft können einen wichtigen Faktor des betrieblichen Erfolgs darstellen. Für sie ist es wichtig, dass sie sich an einem Ort wohl fühlen. „Look and Feel", das ist vielfach in den attraktiven Städten tatsächlich der Fall.

Zu den „weichen" Standortfaktoren zählt – wie angedeutet – neben der Sicherheit auch die ökologische Attraktivität. Die Ballung von Bevölkerung und wirtschaftlichen Aktivitäten kann von Sicherheitsproblemen vielfältiger Art begleitet sein. Insbesondere dann, wenn die öffentliche Hand nur schwach entwickelt ist, zu wenig Geld für Kriminalitätsbekämpfung erübrigen kann oder selbst korrupt ist, wird der Sicherheitsaspekt zu einem negativen Urbanisationseffekt, der potenzielle Investoren abschreckt. Die Ballung unternehmerischer Aktivitäten in einer Stadt wiederum kann zur Verschärfung der Umweltproblematik führen. Dies hängt sicherlich von den in der Stadt dominanten Branchen ab. Eine Grundstoff- und Schwerindustrie stellt eine andere ökologische Bedrohung dar als eine Ballung von Dienstleistungen.

Dazu kommen im Falle einer nur wenig entwickelten Infrastruktur Probleme mit der Wasserversorgung, der Müllbeseitigung und der Abwasserentsorgung.

7.1.3 Lokalisationseffekte

Von den Urbanisationseffekten sind die Lokalisationseffekte prinzipiell zu unterscheiden, auch wenn in der empirischen Realität beide Effekte häufig gemeinsam auftreten und auch nicht zu trennen sind. Lokalisationseffekte beschreiben die Vorteile, die entstehen, wenn viele Unternehmen einer bestimmten Branche an einem Standort angesiedelt sind. Weil also zahlreiche Firmen derselben Branchenzugehörigkeit in geringer Distanz zueinander vorhanden sind, werden bestimmte Kosten gesenkt oder Gewinne gesteigert.

Economies of Scale

Die kleinräumige Ballung von Unternehmen derselben Branche hat zur Folge, dass die kumulierte Nachfrage nach Vor- und Zwischenprodukten entsprechend hoch ist. Der Standort besitzt damit eine hohe Attraktivität für die Zulieferindustrie, die sich möglicherweise in der Nähe ihrer wichtigsten Abnehmer ansiedeln wird. Die Unternehmen derselben Branche können sich durch formelle oder informelle Absprachen zusammenschließen und als Großabnehmer entsprechende Kostenvorteile erzielen.

Der Zusammenschluss der Unternehmen kann auch dazu dienen, größere Märkte zu bedienen. Werbeausgaben können gesenkt werden, wenn kleine Unternehmen einer Region kooperieren und unter einem Markennamen geschlossen präsent sind. Ein Beispiel: Die Hotellerie einer Region tritt in den Absatzgebieten ihrer touristischen Leistung als die „Region xy" auf, vermarktet sich als „Großunternehmen", erzielt damit Kostenvorteile und bleibt dennoch selbstständig und kleinbetrieblich strukturiert.

Technologische Spill-over-Effekte

Die kleinräumige Ballung von Unternehmen derselben Branche bringt es mit sich, dass branchenspezifische Innovationen und technologische Neuerungen größere Distanzen leichter überspringen und rasch diffundieren. Die Ballung der Unternehmen schafft eine besondere betriebliche „Atmosphäre", die sich auf die Wahrnehmung und Verbreitung von Innovationen fördernd auswirkt. Die Konkurrenzunternehmen derselben Branche werden kontinuierlich beobachtet, jede technologische Veränderung wird geprüft und eventuell auch nachgeahmt. Der Innovationszyklus ist aufgrund des Lokalisationseffekts sehr hoch.

Der technologische Spill-over-Effekt wird besonders gefördert, wenn die Ballung von gleichartigen Unternehmen von der Ansiedlung universitärer oder außeruniversitärer Forschungseinrichtungen begleitet wird. Die Forschungseinrichtungen entwickeln selbst die technologischen Innovationen und geben diese sehr rasch an die in räumlicher Nachbarschaft situierte Industrie weiter, oder sie rezipieren die Innovationen, die an anderen Orten entstanden sind. Die personelle Mobilität zwischen den Unternehmen und den Forschungseinrichtungen wirkt sich ebenfalls positiv aus. Die Bünde-

lung von Unternehmen gleicher Branche mit vielfältigen Forschungseinrichtungen fördert die Entstehung eines kreativen Milieus.

„Pooling" von Arbeitskräften

Den dritten Effekt der kleinräumigen Industriespezialisierung sehen H. BATHELT & J. GLÜCKLER (2002) in der Entwicklung eines „Pools" an spezialisierten Arbeitskräften. Die Unternehmen können auf einen Arbeitsmarkt zurückgreifen, der ihre Spezialisierung bedient. Umgekehrt führt die Spezialisierung dazu, dass entsprechend qualifizierte Arbeitskräfte die Orte der kleinräumigen Spezialisierung aufsuchen müssen, wenn sie entsprechende Arbeitsplätze einnehmen wollen.

Zum Einlesen:

HELBRECHT, I.: Vancouver – Stadt der Lebensqualität? StadtBauwelt, 89/137 (1998), 624–631.
I. HELBRECHT setzt sich in diesem Beitrag mit Vancouver auseinander und thematisiert Lebensqualität und kulturelle Ausstattung als wichtige Standortfaktoren, die Vorteile im Standortwettbewerb verschaffen.

Gesamtübersichten

BATHELT, H. & J. GLÜCKLER: Wirtschaftsgeographie: ökonomische Beziehungen in räumlicher Perspektive. – Ulmer, Stuttgart 2002.
KRÄTKE, S.: Stadt – Raum – Ökonomie. – Birkhäuser, – Basel/Boston/Berlin 1995.
MAIER, G. & F. TÖDTLING: Regional- und Stadtökonomik, Standorttheorie und Raumstruktur. – Springer Verlag, Wien/New York 2001.

Zusammenfassung

- Die Stadt schafft ökonomische Vorteile, sie produziert einen ökonomischen Mehrwert für Unternehmen und Betriebe. Was aber macht die Stadt für Unternehmen attraktiv? Mit dem Kapitel „Die Stadt als Wirtschaftsstandort" erfolgt ein weiterer Perspektivenwechsel in Richtung Stadtökonomie. Die Stadtgeographie schließt dabei an die Wirtschaftsgeographie an. Es geht nicht mehr um den Realraum der Stadt, um die räumlichen Bezüge der Gesellschaft und auch nicht mehr um die systemischen Zusammenhänge der Städte, sondern um die Stadt als Standort.
- Die Stadt ist für ihre Standortqualität mitverantwortlich. Die Stadt (bzw. die Gemeinde) ist neben dem Staat und dem Land eine der wichtigsten Gebietskörperschaften, die Standortqualität produzieren. Die Stadt agiert dabei wie ein Unternehmer, welcher auf dem Markt der Standorte mit anderen Standortproduzenten konkurriert. Sie wird bei ihrer Standortpolitik insbesondere auf die verbesserte Erreichbarkeit im regionalen und internationalen Verbund, auf ein funktionierendes Kommunikationsnetzwerk, eine serviceorientierte Verwaltung und einen breit qualifizierten Arbeitsmarkt achten, denn das alles senkt die unternehmerischen Transaktionskosten und erhöht die Gewinne. Standortattraktivität mutiert damit in den Unternehmen zu einer monetären Größe.
- Die Standortqualität zeichnet sich durch eine Komponente aus, die als Urbanisationseffekt zu bezeichnen ist.

Es handelt sich dabei um jene positiven oder auch negativen Effekte, die sich aus der Struktur des städtischen Standortes ergeben. Es ist ein externer Effekt, weil sie nicht vom Betrieb, der betrieblichen Organisation oder dem hergestellten oder angebotenen Produkt stammt, sondern gleichsam von außen als eine Vorleistung kommt. Es sind die Vor- oder Nachteile des Standortes, die das wirtschaftliche Ergebnis des Akteurs, seinen Gewinn oder auch seinen Nutzen beeinflussen. Beispielhaft aufgezählte Urbanisationseffekte sind Erreichbarkeit und Transportkosten, Flächenverfügbarkeit und Immobilienpreise, ein großer Absatzmarkt und ein differenzierter und flexibler Arbeitsmarkt.

- Von den Urbanisationseffekten sind die Lokalisationseffekte prinzipiell zu unterscheiden, auch wenn in der empirischen Realität beide Effekte häufig gemeinsam auftreten und auch nicht zu trennen sind. Lokalisationseffekte beschreiben die Vorteile, die entstehen, wenn viele Unternehmen einer bestimmten Branche an einem Standort angesiedelt sind. Weil also zahlreiche Firmen derselben Branchenzugehörigkeit in geringer Distanz zueinander vorhanden sind, werden bestimmte Kosten gesenkt oder Gewinne gesteigert, beispielsweise durch eine kostengünstige Zuliefererindustrie, die aufgrund der „Economies of Scale" Gewinne weitergeben kann, oder durch die Erzeugung eines spezialisierten Arbeitsmarktes.

7.2 Agglomerationsvorteile in regionalen Entwicklungsmodellen

Die Agglomerationseffekte sind zunächst statisch zu betrachten. Es handelt sich dabei um Eigenschaften, die durch die Ballung von Bevölkerung und Unternehmen entstehen und die eine besondere Qualität von Standorten darstellen. Die Frage, die zu beantworten ist, betrifft die Dynamik: Wie verändern sich Agglomerationsvorteile in der Zeit? Oder welche Bedeutung besitzt die Stadt in regionalökonomischen Entwicklungsmodellen? In Beantwortung dieser Frage werden das Zentrum-Peripherie-Modell, das Wachstumspolkonzept sowie das Modell des Produkt- und Regionszyklus angesprochen und die jeweils wichtige Rolle der Stadt als betrieblicher Standort hervorgehoben.

7.2.1 Das Zentrum-Peripherie-Modell

Das Zentrum-Peripherie-Modell stellt eine Alternative zur neoklassischen Gleichgewichtstheorie der räumlichen Ordnung dar. Es betont die regionalen Unterschiede, die nicht automatisch zum Ausgleich gelangen, wie es die Neoklassik vorsehen würde, sondern aufgrund eines kumulativen Entwicklungsprozesses verstärkt oder immer wieder neu strukturiert werden. Dieser kumulative Entwicklungsprozess, der auch als zirkuläre Verursachung beschrieben werden kann, geht auf GUNNAR MYRDAL (1957) zurück, der das Auseinanderdriften der wirtschaftlichen Leistungsfähigkeit von Regionen beschrieben hat.

Das Zentrum-Peripherie-Modell stellt die Abhängigkeitsbeziehungen zwischen Zentren und Peripherien auf unterschiedlichen Maßstabsebenen in den Mittelpunkt. Auf der nationalstaatlichen Ebene handelt es sich dabei um die Beziehungen zwischen den Städten und den Hinterländern, auf globaler Ebene um die asymmetrische Beziehung der Ersten und der Dritten Welt. Das Modell selbst betrachtet die Herausbildung von Zentren und Peripherien oder von der so genannten Ersten und Dritten Welt einerseits als Folge von Entzugs- oder Sogeffekten („Backwash Effects" oder auch Sogeffekte) und andererseits von Ausbreitungseffekten („Spread Effects"). Entzugs- oder Sogeffekte sind jene beobachtbaren Erscheinungen, welche der Peripherie Ressourcen entziehen und dem Zentrum zuführen.

Die Arbeitskräftewanderung kann als Beispiel für diese Entzugs- oder Sogeffekte gedeutet werden. Die Wanderung von erwerbsbereiter Bevölkerung erfolgt in der Regel in ökonomisch aktive Gebiete, in die Stadt oder in das Stadt-Umland. Sie entzieht aufgrund ihres selektiven Charakters den Abwanderungsregionen „Humanressourcen", denn es wandern in der Regel die jungen und leistungsbereiten Bevölkerungsteile ab. Die Stadt erhält diese Humanressourcen und offeriert damit ihren Unternehmen die Möglichkeit einer höheren Produktivität, die rasche Ausweitung betrieblicher Arbeitsmärkte sowie die sich daraus ergebenden internen und externen Ersparnisse. Dies wiederum begünstigt die Wettbewerbssituation des städtischen Standortes, welcher seine Attraktivität für neue Unternehmen erhöht, wodurch die Pullfaktoren für neue Zuwanderungen in die Stadt gefördert werden. Die Prosperität des städtischen Standortes wird also durch sich selbst verstärkt.

Diese Arbeitskräfte fehlen aber an der Peripherie, und dies verhindert dort eine verstärkte endogene wirtschaftliche Entwicklung. Es mangelt an Investitionsbereitschaft, an Kreativität, an Unternehmertum und an lokaler Kaufkraft. Die örtlichen Dienstleistungen gehen zurück, die Armutsspirale dreht sich weiter und erhöht die Kluft zwischen Zentrum und Peripherie. Kumulative Prozesse sorgen daher dafür, dass die Stadt ökonomisch an Attraktivität gewinnt, während die Peripherie an Attraktivität einbüßt.

In einem Antagonismus zu diesem kumulativen Prozess stehend, können auch Ausbreitungseffekte wirksam werden. „Spread Effects" beinhalten die Ausbreitung von Wissen oder technischen Standards vom Zentrum an die Peripherie, aber auch die gesteigerte Nachfrage des Zentrums nach Produkten oder Dienstleistungen (z. B. Fremdenverkehr) der Peripherie. Nicht alles fließt von der Peripherie in die Zentren. Diese geben ihrerseits auch etwas ab. In der Regel überwiegen aber nach G. Myrdal die Entzugseffekte, welche die Ausbreitungseffekte hinsichtlich ihrer Wirkung auf die regionale Entwicklung übertreffen. Werden also dem freien Spiel der Marktkräfte keine Eingriffe des Staates entgegengesetzt, so führt diese Entwicklung zur Polarisation und damit zu einer ungleichen räumlichen Verteilung von wirtschaftlichen Aktivitäten, wobei die Möglichkeiten der Arbeitsteilung diese räumliche Entmischung von Funktionen fördern.

Das Zentrum-Peripherie-Modell kann als polarisationstheoretischer Ansatz eingestuft werden. Dieser basiert auf Arbeiten von J. Friedmann (1972), und

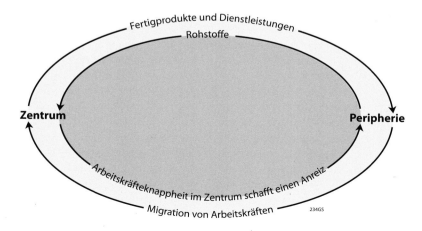

Abb. 7.2.1/1: *Zentrum-Peripherie-Beziehungen*

diese wiederum beruhen auf G. MYR-
DAL (1957), A. O. HIRSCHMANN (1958)
und F. PERROUX (1955) (alle zitiert in H.
FASSMANN und H. MEUSBURGER 1997).
Das Wesentliche ist dabei die Logik der
Selbstverstärkung. Die Stadt besitzt Standortvorteile und kann diese in einem marktwirtschaftlichen und kompetitiven System
noch weiter ausbauen. Die Stadt entzieht
Ressourcen, produziert damit einen sozialen und monetären Mehrwert und gibt
manches auch wieder der Peripherie zurück. Aber dies ist in der Regel weniger, als
der Peripherie entzogen wird.

Dass dieses System des ungleichen Ent-
zugs und der Ausbreitung von Ressourcen nicht unbegrenzt dauern kann, ist
verständlich. Die Welt ist endlich, und
nicht unbegrenzt können die Zentren
wachsen und die Peripherien schrumpfen.
Irgendwann muss dieser Prozess kippen
– das Modell des „Polarization-Reversal"
(nach H.-W. RICHARDSON 1980) geht von
solch einem Kippen aus. Dieses entsteht,
weil durch das Zufließen von Arbeitskräften und Kapitalerträgen in die Zentren Wachstumskrisen entstehen können.
Die Grundstückspreise werden vielleicht
zu hoch oder die Infrastruktur kann mit
dem Wachstum nicht Schritt halten. Was
diese Wachstumskrisen zur Folge haben,
ist ein Umlenken der Ressourcenströme
in Richtung auf die Subzentren, die nun
stärker profitieren als die Zentren. Ökonomische Aktivitäten werden in das Umland der Zentren verlagert und etablieren
dort neue und kleinere Zentren, die zwar
weiterhin der Peripherie asymmetrisch
Ressourcen entziehen, aber noch keine
Wachstumskrisen hervorrufen. Langfristig schieben sich die neu entstehenden

Subzentren aber in Richtung Peripherie,
bringen dorthin auch einen Teil der Ressourcen und sorgen jedenfalls dafür, dass die
interregionale Ungleichheit gemildert wird.

7.2.2 Das Wachstumspolkonzept

Das Wachstumspolkonzept stellt sowohl
einen analytischen Ansatz als auch ein
regionalpolitisches Instrument dar. Der
analytische Ansatz lenkt die Aufmerksamkeit auf die Clusterbildung eines
Wirtschaftssektors und die sich aufgrund
der Verflechtung ergebenden Effekte.
Wachstumspole sind in diesem Ansatz
Standorte von Unternehmen, die in
einer Input-Output-Beziehung stehen und
die durch die räumliche Nachbarschaft
Vorteile realisieren. Diese Vorteile können
sich in geringeren Transportkosten oder in
der Hervorbringung von Innovationen niederschlagen. Die Unternehmen profitieren
von der räumlichen Ballung, kooperieren
miteinander und schaffen, wenn die sonstigen Rahmenbedingungen stimmen, ein
kreatives Milieu, welches auch in der Lage
ist, Innovationen hervorzubringen.

Wenn der Wachstumspol einmal entstanden oder vorhanden ist, beginnt eine po-
larisationstheoretische Dynamik, die den
Wachstumspol weiterhin begünstigt. Dort
wirken Agglomerationseffekte, die dazu
führen, dass Ressourcen in den Wachstumspol fließen und dort für eine höhere
Kapitalrendite sorgen. In dem Maß, in
dem der Wachstumspol an Wirtschafts-
kraft gewinnt, verlieren jene Räume an
wirtschaftlicher Kraft, welche die Ressourcen abgeben. Räumliche Disparitäten
verstärken sich, weil die Regionen mit
einem oder mehreren Wachstumspolen
prosperieren.

Diese Dynamik, die mit einem Wachstumspol verbunden ist, wird regionalpolitisch instrumentalisiert. An eigens dafür ausgewiesenen Orten sollen Industrie- und Dienstleistungsunternehmen angesiedelt werden. Sinnvollerweise sind das existierende zentrale Orte, die infrastrukturell angebunden sind, aber nicht durch einen starken Zuzug Wachstumskrisen erleiden. Die Ballung von Unternehmen an einem Ort löst in weiterer Folge einen stimulierenden Effekt aus. Die angesiedelten Betriebe sollen einander gegenseitig ergänzen, und des Weiteren soll eine kritische Masse an innovativem Potenzial entstehen, so das Konzept. In weiterer Folge sollen die betrieblichen Investitionen sowie die Löhne und Gehälter der neu eingestellten Mitarbeiter, die wieder vor Ort konsumieren werden, einen regionalen Wachstumsimpuls zur Folge haben. Das Konzept der dezentralen Konzentration greift diese Idee eines Wachstumspols auf.

7.2.3 Produkt- und Regionszyklus

Warum eine Stadt den ökonomisch optimalen Standort für ein Unternehmen darstellen kann, hängt nicht nur mit der „Qualität" der hergestellten Güter oder der bereitgestellten Dienstleistungen zusammen, sondern auch mit dem „Alter" des Produkts oder der Dienstleistung. Die Standortbedingungen einer Stadt werden nicht immer benötigt, sondern nur während bestimmter Phasen der Produkt- oder Dienstleistungsentwicklung. Im Rahmen des Produkt- und Regionszykluskonzepts, das von R. VERNON (1966; 1979) und S. HIRSCH (1967) theoretisch ausformuliert wurde, werden Städte als Standorte für wirtschaftliche Aktivitäten besonders hervorgehoben. Das Produktzyklusmodell geht davon aus, dass in Abhängigkeit vom Alter eines Produkts jeweils spezifische Nachfragesituationen, ein unterschiedlicher Technologieeinsatz sowie differierende Gewinne und Standortanforderungen auftreten.

	Innovation	Produktzyklusphase Wachstum	Reife
Standorte	**Städte**	**Stadtrand**	**Peripherie**
Arbeitsmarktbezogene Standortfaktoren	• humankapitalorientiert • große Bedeutung des wissenschaftlich-technischen Wissens	• humankapital- und lohnkostenorientiert • sinkende Bedeutung des Wissens, steigende Bedeutung der Arbeit und des Kapitals	• lohnkostenorientiert • große Bedeutung des Kapitals und der Arbeit • geringe Bedeutung des wissenschaftlich-technischen Wissens
Dominante Arbeitsmarktsegmente	• primäre	• primäre • berufsfachliche und sekundäre	• sekundäre

Tab. 7.2.3/1: Zyklusphasen und Standortanforderungen

1. In der Anfangsphase (Innovationsphase) werden vom Standort eine hohe Informationsdichte formeller und informeller Art, ein technisch hoch qualifiziertes Arbeitskräfteangebot und ein diversifizierter Absatzmarkt erwartet. Größere Städte erfüllen in der Regel alle diese Standortbedingungen und weisen daher eine hohe Attraktivität für junge und kleine Unternehmen auf („Saatbeetfunktion").

2. In der Wachstumsphase wird der Produktionsablauf vereinfacht, standardisiert und daher auch räumlich transferierbar. Der Umfang der Produktion und der Flächenbedarf werden größer. Die Verlagerung der Produktion an die Agglomerationsränder bzw. in Industriezonen am Rand der Städte hilft einerseits, Kosten zu sparen und andererseits, noch in einer gewissen Nähe zum qualifizierten Arbeitsmarkt zu bleiben.

3. In der Reifephase gewinnen billige Arbeitskräfte und billiges Kapital an Bedeutung. Ausgereifte Verfahren und ein erheblicher Raumbedarf kennzeichnen diese Phase. Wettbewerbsvorteile können nur noch über Kostensenkungen und Produktivitätssteigerungen realisiert werden. Produktionsstandorte werden in eher ländliche, periphere Regionen oder in Billiglohnländer verlagert und erhalten den Charakter „verlängerter Werkbänke". Sie erfordern billige, gering qualifizierte Arbeitskräfte, die aber jederzeit mit einem Arbeitsplatzabbau aufgrund von Rationalisierungen rechnen müssen.

Die Zusammenhänge von städtischem Standort und regionaler Arbeitsmarktstrukturierung auf der einen Seite sowie der Zyklusphase des Produkts auf der anderen Seite liegen auf der Hand. In einer Innovationsphase werden hoch qualifizierte Arbeitskräfte benötigt, die in der Regel auf städtischen Arbeitsmärkten zu finden sind. Die Stadt stellt für Unternehmen in der Innovationsphase den idealen Standort dar.

In einer Wachstumsphase verändert sich das qualifikatorische Spektrum der nachgefragten Arbeitskräfte. Die Produktion wird standardisiert und der Flächenbedarf des Unternehmens steigt, um in großen Produktionshallen billig produzieren zu können. Der städtische Standort verliert an Attraktivität, und das Unternehmen verlegt seinen Standort möglicherweise in das Stadt-Umland.

In einer Reifephase ist das Vorhandensein billiger Arbeitskräfte und geringer Standortkosten wichtig. Die Produktion ist weitgehend ausgereift und standardisiert, und das Unternehmen wird „footloose", es wird räumlich ungebunden und zieht dorthin, wo die Produktionskosten am geringsten sind. Periphere Standorte werden also gegenüber den teuren städtischen Lokalisationen bevorzugt.

Zum Einlesen:
FISCHER, K., G. HÖDL & W. SIEVERS (Hrsg.): Klassiker der Entwicklungstheorie. Von Modernisierung bis Post-Development. – Mandelbaum Verlag, Wien 2008.
In diesem Sammelband findet sich eine Vielzahl an gekürzten und ins Deutsche übersetzten Beiträgen zur Entwicklungstheorie. Von GUNNAR MYRDAL bis IMMANUEL WALLERSTEIN sind alle Klassiker vertreten. Zum Einlesen in die Entwicklungstheorien sehr zu empfehlen.

Gesamtübersichten

Bathelt, H. & J. Glückler: Wirtschaftsgeographie: ökonomische Beziehungen in räumlicher Perspektive. – Ulmer, Stuttgart 2002.

Krätke, S.: Stadt – Raum – Ökonomie. – Birkhäuser, Basel /Boston /Berlin 1995.

Maier, G. & F. Tödtling: Regional- und Stadtökonomik: Standorttheorie und Raumstruktur. – Springer Verlag Wien/New York 2001.

Zusammenfassung

- Welche Bedeutung besitzt die Stadt in regionalökonomischen Entwicklungsmodellen? In Beantwortung dieser Frage werden das Zentrum-Peripherie-Modell, das Wachstumspolkonzept sowie das Modell des Produkt- und Regionszyklus angesprochen und die jeweils wichtige Rolle der Stadt als betrieblicher Standort hervorgehoben.
- Die Stadt profitiert im Zentrum-Peripherie-Modell, denn sie entzieht den Abwanderungsregionen „Humanressourcen". Es wandern in der Regel die jungen und leistungsbereiten Bevölkerungsteile, die damit den städtischen Arbeitsmarkt attraktiver machen (Urbanisationseffekt). Die Stadt bietet damit ihren Unternehmen die Möglichkeit einer höheren Produktivität, was wiederum die Wettbewerbssituation des städtischen Standortes begünstigt. Die Stadt gibt zwar auch etwas zurück (z. B. Erholungssuchende, Zweitwohnsitzbevölkerung), aber sie entzieht mehr Humanressourcen als sie abgibt und das verstärkt sich selbst, bis ein Wendepunkt erreicht ist.
- Das Wachstumspolkonzept stellt ebenfalls einen „städtischen" Standort in den Mittelpunkt. Der analytische Ansatz des Wachstumspolkonzepts lenkt die Aufmerksamkeit auf die Clusterbildung eines Wirtschaftssektors und die sich aufgrund der Verflechtung ergebenden positiven Effekte. Die Agglomerationseffekte, die wirksam werden, führen dazu, dass zusätzliche Ressourcen in den Wachstumspol fließen und dort für eine höhere Kapitalrendite sorgen. Diese Dynamik, die mit einem Wachstumspol verbunden ist, wird als Instrument regionalpolitisch instrumentalisiert. An eigens dafür ausgewiesenen Orten sollen Industrie- und Dienstleistungsunternehmen angesiedelt werden (Konzept der dezentralen Konzentration), die Agglomerationsvorteile schaffen und als Wachstumspol einer Region fungieren.
- Die Standortbedingungen einer Stadt werden nicht immer benötigt, sondern nur während bestimmter Phasen der Produkt- oder Dienstleistungsentwicklung. Im Rahmen des Produkt- und Regionszykluskonzeptes das von R. Vernon (1966; 1979) und S. Hirsch (1967) theoretisch ausformuliert wurde, werden Städte als Standorte für wirtschaftliche Aktivitäten besonders hervorgehoben und zwar in der Innovations- und in der Wachstumsphase. Die Reifephase benötigt den städtischen Standort nicht mehr.

Literaturverzeichnis

AKADEMIE FÜR RAUMFORSCHUNG UND LANDES-
PLANUNG (ARL): Stadtregionen in der
Bundesrepublik Deutschland 1970. – For-
schungs– und Sitzungsberichte Band 103,
Hannover 1981.
ALBERS, G.: Dichtewerte im Städtebau. – In:
Handwörterbuch der Raumforschung und
Raumordnung. – Jänecke, Hannover 1970.
ALLPASS, J. et al: Urban Centres and Changes
in the Centre Structures. – In: VAN HULTEN,
M.H.M. (ed.): Urban Core and Inner City.
Proceedings of the International Study
Week Amsterdam. – Leiden 1967, 103–117.
ALONSO, W.: A Theory of the Urban Land Mar-
ket. – Papers and Proceedings of the Regio-
nal Science Association, 6 (1960), 149–157
ALONSO, W.: Location and Land Use. Towards a
General Theory of Land Rent. – Cambridge,
Massachusetts 1964.
AMIN, A. & N. THRIFT: Cities. Reimagining the
Urban. – Polity Press, Cambridge 2002.
ATTESLANDER, P.: Dichte und Mischung der
Bevölkerung. Raumrelevante Aspekte des
Sozialverhaltens. – De Gruyter, Berlin 1975.
ATTESLANDER, P. & B. HAMM (Hrsg.): Materialien
zur Siedlungssoziologie. – Kiepenheuer
und Witsch, Köln 1974.
AUERBACH, F.: Das Gesetz der Bevölkerungs-
konzentration. – Petermanns Geogra-
phische Mitteilungen, 59, (1913), 74–76.
BÄHR, J.: Bevölkerungsgeographie. Verteilung
und Dynamik der Bevölkerung in globaler,
nationaler und regionaler Sicht. – Ulmer,
Stuttgart 1992.
BAHRDT, H.–P.: Die moderne Großstadt.
– Rowohlt, Reinbek bei Hamburg 1961.
BAHRENBERG, G., E. GIESE & J. NIPPER: Statistische
Methoden in der Geographie 2, Multivari-
ate Verfahren (= Teubner Studienbücher).
– Teubner, Stuttgart 1992.
BARTELS, D.: Wirtschafts– und Sozialgeographie. – Kiepenheuer & Wietsch, Köln/Berlin
1970.
BASSET, K. & J. SHORT: Development and diver-
sity in urban geography. – In: GREGORY, D. &
R. WALFORD (eds.): Horizons in Human Geo-
graphy, Macmillan, London 1989, 175–193
BATHELT, H. & J. GLÜCKLER: Wirtschaftsgeographie: ökonomische Beziehungen in räumlicher Perspektive. – Ulmer, Stuttgart 2002.

BATTY, M.: The Size, Scale, and Shape of Cities.
Science 319 (2008), 769–771.
BUNDESAMT FÜR BAUWESEN UND RAUMORDNUNG (BBR)
(Hrsg.): Herausforderungen deutscher
Städte und Stadtregionen. Ergebnisse aus
der Laufenden Raum– und Stadtbeobach-
tung des BBR zur Entwicklung der Städte
und Stadtregionen in Deutschland. – BBR–
Online – Publikation 08/06, 2006.
BEAVERSTOCK J. V., R. G. SMITH & P. J. TAYLOR:
Geographies of globalization: US law firms
in world cities' Royal Geographical Society.
– Institute of British Geographers, Annual
Conference, Leicester, January, 1999.
BEGUIN, H.: The shape of city–size distributions
in central place system. – Environment and
Planning A, 16 (1984), 749–758.
BENEVOLO, L.: Die Geschichte der Stadt. – Cam-
pus, Frankfurt/Main 1991.
BERG, L. VAN DEN, R. DREWETT, L. H. KLAASSEN, A.
ROSSI & C. H. T. VIJVERBERG: Urban Europe. A
Study of Growth and Decline. – Vol. 1. Per-
gamon Press, Oxford 1982.
BERRY, B. J. L.: City size distribution and eco-
nomic development. – Economic Deve-
lopment and Cultural Change, 9 (1961),
573–588.
BERRY, B. J. L. & A. PRED: Central Place Studies.
A Bibliography of Theory and Applications.
– Regional Science Research Institute, Phi-
ladelphia 1961.
BERRY, B. J. L. et al: Urban population densities:
structure and change. – The Geographical
Review, 53 (1963), 389–405.
BERRY, B. J. L. & F. E. HORTON: Geographic
Perspectives on Urban Systems, with Inte-
grated Readings. – Englewood Cliffs, New
Jersey 1970.
BERRY, B J. L.: Islands of Renewal in Seas of
Decay. – In: PETERSON, P. (ed.): The New Urban
Reality. – Brookings, Washington, DC, 1985,
69–96.
BETTENCOURT, L., J. LOBO, D. HELBING, C. KÜHNERT
& G. WEST: Growth, innovation, scaling, and
the pace of life in cities. – Proceedings of
the National Academy of Sciences of the
United States of America 104, 2007 (17),
7301–7306.

BLASIUS, J.: Indizes der Segregation. – In: FRIEDRICHS, J. (Hrsg.): Soziologische Stadtforschung. – Sonderheft 29 der Kölner Zeitschrift für Soziologie und Sozialpsychologie (1988), 410–431.

BLASIUS, J. & J. S. DANGSCHAT (Hrsg.): Gentrification. Die Aufwertung innenstadtnaher Wohnviertel. – Campus, Frankfurt/Main 1990.

BLOTEVOGEL, H.: Das Städtesystem in Nord rhein–Westfalen. – In: WEBER, P. & K.–F. SCHREIBER (Hrsg.): Westfalen und angrenzende Regionen. – Festschrift zum 44. Deutschen Geographentag in Münster 1983. Münster 1983, 71–103.

BLOTEVOGEL, H. (Hrsg.): Fortentwicklung des Zentrale–Orte–Konzepts. – Forschungs– und Sitzungsberichte der ARL 217, Hannover 2002.

BLOTEVOGEL, H.: Evaluierung des Zentrale–Orte–Systems und ihre Auswirkungen auf die Regionalplanung. Empfehlungen zur Weiterentwicklung des Zentrale–Orte–Konzepts. – In: AKADEMIE FÜR RAUMFORSCHUNG UND LANDESPLANUNG (ARL) (Hrsg.): Regionalplanung in Baden–Württemberg. Weiterentwicklung der 12 Regionen und ausgewählte Handlungsfelder. Arbeitsmaterial der ARL 290, Hannover 2002, 19–40.

BLOTEVOGEL, H. & M. HOMMEL: Struktur und Entwicklung des Städtesystems. – Geographische Rundschau, 32 (1980), 155–164.

BOBEK, H.: Innsbruck. Eine Gebirgsstadt, ihr Lebensraum und ihre Erscheinung. – Forschungen zur Deutschen Landes– und Volkskunde, 25/3, Engelhorn, Stuttgart 1928.

BOBEK, H.: Grundfragen der Stadtgeographie (1927). – In: SCHÖLLER, P. (Hrsg.): Allgemeine Stadtgeographie. – Darmstadt 1969, 195–219.

BOBEK, H. & M. FESL: Das System der Zentralen Orte Österreichs. Eine empirische Untersuchung. – Böhlau, Wien/Köln 1978.

BOBEK, H. & E. LICHTENBERGER: Wien. Bauliche Gestalt und Entwicklung seit der Mitte des 19. Jahrhunderts. – Verlag Böhlau, Graz 1966.

BODENSCHATZ, H.: Alte Stadt – neu gebaut. Die Alte Stadt. Vierteljahreszeitschrift für Stadtgeschichte, Stadtsoziologie und Denkmalpflege, 4 (1998), 299–317.

BÖHM, H.: Soziale und räumliche Organisation der Stadt. Vorstellungen in der geographischen, städtebaulichen und nationalökonomischen Literatur Deutschlands vor 1918. – Colloquium Geographicum, Beiträge zur empirischen Wirtschaftsgeographie, 19 (1986), 33–55.

BÖKEMANN, D.: Theorie der Raumplanung. Regionalwissenschaftliche Grundlagen für die Stadt, Regional– und Landesplanung. – Oldenbourg, München/Wien 1982.

BÖLTKEN, F.: Die siedlungsstrukturellen Ge–bietstypen im Raumbeobachtungssystem des Bundesamtes für Bauwesen und Raumordnung. – In: ARBEITSGRUPPE REGIONALE STANDARDS (Hrsg.): Regionale Standards. – Eine gemeinsame Empfehlung der Arbeitskreises Deutscher Markt– und Sozialforschungsinstitute e.V. (ADM), der Arbeitsgemeinschaft Sozialwissenschaftlicher Institute e.V. (ASI) und des Statistischen Bundesamtes. – Wiesbaden 2005.

BORN, M.: Geographie der ländlichen Siedlungen. – Teubner, Stuttgart 1977.

BOUSTEDT, O.: Stadtregionen. – In: AKADEMIE FÜR RAUMFORSCHUNG UND LANDESKUNDE (ARL) (Hrsg.): Handwörterbuch der Raumforschung und Raumordnung. – 2. Aufl., Hannover 1970, 3207–3257.

BOUSTEDT, O.: Grundriß der empirischen Regio–nalforschung. – Taschenbuch zur Raumplanung, Bd. 5, Hannover 1975.

BRATZEL, P.: Praxisorientierte Verfahren zur Zentralitätsbestimmung. – Beiheft zur Geographischen Rundschau, 7 (1977).

BRICH, D. L.: Toward a stage theory of urban growth. – Journal of the American Institute of Planners, 37 (1971), 78–87.

BÜHLER, T. : City–Center. Erfolgsfaktoren innerstädtischer Einkaufszentren. – 2. Aufl., Wiesbaden 1991, 25.

BURDACK, J., Z. DÖVENYI & Z. KOVÁCS: Am Rand von Budapest. Die metropolitane Peripherie zwischen Entwicklung und eigenem Weg. – In: Petermanns Geographische Mitteilungen, 148, (2004), 30–39.

BURGESS, E.: The Growth of the City: An Introduction to a Research Project. – In: PARK, R. E. & E. W. BURGESS (eds.): The City. – Chicago 1925, 47–62.

CAPLOW, T.: Urban structure in France. – In: THEO–DORSON, G.A. (ed.): Urban Patterns: Studies in Human Ecology. – Pennsylvania State Univ. Press, Pensylvania 1982, 425–428.

CARTER, H.: The Study of Urban Geography. – 2nd. ed. Edward Arnold, London 1976.

CARTER, H.: Einführung in die allgemeine Stadtgeographie. – Borntraeger, Berlin/Stuttgart 1980.

CARTER, H.: An Introduction to Urban Historical Geography. – Edward Arnold, London 1983.

CASTELLS, M.: The Urban Question: A Marxist Approach. – Edward Arnold, London 1977.

CASTELLS, M.: The City and the Grassroots. – Edward Arnold, London 1983.

CASTELLS, M.: The Informational City: Information Technology, Economic Restructuring and the Urban–Regional Process. – Basil Blackwell, Oxford 1989.

CASTELLS, M.: Die zweigeteilte Stadt – Arm und Reich in den Städten Lateinamerikas, der USA und Europas. – In: SCHABERT, T. (Hrsg.): Die Welt der Stadt. – Piper, München/Zürich 1991, 199–216.

CHRISTALLER, W.: Die zentralen Orte in Süddeutschland. – Jena/Darmstadt 1933 (reprografischer Nachdruck der 1. Auflage durch die WBG, Darmstadt 1980).

CLARK, C.: Population Growth and Land Use. – Macmillan, London 1977.

CLARK, W. A. V.: Residential segregation in American cities: A review and interpretation. – Population Research and Policy Review, 5 (1986), 95–127.

CLAVAL, P.: La logique des villes, Essai d'urbanologie. – Litec (Librairies Techniques), Paris 1981.

CLAY, P.L.: Neighborhood Renewal. Lexington Books, Toronto 1979.

COLE, I. & B. GOODCHILD: Social mix and the ,balanced community' in British housing policy – a tale of two epochs. – GeoJournal, 51/4 (2000), 351–360.

COX, U. R.: Man, Location and Behaviour. An Introduction to Human Geography. – Wiley, New York 1972.

CRANG, M.: Cultural Geography. – Routledge contemporary human geography series, Routledge, London 1998.

CURRY, L.: The random spatial economy: an exploration in settlement theory. – Annals of the Association of American Geographers, 54 (1964), 559–565.

DACEY, M.: A probability model for central place locations. – Annals of the Association of American Geographers, 56 (1966), 549–568.

DANGSCHAT, J. S.: Gentrification: Der Wandel innenstadtnaher Wohnviertel. – In: FRIEDRICHS, J. (Hrsg.): Soziologische Stadtforschung. Sonderheft 29 der Kölner Zeitschrift für Soziologie und Sozialpsychologie. – Westdeutscher Verlag, Opladen 1988, 272–292.

DANGSCHAT, J. S.: Residenzielle Segregation – die andauernde Herausforderung an die Stadtforschung. – In: FASSMANN, H., J. KOHLBACHER, & U. REEGER (Hrsg.): Zuwanderung und Segregation. Europäische Metropolen im Vergleich. – Drava Verlag, Klagenfurt 2002, 25–36.

DANGSCHAT J. S. et al: Phasen der Landes– und Stadtentwicklung. – In: FRIEDRICHS, J. (Hrsg.): Stadtentwicklung in West– und Osteuropa. – De Gruyter, Berlin/New York 1985, 1–148.

DANGSCHAT, J. S. & J. BLASIUS (Hrsg.): Lebensstile in Städten. – Leske + Budrich, Opladen 1994.

DELFANTE, B.: Architekturgeschichte der Stadt. Von Babylon bis Brasilia. – Wissenschaftliche Buchgesellschaft, Darmstadt 1999.

DICKEN, P.: Global Shift: Industrial Change in a Turbulent World. – Harper and Row, London 1986.

DICKEN, P. & P. LLOYD: Standort und Raum – Theoretische Perspektiven in der Wirtschaftsgeographie. Verlag Eugen Ulmer, Stuttgart 1999.

DIELEMAN, F. & C. HAMNETT: Globalisation, regulation and the urban system: editor's introduction to the Special Issue. – Urban Studies, 31 (1994), 357–364.

DITTRICH–WESBUER, A. & F. OSTERHAGE: Wohnstandortwahl jenseits administrativer Grenzen: Wanderungsentscheidungen von Familien mit Kindern im Bergischen Land. – In: SCHMITT, G. & K. SELLE (Hrsg.): Bestand? Perspektiven für das Wohnen in der Stadt. – Rohn, Dortmund 2008, 135–152.

DUANY, A., E. PLATER–ZYBERK & J. SPECK: Suburban Nation. The Rise of Sprawl and the Decline of the American Dream. – North Point Press, New York 2000.

DUNCAN, J.: The City as Text: The Politics of Landscape Interpretation in the Kandyan Kingdom. – Cambridge University Press, Cambridge 1990.

DUNCAN, O. D. & B. DUNCAN: Residential Distribution and Occupational Stratification. American Journal of Sociology, 60 (1955), 493–503.

DÜWEL, J. & N. GUTSCHOW: Städtebau in Deutschland im 20. Jahrhundert. Ideen – Projekte – Akteure. Teubner, Stuttgart, Leipzig, Wiesbaden 2001.

EEKHOFF, J.: Wohnungs– und Bodenmarkt. – Mohr, Tübingen 1987.

EHLERS, E. (ed.): Modelling the city – cross–cultural perspectives. – Colloquium Geographicum, 22 (1992), 41–53.

ESPING–ANDERSON, G.: The Three Worlds of Welfare Capitalism. – Polity Press, Cambridge 1995.

ETTLINGER, N.: Dependency and urban growth: A critical review and reformulating of the concepts of primacy and rank–size. – Environment and Planning A, 13 (1981), 1389–1400.

EVANS, K., I. TAYLOR & P. FRASER: A Tale of Two Cities: Global Change, Local Feeling and Everyday Life in the North of England. – Routledge, London 1996.

FAINSTEIN, S. S. & M. HARLOE: Introduction: London and New York in the Contemporary World. – In: FAINSTEIN, S.S., I. GORDON & M. HARLOE (eds.): Divided Cities. Blackwell, Cambridge Massachusetts, 1992, 1–28.

FASSMANN, H.: City–size distribution in the Austro–Hungarian Monarchy 1857–1910: a rank–size approach. Historical Social Research. – Quantum Information, 38 (1986), 3–24.

FASSMANN, H. & P. MEUSBURGER: Arbeitsmarktgeographie. Erwerbstätigkeit und Arbeitslosigkeit im räumlichen Kontext. – Teubner, Stuttgart 1997.

FASSMANN, H.: Eurometropolen – Gemeinsamkeiten und Unterschiede. – Geographische Rundschau, 10 (1999), 518–522.

FASSMANN, H. & G. HATZ (Hrsg.): Wien. Stadtgeographische Exkursionen. – Verlag Ed. Hölzel GmbH, Wien 2002.

FASSMANN, H. & G. HATZ: Fragmentierte Stadt? Sozialräumliche Struktur und Wandel in Wien 1991–2001. – Mitteilungen der Österreichischen Geographischen Gesellschaft 146, 2004, 61–92.

FASSMANN, H., J. KOHLBACHER & U. REEGER (Hrsg.): Zuwanderung und Segregation. Europäische Metropolen im Vergleich. – Drava Verlag, Klagenfurt 2002.

FIEDLER, J.: Urbanisierung, globale. – Böhlau, Wien 2004.

FISCHER, K., G. HÖDL & W. SIEVERS (Hrsg.): Klassiker der Entwicklungstheorie. Von Modernisierung bis Post–Development. – Mandelbaum Verlag, Wien 2008.

FLORIDA, R.: Cities and the Creative Class. – Routledge, New York 2004.

FRIEDMANN, J.: The World City Hypothesis. – Development and Change, 17/1 (1986), 69–84.

FRIEDMANN, J.: The Prospect of Cities. – University of Minnesota Press, Minneapolis/London 2002.

FRIEDRICHS, J.: Stadtanalyse. Soziale und räumliche Organisation der Gesellschaft. – Rowohlt, Reinbek bei Hamburg 1977.

FRIEDRICHS, J. (Hrsg.): Stadtentwicklungen in kapitalistischen und sozialistischen Ländern. – Rowohlt, Reinbek bei Hamburg 1978.

FRIEDRICHS, J. (Hrsg.): Spatial Disparities and Social Behaviour. A Reader in Urban Research. – Christians Verlag, Hamburg 1982.

FRIEDRICHS, J.: A theory of urban decline: economy, demography and political elites. – Urban Studies, 30 (1993), 907–917.

FRIEDRICHS, J.: Revitalisierung von Städten in altindustrialisierten Gebieten: Ein Modell und Folgerungen. – Geographische Zeitschrift, 82 (1994), 133–153.

FRIEDRICHS, J.: Stadtsoziologie. – Leske und Budrich, Opladen 1995.

FRIEDRICHS, J.: Stadtsoziologie. - Leske & Budrich, Opladen 1999.

GAEBE, W.: Verdichtungsräume. – Teubner, Stuttgart 1987.

GARREAU, J.: Edge City: Life on the New Frontier. – Doubleday, New York 1991.

GEBHARDT, H., R. GLASER, U. RADTKE & P. REUBER: Kapitel 2 Raum und Zeit. In: GEBHARDT, H., R. GLASER, U. RADTKE & P. REUBER (Hrsg.): Geographie. Physische Geographie und Humangeographie. – Spektrum Akademischer Verlag, Heidelberg 2007, 31–39.

GIDDENS, A.: The Constitution of Society. – Polity Press, Cambridge 1984.

GIESE, E.: Weiterentwicklung und Operationalisierung der Standort- und Landnutzungstheorie von Alonso für städtische Unternehmen. – In: BAHRENBERG, G. & W. TAUBMANN (Hrsg.): Quantitative Modelle in der Geographie und Raumplanung. – Bremer Beiträge zur Geographie und Raumplanung 1, Bremen 1978.

GLASS, R.: Introduction. – In: Center for Urban Studies (ed.): London: Aspects of Change. – Mac Gibbon & Klee, London 1964, XIII–XVII.

GLEBE, G., H.-D. LAUX & G. THIEME: Die fragmentierte Stadt: Soziale und ethnische Inklusion und Exklusion. Einleitung. – In: MAYR, A., M. MEURER & J. VOGT (Hrsg.): Stadt und Region. Dynamik von Lebenswelten. 53. Deutscher Geographentag Leipzig. – Leipzig 2002, 251–255.

GÖRGL, P.: Die Amerikanisierung der Wiener Suburbia? Der Wohnpark Fontana. Eine sozialgeographische Studie. – VS–Verlag für Sozialwissenschaften, Wiesbaden 2008.

GOTTMANN, J.: Megalopolis. The urbanized northeatsern seaboard of the United States. The Twentieth Century Fund, New York 1961.

GOTTMANN, J.: The Coming of the Transactional City. – University of Maryland, Institute of Urban Studies, College Park 1983.

GÜSSEFELDT, J.: Die Rolle der Städte bei der Überwindung der wirtschaftlichen Unterentwicklung Irlands. – Die Erde, 113 (1982), 221–255.

HAGGETT, P.: Geographie. Eine globale Synthese. – Ulmer UTB, Stuttgart 2004.

HALL, P.: Global City–Regions in the Twenty-first Century. – In: SCOTT, A. (ed.): Global City–Regions. Trends, Theory, Policy. – Oxford 2001, 59–77.

HALL, T.: Urban Geography. – Routledge, London/New York 2001.

HALL, T. & P. HUBBARD: The entrepreneurial city: new urban politics, new urban geographies? – Progress in Human Geography, 20/2 (1996), 153–174.

HAMM, B. & I. NEUMANN: Siedlungs-, Umwelt- und Planungssoziologie. – Uni–Taschenbücher, 1884, Opladen 1996.

HAMNETT, C.: The blind men and the elephant: the explanation of gentrification. – Transactions of the Institute of British Geographers (ns), 16/2 (1991), 173–189.

HAMNETT, C.: Social polarisation in global cities: theory and evidence. – Urban Studies, 31 (1994), 401–424.

HAMNETT, C.: Controlling space: global cities. – In: ALLEN, J. & C. HAMNETT (eds.): A Shrinking World. Global Unevenness and Inequalit. – Oxford University Press, Oxford 1995.

HARAN, E. & D. VINING: On the implications of a stationary urban population for the size distribution of cities. – Geographical Analysis, 4 (1973), 296–308.

HARNHÖRSTER, H.: Whose neighbourhood is it? Ethnic Diversity in Urban Spaces in Germany. – GeoJournal, 51/4 (2000), 329–338.

HARRIS, C. D.: A functional classification of cities in the United States. – Geographical Review, 33/1 (1943), 85–99.

HARRIS, C. D. & E. L. ULLMAN: The nature of cities. Annals of the American Academy of Political and Social Science, 242 (1945), 7–17. – In: EHLERS, E. (ed.): Modelling the City – Cross–Cultural Perspectives. - Colloquium Geographicum, 22, (1992), 41–53.

HARRISON, R. & T. ANDERSON: Northern Ireland, the development of a rank–size distribution. – Tijdschrift voor economische en sociale geografie, 71 (1980), 194–200.

HARTSHORN, T. A.: Interpreting the City: An Urban Geography. – Wiley, New York 1980.

HARTSHORN, T. A. & P. O. MULLER: Suburban downtown and the transformation of metropolitan Atlanta's business landscape. – Urban Geography, 10 (1989), 275–395.

HARVEY, D.: Social justice and the city. – Edward Arnold, London 1973.

HARVEY, D.: The Urban Experience. – Blackwell, Oxford 1989.

HASSENPFLUG, D. (Hrsg.): Die Europäische Stadt. Mythos und Wirklichkeit. – Lit–Verlag, München, Hamburg, London 2002.

HASSERT, K.: Die Städte geographisch betrachtet. – Teubner, Leipzig 1907.

HASSINGER, H.: Kunsthistorischer Atlas der k. k. Reichshaupt- und Residenzstadt Wien und Verzeichnis der erhaltenswerten historischen, Kunst- und Naturdenkmale des Wiener Stadtbildes. – Schroll, Wien 1916.

HÄUSSERMANN, H. & W. SIEBEL: Neue Urbanität. – Suhrkamp, Frankfurt/Main 1987.

HÄUSSERMANN, H. & W. SIEBEL: Festivalisierung der Stadtpolitik. Stadtentwicklung durch große Projekte. – Westdeutscher Verlag, Opladen 1993.

HÄUSSERMANN, H. & I. OSWALD: Zuwanderung und Stadtentwicklung. Leviathan Sonderheft 17/1997. – Westdeutscher Verlag, Opladen 1997.

HÄUSSERMANN, H., W. SIEBEL & J. WURTZBACHER: Stadtsoziologie – Eine Einführung. – Campus, Frankfurt am Main 2004.

HECKMANN, F.: Ethnische Kolonien: Schonraum für Integration oder Verstärker der Ausgrenzung? – In: FRIEDRICH–EBERT–STIFTUNG (Hrsg.): Ghettos oder ethnische Kolonie? Entwicklungschancen von Stadtteilen mit hohem Zuwandereranteil. – Bonn 1998.

HEINEBERG, H.: Leitbilder der Stadtentwicklung und Lebensqualität. – In: HELMSTÄDTER, E. & R. E. MOHRMANN (Hrsg.): Lebensraum Stadt. Eine Vortragsreihe der Universität Münster zur Ausstellung „Skulptur". Projekte in Münster 1997. – Münster 1999, 95–125.

HEINEBERG, H.: Grundriß Allgemeine Geographie: Stadtgeographie. – Schöningh, Paderborn 2000.

HEINEBERG, H.: Kapitel 17 Stadtgeographie. – In: GEBHARDT, H., R. GLASER, U. RADTKE & P. REUBER (Hrsg.): Geographie. Physische Geographie und Humangeographie. – Spektrum Akademischer Verlag, Heidelberg 2007, 633–659.

HEINRITZ, G.: Zentralität und zentrale Orte. –Teubner Studienbücher Geographie. Teubner, Stuttgart 1979.

HEINRITZ, G., K. KLEIN & M. POPP: Geographische Handelsforschung. – Borntraeger, Berlin und Stuttgart 2003.

HELBRECHT, I.: Stadtstrukturen in Kanada und den USA im Vergleich. Die Dialektik von Stadt und Gesellschaft. – Erdkunde 50/3 (1996), 238–251.

HELBRECHT, I.: Vancouver – Stadt der Lebensqualität? – StadtBauwelt, 89/137 (1998), 624–631.

HELBRECHT, I.: Sokrates, die Stadt und der Tod. Individualisierung durch Urbanisierung. –Berichte zur deutschen Landeskunde, 2/3 (2001), 103–112.

HILPERT, T.: Le Corbusier´s „Charta von Athen" – Texte und Dokumente. Kritische Neuausgabe. – Bauwelt Fundamente 56, Vieweg & Sohn, Braunschweig 1981.

HIRSCH, S.: Location of Industry and International Competition. – Oxford 1967.

HOCQUÉL, W.: Leipzig. Architektur von der Romantik bis zur Gegenwart. – Passagen Verlag, Berlin 1990.

HOFMEISTER, B.: Die Stadtstruktur. Ihre Ausprägung in den verschiedenen Kulturerdkreisen der Erde. – 3. Aufl. WBG, Darmstadt 1996.

HOFMEISTER, B.: Stadtgeographie. – Das Geographische Seminar, 7. Aufl., Westermann, Braunschweig 1997.

HOHN, U.: Stadtzukünfte – Zukünfte der Stadtgeographie: Großprojekte des Stadtumbaus und Planungskulturen als Beispiele neuer Herausforderungen. – Unveröffentlichtes Manuskript, Duisburg 1999.

HOLZNER, L.: World regions in urban geography. – Annals of the Association of American Geographers, 57 (1967), 704–712.

HOLZNER, L.: Stadtland USA. – Ergänzungsheft zu Petermanns Geographische Mitteilungen 291, Gotha 1996.

HOWARD, E.: Garden Cities of Tomorrow. – London 1902, reprinted 1946 by Faber and Faber, London.

HOYT, H.: The Structure and Growth of Residential Neighborhoods in American Cities. – Washington 1939.

IPSEN, D.: Segregation, Mobilität und die Chancen auf dem Wohnungsmarkt. Eine empirische Untersuchung in Mannheim. – In: ROSCHER, V. (Hrsg.): Wohnen. Beiträge zur Planung, Politik und Ökonomie eines alltäglichen Lebensbereiches. – Christians, Hamburg 1983, 55–81.

ISENMANN, E.: Die deutsche Stadt im Spätmittelalter: 1250–1500; Stadtgestalt, Recht, Stadtregiment, Kirche, Gesellschaft, Wirtschaft. – Ulmer, Stuttgart 1988.

JACOBS, B. D.: Fractured Cities: Capitalism, Community and Empowerment in Britain and America. – Routledge, London 1992.

JAMESON, F.: Postmodernism, or the Cultural Logic of Late Capitalism. – Verso, London 1992.

JEFFERSON, M.: The law of the primate city. – Geographical Review, 29/2 (1939), 226–232.

KABISCH, S., M. BERNT & A. PETER: Stadtumbau unter Schrumpfungsbedingungen. Eine sozialwissenschaftliche Fallstudie. – Wiesbaden 2004.

KARSCH, C.: Zur Theorie der Siedlungsgrößenverteilung. – Schriftenreihe der Österreichischen Gesellschaft für Raumforschung und Raumordnung, 28 (1977), 1–98.

KING, L.: Central Place Theory. – Scientific Geography Series 1, Sage Publications, Beverly Hills 1984.

KLAGGE, B.: 'Armutsghettos' in westdeutschen Städten? Konzeptionelle Überlegungen und empirische Befunde. – Die Erde, 2, (2001), 141-160.

KLÖPPER, R.: Stadttypologien. – In: TREUNER, P. (Hrsg.): Handwörterbuch der Raumordnung. – ARL, Hannover 1995, 911–916.

KLUCZKA, G.: Grundlagen, Entwicklung und Probleme der Raumordnung. Geographische Rundschau, 31 (1980), 140–145.

KNOX, P. L.: World cities and the organisation of global space. – In: JOHNSTON, R. J., P. J. TAYLOR & M. J. WATTS (eds.): Geographies of Global Change: Remapping the World in the Late Twentieth Century. – Blackwell, Oxford 1995, 232–247.

KNOX, P. L. & J. AGNEW: The Geography of the World Economy. – 2nd ed. Edward Arnold, London 1994.

KNOX, P. & S. MARSTON: Humangeographie. – Spektrum Akademischer Verlag, Heidelberg 2001.

KNOX, P. & L. MCCARTHY: Urbanization: an Introduction to Urban Geography. – Pearson Education, London 2005.

KOCH, C.: Städtebau und Dichteerlebnis in München. Das subjektive Dichteempfinden von baulichen Dichtewerten am Beispiel ausgewählter Baublöcke. Diplomarbeit, TU–München, München 1999.

KOCH, W.: Baustilkunde. Das große Standardwerk zur europäischen Baukunst von der Antike bis zur Gegenwart. – Orbis Verlag, München 1994.

KOHL, J. G.: Der Verkehr und die Ansiedlungen der Menschen in ihrer Abhängigkeit von der Gestaltung der Erdoberfläche. – Dresden/Leipzig 1841.

KOLB, A.: Die Geographie und die Kulturerdteile. – In: LEIDLMAIR, A. (Hrsg.): Hermann von Wissmann–Festschrift. – Tübingen 1962, 42–49.

KRÄTKE, S.: Strukturwandel der Städte. – Campus, Frankfurt/Main/New York 1991.

KRÄTKE, S.: Stadt – Raum – Ökonomie. – Birkhäuser, Basel/Boston/Berlin 1995.

KRÄTKE, S.: Urbanität heute. Stadtkulturen, Lebensstile und Lifestyle–Produzenten im Kontext der Globalisierung. – In: MAYR, A., M. MEURER & J. VOGT (Hrsg.): Stadt und Region. Dynamik von Lebenswelten. 53. Deutscher Geographentag Leipzig. – Leipzig 2002, 224–235.

KREIBICH, V.: Die funktionale Differenzierung der Verdichtungsräume als Determinante sozialräumlicher Segregation. Tagungsbericht und wissenschaftliche Abhandlungen Deutscher Geographentag Mainz 1977. – Wiesbaden 1978, 60–175.

KUNZMANN, K. R.: Welche Zukünfte für Suburbia? Acht Inseln im Archipel der Stadtregion. – In: BRAKE, K., J. DANGSCHAT & G. HERFERT (Hrsg.): Suburbanisierung in Deutschland. Aktuelle Tendenzen. - Leske + Budrich, Opladen 2001.

LANDRY, C. & F. BIANCHINI: The Creative City. – Comedia/Demos, London 1995.

LEMON, A.: ‚The Apartheid City'. – In: LEMON, A. (Hrsg.).: Homes Apart. South Africa's Segregated Cities. – Cape Town 1991, 1–25.

LEY, D.: A Social Geography of the City. – Harper and Row, New York 1983.

LEY, D.: The New Middle Class and the Remaking of the Central City, Oxford University Press, Oxford 1996.

LICHTENBERGER, E.: Die Geschäftsstraßen Wiens. Eine statistisch–pysiognomische Analyse. – Mitteilungen der Österreichischen Geographischen Gesellschaft, 105 (1963), 405–504.

LICHTENBERGER, E.: The Changing Nature of European Urbanization. – In: BERRY B. J. L. (ed.): Urbanization and Counterurbanization. – Urban Affairs Annual Reviews, 11 (1976), 81–107.

LICHTENBERGER, E.: Stadtverfall und Stadterneuerung. – Beiträge zur Stadt– und Regionalforschung 10. Verlag der Österreichischen Akademie der Wissenschaften, Wien 1990.

LICHTENBERGER, E.: Stadtgeographie. Begriffe, Konzepte, Modelle, Prozesse. – 3. Aufl., Teubner, Stuttgart/Leipzig, 1998.

LICHTENBERGER, E.: Die Stadt. Von der Polis zur Metropolis. – Wissenschaftliche Buchgesellschaft/Primus Verlag, Darmstadt 2002.

LICHTENBERGER, E. & G. HEINRITZ: The Take–off of Suburbia and the Crisis of the Central City. Proceedings of the International Symposium in Munich and Vienna 1984. – Erdkundliches Wissen 76, Stuttgart 1986.

LICHTENBERGER, E., H. FASSMANN & D. MÜHLGASSNER: Stadtentwicklung und dynamische Faktorialökologie: Beiträge zur Stadt– und Regionalforschung 8. – Verlag der Österreichischen Akademie der Wissenschaften, Wien 1987.

LINDNER, R.: Walks on the Wild Side. Eine Geschichte der Stadtforschung. – Campus, Frankfurt am Main 2004.

LINSINGER, S.: Stadtregionsabgrenzung für Österreich im Kontext der internationalen Erfahrungen. – Wien 2009.

LÖSCH, A.: Die räumliche Ordnung der Wirtschaft. Fischer Verlag, Jena 1940.

LOTKA, A. J.: The frequency distribution of scientific productivity. – Journal of the Washington Academy of Sciences, 16 (1926), 317–323.

LÖW, M., S. STEETS & S. STOETZER: Einführung in die Stadt– und Raumsoziologie. – UTB, Stuttgart 2006.

LYNCH, K.: The Image of the City. MIT Press, Cambridge 1960.

MACKENSEN, R. et al: Daseinsformen der Groß-stadt. – Mohr (Siebeck), Tübingen 1959.

MAIER, G. & F. TÖDTLING: Regional– und Stadtö-konomik: Standorttheorie und Raumstruk-tur. – Springer Verlag, Wien/New York 2001.

MARCUSE, P.: Dual city. A muddy metaphor for a quartered city. – Housing Studies, 4 (1989), 211–220.

MARCUSE, P.: Space and race in the Post–For-dist City: the outcast ghetto and advanced homelessness in the US today. – In: MINGI-ONE, E. (ed.): Urban Poverty and the Under-class. Blackwell, Oxford 1996, 176–216.

MARCUSE, P.: The Enclave, the Citadel, and the Ghetto: What has Changed in the Post–For-dist US City? – Urban Affairs Review, 33/2 (1997), 228–264.

MARCUSE, P. : Space Over Time. The Changing Position of the Black Ghetto in the United States. – Netherlands Journal of Housing and the Built Environment, 13/1 (1998), 7–24.

MASSEY, D. S.: Ethnic residential segregation. A theoretical synthesis and empirical review. – Sociology and Social Research, 69 (1985), 315–350.

MASSEY, D.S.: Cities in the world. – In: MASSEY, D., J. ALLEN & S. PILE (eds.): City Worlds. – Routledge/Open University, London 1999.

MATZNETTER, W.: Stadtgeographien. Virtuelle Vorlesung. – Unpubliziertes Manuskript, Wien 2001.

MAYER, H. M.: The study of urbanization. – In: HAUSER, Ph. M. & L. F. SCHNORE (eds.): A Sur-vey of Urban Geography. – New York 1965, 81–113.

MELLER, H.: European Cities 1890–1930. His-tory, Culture and the Built Environment. – John Wiley & Sons Ltd, Chichester/New York/Weinheim/Brisbane/Singapore/Toro-nto 2001.

MITCHELL, D.: The End of Culture? – Culturalism and Cultural Geography in the Anglo–Ame-rican University of Excellence. – Geogra-phische Revue, 2 (2000), 3–17.

MOLLENKOPF, J. & M. CASTELLS (eds.): Dual City: Restructuring New York. – Russell Sage Foundation, New York 1991.

MURDIE, R.: Factorial Ecology of Metropolitan Toronto (1951–1961). An Essay on the Social Geography of the City. – Department of Geographie (University of Chicago), Research Paper 116, Chicago 1969.

MURPHY, R. E.: The Central Business District. – Chicago/New York 1971.

MURPHY, R. E. & J. E. VANCE: Delimiting the CBD. – In: Economic Geography, 30 (1954),189–222.

MUSTERD, S. & J. van WEESEP.: European gentri-fication or gentrification in Europe? – In: MUSTERD, S. & J. VAN WEESEP (eds.): Urban Housing for the Better–Off: Gentrification in Europe. – Stedelijke Netwerken, Utrecht 1991, 11–16.

MUSTERD,S., W. OSTENDORF & M. BREEBAART: Mus-ter und Wahrnehmung ethnischer Segrega-tion in Westeuropa. – In: HÄUSSERMANN, H. & I. OSWALD: Zuwanderung und Stadtentwick-lung. – Leviathan Sonderheft 17/1997. West-deutscher Verlag, Opladen 1997, 293–307.

MYRDAL, G.: Economic Theory and Under–de-veloped Regions. – Duckworth, London 1957.

NAUMANN, M.: Miete und Grundrente. – Zeit-schrift für Volkswirtschaft, Sozialpolitik und Verwaltung, 18 (1909), 133–196.

NENTWIG, W.: Humanökologie. – Springer, Ber-lin/Heidelberg/Tokyo/New York 1995.

N.U.R.E.C.: Atlas of Agglomerations in the European Union. Network on Urban Research in the European Union (formerly European Community). – Vol. 1, Duisburg 1994.

PASSARGE, S. (Hrsg.): Stadtlandschaften der Erde. – Unter Mitarbeit von Bruno Dietrich, Verlag Friederichsen, de Gruyter, Hamburg 1930.

PARK, R. E. & E. W. BURGESS: The City. – Chicago 1925.

PARK, R. E.: Die Stadt als räumliche Struktur und als sittliche Ordnung. – In: ATTESLAN-DER, P. & B. HAMM (Hrsg.): Materialien zur Siedlungssoziologie. – Kiepenheuer und Witsch, Köln 1974, 90–100.

PEDERSON, P. O.: Innovation diffusion within and between national urban systems. – Geographical Analysis, 2 (1970), 203–254.

PERROUX, F.: The pole of developments. New place in a general theory of economic activity. – In: HIGGINS, B & D. SAVOIE (eds.): Regional Economic Development. Essays in Honor of Francois Perroux. – Unwin Hyman, Boston 1987, 48–76.

PFEIL, E.: Großstadtforschung. Entwicklung und gegenwärtiger Stand. – Gebrüder Jänecke Verlag, Hannover 1972.

POHL, T.: Entgrenzte Stadt. Räumliche Fragmentierung und zeitliche Flexibilisierung in der Spätmoderne. – Transcript Verlag, Bielefeld 2009.

PRANGER I.: Urban Development and Transformation in the New South Africa. The Example of Stellenbosch, Western Cape Province. – Unveröffentlichte Diplomarbeit, Innsbruck 2003.

REULECKE, J.: Die Geschichte der Urbanisierung in Deutschland. – Edition Suhrkamp, Frankfurt am Main 1985.

SRAFFA, P. (Hrsg.): The works and correspondance of David Ricardo. - Unter Mitarbeit von Dobb, M.H., Band 1, University Press Cambridge 1951.

RICHARDSON, H.W.: Polarization Reversal in Developing Countries. – Papers of the Regional Science Association 45 (1980), 67–85.

ROBSON, B.: Urban Growth: An Approach. –Methuen, London 1973.

SAILER–FLIEGE, U.: Der Wohnungsmarkt der Sozialmietwohnungen. – Franz Steiner, Stuttgart 1991.

SASSEN, S.: The Global City: New York, London, Tokyo. – University Press, Princeton N.J. 1991.

SASSEN, S.: Cities in a World Economy. Pine Forge Press, Thousand Oaks 1997.

SAUBERER, M. & K. CSERJAN Sozialräumliche Gliederung Wien 1961. Ergebnisse einer Faktorenanalyse. – Der Aufbau, 7/8 (1972), 284–306.

SAVAGE, M. & A. WARDE: Urban Sociology, Capitalism and Modernity. – Macmillan/British Sociological Association, London 1993.

SCHABERT, T. (Hrsg.): Die Welt der Stadt. – Piper, München/Zürich 1991.

SCHARFENORT, N.: Stadtvisionen am arabischen Golf. ‚Oil–Urbanisation' und ‚Post–Oil–Cities' am Beispiel Dubai. – Mitteilungen der Österreichischen Gesellschaft, 150, (2008), 251–272.

SCHÄFERS, B. & A. KUNZ: Stadtsoziologie. Stadtentwicklung und Theorien – Grundlagen und Praxisfelder. VS, Wiesbaden 2006.

SCHÄTZEL, L.: Wirtschaftsgeographie, Bd. 1 u. 2. – Schönigh, Paderborn 1978/81.

SCHLÜTER, O.: Bemerkungen zur Siedelungsgeographie. – Geographische Zeitschrift, 5 (1899), 65–84.

SCHMALS, K.: Stadt und Gesellschaft. Ein Arbeits– und Grundlagenwerk. – Edition Academic, München 1983.

SCHNEIDER–SLIWA, R.: Nordamerikanische Städte der Gegenwart. – Geographische Rundschau 1 (1999), 44–51.

SCHNEIDER–SLIWA, R. (Hrsg.): Städte im Umbruch. Neustrukturierung von Berlin, Brüssel, Hanoi, Ho Chi Minh Stadt, Hongkong, Jerusalem, Johannesburg, Moskau, St. Petersburg, Sarajewo und Wien. – Reimer, Berlin 2002.

SCHÖLLER, P.: Allgemeine Stadtgeographie. – Wissenschaftliche Buchgesellschaft, Darmstadt 1969.

SCHULZ, R. & F. Swiaczny Globale Verstädterung – Entwicklung, Ursachen, Folgen. – Zeitschrift für Bevölkerungswissenschaft, Jg. 28, 1/2003, 37–66.

SCHÜTZ, M.: Die Trennung von Jung und Alt in der Stadt. – Christians, Hamburg 1985.

SCHWARZ, G.: Allgemeine Siedlungsgeographie. – De Gruyter, Berlin 1989.

SCOTT, A. (ed.): Global City–Regions. Trends, Theory, Policy. – University Press, Oxford 2001.

SHEVKY, E. & W. BELL: Social Area Analysis: Theo–ry, Illustrative Applications and Computational Procedure. – Stanford Univ. Press, Stanford 1955.

SHEVKY, E. & W. BELL: Sozialraumanalyse. – In: ATTESLANDER, P. & B. HAMM (Hrsg.): Materialien zur Siedlungssoziologie. – Kiepenheuer und Witsch, Köln 1974, 125–139.

SHORT, J. R.: An Introduction to Urban Geography. – Routledge and Kegan Paul, London 1984.

SIEBEL, W.: Die Stadt und die Zuwanderer. – Leviathan, 17 (1997) 30–41.

SIEBEL, W.: Die Stadt und die Fremden. – In: MAYR, A., M. MEURER & J. VOGT (Hrsg.): Stadt und Region. Dynamik von Lebenswelten. 53. Deutscher Geographentag Leipzig. – Leipzig 2002, 324–328.

SIEVERTS, T.: Zwischenstadt – zwischen Ort und Welt, Raum und Zeit, Stadt und Land. – Vieweg, Braunschweig/Wiesbaden 1998.

SIMMEL, G.: Die Großstädte und das Geistesleben. – In: PETERMANN, T. (Hrsg.): Die Großstadt. – Vorträge und Aufsätze zur Städteausstellung (= Jahrbuch der Gehe-Stiftung Dresden, Band 9) Dresden 1903, 185–206.

SIMMEL, G.: Brücke und Tor: Die Großstädte und das Geistesleben. – In: SCHMALS, K. (Hrsg.): Stadt und Gesellschaft. Ein Arbeits- und Grundlagenwerk. – Edition Academic, München 1983, 237–246.

SMITH, N. & P. WILLIAMS (eds.): Gentrification of the City. – Allen & Unwin, Boston 1986.

SMITH, N.: The New Urban Frontier: Gentrification and the Revanchist City. – Routledge, London 1996.

SMITH, N.: Which new urbanism? New York City and the revanchist 1990s. – In: BEAUREGARD, R. & S. BODY–GENDROT (eds.): The Urban Moment. – Sage, London/New Delhi 1999, 185–208.

SOJA, E. W.: Postmodern Geographies: The Reassertion of Space in Critical Social Theory. Verso, London 1989.

SOJA, E. W.: Postmodern urbanization: The Six Restructuring of Los Angeles. In: WATSON, S., GIBSON, K. (eds.): Postmodern Cities and Spaces. Blackwell, Oxford 1995, 125–137.

SOJA, E. W.: Postmetropolis. Critical Studies of Cities and Regions. Blackwell, Oxford 2000.

STADT WIEN (Magistratsabteilung 18): Stadtentwicklungsplan 2005. – Eigenverlag des Magistrats der Stadt Wien, Wien 2005.

STEWIG, R.: Die Stadt in Industrie- und Entwicklungsländern. – Schöningh, Paderborn 1983.

STOOB, H. (Hrsg.): Die Stadt. Gestalt und Wandel bis zum industriellen Zeitalter (Städtewesen 1). – Böhlau, Köln, Wien 1985.

THRIFT, N.: The fixers: the urban geography of international commercial capital. – In: HENDERSON, J. & M. CASTELLS (eds.): Global Restructuring and Territorial Development. – Sage, London 1987, 203–233.

THÜNEN, J.H.: Der isolierte Staat in Beziehung auf Landwirtschaft und Nationalökonomie, oder Untersuchung über den Einfluss, den die Getreidepreise, der Reichtum des Bodens und die Abgaben auf den Ackerbau ausüben. - Perthes, Hamburg 1826.

ULLMAN, E. L. & M. F. DACEY: The Minimum Requirement Approach to Urban Economic Base, Papers and Proceedings of the Regional Science Association 6, (1960), 175–194.

UN–HABITAT: State of the World´s Cities Report 2006.

VERNON, R.: International Investment and International Trade in the Product Cycle. Quarterly Journal of Economics, 80 (1966), 190–207.

VERNON, R.: The product cycle hypothesis in a new international environment, Bulletin of Economic and Statistics, 41 (1979), 255–267.

VILLA, L.–S.: Rank–size distribution, city–size hierarchies and the Beckmann model: some emperical results. – Journal of Regional Science, 20, (1980), 91–97.

VINING, D.: On the sources of instability in the rank–size rule: Some simple tests of Gibrat´s Law. – Geographical Analysis, 6 (1974), 313–329.

VINING, D. & T. KONTULY: Population dispersion from major metropolitan regions: An international comparison. International Regional Science Review, 3 (1978), 49–73.

WATSON, S. & K. GIBSON (Hrsg.): Postmodern Cities and Spaces. – Blackwell, Oxford/Cambridge 1995.

WEBER, M.: Die Stadt. – Archiv für Sozialwissenschaft und Sozialpolitik, 47/3 (1920/21), 621–772.

WEICHHART, P.: Entwicklungslinien der Sozialgeographie. Von Hans Bobek bis Benno Werlen. – Franz Steiner Verlag, Stuttgart 2008.

WEICHHART, P., H. FASSMANN & W. HESINA: Zentralität und Raumentwicklung. – ÖROK Schriftenreihe 167, Wien 2005.

WERLEN, B.: Sozialgeographie. UTB Paul Haupt, Bern 2000.

WERLEN, B.: Urbanität und Lebensstile – Einleitung. – In: MAYR, A., M. MEURER & J. VOGT (Hrsg.): Stadt und Region. Dynamik von Lebenswelten. – 53. Deutscher Geographentag Leipzig. Leipzig 2002, 210–218.

WESSEL, T.: Social polarisation and socioeconomic segregation in a welfare state: The case of Oslo. – Urban Studies, 37/11 (2000), 1947–1967.

WHEELER, J. O.: Urban cultural geography – Country cousin comes to the city. – Urban Geography, 19/7 (1998), 585–591.

WHITEHAND, J. W. R. (Hrsg.): The Urban Landscape: Historical Development and Management. – Papers by M.R.G. Conzen, Academic Press, London 1981.

WHITEHAND, J. W. R.: Development cycles and urban landscapes. – Geography, 79/1 (1994), 3–17.

Glossar

Agglomeration: räumliche Ballung von Bevölkerung, Wirtschaft (besonders Industrie und Gewerbe) sowie technischer Infrastruktur mit in Deutschland mehr als 300 000 Ew. und einer Bevölkerungsdichte von über 300 Ew./km². Agglomerationen können mehrere → Verdichtungsräume umfassen, die durch → Periurbanisierung überlappende Einzugsbereiche aufweisen.

Bandstadt: von 1880 bis 1930 entwickeltes, normatives Konzept der bandförmigen Anlage städtischer Siedlungen, die einen raschen Zugang zu Erholungs– und Freiflächen sowie eine effiziente Erschließung entlang einer linearen Infrastruktur ermöglichen soll. Die Bandstadt kennzeichnet aber auch die beobachtbare lineare Auffädelung von ineinander wachsenden Städten.

CBD = **C**entral **B**usiness **D**istrict: angloamerikanische Bezeichnung für das Hauptgeschäftszentrum in der Mitte einer Großstadt.

Counterurbanization: Prozess großräumiger Umverteilung von Bevölkerung und Arbeitsplätzen infolge von Abwanderung aus Großstädten und Agglomerationsräumen in ländliche und kleinstädtische Gebiete. Wird als Ausprägung des generellen Phänomens der → Desurbanisierung betrachtet.

Desurbanisierung: Prozess der „Entstädterung", absolute Bevölkerungs– und Arbeitsplatzabnahme in Agglomerationsräumen.

Edge City: Konzentration von Büro– und Einzelhandelsflächen im suburbanen Raum amerikanischer Großstädte (meist an Autobahnkreuzungen), die sämtliche funktionale Merkmale einer eigenständigen Stadt aufweist. Der Begriff wurde von J. Garreau (1991) geprägt.

Exopolis: Begriff zur Kennzeichnung einer in Auflösung befindlichen Stadt. Exopolis ist gleichsam das Gegenteil von Polis, dem griechischen Ausdruck für Stadt und städtische Gemeinschaft. Der Begriff wurde von E.W. Soja (2000) geprägt, hat sich aber bis dato nicht durchgesetzt.

Factory Outlet Center: Verkauf von Designer–marken direkt vom Hersteller auf meist nicht integrierten Standorten außerhalb der Kern-

stadt; entziehen damit der Kernstadt nicht nur Kaufkraft, sondern auch Zentralität.

Faktorialökologie: methodische Weiterentwicklung der → Sozialökologie: Erklärung sozialräumlicher Differenzierungen anhand von bestimmten Einflussfaktoren, welche mithilfe von Faktorenanalysen gewonnen wurden.

Festivalisierung: kritischer Begriff für den zeitgenössischen Trend, Qualität und Image einer Stadt durch populäre kulturelle Großveranstaltungen zu stärken. Festivalisierung stellt eine kulturpolitische Strategie dar, das Image einer Stadt im globalen Wettbewerb zu stärken.

Gated Communities: baulich abgeschottete Stadtviertel meist wohlhabender Einkommensschichten, die öffentlichen Zugangsbeschränkungen unterliegen. Physischer Ausdruck von sozialer → Segregation.

Gartenstadt: Stadtreformprogramm (um 1900), das die Großstadt in kleine soziale Einheiten, umgeben von einem Landschaftsgürtel und basierend auf individuellen Wohneinheiten in natürlicher Umgebung, auflösen wollte.

Gentrification: von der britischen Stadtsoziologin R. Glass (1964) am Londoner Beispiel geprägter Begriff für die soziale und bauliche Aufwertung von Wohnungen, Häusern und Stadtvierteln.

Global City: Stadt mit globalen sozioökonomischen Verflechtungen und internationalen Funktionen für Wirtschaft, Kultur, Kunst und Politik (Konzentration multinationaler Konzernzentralen und supranationaler Organisationen). Die globale Orientierung ermöglicht der Stadt eine zunehmende Loslösung aus ihrem regionalen Kontext.

Gründerzeit: Bauperiode von ca. 1840 bis 1918, Untergliederung nach stilistischen Merkmalen in Früh–, Hoch– und Spätgründerzeit üblich.

Innenstadt – Außenstadt: Der dicht bebaute Teil der Kernstadt (City und Cityrand) im Unterschied zu der locker bebauten Außenzone.

Kernstadt: in einer → Agglomeration die zentrale Stadt in ihren Verwaltungsgrenzen.

Lebensstil: spezifische Bedürfnisstruktur, Verwendung der verfügbaren Zeit und der materiellen Mittel durch eine soziale Gruppe, wird im Konsum– und Sozialverhalten sichtbar.

Megalopolis: von J. Gottmann (1961) geprägter Begriff für das Städteband an der Ostküste der USA. Bezeichnet das Zusammenwachsen mehrerer → Agglomerationen zu einer durch eine Vielzahl sozioökonomischer Verflechtungen gekennzeichneten großflächig verstädterten Zone.

Metropole: politischer, wirtschaftlicher und gesellschaftlicher Mittelpunkt eines Landes, häufig auch dessen Hauptstadt.

Metropolregion: → Agglomeration mit flächenhafter Ausdehnung; Metropolregionen besitzen nationale Dominanz in politischer, wirtschaftlicher und gesellschaftlicher Hinsicht und/oder internationalen Bedeutungsüberschuss im Bereich ihrer jeweiligen funktionalen Spezialisierung (z. B. Flughafen Frankfurt/Main).

Monozentrisch: einkernige Stadtentwicklung; die städtischen Teilräume gruppieren sich um ein Zentrum.

Morphogenetisch: Begriff aus der Physischen Geographie, der in die Siedlungsgeographie importiert wurde; die Analyse der historischen Entstehung der baulichen Formen einer Stadt steht im Vordergrund.

Nachhaltige Stadtentwicklung: eine auf Regenerationsfähigkeit und Langfristigkeit abzielende Ausrichtung aller planerischen Aktivitäten der Stadtverwaltung. Nicht die kurzfristige Umsetzung von Interessen steht im Vordergrund, sondern die langfristige Erhaltung der Stadt mit ihren ökonomischen, sozialen und ökologischen Systemen.

Paradigma: Begriff aus der Wissenschaftstheorie; kennzeichnet eine wissenschaftliche Schule oder Strömungen, die einen gemeinsamen Fundus an Theorien, Methoden und empirischen Befunden aufweisen; Begriff von T. Kuhn (1962) geprägt.

Periurbanisierung: sozioökonomische Umformung der über den suburbanen Raum hinausgehenden ländlichen Gebiete, die sich nicht mehr eindeutig dem Einflussbereich einer → Stadtregion zurechnen lassen.

Physiognomische Methode, Kartierung: flächendeckende Erhebung von materiellen Objekten mithilfe von Beobachtungsmethoden.

Polyzentrisch: mehrkernige Stadtentwicklung; Stadt besitzt mehrere gleichrangige Zentren.

Segregation: Prozess und Zustand der räumlichen Trennung und Abgrenzung von Bevölkerungsgruppen in einer Siedlungseinheit; gängig ist die Unterscheidung in soziale, demographische und ethnische Segregation.

SMA = **S**tandard **M**etropolitan **A**rea: seit 1959 Standard Metropolitan Statistical Area (→ SMSA).

SMSA = **S**tandard **M**etropolitan **S**tatistical **A**rea: seit 1983 Metropolitan Statistical Areas (MSA). US–amerikanische statistische Bezugseinheit für städtische → Agglomerationen.

Sozialökologie: Vorstellung, dass sich an einem bestimmten Standort in Abhängigkeit von sozialen und wirtschaftlichen Rahmenbedingungen unterschiedliche gesellschaftliche Formationen ausbilden; die Entstehung dieser spezifischen Formationen wird über Konkurrenz und Einkommen geregelt.

Speckgürtel: Begriff zur Kennzeichnung des Stadt–Umlandes mit einer negativen Konnotation (vgl. die „Made im Speck"). Es wird dem Stadt–Umland unterstellt, dass die dort lebende Bevölkerung die Stadt nur als Ort des Arbeitens und der Inanspruchnahme von sozialer Infrastruktur benutzt, sonst aber lieber im Stadt–Umland lebt. Die Tatsache, dass im Stadt–Umland auch Einrichtungen lokalisiert sind, die von der Kernstadtbevölkerung frequentiert werden (Einkaufszentren, Erholungsgebiete), wird ausgeblendet.

Stadterneuerung: ordnungspolitische Sanierungsmaßnahmen zur Beseitigung städtebaulicher Missstände und zur Verbesserung der Lebensbedingungen in bestehenden Stadtteilen; Stadterneuerung umfasst Maßnahmen im Bereich der Verbesserung von Wohnungen, Gebäuden und Stadtteilen; man unterscheidet eine harte (mit Auswechslung der Wohnbevölkerung) und eine sanfte Stadterneuerung (mit Erhalt der sozialen Struktur).

Stadterweiterung: bauliches Wachstum einer Stadt durch die planmäßige Anfügung neuer Baugebiete in der Außenstadt

Stadtforschung: interdisziplinärer Forschungsansatz, der sich mit der Stadt als räumliches, soziales, wirtschaftliches und historisches Gebilde befasst und ihre Struktur, Entwicklung und regionale Differenzierung untersucht.

Stadtgeographie: untersucht städtische Siedlungen nach ihrer Genese, Lage und Physiognomie, ihrer Struktur (baulich, sozioökonomisch, demographisch), ihren Funktionen, ihren Verflechtungen mit anderen Raumkategorien, und zwar modellhaft–verallgemeinernd auch in ihren regionalspezifischen Typen.

Stadtland: von L. Holzner (1996) geprägter Begriff der gegenseitigen Durchdringung städtischer und ländlicher Siedlungsformen in den → Verdichtungsräumen der USA, die eine eindeutige Abgrenzung des urbanisierten Gebietes erschwert.

Stadtmarketing: Summe kommunalpolitischer Maßnahmen, um eine Stadt für Investoren und Touristen attraktiv zu machen.

Stadtmorphologie: Analyse der „Stadtgestalt", insbesondere der Grundrisse und Aufrisse verschiedener Gebäude, Gebäudestrukturen, Stadtteile und Städte.

Stadtregion: Raumeinheit, die aus einer (oder mehreren) → Kernstädten und ihrem → Stadt–Umland besteht; bekanntes Stadtregionsmodell nach O. Boustedt (1960).

Stadtregulierung: Bündelung von verkehrstechnischen, stadtästhetischen und hygienischen Maßnahmen, zur Sanierung von Stadträumen, die zu rasch und unkontrolliert gewachsen sind.

Stadtsystem: ganzheitlicher und regelhaft strukturierter Zusammenhang von Städten in einer territorialen Einheit unterschiedlichen Maßstabs.

Stadtumland: unscharf begrenzter Raum um eine größere Stadt, der durch enge sozioökonomische Verflechtungen (Pendler) mit der → Kernstadt verbunden ist.

Stadtverfall: Verfall der baulichen Struktur von Stadtteilen oder gesamter Städte; US–amerikanische Ausdrücke für Stadtverfall: „Bilght" (Pilzbefall) oder „Urban Decay".

Suburbaner Raum: Gebiet des engeren Verflechtungsbereichs im Umland der → Kernstadt, das von der → Suburbanisierung erfasst wird.

Suburbanisierung: Verlagerung von Bevölkerung und Wirtschaftsbetrieben über die administrativen Grenzen einer → Kernstadt in das Umland.

Urban Entertainment Center: Urbane Unterhaltungszentren kombinieren Unterhaltungs– und Einkaufsmöglichkeiten. UEC kommen aus den USA, wo mit Begriffen wie Retailtainment, Shoppertainment, Edutainment, Diner– oder Eatertainment Käufer angesprochen werden. UEC stellen aufgrund ihrer funktionalen Mischung Orte hoher Zentralität dar.

Urbanisation: synonymer Ausdruck für Urbanisierung.

Urbanisierung: Ausbreitung städtischer Lebens– und Verhaltensweisen der Bevölkerung und daraus resultierender räumlich wirksamer Prozesse und Raumstrukturen; im Unterschied zur → Verstädterung.

Verdichtungsraum: zusammenhängendes Gebiet mit mehr als 50 000 Ew. und überdurchschnittlicher Siedlungsdichte (Ew./km² Siedlungsfläche) sowie erhöhtem Anteil von Siedlungs– und Verkehrsflächen.

Verstädterung: Prozess und Zustand der Ausdehnung, Vermehrung und Vergrößerung der Städte eines Raumes nach Anzahl, Fläche und Einwohnern; Verstädterung kann auch als quantitative Urbanisierung aufgefasst werden, während → Urbanisierung die qualitative Dimension von Verstädterung betrifft.

Vorort: ehemals selbstständige Gemeinde im Umland der → Kernstadt, die als Stadtteil in diese eingemeindet wurde.

Vorstadt: ursprünglich außerhalb der Stadtmauer entstandene Siedlung („vor der Stadt"), die im Zuge der → Stadterweiterung in die Kernstadt integriert wurde

Weltstadt: bezeichnet Städte, die ein oder mehrere Schlüsselfunktionen (z. B. Börse, Technologie, Kultur) in einem Netzwerk von Städten erfüllen und welche globale Command– und Control–Funktionen übernehmen.

Zentrifugal: vom Zentrum zur Peripherie verlaufend.

Zentripetal: von der Peripherie zum Zentrum orientiert.

Zwischenstadt: von T. Sieverts (1998) geprägter Begriff für eine diffuse, bauliche und funktionale Urbanisierung im suburbanen Raum.

Register

Bildquellen

Abb.1/1: Die reflektierte Downtown von Chicago 13, [FASSMANN, H. 2008]; Abb. 1.1/1: Die Stadt als Forschungs-objekt im interdisziplinären Verbund 15, [eigene Darstellung]; Abb. 1.4.2/1: Phasenmodell der Stadtentwicklung 33; [nach BERG, L. VAN DEN, R. DREWETT, L.H. KLAASSEN, A. ROSSI & C.H.T. VIJVERBERG: Urban Europe. A Study of Growth and Decline, vol. 1. – Pergamon Press, Oxford 1982, 38]; Abb. 1.5.1/1: Verteilungsmuster in der Stadt 37 [eigene Darstellung]; Abb. 1.5.2/1: Stadt als zentriertes System 38 [eigene Darstellung]; Abb. 1.5.2/3: Achsen und Netze 39 [eigene Darstellung]; Abb. 1.5.4/1: Verläufe von Gradienten 40; [eigene Darstellung] Abb. 2/1: Stadtbe-griffe – Rattenberg: Dorf oder Stadt? 41, [FASSMANN, H. 2008], Abb. 2.1/1: Stadtbegriffe in unterschiedlichen Dis-ziplinen 42 [eigene Darstellung]; Abb. 2.3/1: Stadt und Stadtgrenze 56 [nach HAGGETT, P.]: Geographie. Eine glo-bale Synthese. – Ulmer UTB, Stuttgart 2004, 436]; Abb. 2.3/2: Stadtregionsmodell nach BOUSTEDT 1970 57, [nach BATHELT, H. & J. GLÜCKLER: Wirtschaftsgeographie: ökonomische Beziehungen in räumlicher Perspektive. – Ulmer, Stuttgart 2002, 65] Abb. 2.3/3: Stadtregionsabgrenzung in der deutschen Statistik 60 [eigene Darstellung]; Abb. 2.4.3/1: Die Post–Oil–City – ein Beispiel für ein kulturraumspezifisches Stadtmodell 69 [nach SCHARFENORT, N.: Stadtvisionen am arabischen Golf. „Oil–Urbanisation" und „Post–Oil–Cities" am Beispiel Dubai. – Mitteilungen der Österreichischen Geographischen Gesellschaft, 150 (2008), 264]; Abb. 3/1: „Gespeicherte Geschichte" – Athen bei Nacht 73 [FASSMANN, H. 2008]; Abb. 3.1.1/1: Stadtentwicklung – analytische und normative Begriffsdimension 75 [eigene Darstellung]; Abb. 3.1.1/2: Determinanten der Stadtentwicklung 75 [eigene Darstellung]; Abb. 3.1/3: Ver-kehrstechnologie und Stadtentwicklung 79 [nach ALLPASS, J. et al: Urban Centres and Changes in the Centre Structures. – In: VAN HULTEN, M.H.M. (ed.): Urban Core and Inner City. Proceedings of the International Study Week Amsterdam. – Leiden 1967, 106]; Abb. 3.2.1/1: Die Stadt Ur 84; [nach DELFANTE, B.: Architekturgeschichte der Stadt. Von Babylon bis Brasilia. – Wissenschaftliche Buchgesellschaft, Darmstadt 1999, 26]; Abb. 3.2.2/1: Parthe-non auf der Akropolis 85 [FASSMANN, H. 2008]; Abb. 3.2.2/2: Beispiel für eine griechische Polis 86, [nach DEL-FANTE, B.: Architekturgeschichte der Stadt. Von Babylon bis Brasilia. – Wissenschaftliche Buchgesellschaft, Darm-stadt 1999, 45]; Abb. 3.2.2/3: Beispiel für eine römische Stadt 87 [nach KOCH, W.: Baustilkunde. Das große Stan-dardwerk zur europäischen Baukunst von der Antike bis zur Gegenwart. – Orbis Verlag, München 1994, 393]; Abb. 3.2.4/1: Das Colosseum in Rom 89 [FASSMANN, H. 2007]; Abb. 3.2.4/2: Beispiel einer mittelalterlichen Stadt (San Geminagno) 90 [nach DELFANTE, B.: Architekturgeschichte der Stadt. Von Babylon bis Brasilia. – Wissenschaftliche Buchgesellschaft, Darmstadt 1999, 74]; Abb. 3.2.4/3: Beispiel einer mittelalterlichen Stadtgründung (Thorn) 92 [nach KOCH, W.: Baustilkunde. Das große Standardwerk zur europäischen Baukunst von der Antike bis zur Gegen-wart. – Orbis Verlag, München 1994, 398]; Abb. 3.2.5/1: Entwurf einer Idealstadt (Modell von Pietro Cataneo) 95[nach DELFANTE, B.: Architekturgeschichte der Stadt. Von Babylon bis Brasilia. – Wissenschaftliche Buchgesell-schaft, Darmstadt 1999, 95]; Abb. 3.2.6/1: Prinzipien der Industriestadt: die Arbeitersiedlung Saltaire 97 [nach DEL-FANTE, B.: Architekturgeschichte der Stadt. Von Babylon bis Brasilia. – Wissenschaftliche Buchgesellschaft, Darm-stadt 1999, 172]; Abb. 3.2.6/2: Gründerzeitlicher Umbau nach der Schleifung der Stadtmauer (das Beispiel Wien) 98, [eigene Darstellung]; Abb. 3.3.1/1: Profil der sozialistischen Stadt 104 [eigene Darstellung; Kartographie: W. LANG]; Abb. 3.3.1/2: Plattenbauten in Rostock 105 [FASSMANN, H. 2007]; Abb. 30: Profil der US–amerikanischen Stadt 108 [eigene Darstellung; Kartographie: W. LANG]; Abb. 3.3.1/1: Chicago – Downtown 109 [HATZ, G. 2008]; Abb. 3.3.3/1: Profil der wohlfahrtsstaatlichen Stadt 113, [eigene Darstellung, Kartographie: W. LANG]; Abb. 3.3.3/2 und Abb. 3.3.3/3: Europäische Dachlandschaft (Wien) 112 [FASSMANN, H. 2009]; Abb. 3.3.3/4: Europäische Dach-landschaft (Wien) 111, [FASSMANN, H. 2009]; Abb. 4/1: Der amerikanisierte Stadtrand von Wien 112, [FASSMANN, H. 2008]; Abb. 4.1.3/1: Das Prinzip der Housing Subdivision 124[eigene Darstellung];Abb. 4.1.3/2: Autobahnkno-ten und Edge City (das Beispiel Tysons Corner in Washington D.C.) 126 [eigene Darstellung]; Abb. 4.1.3/3: Strip, Center und Court Mall 127[nach BÜHLER, T.: City–Center. Erfolgsfaktoren innerstädtischer Einkaufszentren. – 2. Aufl., Wiesbaden 1991, 25]; Abb. 4.2.1/1: Das Ringmodell von E. BURGESS 132 [nach BURGESS, E.: The Growth of the City: An Introduction to a Research Project. – In: PARK, R. E., E. BURGESS & P. MC. KENZIE.: The City. –Chicago 1925, 55]; Abb. 4.2.1/2. Das Sektorenmodell von H. HOYT 133 [nachgezeichnet nach HOYT, H.: The Structure and Growth of Residential Neighborhoods in American Cities. – Washington 1939, 115]; Abb. 4.2.2/1: Das Mehrkern-modell von HARRIS & ULLMAN 135 [nach HARRIS, CH.D. & E.L. ULLMAN: The nature of cities. – Annals of the Ame-rican Academy of Political and Social Science, 242 (1945), 13]; Abb. 4.2.3/1: Räumliche Prinzipien der Segregation 137 [nach MURDIE, R.: Factorial Ecology of Metropolitan Toronto (1951–1961). An Essay on the Social Geography of the City. – Department of Geographie (University of Chicago), Research Paper 116, Chicago 1969, 8];Abb. 4.3.1/1: Konzept einer Gartenstadt von E. HOWARD (1898) 141, [nach HOWARD E.: Garden Cities of Tomorrow. – 1902 reprinted 1946 by Faber and Faber, London, 106]; Abb. 4.3.1/2: New Urbanism in Seaside (Florida) 147[HATZ,

G. 2006]; Abb. 4.3.2/1: Lagerente unterschiedlicher Nutzungen 149 [nach ALONSO, W.: A Theory of the Urban Land Market. – Papers and Proceedings of the Regional Science Association, 6 (1960), 153]; Abb. 4.3.2/2: Zentral–peripherer Bodenpreisgradient 152; [nach HAGGETT, P.: Geographie. Eine globale Synthese. – Ulmer UTB, Stuttgart 2004, 472]; Abb. 4.3.3/1: Einfluss der Grenzziehung auf den Segregationsindex 157 [BLASIUS, J.: Indizes der Segregation. – In: FRIEDRICHS, J. (Hrsg.): Soziologische Stadtforschung. – Sonderheft 29 der Kölner Zeitschrift für Soziologie und Sozialpsychologie (1988), 415]; Abb. 5/1: Ein Viertel zwischen Aufwertung und Verfall (Detroit) 159 [FASSMANN, H. 2008]; Abb. 5.1.4/1: Inszenierung durch zeitgenössische Architektur – das Beispiel Bilbao 164; [FASSMANN, H. 2008]; Abb. 5.2.1/1: Ethnic Business – Brunnenmarkt in Wien 167 [Hatz, G. 2007]; Abb. 5.2.3/1: Gated Community in Bratislava 169 [MATZNETTER, W. 2007]; Abb. 5.3.1/1: Stadtverfall in Dublin 172 [FASSMANN, H. 2008];Abb. 5.3.2/1: Sanfte Stadterneuerung in Wien 173 [HATZ, G. 2002]; Abb. 5.3.2/2: Stadterneuerung – Innenstadt von Rostock 174 [FASSMANN, H. 2007]; Abb. 5.3.4/1: Recycling von Industriebauten 176 [HATZ, G. 2008]; Abb. 5.4.1/1: Factory Outlet Center (Parndorf)179 [FASSMANN, H. 2008]; Abb. 5.4.3/1: Filialisierung in einer traditionellen Einkaufsstraße 180 [HATZ, G. 2002]; Abb. 5.4.4/1: Shopping Center am Stadtrand (Wien) 183 [FASSMANN, H. 2008] Abb. 5.5.1/1: Reihenhäuser in der Suburbia Maria Enzersdorf (Süden von Wien) 184/185; Abb. 5.5.4/1: Suburbane und postsuburbane Siedlungsstruktur 188 [eigene Darstellung; Kartographie: W. LANG]; Abb. 6/1: Innenstadt von Athen 191 [FASSMANN, H. 2008]; Abb. 6.1.1/1: Rang–Größen–Verteilung 194[nach FASSMANN, H.: City–size distribution in the Austro–Hungarian Monarchy 1857–1910: a rank–size approach. – Historical Social Research. Quantum Information, 38 (1986), 6]; Abb. 6.2.1/1: Äußere und innere Reichweite 98[nach BATHELT, H. & J. GLÜCKLER: Wirtschaftsgeographie: ökonomische Beziehungen in räumlicher Perspektive. – Ulmer, Stuttgart 2002, zitiert in ÖROK Nr. 167, Wien, 2005, 25]; Abb. 6.2.1/2: Sechseckmuster durch flächendeckende Reichweiten 199 [nach BATHELT, H. & J. GLÜCKLER: Wirtschaftsgeographie: ökonomische Beziehungen in räumlicher Perspektive. – Ulmer, Stuttgart 2002, zitiert in ÖROK Nr. 167, Wien, 2005, 26]; Abb. 6.2.1/3: Das Netz der zentralen Ort 200, [nach CHRISTALLER, W.: Die zentralen Orte in Süddeutschland. – Jena/Darmstadt 1933 (reprografischer Nachdruck der 1. Auflage durch die WBG, Darmstadt 1980), 71]; Abb. 6.2.4/1: Transkommunale Kooperationsräume 208 [nach BLOTEVOGEL, H. (Hrsg.): Fortentwicklung des Zentrale–Orte–Konzepts. – Forschungs– und Sitzungsberichte der ARL 217, Hannover 2002, 23]; Abb. 6.4.1/1: Sektorale Struktur der Arbeitsplätze und zentral–periphere Differenzierung 216 [eigene Darstellung]; Abb. 6.4.1/2: Sozialrechtliche Stellung und Stadtgröße 217 [eigene Darstellung]; Abb. 6.4.1/3: Pro–Kopf–Einkommen nach sozialrechtlicher Stellung und Stadtgröße 218 [eigene Darstellung]; Abb. 6.4.3/1: Stadtgröße und Kostenstruktur 219; [nach HAGGETT, P.: Geographie. Eine globale Synthese. – Ulmer UTB, Stuttgart 2004, 278]; Abb. 6.4.3/2: Pro–Kopf–Einkommen und Anteil der „Kreativen" nach der Stadtgröße 220 [nach BETTENCOURT, L., J. LOBO, D.HELBING, C. KÜHNERT & G. WEST.: Growth, innovation, scaling, and the pace of life in cities. – Proceedings of the National Academy of Sciences of the United States of America 2007, Volume 104, no. 17, 7304]; Abb. 7/1: Stadt als Wirtschaftsfaktor – Bilbao 223; [FASSMANN, H. 2008]; Abb. 7.2.1/1: Zentrum–Peripherie–Beziehungen 233 [eigene Darstellung]

Tabellen

Tab. 1.1/1: Forschungs– und Analyseansätze in der Stadtgeographie 18 [eigene Darstellung]; Tab. 1.3.4/1. Merkmale des öffentlichen, halböffentlichen und privaten Raums 28 [eigene Darstellung]; Tab. 1.3.5/1: Mikro–, Meso– und Makroebene 30 [eigene Darstellung]; Tab. 2.1.2/1: Definitionskriterien einer Stadt 44 [eigene Darstellung]; Tab. 2.3.2/1: Stadtregionsbegriffe 65 [eigene Darstellung]; Tab. 3.3/1: Stadtentwicklung im politischen Systemvergleich 103 [eigene Darstellung]; Tab. 4.3.3/1: Phasen des Race–Relation–Cycles 156 [eigene Darstellung]; Tab. 5.1/1: Moderne und postmoderne Stadt: stilisierte Unterschiede 161 [eigene Darstellung]; Tab. 7.2.3/1: Zyklusphasen und Standortanforderungen 235, [eigene Darstellung]